海上搜救决策支持系统方法及应用

杨清清　杨克巍　郭　玙　姜　江　徐江玲　著

科学出版社
北　京

内 容 简 介

本书将“最优”思想贯穿其中，致力于系统研究海上搜救领域系统的知识体系、决策支持系统理论和方法在海上搜救中的作用，以及如何运用海上搜救辅助决策系统实现决策的可视化、形成最优方案。全书 8 章：第 1 章为绪论，主要介绍海上搜救体系、应急预案和法规体系的现状；第 2 章介绍海上搜救组织体系与搜救力量构成；第 3 章介绍海上搜救业务协调与决策流程；第 4 章介绍决策支持系统；第 5 章介绍海上搜救辅助决策支持系统研究现状；第 6 章介绍海上搜救决策支持系统基本决策方法；第 7 章介绍海上搜救资源方案决策优化方法；第 8 章介绍海上搜救辅助决策支持系统的分析与设计。

本书可供海事专业工作者，以及应急管理、海上交通工程或者决策优化和决策技术支持系统研发领域的研究者，或者从事相关专业领域研究的高校或研究院所的本科生或研究生参考。

图书在版编目（CIP）数据

海上搜救决策支持系统方法及应用 / 杨清清等著. —北京：科学出版社，2022.4

ISBN 978-7-03-070166-4

Ⅰ. ①海…　Ⅱ. ①杨…　Ⅲ. ①决策支持系统-应用-海上搜索-研究　Ⅳ. ①U676.8-39

中国版本图书馆 CIP 数据核字（2021）第 213903 号

责任编辑：陈　静　高慧元 / 责任校对：胡小洁
责任印制：吴兆东 / 封面设计：迷底书装

科学出版社 出版
北京东黄城根北街 16 号
邮政编码：100717
http://www.sciencep.com
北京中石油彩色印刷有限责任公司 印刷
科学出版社发行　各地新华书店经销
*
2022 年 4 月第　一　版　开本：720×1 000　1/16
2022 年 4 月第一次印刷　印张：17 1/4
字数：345 000

定价：138.00 元

（如有印装质量问题，我社负责调换）

前　言

2006年上映的《惊涛大冒险》，以及2020年上映的《紧急救援》都将视角对准了海上救援题材。在人们心目中的海上救援，自然少不了很多燃爆的场面，如倾覆沉没的海上油井钻井平台、顺流直冲的运油车头、直坠入海的满载客机、失火爆炸的液化天然气船，这些救援场景，不仅展现了救援队员们搏命海陆空，也让观众们跟着剧情看得揪心万分。然而真实的海上救援场景，要比我们想象的惊险100倍。从1912年英国的“泰坦尼克号”、1999年渤海海峡的“11 · 24”特大海难事故、2014年马航MH370失踪到2018年的“桑吉”轮事故，这一系列重特大海上事故灾难造成了巨大的生命和财产损失，使得我们更加关注海上搜救这道保障海上生命财产安全的最后防线。

海上搜救是指国家或者相关部门针对海上事故灾难等做出的搜寻、救援等工作。海上搜救仅靠个人的力量是远远不够的，各方搜救力量都应该联动起来，并且需要较强的技术系统等支持。海上搜救相比于陆地搜救有更多的不可预测性，因此它的难度也更大。它需要更科学的方案制定、更高效的资源调配、更智能的辅助训练与决策工具的指导，才能在海难发生时做到快速、高效地展开海上搜救行动，提高搜救成功概率。

作为读者，你可能是一名海事专业工作者，也可能是一名应急管理、海上交通工程或者决策优化领域的研究者。你希望获取海上搜救领域系统的知识体系，你希望了解决策支持理论和方法在海上搜救上能起到什么样的作用，我们是否可以建立海上搜救辅助决策支持系统实现决策的可视化、最优方案的生成等功能，你需要的是这一切能够全面地展示在你的眼前，并在你的脑中形成一个完整的体系。

本书，给你的就是这样一个完整的体系……

它为你讲解不可能绕过的海上搜救核心概念，包括海上事故灾难的定义、内涵和分级；海上搜寻救助的流程与体系、现有的法规体系；海上搜救组织体系与搜救力量的构成。

它帮你将海上搜救业务协调流程和决策支持系统的理论与前沿结合在一起，让你能够更了解海上搜救决策支持系统构建的内核驱动，拥有用辅助决策工具科学解决遇到的海上搜救现实问题的思维。

它让你看到现有的海上搜救辅助决策支持系统现状以及相关的海上搜救决策支持系统决策技术，让你系统地了解多属性决策、多目标规划、相似案例分析、情景推演等决策支持方法，了解搜寻成功率、扫海宽度、覆盖因子等搜寻理论基础，以及基于规划与多目标规划的海上搜救最优资源方案决策技术及案例。

它帮助你思考如何对海上搜救辅助决策支持系统进行需求分析、架构设计、功能和存储层设计，如何运用系统进行辅助科学决策。

“运筹于帷幄之中，决胜于千里之外”，你会发现，在信息时代，将决策支持系统运用到海上搜救的决策过程中，“最优”的思想一直贯穿其中，我们致力于研究如何有效地利用有限的搜寻资源，以“最优”的方式找到一个位置不确定的对象，使得发现目标的概率最大，并以“最优”的任务分配方式，形成“最优”搜救方案。它的确能够有效地帮助决策者发现新的思考角度，发现有力的证据，找到更快、更可靠问题解决方法，增加决策能力。相信读完本书之后，你会对此有更深刻的理解。

在本书的撰写过程中，朱国海、熊伟涛、高盈盈、梁笑天、向竹、毛嘉慧、王星亮等研究生直接参与了书稿的编写、统稿和校正等工作。感谢课题组熊健、杨志伟、赵青松、乔铭等老师和同学做出的贡献；感谢国家海洋局北海预报中心黄娟、高松，以及山东科技大学艾波老师的指导；感谢国家重点研发计划海洋环境安全保障专项专家张杰、乔冰、张洪亮三位老师的不断鼓励与悉心指导。

由于作者水平有限，书中难免会有疏漏之处，恳请读者批评指正。

作者

2021 年 9 月

目　　录

第 1 章　绪　论

改革开放以来，我国渔业、海洋资源开发、航运、海上旅游等行业保持高速发展，因海上活动日趋频繁而导致的交通事故也时有发生，我国海上事故应急搜救能力面临极大的考验。我国在 20 世纪 80 年代初期加入《国际海上人命安全公约》(International Convention for Safety of Life at Sea，SOLAS)(1974 年颁布)和《1979 年国际海上搜寻救助公约》(International Convention on Maritime Search and Rescue of 1979)，这意味着我国有履行管辖海域搜救行动的国际义务。在各项公约的要求下，我国成立了中国海上搜救中心，负责海上搜救的协调与指挥工作。建立、健全海上搜救体系，提高海上搜救效率，最大限度地减少生命伤亡和经济损失，是深刻理解和把握总体国家安全观的重要体现。国内外大规模海难事故紧急搜救实践证明，在加强搜救设施建设的同时，必须建立高效、完善的海上搜救应急反应机制，加强海上联合搜救体系统筹建设，在掌握可用搜救力量信息的基础上，对各种资源进行科学调度指挥，才能逐步提升海上搜救能力。本章首先介绍海上事故灾难的分类、特点、评估与分级，包括应急救助的需求特点和物资构成，及事故等级划分标准，阐述了海上搜救与联合搜救体系的基本概念与内涵；其次，对我国海上搜救应急响应力量构成进行了分析，为后续章节展开详细阐述奠定基础。

1.1　海上事故灾难

1999 年在渤海海峡烟台附近海域的“11 · 24”特大海难事故，造成 282 人死亡，直接经济损失约 9000 万元。事故发生后，各有关单位组织并派遣了众多艘船舶奋力搜救，但由于缺少专业的空中救援力量，未能挽救大部分旅客的生命。2002 年，大连“5 · 7”空难(飞机失事坠海特大空难事故)，参加搜救工作的军地多部门联动，出动船只达 128 艘，累计救援时间长达 6955 小时，但此次空难事故无人生还。在大规模的搜救行动中如何有效地开展行动，科学指挥和协调搜救力量，成为搜救指挥者所面临的重大课题。2014 年马航 MH370 失踪，中国政府调动各方资源展开了史上最大规模的海上搜救，搜索范围大、风高浪急雾浓等不利因素导致搜索困难，调用商船救援多以租赁方式运营，一天需支付的租金就高达数万美元，因此如果没有科学地制定搜救计划，不仅会导致搜救行动的低效，而且会造成资源浪费。2018 年，在我国长江口以东约 160 海里(1 海里=1.852km)处，巴拿马籍油轮“桑吉号”与香港籍货船“长峰水晶号”相撞，致使装载有 11.13 万吨凝析油与千余吨船用燃油的“桑吉号”起火。事故发生后，交通运输部高度重视，地方部门迅速响应，动用大量资源进行应急救援，但由于油料的易燃性与挥发性，给救援带来极大的风险和难度，同时也反映出我国海上搜救能力与溢油应急处置能力建设仍有不足之处。

定义 1-1 海上事故灾难。

海上事故灾难是指船舶、设施在海上发生火灾、爆炸、碰撞、搁浅、沉没、油类物质或危险化学品泄漏以及民用航空器海上遇险可能造成人员伤亡、财产损失、环境污染的事件。

海上事故救援工作同陆地搜救任务有本质上的不同。一方面，海上事故救援受到洋流、气象水文和周围环境等海上搜救独有特点影响，搜救目标会随着洋流发生漂移，海上泄漏的污染物或燃烧物会兼有持续性和移动扩散性的特点，海上和空中作业相比较陆上搜救来讲风险度和难度更大。另一方面，搜集力量参与范围更广，但各个参救力量救援效果并不能准确估量。为保证应急资源及时有效供应，往往根据前往事发地的行程距离来决定所派出的搜救力量，考虑到行程中海风洋流等气候因素所带来的影响，距离最近的救援力量到达事故点的时间未必最短，从这个角度讲，需要采取多方协作的联合救援行动以保证救援效率最大化。

1.1.1 海上事故灾难的分类及特点

与人们熟知的陆上事故灾难相比，海上事故灾难具有如下特点。

(1) 海上事故灾难诱发因素多。

海上事故灾难主要分为自然灾难和人为灾难。自然灾难包括台风、海啸、浓雾、冰山、触礁、搁浅等。人为灾难主要包括在船只、海上平台、舰艇等发生的爆炸、火灾、危险物品泄漏等，除此之外，还有战争等原因。

(2) 海上事故灾难发生突然。

海上事故灾难发生前通常没有预兆或预兆不明，灾难预警困难，情况发生突然，导致应对不及时，极易在极短时间内形成难以控制的灾难。

(3) 海上事故灾难人员生存概率(probability of survival，POL)小。

海上环境复杂，灾难波及范围大，突发性强，人员落水后体温和体力迅速下降，容易受到生物二次伤害，落水后如不及时救起生存概率渺茫。

(4) 海上救援环境复杂。

海上事故灾难多样，在发生灾难后极易引起火灾爆炸等次生灾害，给救援带来困难，救援环境潜在风险源难以全面充分估计，救援过程中救援人员的生命安全随时可能受到危害。

(5) 海上事故灾难救援有一定涉外性。

沿岸国有对管辖水域遇险船只救助的义务，国家海上搜救能力建设水平展现出国家力量和国家责任，能否妥善处理好这类险情关乎国家的国际形象，其中涉及的国际权益更加复杂。

通常，我们根据事故类型对海上事故灾难进行划分。荷兰危机研究专家罗森塔尔(Rosenthal)从危机发展速度和终结速度两个角度入手对危机进行分类，具体的分类见表 1-1。

表 1-1 基于发展及终结速度的危机分类

危险演化情况		终结速度	
		慢	快
发展速度	快	长投影型	龙卷风型
	慢	文火型	腹泻型

根据罗森塔尔的危机划分理论，结合事态的发展演变、进展态势、结束形态和影响大小等几个方面的综合考虑，形成事态的分类(表 1-2)。依据不同事态的分类方法，对应归纳出不同的特点(表 1-3)，综合比较归纳出事态的类型和最终特点(表 1-4)。

表 1-2 突发事件的事态分类(刘刚，2004)

事态发展情况			发展速度	
			快速发展	逐渐发展
终结速度	快速终结	影响大	龙卷风型	腹泻型
		影响小	雷阵雨型	井喷型
	逐渐终结	影响大	长投影型	文火型
		影响小	水纹型	潮汐型

表 1-3 危机类型及其特点(刘刚，2004)

危机类型	特点
长投影型	事件突然爆发，但其后果却会持续较长时间
龙卷风型	事件来得快，去得也快，而且问题解决后不留后遗症
文火型	事件在爆发前会经历一个酝酿过程，爆发后需要较长时间才能逐步化解
腹泻型	事件是逐渐发展来的，但爆发后很快就结束了

表 1-4 突发事件事态类型及其特点(刘刚，2004)

突发事件类型	特点
龙卷风型	事件来去都很迅速，但会给社会带来很大的影响
雷阵雨型	同龙卷风型相比，发生和终结速度也很快，但是这种事件影响面小，通常不会带来全局性的问题，处理相对容易
腹泻型	事件逐渐发展酝酿，但爆发后很快就结束了，带来的影响较大
井喷型	发生结束过程类似于腹泻型，但影响程度小，波及范围有限
长投影型	事件突然爆发，其后续影响深远，长时间不能平息
水纹型	事件发展、终结速度类似长投影型，后续影响深远但程度、范围、幅度都不大
文火型	事件开始缓慢，逐渐升级，但结束也很缓慢，影响深远且程度较大
潮汐型	事件过程类似文火型，影响不显著，但若忽略，则可能成为下一次严重危机的序曲

因为不同事件类型具备不同的特点规律，事件的影响大小、波及范围也不相同，对应的应急搜救方法，行动过程中对时间、行动、方式方法也有各不相同的具体限制，所以采取的应急搜救手段要根据事件的类型决定。

1.1.2 海上事故灾难的评估与分级

对险情信息核实确认后，海上搜救中心根据险情划分等级，具体包括事故类型、险情性质、遇险人数、船舶状况、遇险船舶类型、载物状况、气象海况等信息对险情进行综合评估，并按照程序和要求及时施救。

1. 险情评估应考虑的因素

海上搜救中心在获取相应信息后进行分析评估，并对事故或者险情可能造成的危害进行初步评估。

险情评估应考虑的因素包括如下：

(1) 遇险人数和危险程度；

(2) 对通航环境、通航安全的影响程度；

(3) 对救援人员及资源可能造成的危害性；

(4) 事故或险情扩大的可能性及程度；

(5) 对岸基生命财产安全和环境造成的影响程度等。

海上搜救中心评定海上突发事件级别，提出所需的应急救援力量，其中有搜救资源的能力指标要求，以及搜救及被救助人员自身安全保障、物资供应和后勤补给需求、法律援助和心理疏导等不同方面的需要。

2. 海上事故灾难的分级

根据海上突发事件的性质、对生命安全及海洋环境的威胁程度以及事态发展趋势，《国家海上搜救应急预案》中将应急反应级别分为四级：特大险情、重大险情、较大险情、一般险情。具体见表 1-5。

表 1-5 海上事故灾难级别

海上事故灾难级别	特征
特大险情(Ⅰ级)	造成 30 人以上死亡(含失踪)的海上突发事件； 危及 30 人以上生命安全的海上突发事件； 客船、化学品船发生严重危及船舶或人员生命安全的海上突发事件； 载员 30 人以上民用航空器在海上发生突发事件； 10000 总吨(含)以上船舶发生碰撞、触礁、火灾等对船舶及人员生命安全造成威胁的海上突发事件； 急需国务院协调有关地区、部门或军队共同组织救援的海上突发公共事件； 其他可能造成特别重大危害、社会影响的海上突发事件
重大险情(Ⅱ级)	造成 10 人以上、30 人以下死亡(失踪)的海上突发公共事件； 危及 10 人以上、30 人以下生命安全的海上突发公共事件； 载员 30 人以下民用航空器在海上发生突发事件； 3000(含)～10000 总吨(不含)非客船、非危险化学品船发生碰撞、触礁、火灾等对船舶及人员生命安全造成威胁的海上突发事件； 其他可能造成严重危害、社会影响和国际影响的海上突发事件
较大险情(Ⅲ级)	造成 3 人以上，10 人以下死亡(失踪)的海上突发公共事件； 危及 3 人以上，10 人以下生命安全的海上突发公共事件； 500(含)～3000 总吨(不含)非客船、非危险化学品船发生碰撞、触礁、火灾等对船舶及人员生命安全造成威胁的海上突发事件； 中国籍海船或有中国籍船员的外轮失踪； 其他造成或可能造成较大社会影响的险情
一般险情(Ⅳ级)	造成 3 人以下死亡(含失踪)的海上突发公共事件； 危及 3 人以下生命安全的海上突发公共事件； 500 总吨(不含)非客船、非危险化学品船发生碰撞、触礁、火灾等对船舶及人员生命安全造成威胁的海上突发事件； 其他造成或可能造成一般危害后果的海上突发公共事件

资料来源：《国家海上搜救手册》。

各级海上搜救中心将根据海上事故灾难具体现状，对照相应等级标准，按照各级机关规定上报的信息内容和程序逐级上报。

1.1.3 海上事故灾难应急救助需求特点

海上事故灾难所涉及的范围较广，涉及的主体较多。一般而言，根据海上事故灾难的时空分布规律，可将海上应急救助分为海上应急救助和内河应急救助，包括海上生命财产救助、水域环境保护、应对灾害性天气等，海上事故灾难应急救助强调对生命无偿、义务的救助，且对生命财产救助应做到及时有效、一视同仁地救助海上遇险的个体，体现人道主义精神和国家责任，同时注重救助资源保障有效可靠和可持续供应。

1. 海上生命救助的义务性

海上生命救助义务是指靠外来力量在海上任何水域对遭遇海难的船舶、货物和人命施行的救援。1981 年的救助公约草案将海上救助的对象扩大到危险中的任何其他海上财产，以及防止或减轻环境污损。国际上公认的海上应急搜救相关的法律条文有：《统一海上救助若干法律规则的国际公约》(1910 年通过，1931 年生效)、《公海公约》(1958 年签订、1962 年生效)、《国际海上人命安全公约》、《1979 年国际海上搜寻救助公约》、《联合国海洋法公约》等。这些条约明确了相关海上救助的义务和责任，我国在海上搜救事务中扮演负责任大国形象。国内相关行政法规有《中华人民共和国海商法》《中华人民共和国海上交通安全法》，详细规定了我国相关部门和船只在海上搜救中的责任和义务。

2. 海上救助的及时性

海上事故灾难可能会发生船体沉没、起火、爆炸、泄漏等一系列连锁反应，直接危害生命财产安全和海洋环境。如果不能迅速控制局面，消除事故影响，切断事故传导链条，则事态将扩大升级，极易导致难以估计的严重后果。因此，救助行动一定要做到及时、迅速。

3. 资源保障的有效性

海上事故灾难应急救助过程中为遇险者提供的综合保障物资即应急救助资源，其中包括配备必要的现场救援所需要的物资资源和机械设备，资源保障主要包括对受险人员和潜在受危险人员及物资进行转移、予以伤病员救治、回收和处置泄漏污染物或废弃物等工作，物资供给的有效性保障整个救援行动的顺畅开展，避免应急救助系统因后勤保障工作低效而掣肘全局。

1.1.4 海上事故灾难应急救助资源构成

《国家突发公共事件总体应急预案》中将应急保障分为人力资源、财力保障、物资保障、交通运输、医疗卫生及通信保障等，即广义的应急资源；而狭义的应急资源仅指应急救助所需要的各种物资保障。

根据应急救助所需要的物资保障的种类，海上事故灾难应急救助资源可分为人力资源、物资资源、财力资源、信息资源、技术资源五种类别，具体如图 1-1 所示。

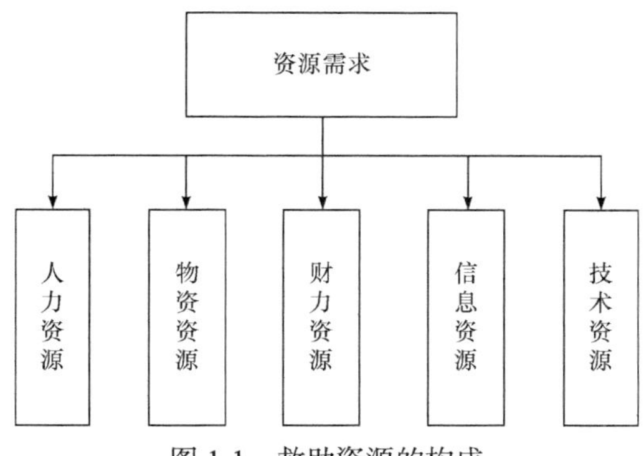

图 1-1　救助资源的构成

(1) 人力资源。

参与应急救援的全体成员单位及个人统称为人力资源，包括专业搜救人员，海事、公安、消防、气象和环保等多个部门的人员，以及军队人员，主要包括三个部分。

① 应急管理人员：在应急搜救工作中的各类指挥和管理人员。

② 应急救助人员：对事故处理拥有一定专业技能的操作或救助人员。

③ 辅助人员：媒体、志愿者等。

人力资源因其调拨范围广泛、可替代性较强，故属可再生资源，本书特指从事搜救工作的专业技术人员。

(2) 物资资源。

物资资源指用于运输人员、物资的工具，包括车辆、船只、飞机等，救助使用的防火、防毒、防化等资源，环境监测资源，清污、堵漏设备等。在组织应急搜救行动中应当根据事故的需要及时在各个部门或机构中调用以上物资资源。

(3) 财力资源。

财政预算、基金、保险和专项拨款等财力获取渠道都属于海上救助的财力资源。海上救助行动投入巨大，物资消耗惊人，搜救的各个环节都需要强大的物资支撑和财力保障，艰巨的搜救任务更要求参与联动单位不应该顾忌搜救过程产生的经济负担，进而不遗余力地参与到应急搜救行动；反之，则会不利于事故救助的迅速有效开展。

(4) 信息资源。

与应急反应有直接关系的信息统称信息资源，一般来讲，包括预警信息与通信资源(固定电话、移动电话、甚高频(very high frequency，VHF)无线电话、海事卫星电话、单边带无线电话、船舶自动识别系统(automatic identification system，AIS)、闭路电视(closed circuit television，CCTV)、海事部门和水上搜救中心的船舶交通管理(vessel traffic service，VTS)系统等)、救助信息与应急反应资源、环境敏感资源(水文、气象及通航状况等)。

(5) 技术资源。

技术资源是决定海上应急搜救行动成效的关键。由于海上灾难事件本身所具有的时空复杂性，必须要有相应的技术支持，救助人员团队需要包括水下搜救、船体治漏、水下排障、应急救治等相关领域的专家和专业资源，为搜救行动提供有力的专业技术支撑。

应急救助资源的需求主要涵盖以下三方面内容，如图 1-2 所示。

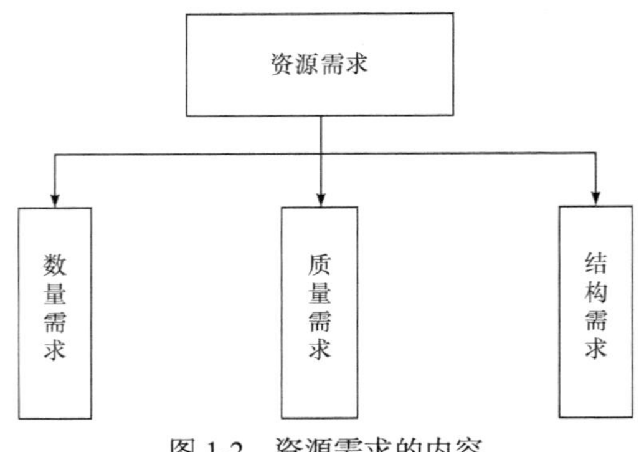

图 1-2　资源需求的内容

(1) 资源的数量需求。

资源的数量需求是对不同种类救援保障物资的标准化单位计量，影响资源数量需求的因素主要包括突发事件的严重性等级、重要敏感资源的分布及可调动量等。一般而言，事故险情级别越高，人员生命危害性越大，影响范围越广，资源敏感度越高，社会环境经济损失越大，资源的数量需求越大。

(2) 资源的质量需求。

资源的质量需求是指对单位量资源效能发挥的评价，其影响因素包括资源重要程度、应急时效性、资源紧迫性、经济替代性等方面的衡量。评价救助物资的质量需求具有多种评价维度，具体可按照突发事件的性质、事故发生的规模、已经造成或可能造成的危害后果、拟采取应对的方式等区分。

(3) 资源的结构需求。

所需资源之间的结构比例关系是对资源需求数量和质量效用评价的结构化定义，通常根据应急搜救处理需求用一个包含数量质量评价变量的函数或定量化指标具体刻画，即资源的结构需求。通常情况下，针对不同类型的突发事件可以对应给出相应解决该类型问题的资源结构需求组合模型。

1.2　海上搜救与海上联合搜救体系

1.2.1　海上搜救与海上搜寻规划

定义 1-2　海上搜救。

海上搜救是海上搜寻与救助(maritime search and rescue，MSAR)的简称，通常指当船上人员或船舶发生险情后，除本船外的所有海上搜救力量在获取求救信号后采取的搜寻救援的行动，它包含海上搜寻和海上救助，海上搜寻是海上搜救的核心工作。

海上搜寻行动定义为：海上搜救中心指挥派遣海上救助人员和设施搜寻遇险船舶及人员的行动。海上救助行动定义为：调遣任何可利用的救助力量对遇险船舶和人员实施救助并将其转移到就近的锚地或岸上的行动。海上搜寻与海上救助工作紧密联系，前后衔接，一般并称为海上搜寻与救助，简称为海上搜救。海上搜救行动不仅是保障海上生命安全和海洋环境安全的有力支撑，同时是各国应承担的重要国际义务。

海上遇险事故突发性强，具有情况危急、任务紧迫和水文气象环境复杂等特点。一旦接到海上遇险事故报警信息，迅速收集各种相关信息，快速制定合理有效的搜救方案，并以最快的速度派出搜寻力量，根据影响搜救行动各种因素的变化快速协调、组织整个搜救行动，是搜救行动成功的关键。

近年来，针对我国在海难事故应对过程中暴露出的问题，我国正通过各种方式逐步加大专业搜救力量建设力度，增强相应的救助能力。例如，交通运输部所属的海事局主要承担在管辖水域进行海事监管、海上人命救生和以海上人命救生为目的的船舶救助、海上船舶溢油监测和应急处理、应对海上突发事件、维护国家海洋权益和国际交流合作等职责；拥有近千艘各型船舶，现役最大吨位的为五千吨级的海巡船。目前，海事局也在大力造大船，包括万吨级和五千吨级的。交通运输部中国海上搜救中心负责全国海上搜救的统一组织协调工作，日常工作由交通运输部海事局承担。交通运输部救助打捞局是国家专业海上搜救力量，截至 2021 年 8 月，其下设的北海救助局、东海救助局、南海救助局分别在我国北海、东海和南海海区共设置 24 个救助基地，建立 8 个救助飞行基地、115 个临时起降点和 19 支应急救助队；救捞装备日新月异，拥有各类救捞船舶达 209 艘，救助直升机 20 余架，布置在我国沿海 88 个值班点常年值守；主力救助船功率达到 9000kW，抗风浪能力达到 12 级风 14m 浪高。最大的救助船“101”系列共三艘，满载排水量达 7000 吨，作为救助旗舰配置在 3 个海区。打捞工程船单船起重能力达到 5000 吨；整体沉船打捞能力已达 50000 吨；饱和潜水从无到有，并已具备 300m 水深作业能力，饱和潜水陆基载人实验深度已经达到 500m；遥控无人潜水器作业深度达到 6000m，一次溢油综合清除回收能力单船达到 3000 吨；救助直升机飞行救助半径 110 海里，单次最大救助人数可达 20 人。飞行救助实现了复杂气象条件下的跨区域长距离救助和船载直升机联合救助。基本上沿海离岸 100 海里以内重点水域应急达到时间不超过 90min，具备内陆深水应急救捞快速处置能力；救助航空器有效实施全天救助；人命救助有效率不低于 96%。随着我国海上搜救力量建设的不断深化，我国海上搜救力量建设虽然较以往有很大提升，但搜寻行动中搜寻力量分配、搜寻重点划分等计划方案的制定还基本依靠经验，海上搜寻环节建设薄弱，组织程序缺少科学计划和科学方法，应急搜救的指挥与协调的精度和速率也因此受到影响，有待进一步利用现代系统思维和技术、决策工具，遵循科学的辅助训练方法以推动我国搜救能力总体建设。

定义 1-3　海上搜寻规划。

海上搜寻规划为海上搜寻行动提供科学的计算和最优路径，是科学决策的前提，有效的海上搜寻行动通常是发现幸存者的唯一途径，是整个搜救系统中最紧迫、最昂贵、最具不确定性的环节。经过大量的简化和总结提炼出来的搜寻准则，研究如何利用搜索理论确定最优搜寻区域、分配搜寻资源、制定搜寻计划，使得在最短的时间内，耗费最少的搜寻资源确定遇险人员位置。海上搜救决策支持系统一个重要的理论基础就是海上搜寻规划理论，它的发展与海上搜寻理论和信息技术的发展紧密相关。

近年来，国家有关部门对海上搜救给予了高度重视。“11 · 24”海难事故后，国家加大海上搜救力量建设投入，制定了《国家水上交通安全监管和救助系统布局规划》。《国家中长期科学和技术发展规划纲要(2006—2020 年)》将海上交通事故快速搜索技术列为交通运输安全与应急保障方向一个重点研究课题。《中国海事工作发展纲要(2006—2020 年)》明确要求在海事搜救上要加快信息化技术的研发和应用，进而提高海上遇险目标的搜寻效率和救助水平。2017 年国家重点研发计划“海洋环境安全保障”重点专项立项研究“海上突发事件应急处置与搜救决策支持系统研发与应用”，结合溢油、危险化学品(简称危化品)、放射性物质泄漏等海上突发事件应急处置和搜救业务工作，以及专项(一期)启动的三种突发事件处置关键技术研究项目的成果，研制基于“智能-交互-集成”统一平台的海上突发事件应急处置与海上搜救决策支持系统，做到与国家海洋安全保障平台、国家海上搜救信息系统和国家海洋局突发事件应急业务系统对接，满足海上突发事件应急处置与海上搜救的信息化、规范化、智能化需求。国际海事组织(International Maritime Organization，IMO)鼓励有条件的国家开发搜寻预测支持系统或程序，利用电子计算机辅助划定搜寻区域、合理分配搜救资源、科学制定搜寻计划，提高海上搜寻的精度和效率。

1.2.2 海上搜救流程与方式

海上搜救一般情况下是在海上环境极其恶劣的情况下展开，行动难度大。不同的海上搜救任务对应不同的海上搜救规模、搜救方式、搜救环境，搜救作业流程也不尽相同。

基本的海上应急搜救流程一般包括以下四个环节，如图 1-3 所示(交通运输部救助打捞局，2007)。

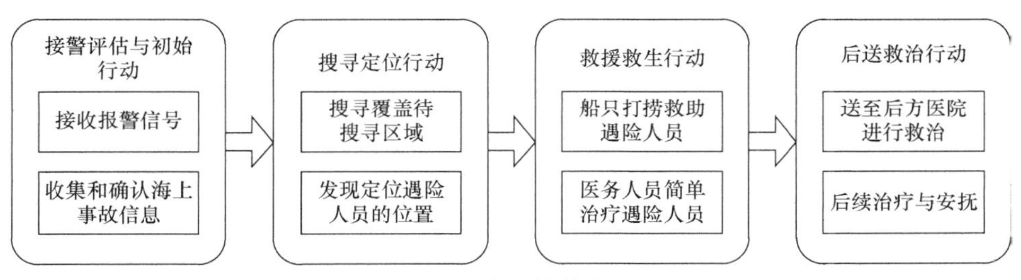

图 1-3 海上搜救流程

(1) 接警评估与初始行动。

船只在海上遇险后，会通过海上救援专用通信系统或船只通用通信系统对周边船只和岸上发出求救信号。岸基或海上指挥机构接收、确认报警信息后通过分析现场信息做出搜救应急反应。与此同时展开对险情的评估与初始行动。确定参与搜救任务的资源信息，其中包括可以指挥和调动的船只、飞机、人力和物资，途经遇险海域的可以提供支援的各型船只等，搜救能力状况由搜救资源所处的地理位置、航行速度、抗风浪能力等因素共同决定。而现场的海洋环境信息是海上搜救行动需要重点考察的信息，主要包括海难现场以及附近海域的风速、风向、气象、水文、流速、流向等。在掌握环境信息的前提下，展开初始行动。

(2) 搜寻定位行动。

在预警评估之后，需要动员力量对目标展开搜寻定位。搜寻活动作为整个搜救过程的基石，是海上联合搜救活动的核心环节。搜寻行动是整个搜救过程的关键，危险度高、经费消耗大、组织协调复杂，需要制定科学的搜寻计划从而有条不紊地展开搜救行动。拟定搜救计划时，要权衡包括救援时间、气象海况、助航标志、搜寻能力、资源储备、搜寻区域、机动距离、成功概率等各种指标要求，根据值班员和相关部门提供的信息进行分析研究，尽快确定搜救计划。当搜寻计划制定后，按计划展开搜寻行动。海上搜救中心根据计划派出直升机或固定翼飞机等空中搜救力量，调度周边船只抵达目标海域展开大范围搜索行动，以确认遇险目标位置后展开后续搜救行动。

搜寻方式主要分为两大类，即视力搜寻与电子搜寻。视力搜寻包括航迹线搜寻、平行线搜寻、横移线搜寻、扇形搜寻等；电子搜寻包括救生信标搜寻、雷达搜寻、手机定位搜寻等。救援人员应根据现场的险情情况与搜寻资源的特点采取合适的搜寻方式。

(3) 救援救生行动。

搜寻定位之后，随即展开救援救生行动。有效的救助计划和行动对拯救生命起到关键的作用。救助计划包括：①救助设备的选择；②医疗援助计划的制定；③供给品和救生设备空投计划；④幸存者交接计划。选择救助设施时应携带充足的供给品和救生设施，确保无法直接被营救的幸存者在等待营救期间保持漂浮状态。航空器也可作为救助设施，但由于操作和技术上的限制，航空器应在其能力范围内进行工作，例如，当不能进行及时接触救助时，空投救助物资非常必要。在海上航行的船舶未能及时到达救援地点实施紧急救治的情况下，有必要派出搜救飞机在水面船只到达前飞抵船只遇险海域空投必要的救生物品及自救资源，情况允许时可采取伞(机)降的方式直接输送专业救援人员降落至遇险船体进行救助行动。

(4) 后送救治行动。

在搜寻到遇险伤员后，在第一时间进行验伤后，首先进行现场应急抢救，然后送后方专业医疗救护地点救治。在我国省、市海上搜救中心都与当地医疗机构建立了海上医疗联动应急机制。

在实际的海上搜救活动中，搜救方式不仅与事故的类型、受灾程度等现场情况有关，还与指挥员决策相关。目前，常见的海上搜救方式有 3 种：过往船舶搜救方式、专业救助船舶搜救方式和联合搜救方式。接下来分别对其进行简单的介绍。

(1) 过往船舶搜救方式。

过往船舶搜救即就近搜救，是指面临紧急情况，由指挥中心及相关海事局指挥附近的过往船舶展开搜救行动。这种模式大多被应用于小型事故，有较大的随意性，缺少精密的计划，一般发生在近海区域，由附近的船舶自主寻找，发现目标后将其救助到船上，上报搜救中心，而后将伤者送至附近的医院进行救治。

就近搜救方式是海上搜救中有效方式之一，这种搜救方式有时效性强、搜救速度快、反应快的优点，能够合理利用附近资源，及时响应搜救应急任务；但也存在着一定局限性，如缺乏统一的指挥协调以及周密的计划，受民用零散的船舶资源性能的限制，缺少专业的搜救资源和技术，因此不能有效应对海上搜救任务，只适用于一些小型事故的搜救。

(2) 专业救助搜救方式。

专业救助搜救方式是指由交通运输部所属的相关打捞局、救助局在接收搜救应急任务情况下，由海上搜救中心进行指挥协调，协同专业的救助力量以及打捞力量展开的海上搜救。这种搜救模式是在海上搜救指挥中心周密计划、统一协调下展开的搜救行动。

目前我国专业救助搜救方式是最有力的一种搜救方式，专业搜救设备的参与能够解决众多搜救难题。这种搜救方式有着专业性强、协调性高、计划性强的优点；但是，这种搜救方式也存在搜救中心基站分散、搜救资源数量有限、专业设备发展落后等因素。

(3) 联合搜救方式。

联合搜救方式是指面临重大海上事故时，根据现场情况及附近可用搜救资源，联合政府、军方、民间组织等搜救力量实施搜救，是未来海上搜救的发展趋势，海上联合搜救体系的建立能为联合搜救方式提供指挥协同、法律政策等保障基础。这种搜救方式一般针对较大的海上事故，需要联合多方搜救力量进行搜救，其价值和效果超过了单一力量的搜救行动。采用这种搜救方式对各组织之间的协同有较高的要求，需要保持信息共享畅通和统一指挥协调，可以有效利用附近可用资源，从而真正提高搜救效率。

总的来说，这几种搜救方式各有千秋，其适用的海上事故也大不相同，决策者应根据事故类型及特点灵活决策，选取最有效的方式进行搜救。

1.2.3　海上联合搜救体系

海上联合搜救是当前国际海上搜救的发展趋势。它是一项复杂的系统工程，同时也涉及政治学、国际关系学、管理学、法学、信息科学等多个学科领域知识的交叉融合。危机是需要人类共同面对的，近年来的海上事故灾难中，逐渐开展了一些国际性的、地区性的、军地双方的联合搜救活动。例如，2010 年举行的海峡两岸海上联合搜救演练；2013 年举行的中美海军海上联合搜救演习中，中美海军参演军舰和舰载直升机对落水人员实施联合立体搜救；2017 年进行了 20 艘船艇、3 架飞机、1000 余人联手上演的海空协同、多国协同的中国—东盟国家首次大规模海上联合搜救实船演练，该次演练在广东湛江外海域进行，有力推进了中国与东盟国家共同探索建立区域海上搜救合作模式；2019 年南部战区海空救援力量联合地方海事部门，在南海某海域联合展开海上搜救演练，有效提高了军地联合搜救力量组织指挥、协同运用的能力。目前海上联合搜救体系和机制仍处于探索性阶段(蒙仁君，2015)。

国家海上搜救系统是一个典型的复杂系统，海上搜救应急指挥体系包括各部门单位的联合参与和共同施救，横向涉及交通、安全、海洋、渔业、环保等部门和军队、武警，纵向涉及中央和各级地方政府，还有港航企业。根据《中华人民共和国海上交通安全法》和《中华人民共和国内河交通安全管理条例》，交通运输部承担水上交通安全监管责任，负责水上交通管制、船舶及相关水上设施检验、登记和防止污染、航海保障、救助打捞、通信导航、船舶与港口设施保安及危险品运输监督管理等工作，可联合外交部、公安部、民政部、财政部、国土资源部(现为自然资源部)、信息产业部(现为工业和信息化部)、农业农村部、卫生部(现为国家卫生健康委员会)、海关总署、国家质量监督检验检疫总局(现为国家市场监督管理总局)、国家安全生产监督管理总局(现为应急管理部)、民航总局(现为民用航空局)、国家旅游局(现为文化和旅游部)、中国气象局、中央军委联合参谋部、海军、空军等单位共同参与搜救行动。而在海上应急救助力量方面，如图 1-4 所示，可联合调动各级政府部门投资建设的专业救助力量，军队、武警救助力量，政府部门所属公务救助力量，其他可投入救助行动的民用船舶与航空器，企事业单位、社会团体、个人等社会人力和财力资源。可以看出，海上联合搜救是一个复杂体系，需要建立合理的体系架构与联合机制对海上联合搜救行动进行指导，从而保证搜救行动的高效实施。

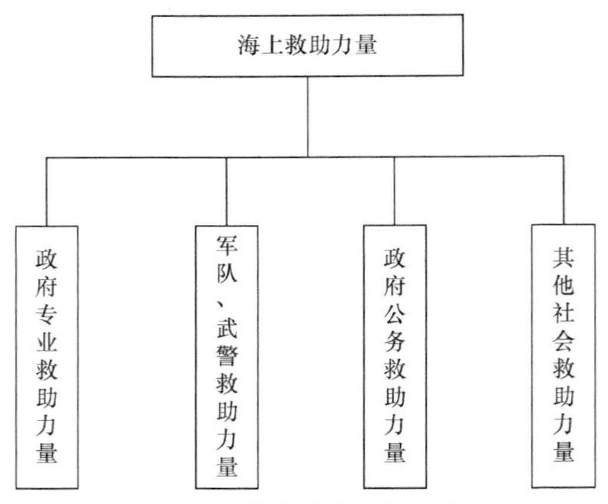

图 1-4 海上联合搜救力量

定义 1-4 海上联合搜救体系。

海上联合搜救体系是由我国有关部门构建的集组织指挥、搜救力量、搜救手段和法规制度等要素于一体的复杂巨系统。其是为了实现在复杂的海上救援环境中为救援对象(失事飞行员、沉船船员等)提供及时、快速、有效的救援活动而构建的。海上联合搜救体系主要由四大部分构成，分别是组织指挥、搜救力量、搜救手段和法规制度。海上联合搜救体系的建立需整合我国已有海上搜救力量，联合军方、地方搜救组织机构，有效实现军民融合。

马航 MH370 失联搜救工作在一定程度上揭示了世界海上联合搜救能力建设的不足。2014 年 3 月，自空难发生后，有数十个国家参与搜救，资源和信息支援更是空前，从陆、海、空、天多维体系入手进行全方位搜索。此次搜救考验最终收效甚微，同时给我国海上应急搜救体系发展建设现状敲响了警钟。

中国海上搜救中心成立于 1989 年，日常工作由交通运输部海事局承担，其作为我国海上搜救任务的关键职能部门，负责全国海上搜救的统一组织、协调工作，制定全国海上搜救作业发展规划和全国海上搜救计划，协调各搜救中心工作，是我国海上搜救力量体系的指挥中枢。中国海上搜救指挥体系分为三级，即中国海上搜救中心、省级海上搜救中心、市级海上搜救分中心。中国海上搜救中心在国务院和中央军委领导下，负责统一组织、协调全国海上搜救工作。各级搜救中心之间可以共享情报信息，在统一通信平台交流信息，执行统一的调度和指挥协同，共同拟制海上应急救助方案和相关规章制度，建立健全海上搜救网络信息系统和指挥控制平台。自 2012 年广东省海上搜救中心进行职能划转后，全国所有省级海上搜救中心均已将职能转至海事部门，将所有搜救中心统一管理有助于提高海上搜救的效率。

这样的联合搜救体系中有利方面主要表现在：一方面避免了资源的重复配置和浪费；另一方面搜救行动的风险和费用支出由参加行动的单位和船舶自行承担，减少了国家财政在搜救方面的开支。但是也存在不利之处，搜救工作总体由各级搜救中心负责，但实际行动过程中涉及的搜救力量多元，指挥关系网络错综复杂，往往存在信息沟通不畅、越级、多级指挥等问题，降低了指挥协同效率。加之可以供海上搜救中心指挥调度的资源有限，可调动的搜救资源存在一定限度，遇有重大或特大海上险情时，可能涉及军地联合搜救行动，其规模和力量并非搜救中心可以调动，需要向上级申请协助调动资源力量，从而增加了沟通协调成本，在一定程度上延误了搜救时机，从而降低了搜救效率。

军地联合搜救体系的建立可以极大地提高搜救能力。尽管我国海上救援体系已经初步建立，且同国际海上搜救体系接轨，能够独立处置一些海上搜救任务，但当遇到规模较大、情况严峻复杂的海上险情时，救援任务就需提供全方位、全维度、全体系的支援力量，如先进的水面舰艇、潜艇和航空资源。另外，由于海上搜救难度系数大，传统搜救方式发现目标的概率较低，加之我国海岸线长，搜救区域大，如果遇到恶劣天气或事态紧急的情况，则缺少军方搜救力量参与的海上搜救行动效率将大打折扣。相应地，军方也有加入联合搜救体系的自身发展需要，军方船只、舰艇、飞行器以及相关人员遇有海上突发情况时，仅仅依靠军方搜救力量还远远不够，军地联合才能最大限度提升搜救效率。但目前来看，我国军地联合搜救体系还不够成熟，相关机制还不够完善，缺少组织演练和协同行动，行动是否可以达到有效搜救的要求还有待检验。当前迫切需要打破体制壁垒，探索形成一套行之有效的军民联合搜救体系。

1.3　海上搜救应急预案与法规体系

应急预案体系是应急管理体系的核心内容，2018 年 3 月 13 日，第十三届全国人民代表大会第一次会议审议国务院机构改革方案，组建应急管理部，不再保留国家安全生产监督管理总局，标志着我国应急管理进入了一个新的历史时期。近年来，以交通运输部为主导的中国海上搜救应急体系逐步建立完善。

1.3.1　应急预案体系内涵

我国应急管理体系具体可归纳为“一案三制”，“一案”为国家突发公共事件应急预案体系，“三制”为应急管理体制、运行机制和法制体系。应急管理中的“一案三制”是一个有机结合的整体，其中，“一案”是体系的主体结构，构成体系框架和根基，“三制”中体制指机体顺畅运行，结构清晰的整体构架；机制是起平衡、协调作用，充分发挥各系统机构的作用优势；法制是运行规范和制度保障，予以机构和行动效能和强制力。“一案三制”体系为应急救援行动规范性、合法性和平稳性提供了有力保障。编制应急预案是我国“一案三制”应急体系建设工作中的重要内容，也是突发公共事件应急准备工作的基础。

我国应急管理建设情况同国外比较相对特殊，国外的应急管理一般是自下而上建设，通常先有部门预案，再有国家预案；而在我国，除了一部分职能部门在国务院发布的《国家突发公共事件总体应急预案》正式印发之前已经拟定并初步建立起本职能范畴的应急预案体系(如中国地震局的震灾应急救援、公安部的消防管理、水利部的水旱灾害防治等)外，其他部门是没有相应预案的。国务院发布的《国家突发公共事件总体应急预案》是全国应急预案体系的总纲，从顶层设计规范了我国应急管理总体建设思路和方向，明确了各类突发公共事件分级分类和预案框架体系，规定了国务院应对特别重大突发公共事件的组织体系、工作机制等内容，是指导预防和处置各类突发公共事件的规范性文件。

我国应急管理体系构建经历了从分到总的建设发展过程。在国务院正式下发《国家突发公共事件总体应急预案》之前，各级政府及组织已对应急管理有所研究并出台了一些相关管理规定和措施性文件。例如，在 2003 年上海市人民政府最早启动修订我国省级行政机构应急管理预案《上海市灾害事故紧急处置总体预案》；同年 9 月，为了进一步做好严重急性呼吸综合征的预防和控制工作，北京市政府针对非典疫情编制并发布《北京防治传染性非典型肺炎应急预案》，提高反应和应急处理能力，将防治工作纳入法制化、科学化和规范化的轨道。2003 年底，国务院办公厅着手研究立项国家层面的突发公共事件总体应急预案编制工作。

国务院办公厅于 2004 年 5 月印发了《省(区、市)人民政府突发公共事件总体应急预案框架指南》，并要求各省(区、市)人民政府将突发公共事件总体应急预案于 2004 年 9 月底前报国务院办公厅备案，标志着我国正式要求各省级政府按照统一的框架和要素编制本地区突发公共事件应急管理预案。各类国家突发公共事件应急处置预案修订也有序开展，国务院发布了《国家突发公共事件总体应急预案》、25 件专项预案和 80 件部门预案。2005 年 7 月，全国应急管理工作会议在北京召开，从顶层设计层面推进我国应急管理工作发展，标志着我国逐步形成了经常化、制度化的突发公共事件应急管理体系。2021 年 1 月 7 日，“十四五”开局之年，全国应急管理工作会议在北京召开，会议提出要发挥我国应急管理体系的特色和优势，积极推进应急管理体系和能力现代化，例如，要建立中国—东盟灾害管理部长级会议机制，国家综合性消防救援队伍要加速转型升级，中央投入 25.58 亿元增储应急物资。

2006 年 1 月 8 日我国正式发布并实施了《国家突发公共事件总体应急预案》，标志着我国确立起国家应急预案体系总体规划，明确提出了应对各类公共事件的 6 条工作原则，规范了特殊重大公共应急响应和处置工作机制、组织体系等相关内容，是指导预防和处理各类突发公共事件的规范性文件。其有效推动了我国政府在公共事件管理工作向前发展。

《国家突发公共事件总体应急预案》颁布后，各地积极落实中央决策部署，主动研究本地区应急预案。地方应急预案编制工作以《国家突发公共事件总体应急预案》具体内容和规定及其框架指南为依据，采取分级分类的方式构建本级突发公共事件应急预案。分类可具体划分为自然灾害、事故灾害、公共卫生事件和社会安全事件四类，每个类别可包含多个应急处置预案；而分级分为特别重大、重大、较大和一般四个等级。

1.3.2 我国海上搜救应急预案体系现状

海上搜救应急预案是处理和应对海上突发事件的基本依据，根据《国家海上搜救应急预案》建立国家海上搜救应急反应机制，迅速、有序、高效地组织海上突发事件的应急反应行动，救助遇险人员，控制海上突发事件扩展，最大限度地减少海上突发事件造成的人员伤亡和财产损失。根据不同的海上搜救任务和搜救部门的具体职能，制定不同的海上搜救应急预案，形成海上搜救应急预案体系。

2005 年，国务院批准了《国家海上搜救应急预案》，作为国家 25 个专项预案之一，在全国范围内全面实施。根据国务院的相关要求，参照中国海上搜救中心编制的《省级海上搜救应急预案框架指南》，沿海各省市区及长江干线搜救预案相继编制完成，形成比较完整的预案体系。通过建立预防预警机制、险情报送制度、搜救保障机制、科学的决策机制，完善搜救的支持系统，提高我国政府应对海上突发事件和海上搜救的能力，确保海(水)上人命财产的安全。

1. 国家预案

2007 年，在国务院应急管理办公室的指导下，在对《国家海上搜救应急预案》进行全面评估的基础上，中国海上搜救中心组织编制了《化学品船遇险应急预案》、《海上客船遇险应急预案》、《内河客船遇险应急预案》和《航空器坠海应急预案》等专用应急预案，交通运输部颁布了《交通部防抗台风等极端天气事件应急预案》等部门预案，形成了专用预案、部门预案对国家专项预案的有效支撑。同时，为配合海上搜救工作的顺利开展，搜救应急其他相关部门也制定了一些应急预案。

2. 地方预案

1) 省级海上搜救应急预案

根据国务院的相关要求，参照中国海上搜救中心编制的《省级海上搜救应急预案框架指南》，各省级海上搜救中心及地方海事部门编制了适合本地情况的海上搜救应急预案。各省级海上搜救中心和海事部门主动向地方政府汇报，将省级海上搜救应急预案纳入了地方应急管理体系。

当然还有一些省份没有制定专门搜救应急预案，而是由其他预案来体现搜救相关的职责，如《河南省水上突发事件应急预案》、《浙江省海上突发公共事件应急预案》、《江西省处置水上突发事件应急预案》、《四川省水上运输事故应急预案》、《广东省海上险情应急预案》。

2) 市级海上搜救应急预案

部分地区根据省级水上搜救预案编制了各地市级水上搜救应急预案，如《青岛市海上搜救应急预案》、《长沙市水上搜救应急预案》、《常州市水上搜救应急预案》、《黄冈市水上搜救应急预案》等。

3) 县级海上搜救应急预案

部分地区根据省市级海(水)上搜救预案编制了县级预案，如湖南省《湘潭县水上搜救应急预案》、江苏省《建湖县水上搜救应急预案》和《灌南县水上搜救应急预案》，以及山西省《芮城县水上搜救应急预案》等，但县级海(水)上搜救应急预案编制总量不多。

4) 企事业单位预案

目前，少有企业制定专项搜救应急预案(操作手册)，但在企业预案中应急搜救方面的职能有所体现，例如，中远集团制定了《中国远洋控股股份有限公司海损事件专项应急预案》，首钢京唐钢铁联合有限责任公司制定了《港口人员落水应急救援预案》。

3. 其他相关文件

尽管海上搜救应急预案已经编制，但操作起来并不是很方便，因此需要对预案进行深化和细化，形成相关的操作手册或指南。目前，我国海上搜救应急预案相关指南和操作手册情况如下。

(1) 《海上搜救力量指定指南》。

中国海上搜救中心编制了《海上搜救力量指定指南》，各海上搜救中心和分中心应掌握本地区所有的可用于海上搜救的资源，按照专业搜救力量与社会搜救力量相结合、军队搜救力量与民用搜救力量相结合的原则，组织协调海上搜救行动。

(2) 《国家海上搜救手册》。

从我国的实际情况出发，《国家海上搜救手册》对海上搜救的组织、预案、通信、搜救行动、救助计划和行动等诸多环节，给出了规定性的指导，并使其形成体系和制度。对海上生命搜救，保障人民群众安全、财产安全，具有较强的理论和技术指导意义。

(3) 《水上搜救应急预案简明操作手册》。

简明操作手册是应急预案浓缩、精炼和务实的体现，以实战为目标，不受文体形式、篇幅长短和虚话套话的局限，手册制定过程中可以使用表格、流程图和文字相结合，使手册更具实用性。例如，《常德市水上搜救应急预案简明操作手册》将应急程序以表格的形式表现出来，主要内容包括应急启动标准、应急启动和应急终止，应急响应行动，信息报告与发布，成员单位职责和联系电话。

(4) 其他。

中国民用航空局依据《中华人民共和国搜寻援救民用航空器规定》，指定空管行业管理办公室制定《搜寻援救民用航空器工作手册》，该手册明确规定了各相关部门职责，推动民航搜救体系规范化、明确化，是指导民航搜救工作的基本文件，为民航领域及时有效开展搜救行动、最大限度避免或减少人员伤亡提供了有力支撑。

1.3.3 海上救援法规体系现状

自从人类的祖先扬起风帆，踏上探索海洋的那一天起，各种海难、天灾就一直相伴在我们左右。为保护人命安全和海洋环境清洁，1979 年 4 月 9 日～27 日，政府间海事协商组织(现为国际海事组织)在汉堡召开了国际海上搜寻救助会议，经过广泛的讨论和研究，与会各方达成共识，《1979 年国际海上搜寻救助公约》或称《海上搜索与救援国际公约》由此诞生，它为各国开展海上搜寻救助和国际合作提供了基础。通过建立国际海上搜寻与救助计划，尽可能使搜救程序标准化，便利各国政府间和参与搜救工作各机构间的直接联络和有效合作，并为健全搜救机构提供指南。《1979 年国际海上搜寻救助公约》的主要目的是通过建立国际搜救计划促进各国政府之间以及参与海上搜救活动者之间的合作。该公约于 1985 年 6 月 22 日生效。该公约的缔约国在公约中承诺“保证做出一切必要的安排进行海岸值守以及对沿其海岸的海上遇险者进行救助，这些安排必须包括建立、操作和维护实际可行的、必要的海上安全设施”。该公约的技术要求放在附则中，要求缔约国确保做出安排以在其沿海水域提供足够的搜救服务。该公约鼓励各缔约国与其邻国签订搜救协定，建立搜救区，合作使用设备、建立共同的搜救程序，进行培训和互访。在该公约基础上，各国都建立了一套自己的法规体系。

1. 美国

美国在海上应急搜救建设方面走在前列，积极推进海上紧急搜救建设。为了快速高效地对各类事故做出应急反应，美国一直在健全完善其应急体系文件。其中，涉及搜救方面的文件总共分为三个层次，以便指导各级、各类搜救工作顺利展开，如图 1-5 所示。

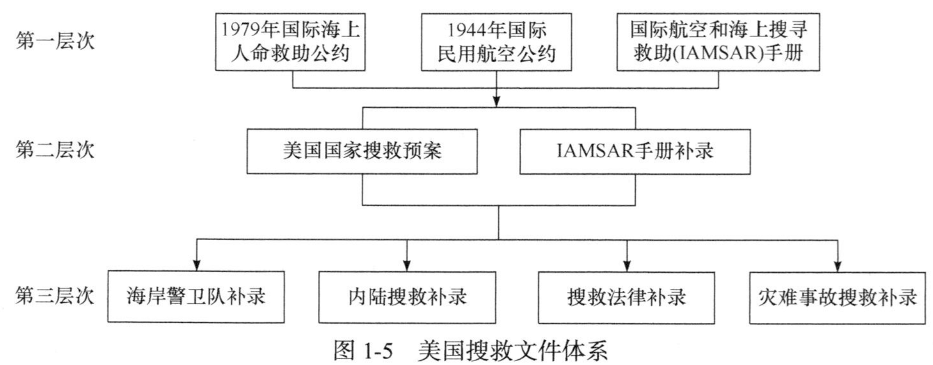

图 1-5　美国搜救文件体系

1) 第一层面

美国搜救所参考的最基本的文件即为各类国际公约，如《1979 年国际海上人命救助公约》、《国际民用航空公约》(通称《芝加哥公约》，1944 年)，以及 1998 年国际海事组织(IMO)和国际民用航空组织(International Civil Aviation Organization，ICAO)联合推出的《国际航空和海上搜寻救助手册》(International Aeronautical and Maritime Search and Rescue Manual，IAMSAR Manual)等。

2) 第二层面

在 IAMSAR 手册的基础上，美国制定了本国的国家搜索与救援计划(National Search and rescue Plan，NSP)，并根据本国情况对 IAMSAR 手册进行了补充，即 IAMSAR 手册补录——NSS(National Search and rescue Supplement)。

NSP 由国家搜救委员会(National Search and Rescue Commission，NSARC)制定，是各联邦政府机构间文件，介绍了本国搜救的基本框架，包括美国的搜救组织、主要机构及其职责、所遵循的基本原则及政策等。

IAMSAR 手册补录主要是根据本国具体情况对 IAMSAR 手册的内容进行进一步的说明和补充，并为联邦机构执行搜救预案、搜救力量(包括军队力量以及民间力量)开展民间搜救工作提供指导。

3) 第三层面

以上这些文件是从整体的角度说明国家搜救工作的相关事宜，由于搜救工作互有不同，美国根据各类搜救的具体情况对搜救文件做了进一步的补充说明。

(1) 海岸警卫队补录。

该补录作为整个美国海岸警卫队(United States Coast Guard，USCG)规划和组织搜救行动的标准参考，说明了海岸警卫队应用的政策、程序和标准。搜救并不是救助协调中心、航空站和救助艇站的唯一任务，它是海岸警卫队的功能之一，也是更广范围的国家和国际海上和航空救助网络的一部分。海岸警卫队补录说明了它们相互之间的关系，并针对搜救方案的规划和行动的细节进行了说明。

(2) 内陆搜救补录。

该补录由国家公园管理局、美国空军救助协调中心、国家搜救院校共同制定，为联邦机构在内陆地区开展搜救工作提供综合性指导。

(3) 搜救法律补录。

从法律的角度为组织开展搜救工作提供指导。

(4) 灾难事故搜救补录。

2007 年，美国国家搜救委员会意识到有必要对灾难事故的应急处置提供额外的指导。为此，建立了该补录，对联邦机构开展相应工作进行指导。

同时，为加强国际海上搜救合作，美国同搜救责任区相邻的众多国家签订了搜救合作协议或备忘录。

美国所辖海域广阔，从北极区到南太平洋，从东海岸的大西洋到西海岸的太平洋，向西最远可至菲律宾海，面积达 1700 多万平方公里。美国拥有全世界顶级的海军，能够全球到达和投送兵力，能够执行全球海洋作战任务。美国的海上搜救工作自然也落到其专业的海上救援力量——美国海岸警卫队。美国海军救援体系包括美国海岸警卫队和美国海军救援力量，实行的是"军民融合式"的救援模式。美国海军对海上紧急事件的处理极为重视，在全海军自上而下建立了紧急救援组织机构，制定了《海上救援快速反应规定》和《海上事故处理》等相关法规，针对救援行动编制了许多标准化手册和实施办法，以有效协调救援人员、设备快速高效地处理水面舰艇和潜艇部队遇到的紧急情况，包括搜寻、救援、打捞、医疗后送、通信导航和生命支持等方面，构成了美国海军救援标准体系，已收集到的美国海军救援装备法规标准体系项目如表 1-6 所示(丰利军和余林刚，2017)。

表 1-6　美国救援装备体系法规标准项目(部分)

标准号	标准名称
JP 3-50	艇员打捞手册
NTTP 3-50.1	海军搜救手册
NAVSEA S9DSR-AL-SAR	深潜系统部署和应用手册
OPNAVINST 3100.6H	特别事件报告程序
COMSUBDEVRON FIVE OPLAN 210	潜艇发展第五中队行动计划
SECNAVINST 5700.44B	公共事务政策方针与规程
CJCSM 3122.01	联合作战和计划执行系统第 1 版，计划政策与程序
CJCSM 3122.03B	联合作战和计划执行系统第 2 版，计划和指导方针
COMPACFLTINST 6320.5	医疗转运(MEDEVAC)
NAVSEAINST 3730.1F	潜艇和载人非作战潜艇失事清单
COMSUBFOR OPLAN 2137	美国潜艇援救行动计划
N000024-89-C-4012	美国海军应急船舶救捞物资管理指南(2004 版)
	水下潜器、系统和高压设备建造与入级规范——美国船级社(ABS)规范
	材料与焊接规范——美国船级社(ABS)规范
	潜水器与水下系统建造与入级规范——英国劳氏船级社(LR)规范

续表

标准号	标准名称
	潜水系统海上标准——挪威船级社(DNV)规范
	潜水系统与潜水模拟器入级规范——德国劳氏船级社(GR)规范
ASME(PVHO-1)	载人压力容器安全性标准

通过表 1-6 中收集到的资料可以看出，美国海军救援的有关文件中，法规、手册和运行规程等主要涉及救援行动的程序、计划、流程等管理要求，资源技术标准基本采用民用标准。

2. 北大西洋公约组织

北大西洋公约组织(North Atlantic Treaty Organization，NATO，简称北约)海上搜救体系具备较高的一体化水平和统一的运行标准，其组织内部信息共享，可实现快捷准确的指挥和协同。其高效运转的秘诀在于有效的组织管理制度和严格统一的标准化要求。其信息通信可以做到全终端共享，搜救资源和物资大多实现了统一调度和储备、投送标准，在搜救过程的多个环节形成了较为成熟的指南性文本。

北约军事委员会标准化局针对救援行动出台并规范了海上救援法规制度和指导手册，形成了较为规范的指挥流程和操作方法，其搜救成员能够根据相关规定快速定位本部门职能，自动提供和配合其他搜救部门所需的各类资源和行动，形成北约救援标准化体系。北约救援标准化体系包括北约标准化协议(NATO Standardization Agreement，STANAG)和盟军出版物(Allied publications，AP)两大类。目前，已收集到的北约援潜救生法规标准项目(部分)见表 1-7(丰利军和余林刚，2017)。

表 1-7 北约援潜救生法规标准项目(部分)

标准号	标准名称
ATP-57(B)	北约援潜救生手册
ATP-10(D)	北约搜寻与援救手册
AMedP-11(A)	北约海洋医学手册
1390Eed06-RD2	援潜救生手册(ATP-57(B))应用条件
stanag_1269Eed01	北约海洋医学手册(AMedP-11(A)) 应用条件
stanag_3552Eed09a1	搜寻与救援手册(ATP-10(D))应用条件

续表

标准号	标准名称
stanag_1432Eed02	潜水医学疾病联合指导书(ADivP-2(A)/MDivP-2(A))应用条件
stanag_1372Eed09	潜水作业综合指导书(ADivP-1(A)/MDivP-1(A))应用条件
stanag_2879Eed03	大规模伤亡事故医疗政策原则
stanag_1297ed06	北约通用救生平台技术要求
stanag_1450ed01	失事潜艇(DISSUB)通风通用接口
stanag_1391	失事潜艇通过递物筒接受应急生命支持物资(ELSS)的必要条件
stanag_1298ed03	失事潜艇定位装置最低技术要求及潜艇标志信标特性
stanag_1382ed2	失事潜艇探测与定位应急声呐信标及其水下导引救援技术
1301Eed05draft	脱险或救援前失事潜艇(DISSUB)内最低生存条件
stanag_1319ed02	艇上支持脱险或救援的医疗物资最低储备要求
stanag_1320ed03	潜艇脱险舱室内大气监控设备最低技术要求
stanag_1074ed04	北约潜艇、水面舰船和直升机用水下电话最低基本特性
stanag_7007Eed02a3	隐蔽搜救电子系统(CSARES)
stanag_1321	潜艇脱险与水面存活单人装具(SESSPE)最小要求

在北约有关组织的救援文件中，操作手册主要包括救援和医疗救助相关问题及其应用条件，关注涉水相关紧急疾病的救治。救援设备标准涉及资源接口需求、通用平台的技术要求、生命支持系统以及特殊的救援设备技术要求等，如使用北约标准化协议(STANAG)进行规范。

3. 俄罗斯

俄罗斯海上搜救体系实行军民联合搜救的模式，军队方面，俄罗斯依托海军较为完善的海上搜救体系和法规制度，凭借其强有力的海军航空兵和水面舰艇搜救资源，提出以“预防、准备、反应、救援”八字方针为基本搜救原则。在政府方面，设置紧急情况部，主要从事紧急情况和自然灾害的紧急搜救工作，建立了全国统一的紧急情况防控机制。紧急情况部空中机动搜救中心是专门从事搜救工作的航空部门，中心拥有一支搜救队伍、工程技术队伍、通信信息队伍、交通运输队伍和物资保障队伍，共 400 余人。在紧急情况下，该机构可以同时部署来自军队和民航的空中搜救力量，形成一个完整的联合搜救体系。

4. 中国

1) 涉及搜救的有关法律、法规及其他规范性文件

中国国内涉及海上搜救的法律主要有：2002 年 6 月 29 日通过的《中华人民共和国安全生产法》(已于 2021 年 6 月 10 日最新修订)，要求构建安全风险分级管控和隐患排查治理双重预防工作机制，健全风险防范化解机制，进一步明确了对政府、部门的要求；1984 年 1 月 1 日起施行的《中华人民共和国海上交通安全法》第 7 章关于海难救助的内容和第 8 章关于打捞清除的内容(已于 2021 年 4 月 29 日进行了最新修订)、1993 年 7 月 1 日起施行的《中华人民共和国海商法》第 9 章关于海难救助的内容、1993 年 9 月 11 日发布的《中华人民共和国无线电管理条例》(已于 2016 年 11 月 11 日进行了最新修订)、2006 年 1 月 8 日施行的《国家突发公共事件总体应急预案》提出了应对包括海洋灾害在内的突发公共事件的 6 条工作原则，这些都是指导预防和处置各类突发公共事件的规范性文件。

中国的海上搜救工作很早就开始立法，很多法规和相关文件都涉及海上搜救的问题，如 1951 年的《中华人民共和国交通运输部关于统一管理及打捞沉没船舶与物资的决定草案》、1951 年的《沉没船舶及物资的管理及打捞暂行办法草案》、1957 年 10 月 11 日交通运输部发布的《中华人民共和国打捞沉船管理办法》、1958 年 9 月的《交通运输部关于打捞沉船审批权限适当下放的通知》、1987 年 1 月 9 日的《中华人民共和国海上搜寻救助工作暂行条例》、1992 年 7 月 12 日发布的《关于外商参与打捞中国沿海水域沉船沉物管理办法》(已于 2020 年 12 月 11 日，根据中华人民共和国国务院令(第 732 号)《国务院关于修改和废止部分行政法规的决定》进行修订)、1999 年 4 月 1 日施行的《沉船打捞单位资质管理规定》、1999 年 8 月 27 日施行的《中华人民共和国潜水员管理办法》(已于 2014 年 12 月 7 日废止)、1988 年 8 月 1 日施行的《中华人民共和国渔港水域交通安全管理条例》(已于 2019 年 3 月 2 日进行了最新修订)、2002 年 8 月 1 日起施行的《中华人民共和国内河交通安全管理条例》(已于 2019 年 3 月 2 日进行了最新修订)、2007 年 6 月 1 日起施行的《生产安全事故报告和调查处理条例》、2015 年 1 月 1 日起施行的《水上交通事故统计办法》(已于 2021 年 9 月 1 日进行了最新修订)、2019 年 5 月 1 日起施行的《中华人民共和国水上水下作业和活动通航安全管理规定》(已于 2021 年 9 月 1 日进行了最新修订)等。

比较重要的法规，例如，2014 年 11 月 20 日经第 13 次部务会议通过，自 2015 年 7 月 1 日起施行的《中华人民共和国海上海事行政处罚规定》(已于 2021 年 9 月 1 日进行了最新修订)，是为了规范海上海事行政处罚行为、保护当事人的合法权益和维护海上交通秩序而制定的；还有 2015 年 5 月 29 日交通运输部发布的《中华人民共和国海事行政许可条件规定》(已于 2021 年 9 月 1 日进行了最新修

订)，是为依法实施海事行政许可和维护海事行政许可各方当事人的合法权益，根据《中华人民共和国行政许可法》和有关海事管理的法律、行政法规以及中华人民共和国缔结或者加入的有关国际海事公约而制定的；再如为了履行中华人民共和国缔结或参加的有关国际公约，实施双边和多边海上搜救应急反应协定，于 2006 年 1 月 22 日颁布并执行的《国家海上搜救应急预案》；2015 年 8 月 1 施行的《动态待命值班制度》是科学部署救助资源，缩短专业救助力量抵达遇险现场的距离和时间，使专业救助力量在应急时能够第一时间对海上发生的各类突发事件快速反应，并实施有效救助的管理制度，它主要工作原则是“关口前移、站点加密、动态待命、随时出击”，救捞系统实施动态待命救助值班制度后应急反应速度、组织指挥水平和海难救助效果明显提高。

2) 《国家海上搜救应急预案》相关规定

现行的《国家海上搜救应急预案》是目前我国最重要的海上搜救法规，其规定海上搜救中心有权派遣各方力量，明确各部门的职权。在特别重大突发事件中，水路交通应急指挥中心应协调有关部门参与应急协作，每个部门确定根据其现有的责任进行紧急任务分工。交通运输部职责为：做好水路交通各类突发事件应急救援的组织协调工作，负责水上交通监控管制、水上危险物和污染物清除、水上救助与打捞清障、港航社会安全防控、提供交通运输应急保障等。水利部职责为：做好相关水利水电枢纽的运行调度和水位保障工作，为水路交通突发事件防治和应急救援提供便利条件。公安部职责为：负责水路交通突发事件现场治安的秩序维护、火灾扑救、爆炸险情控制、危险品清除、遇险人员营救、必要的公众隔离、保证交通畅通等。工业和信息化部职责为：根据港口和航道应急工作的需要提供有效的通信保障。国家卫生健康委员会职责为：组织医疗救护队伍，及时对伤病人员进行救护；必要时，提供清洁车辆和储运设备，配合污染物的清除。中国气象局职责为：负责及时提供气象监测实况，提供近期天气预报和气象灾害。中央军委联合参谋部职责为：根据交通突发事件应急工作领导小组请求，组织舰船、飞机、人员以及救生器材等搜救力量和资源参与行动，参加救援的军队舰船、飞机及人员由军方统一指挥，同时接受水路交通应急指挥中心的统一协调。生态环境部职责为：负责事发地上、下游流域和周边地域的环境监测工作，提出污染控制与处置建议，协助核实污染损害情况。自然资源部职责为：开展海洋生态预警监测、灾害预防、风险评估和隐患排查治理，发布警报和公报，组织开展海洋科学调查与勘测，参与重大海洋灾害应急处置。农业农村部职责为：负责核查和报告可能受到事故影响的农业用水水源保护区、基本农田保护区、农业生态保护区，通知相关管理部门采取应急反应措施，防止受到直接污染和废弃物的间接污染。中国民用航空局职责为：提供运输机、直升机等设备配合应急物资的输运和事故现场的监视跟踪。新闻单位职责为：根据应急指挥中心的安排，及时做好新闻发布和宣传动员工作。

有关应急资源的征用内容如下：①水路交通应急指挥中心对交通运输部管辖范围的应急物资、设备和器械有应急调配权，可以启用各级人民政府储备的应急救援物资。在必要时可以向单位和个人征用应急救援所需设备、设施、场地、交通工具和其他物资，要求事发地人民政府提供人力、物力、财力或者技术支援，要求生产、供应生活必需品和应急救援物资的企业组织生产，保证供给。②港口和航道的抢险、消防、救援、重建恢复等工作所需的设备、物资等在交通运输部管辖范围内，或者属于地方政府机构的，由水路交通应急指挥中心统一调度；属于军队和武警系统的，由水路交通应急指挥中心协调调用。③Ⅰ级应急响应启动后，水路交通应急指挥中心根据突发事件的特征和影响程度与范围，向相关省级交通主管部门、应急救援机构发出应急资源征用命令。相关省级交通主管部门、应急救援机构应按照交通运输部资源征用的要求，负责组织和征用相关应急资源，并在交通运输部征用命令下达后 24 小时内，征调相关应急人员、资源和物资，并到指定地点集结待命。《中华人民共和国海上人命搜寻救助条例(征求意见稿)》也做了类似规定。

3) 中国加入的国际公约、协定对海上搜救机构职权的规定

中国参加的涉及海上搜救的国际公约、协定主要内容及其生效时间如下。

1974 年 2 月 15 日中国加入《国际民用航空公约》，参加国际民用航空组织在公约范围内的各项活动，完成公约规定的主要内容，这包括：接受民航组织在缔约国领土内和公海上进行的搜救行动，以及设立和运作本国民航搜集的组织机构，其目的是快速搜寻和救助航空器事故中的幸存者。

1980 年 1 月 7 日中国核准了《国际海上人命安全公约》(SOLAS，1974 年)，又于 1982 年 12 月 17 日加入了 1978 年议定书。其主要内容为：缔约国确保对其搜救的责任区做出遇险通信和协调相关力量进行联合搜救行动，向联合国国际海事组织提供搜救所需要的搜救设施、拟定搜救计划以及信息、后勤保障等要素。之后，又有了《国际海上人命安全公约 1988 年议定书》。1974 年 SOLAS 公约经过一次次的修改，除了基本框架和个别章节不变外，大部分已经进行了修订。其不仅拥有浩如烟海的修正案，还增加了许多对当今航运业有着重大影响的章节。

1985 年 6 月 24 日中国核准了《1979 年国际海上搜寻救助公约》，其内容主要是对参与搜寻救助的组织、国家间的合作及搜寻救助的准备措施、组织和协调、工作程序和船舶报告系统、应急机制、搜救区域等做了规定。

1996 年 5 月 15 日全国人民代表大会常务委员会批准了《联合国海洋法公约》(1982 年)，其涉及海上搜救的主要内容为：每个沿海国应促进海上和海上领空搜

寻救助技术的发展应用，建立并常态经营有效的搜救服务机构，在情况需要时积极参与与邻国的合作以完成海上搜救行动。

1996 年 7 月 14 日中国加入《1989 年国际救助公约》，其涉及海上搜救的主要内容为：对于参与公约的缔约国、救助合同、参与救助人的权利义务以及相关标准、诉讼与索赔、特别补偿、救助作业的实施等提出更加详尽的要求，主张“无效果，有报酬”原则。

我国同其他主要海上国家签订了海上搜救双边协定，其中主要有中国和美国签订的《中美海上搜救协定》、中国和朝鲜签订的《中朝海上搜救协定》、中国和日本签订的《中华人民共和国政府和日本国政府海上搜寻救助合作协定》，该类协定主要规定了缔约双方的搜寻救助指挥权、搜救方式、救助费用的支付等问题。

4) 未来海上搜救法律建设之路

尽管我国在 20 世纪 80 年代就加入了《国际海上人命安全公约》和《1979 年国际海上搜寻救助公约》，但还没有出台一部关于海上搜救工作专门法律法规，各方职、权、责不清晰，处置程序缺乏法律依据。法律的长期缺位对维护我国海上安全和海上利益具有不可小视的影响。至今，我国尚无海上搜救、专业救助打捞等方面的专门法规，应尽快启动潜水条例、沉船沉物打捞清除管理条例、海上搜寻救助条例等法规制定工作。我国相关部门已将海上搜救法制建设提上议程，2021 年 4 月 29 日修订通过了《中华人民共和国海上交通安全法》，进一步完善了船员管理制度，进一步突出了船舶安全管理，进一步强化了航海保障建设，进一步规范了通航管理秩序，进一步健全了应急搜救和事故调查处理机制，进一步明确了外国籍船舶管理要求，健全了与海上运输形势相适应的安全监管体系。我国海上搜救事业虽然取得了一定的进步和发展，但与新时代新要求相比，现行海上救助体系还有较大差距：各级各部门海上搜救协同机制不高效，远洋救助和深海搜寻资源不丰富，海上搜寻救助技术创新能力不够，处理海上急难险重救助任务经验不足，缺少高效科学的决策辅助系统，法律法规不健全，海上救助权责边界不清等。

针对我国未来越来越频繁的海上经贸活动及国家发展需要，建立健全我国海上搜救体系法规是新时期我国建设发展的必由之路。随着我国深化开展“一带一路”倡议布局，落实践行“海洋强国”建设和国家总体安全战略部署，海上应急管理亟须进一步发展完善。探索建设我国海上联合搜救模式，建立健全部际联席会议制度，进一步深化完善相关条例法规论证和修订工作，加大搜寻救助打捞和国防应急保障资源体系建设，全方位提升我国海上应急管理能力。

第 2 章　海上搜救组织体系与搜救力量构成

海上搜救是指国家或者相关部门针对海上事故等做出的搜寻、救援等工作，是我国交通运输部的一项重要职责。原国家海事局副局长刘实曾说："海上人命救助，关系到我国社会稳定、经济发展，是为广大从事海洋事业人员提供安全保障的公益性服务事业，同时也关系到我国的国际形象和国家海上安全环境。"海上搜救仅靠个人力量是远远不够的，全社会应该联动起来，并且需要较强的技术系统做支持。海上搜救相比于陆地搜救有更多的不确定性，过程也更为复杂，如何高效制定出最优搜救方案，并组织协调好搜救力量，对于搜救效率的提升和效果的增强具有重要的意义。

本章分为两个部分进行介绍，首先介绍国外搜救的组织体系与搜救力量；然后介绍国内相应的海上搜救组织体系与搜救力量。

2.1　国外海上搜救组织体系与搜救力量

为了争取海上搜救法律的统一，鼓励海上搜救事业的发展，1979 年 4 月 9 日～27 日，政府间海事协商组织在德国汉堡召开的国际海上搜寻救助会议通过了《1979 年国际海上搜寻救助公约》。该公约是为搜寻救助海上遇险人员开展国际合作而签订的，公约规定各缔约国应尽快完善搜救机构，建立救助协调中心和救助分中心，划分搜救区域，制订搜救行动程序和通信联络程序，并建议在负责的搜救区域内建立船舶报告制度。其中美国、日本、英国、澳大利亚等国家在海上搜救的组织机构设置上和对海上突发事件的处置上都有丰富的经验和成功案例，以下重点介绍上述国家的海上搜救组织体系及其搜救力量构成。

2.1.1　美国海上搜救组织体系与搜救力量

1. 搜救机构

美国拥有世界上最强大的海上搜救力量，这是由美国的地理位置和历史因素造成的：一是美国大陆(包括阿拉斯加州)海岸线长约 19924 公里，覆盖大西洋、太平洋、墨西哥湾；二是美国的海上搜救责任区覆盖面积非常广阔，主要分为太平洋搜救区和大西洋搜救区。为加强国际海上搜救合作，美国同搜救责任区相邻的众多国家签订了搜救合作协议或备忘录。

1) 国家搜救委员会

国家搜救委员会(NSARC)是美国负责搜救工作的最高行政机构，它不承担实际搜救事务，而是主要负责制定美国国家搜救政策、协调国家各联邦机构的搜救事务。国家搜救委员会由美国海岸警卫队担任主席，其成员主要包含以下 7 个联邦政府机构。

(1) 国土安全部。

国土安全部负责应急事务处置，对灾难和险情做出反应。

① 美国海岸警卫队——负责开发、建设、维护和使用国家搜救资源，以加强国际水域和美国管辖水域的水上、水面及水下的安全。海岸警卫队具有专业的设施、设备以及人员，可以对海上险情及其他情况迅速做出反应。

② 联邦紧急事务管理局——负责在国家应急体系框架下协调联邦应急反应，并检查国家应急反应系统。

(2) 运输部。

运输部负责运输安全。

① 联邦航空局——根据所制定的《联邦航空条例》直接实施空中交通管制，负责制定和执行航空安全规则，提供可协助搜救的飞行服务设施。

② 海事管理局——除负责维护国防储备舰队外，还负责在美国发展海事服务，例如，它负责管理财政援助计划，与美国的一些商业船主签订合同，允许海事管理局在宣布国家进入紧急状态时迫使商业船舶投入使用。

(3) 国防部。

国防部拥有用于国防安全的各种设备及其他资源，这些资源在不与军事任务冲突的基础上可依据国家制定的方案、规定等用于民间搜救。在国防部内，美国空军也提供资源用于组织协调搜救行动，包括在其搜救责任区内实施搜救。

(4) 商务部。

商务部通过国家海洋和大气管理局参与或支持搜救活动。其主要提供卫星服务以探测和定位遇险人员；也提供航海及航空用图，潮汐和潮流信息，公海、沿海以及内陆水域的海洋环境预报和警告信息，以及其他可用于协助制定搜救方案的环境数据。

(5) 联邦通信委员会。

联邦通信委员会针对非政府所用的有线和无线设施颁布相应的规章制度，以提高生命财产安全，并通过其远程的通信网络协助搜救行动。

(6) 国家航空航天局。

国家航空航天局(National Aeronautics and Space Administration，NASA)通过研

究开发搜寻、救助、生存、搜索系统的应用技术和设备来支持搜救工作开展，如能对处于潜在危险或实际危险中的航空器、船舶、太空船和私人船只进行定位的跟踪系统、发射机、接收机和天线等。另外，NASA 拥有飞机、太空船以及能够在世界范围内进行跟踪、获取数据和进行通信的网络，这样可以协助顺利开展搜救行动。

(7) 内政部。

内政部所辖的国家公园管理局，为其管辖的陆地和水域提供搜救服务，或者在其所辖范围外协助联邦、州、地方政府机构开展应急行动。

除了以上这些联邦政府机构之外，州、地方政府的相关机构也具有搜救的职责。这些机构大部分配备了相应的搜救设施，如应急通信设施、船艇、直升机等，一旦发生事故，会根据地方预案要求或者即时命令立即参与到搜救工作中。

2) 商业机构

一系列商业机构如石油公司、渔业公司、航空俱乐部等，会自愿参与到搜救工作中。

3) 私人机构

一些私人性的组织或机构也是搜救工作中不可忽视的力量，这些组织往往在救助协调中心的协调下开展工作。

(1) 国家搜救协会。

其主旨在于加强联邦、州、地方和志愿者之间的协调合作，以改善搜救服务。该协会在全美国范围内开展工作，但是没有专用的搜救设施。

(2) 山地救援协会。

山地救援协会是一个全部由志愿者构成的组织，其救援队分布在美国 9 个地区的 15 个州，其中包括美国国家公园管理局和国家滑雪巡逻队。协会作为全国性的机构为各救援团队制定规则、政策和指导方针，每个地区每年向山地救援协会报告其所辖救援团队的状况。山地救援协会致力于改善山地搜索和救援的质量，并提高其有效性和安全性。

(3) 雪地巡逻组织。

雪地巡逻组织的成员经过培训，可以在雪地以及雪崩区域搜寻被困者，进行紧急救助以及转移。

(4) 岩洞组织。

该组织探测地下岩洞并绘制地图。该组织设有岩洞救助协调员制定搜救程序，组织救助。

(5) 潜水员报警网。

该组织位于北卡罗来纳州的杜克大学的医疗中心，是一家非营利性组织，为潜水事故提供紧急医疗服务和救助。

美国海上搜救机构由国家搜救委员会和美国海岸警卫队二级体系组成，美国海岸警卫队是美国海上唯一的综合执法机构，也是目前世界上最现代化的海上执法队伍之一，是美国武装部队的一个支部，其执法体制和模式成为许多国家海上执法队伍建设争相模仿的典范。海岸警卫队的活动有五大主要目的：安全、国防、海事安全、机动性、环境保护。海岸警卫队还负责清除失事船只和其他有碍航行的危险物，执行搜救行动，对遇险船只和飞机提供帮助。美国海岸警卫队司令部设在华盛顿，防区分为两大片：太平洋防区和大西洋防区。太平洋防区下辖：第 11、13、14、17 海岸巡防区；大西洋防区下辖：第 1、5、7、8、9 海岸巡防区。每个防区下辖若干个基地，共 41 个基地，191 个救助站。具体的组织体系如图 2-1 所示。

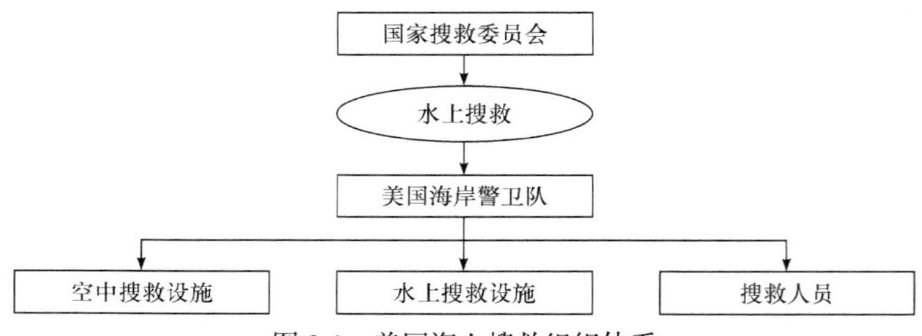

图 2-1　美国海上搜救组织体系

美国将全国水域分为内水、近海和远海 3 个区域，参加内水各区域搜救工作的有国防预备队和海军小型舰队；海岸警卫队承担近海区域救助；国防部责成海、空军的驻外司令官负责指挥管理远海区域。除此之外，还有隶属于国土安全部的联邦紧急事务管理局、隶属于运输部的联邦航空局和海事管理局、商务部、国家救援委员会、国家航空航天局、国家海洋和大气管理局、美国红十字会等 12 个机构协助救助工作的开展。

2. 搜救力量

美国海岸警卫队是实施海上搜救的主要力量，据统计，它自 1790 年成立以来至 2007 年，总共救助了 1109310 名遇险人员；据官方统计，2018 年海岸警卫队平均每天执行 44 起搜救任务，挽救 12 条生命，救助 60 余人；搜救力量从开始行动到抵达遇险现场所用的时间不超过 90 分钟，总的应急响应时间不超过 2 小时，而这与其完善的搜救资源建设是分不开的。美国具有数量可观的船艇、飞机、巡逻船，其与岸基监控系统的配合，将海上巡航和搜救有效结合，实现立体化巡航搜救。

美国海岸警卫队从 1790 年只有 10 艘小帆船的船队发展为如今拥有现代化船只与飞机的部队，发展十分惊人。美国海岸警卫队现有 4 万多名现役军人、3 万多名预备役军人和辅助人员，现役人员主要从美国海岸警卫队学院和其他大学招募。海岸警卫队有一支庞大的舰队，舰队船只通称快艇，具体包括破冰船、巡逻艇、航标敷设船、货船、内河船和各种拖船，能有效执行各种任务。海岸警卫队共有大约 70 个办事机构以及 190 个执法站和搜救站，除负责水域安全、港口安全和航运检查等职责外，还负责维护灯塔和导航设施。海岸警卫队配备有运输机、喷气式飞机，以及执行巡逻、执法和搜救任务的直升机，各式装备飞机在海岸警卫队的工作中有着不同寻常的重要作用。海岸警卫队的所有船只至少都配有轻武器。海岸警卫队大型船只上的船员要定期参与海军训练。2019 年 2 月，美国海岸警卫队获得 6.55 亿美元以建造新一级重型极地破冰船——“极地安全防卫舰”，并计划打造主要由 6 艘极地破冰船组成的新舰队。

2.1.2　日本海上搜救组织体系与搜救力量

1. 搜救机构

日本是一个海洋大国，它依赖其建立的统一的海上搜救指挥体系、高效专业的搜救力量、精良的搜救资源，而拥有较高的搜救水平，在全球海岸防卫队中仅次于美国海岸警卫队。

日本海上保安厅(Japan Coast Guard，JCG)成立于 1948 年，是日本为维持海上安全及治安而设置的行政机关，隶属于日本政府国土交通省，主要负责海上治安、保障海上交通安全、开展应急搜救和海洋环境保护等工作。日本海上保安厅与其他国家的沿岸警备队(Coast Guard)、国境警备队等准军事组织的职务相当，职员数约 1 万人，大部分是海上保安官。

日本海上保安厅总部设在东京，包括保安厅长官、次长和警备救难监事，其下设立首席监察官、行政部、资源技术部、警备救难部、海洋情报部、交通部等职能部门，其中行政部主要负责公共关系、国际交流、人事管理、预算财务等工作；资源技术部主要负责船艇建造、飞机采购以及其他资源购置等工作；警备救难部主要负责海上公共秩序、海上救难与污染防治等工作；海洋情报部主要负责海图测绘、航道测量、海洋观测，提供海图出版物和确保航行安全所需的信息管理等工作；交通部主要负责航行安全措施的实施、航标的设立、维护和运作等工作。此外，日本海上保安厅总部还直辖海上保安大学、海上保安学校及其两个分校(门司分校和宫城分校)，专门负责海上保安人才的培育。日本海上保安大学的教育定位是职业学历教育；日本海上保安学校的教育定位是职业资格教育，即海上保安官的岗位能力培训。一名真正的海上保安官必须经过 3 次选拔，第一次是两所海保学校的招生选拔；第二次是两所海保学校的过程(淘汰制)选拔；第三次是海上保安厅的海上保安官录用选拔。

在地方机构方面，目前日本海上保安厅以日本本土为中心，将周边管辖海域分为 11 个海上管区，每个管区都设有海上保安本部。截至 2004 年，这 11 个管区的海上保安本部共下辖 66 个海上保安监部、1 个海上警备救难部、58 个海上保安署、6 个情报通信管理中心、7 个海上交通中心、1 个航空警备管理中心、14 个航空基地、1 个国际组织犯罪打击基地、1 个特殊警备基地、1 个特殊救灾基地、1 个机动防灾基地、5 个通信站、4 个航道观测站、1 个导航中心与 18 个航标管理部门等。

隶属第三管区的横滨海上保安部，是整个海上保安厅里规模最大的一个海上保安部，拥有充裕的机舰机动兵力，能有效地执行海上治安维护、海上交通保障、海难救助、海上防灾、确保海洋环境安全以及统合国内外相关安全与救灾机制等职能，并且是东京湾内维持海上秩序、安全与救灾的最大型单位。第三管区本部所在的横滨防灾基地，是海上保安厅位于关东地区的最主要的防灾据点。横滨防灾基地本身有良好的耐震设计，其设施包含紧急应变勤务指挥中心、武道场、室内射击训练用靶场、各式训练用水槽、操船模拟器、耐震码头等。一旦关东地区发生重大海上或地上灾难，横滨防灾基地便作为应变指挥中心。横滨防灾基地内有横滨海上保安部、横滨机动防除基地、航空整备管理中心等三个单位的办公室，其中机动防除基地负责处理全国性的大规模海洋漏油事件。

海难救助业务由警备救难部负责，包括海难救助、海洋环境保护与海上防灾等三个部分。

海难救助部分，在日本沿海和海上搜救区域内发生船舶火灾、翻覆、沉船等海难事故时，于最短时间内进行人命救助和现场救援善后工作，以保护管辖海域内的生命财产安全。平时建立完善的海上紧急救难体制和预案，设置快速反应的专业海上救助队，持续实施 24 小时不间断的值班待命体系，并由巡视船艇和飞机实施海空巡航监视。为迅速有效地进行海难救助，日本海上保安厅建立包括整合了卫星通信、海岸无线电台、船舶与飞机无线电在内的整体式海上搜救通信预警体系，其海岸电台使用国际标准遇险频率进行 24 小时不间断收听，收到遇险信息时立刻采取相应措施。

海洋环境保护业务是对发生在日本周围海域的海洋污染事件进行监控和处理，以保护海洋生态环境。为此，日本海上保安厅对燃油污染发生概率较高的海域进行重点监控，防止海上船舶、陆上工厂或海岸工程等排放废油、含油污水等污染物，或者是船舶意外事故造成的漏油；相关单位配备污油回收装置与清除设备，随时待命行动，以防重大漏油事故的发生。

海上防灾部分，在发生海洋相关的重大自然灾害(如海底火山爆发、地震与海啸等)时，派出巡视船艇、飞机前往现场展开紧急救援行动，如救助灾民、搬运离岛伤患、运输相关人员和救援物资。1990 年，日本与韩国签署《海上搜救及船舶紧急避难协定》；1994 年，日本海上保安厅与俄罗斯海运局国家海洋救助总部签订互助方针。这类协定签署之后，除了实际的海难救助外，日本与其他缔约国也定期举办海上联合搜救与防污染应急的会议与联合作业演习。

2. 搜救力量

1) 人员力量

日本海上搜救应急救援人员主要是由特殊救难队、机动抢险队、直升机救助员和潜水员四部分组成。

(1) 特殊救难队。

特殊救难队分为 6 个小分队，每个小分队 6 名成员，共 36 人。每个小分队负责维护和保养 200 多种专业救助设备。他们都是专职人员，经过专业培训，全天候待命，可以对特殊海上事故进行救助，如对船舶进行灭火、救援装载危险品的失事船舶等。

(2) 机动抢险队。

机动抢险队的技术人员共 81 人，均匀分布在日本国内 9 个航空站内。他们在海难事故发生后，乘坐直升机赶往现场进行救援，他们擅长从直升机进入事故区域救援、潜水，而且他们之中 50%的人员都是合格的急救医护人员。

(3) 直升机救助员。

日本约 95%的海上人命事故均发生在离岸 20 海里以内。对此，日本海上保安厅在各航空基地配备数名直升机救助员，确保事故发生后可以快速反应。这些直升机救助员不仅能够从悬停的直升机上空滑降到水面，快速救助遇险人员，而且受过专门的医疗知识和技术培训，在飞机上就可以对伤员进行初步治疗，以有效提升人命救助成功率。

(4) 潜水员。

潜水员是在参与海上救援的巡逻船艇上进行潜水工作的，经过了专业的训练，主要职责是救助落水的人员，寻找失踪人员。

2) 资源力量

(1) 海面资源。

截至 2015 年 4 月 1 日，日本海上保安厅共有各类船艇 455 艘，其中包括巡视船 128 艘、巡视艇 238 艘、特殊警备救难艇 63 艘、水文监测船 13 艘、灯塔维护船 10 艘和训练船 3 艘。

根据日本海上保安厅公布的资料，目前对舰艇资源的主要建设目标如下。

① 直升机巡视船对距离海岸线 100 海里以外远海域建立应急反应机制，能在 12 小时以内到达距岸 200 海里以内事发现场，24 小时之内到达 200 海里以外的现场。

② 距离海岸 100 海里以内，由大型巡视船和飞机进行联合监控，在发现状况 6 小时内完成紧急反应；在沿岸地区，则由高速中、小型巡视船等负责，可在 3 小时内紧急反应。

③ 加强对根室、津经和马海峡的监控，以小型高速巡逻艇加强对日本海和九州南部海域的领海警戒。

④ 对东京湾、伊势湾和濑户内海等日本内海海域，建立 1 小时紧急反应体系。

(2) 航空资源。

截至 2015 年 4 月 1 日，日本海上保安厅拥有用于执行各种任务的飞机 74 架，其中，固定翼飞机 26 架、直升机 48 架。直升机包括 5 架 H225、3 架超级美洲豹家族的早期型 AS332、3 架西科斯基 S-76C、11 架西科斯基 S-76D、18 架阿古斯塔 139、5 架贝尔 412 和 3 架贝尔 206 直升机。固定翼飞机方面，日本海上保安厅装备有 2 架达索猎鹰 900、9 架庞巴迪 300、4 架萨博 340、2 架湾流五型，以及 9 架比奇空中国王 350 涡轮螺旋桨飞机等。

在航空方面，日本海上保安厅的目标如下。

① 以喷气式飞机建立远海应急反应体系。

② 在 100 海里以内的海域，以直升机建立全面覆盖的“救援圈”，确保能在发现状况后 1 小时内抵达内海海湾任何一处，或者在 2 小时内抵达内海海湾以外的海域。

③ 以中型飞机加强沿岸警戒工作。

④ 配备能在夜间、不良天候下出勤的飞机，并建立 24 小时紧急反应体系与四组 2 机体系，加强对“特殊救难队”的投放能力。

2.1.3 英国海上搜救组织体系与搜救力量

英国目前搜救组织分两个层次三个方面。三个方面主要是指海上搜救、陆上和海上航空器搜救、陆上搜救；两个层次为英国搜救战略委员会和协调组织机构。搜救战略委员会负责制定搜救政策、战略、义务和标准，同时制定英国搜救组织体系框架，确定参与搜救力量标准，为搜救工作顺利进行奠定基础。协调组织机构负责具体组织搜寻和救助行动。

1. 搜救机构

1) 英国搜救战略委员会

搜救战略委员会成员：运输部(任主席和秘书长)、国防部(副主席)、内务部、海事和海岸警卫署(Marine and Coast Guard Agency，MCA)，以及英格兰、威尔士和北爱尔兰警察委员会、苏格兰警察委员会、消防委员会、卫生急救委员会、皇家救生艇协会(Royal National Lifeboat Institution，RNLI)。搜救战略委员会每年至少召开两次会议，研究搜救工作的总体政策和战略。搜救战略委员会下设英国搜救工作小组作为办事机构。

工作小组每年召开四次会议，交流各机构参加搜救工作的情况，并协调和加强各机构在搜救方面的合作。

2) 协调组织机构

英国分别设立了海上搜救、陆地搜救和航空器搜救三类协调机构。

(1) 航空器搜救。

英国国防部与运输部共同成立航空器救助协调中心，负责军用和民用航空器搜救工作。

(2) 陆地搜救。

英国陆地搜救工作由内务部警察负责。

(3) 海上搜救。

运输部所属的海事和海岸警卫署——皇家海岸警卫队设立海上搜寻和救助协调中心，负责海上搜救组织协调工作。

3) 相关主管机关和组织机构职责分工

运输部：负责民用航空器搜救和海上搜救工作。海事和海岸警卫署具体负责组织海上搜救、防治污染和应急救捞控制工作，皇家海岸警卫队负责具体实施。

国防部：为英国军事行动、训练、培训提供搜寻和救助设施，并参加民用航空器搜救工作，为海上和陆上搜寻和救助提供帮助。

内阁/苏格兰政府/威尔士国家议会：主要是代表中央和地方政府为国内救灾提供足够的准备。

警察部门：负责陆地搜寻和救助工作，并为海上和航空器搜寻和救助提供协助。

消防部门：除负责救火外，还为海上、航空器和内陆搜寻和救助提供协助。

卫生急救部门：为搜寻和救助提供医疗服务。

皇家救生艇协会：是慈善机构和志愿者组织，在英国和爱尔兰沿海实施人命救助，增加海上安全。正在将救助范围延至内陆水域救助和海滩救生。

皇家救生协会：也是志愿者组织，负责部分海滩和内陆水域及室内游泳场所防溺水和救生工作。

内陆其他搜寻和救助志愿组织：在警察机构的指导下提供陆地搜寻和救助服务。

英国海上搜寻和救助目前实行“搜救战略委员会统一领导，主管机关负责协调，各搜救组织紧密合作”的运行模式。英国搜救战略委员会及其工作小组统一领导英国海上搜寻和救助工作。运输部作为政府主管部门依法主管英国海上搜寻和救助工作，海事和海岸警卫署及其所属的皇家海岸警卫队统一管理全英海上搜救和防污染工作，海事和海岸警卫署下设的各地海上搜救协调中心具体负责海上搜寻救助和防污染指挥协调工作。

英国对海上搜救实行扁平式管理，英国各海上搜寻和救助协调中心或分中心不按行政区设置，而按照地理位置设置，地方政府一般不干预搜救工作。从接警、响应、指挥到搜救终止都由海上搜救协调中心统一协调。海上搜救协调中心值班人员被授权处置相应的搜救行动。各搜救组织、志愿人员均能主动配合，按程序展开搜救行动，出色地完成任务。英国搜救组织结构中各参与单位的定位非常准确，相互配合默契，各自都被认为是搜救链中不可缺少的环节。虽然海上搜救协调中心、皇家救生艇协会和军队都是独立运行的机构，但在搜救中的协作性和自律性非常好。通过定期召开各种会议，相互交流情况并达成各种共识。例如，皇家救生艇协会在设置救助艇基地时，一定听取海上搜救协调中心的意见；救助艇如离开基地，一定及时通报海上搜救协调中心；救助艇无论因何种原因离开基地超过 3 小时(包括修艇)，事先一定安排好替代救助艇待命，并及时通报海上搜救协调中心。海上搜救协调中心通报海上险情时，各搜救力量迅速参加搜救。

2. 搜救力量

英国海上搜救力量主要由政府部门和民间力量组成，政府部门包括海事和海岸警卫署、军队以及警察部门等，民间力量主要为皇家救生艇协会。以上搜救力量中，军队、海事和海岸警卫署的搜救直升机及皇家救生艇协会救助艇是待命搜救力量，实现英国沿海海空搜救力量双重覆盖。英国搜救直升机均为大型机，搜救半径为 150～200 海里，其有效搜救范围可覆盖全部沿海水域。

1) 英国海事和海岸警卫署

英国海事和海岸警卫署成立于 1998 年，属英国运输运输部管辖，负责海事相关事务，其主要职责是：

(1) 负责提供 24 小时的海上搜寻和救助服务；

(2) 负责英国和到港的外国籍船舶的安全管理；

(3) 防止水域污染；

(4) 对英国船舶注册；

(5) 为海员提供服务。

其工作机构为皇家海岸警卫队下属 19 个分支机构，分布在英国沿岸，其中 19 个分支机构设有海上搜救协调中心，负责全天 24 小时海上险情的接警和紧急反应。

海事和海岸警备署设置了 150 个覆盖整个英国的流动站来接收报警信息；设有 400 个志愿者救助队，每队有 5～15 个人，共约有 3500 个志愿人员，主要提供海岸巡逻、泥地和悬崖救生服务。海事和海岸警卫署负责对支援人员进行训练，提供设备、服装和机动设备；海事和海岸警卫署除长期租用 4 架搜救直升机外，还长期租用 4 艘大马力救助拖轮，主要用于环境保护和拖航救助，对有污染危险和可能导致沉没后碍航的船舶实施紧急拖带，其完善的救助体系有利于实现救助的及时性和有效性。

2) 皇家救生艇协会

该协会成立于 1824 年，是慈善机构和志愿者救助队伍，主要负责实施海上人命救助，增进海上安全，目前已将救助范围延伸至内陆水域并提供海滩人命救助服务。

该协会在全英国设有 232 个救生艇站，实现英国沿海水域待命救助艇有效覆盖。其中 130 个救生艇站配备 130 艘全天候可自动扶正的救生艇(10～15 海里一艘)和 68 艘近岸航行救生艇，其他 102 个救助站只配备了近岸航行救生艇；另外协会还设有 59 个海滩救生站。协会共有 5000 多名志愿者船员，协会负责对志愿人员进行培训。协会所有运行费用均来自于社会捐助(每年约 1.4 亿英镑)。

英国目前 90%的海上搜救工作由社会力量完成，海上人命救助主要依靠皇家救生艇协会负责实施，英国海事和海岸警卫署仅负责搜救的指挥。英国海上险情绝大多数是小型船艇事故(主要是游艇)，其海、空双重待命搜救力量为英国搜救工作提供了保证，海上搜救协调中心无须过多协调其他搜救力量(如过往船舶)参加搜救行动。

虽然英国海上人命救助主要依靠社会力量实施，但是搜救资源和人员专业化水平都较高。在资源方面，英国海事和海岸警卫署的 18 个雷达站、沿海辅助识别系统地面站以及各个港口的船舶交通管理系统覆盖了整个英国沿海水域。海事和海岸警卫署专用无线电 19 频道覆盖了 150 海里以内的英国水域。此外，海事和海岸警卫署正着手开发卫星在海上搜救领域的使用，为将来引入高端搜救技术打下了基础。皇家救生艇协会配置了十多种全天候型的海上救生艇和搜救型大型直升机。皇家救生艇协会还具备专门用于悬崖救生的索具、防护设施和用于海滩救生的皮艇、皮筏甚至冲浪板。

在搜救队伍方面。虽然英国海事和海岸警卫署目前仅有 400 名从事海上搜救的政府职员，但拥有足够数量的民间组织和志愿者搜救队伍。政府海事搜救人员经过专门培训和定期训练，保证其具备各项搜救技能；志愿者队伍也由海事和海岸警卫署或皇家救生艇协会、皇家救生协会等民间搜救组织进行专业化培训，合格后仍对其进行定期的训练和考核，以保证志愿者参加海上搜救的能力。

2.1.4 澳大利亚海上搜救组织体系与搜救力量

1. 搜救机构

澳大利亚海上搜救的最高行政机构是国家搜救理事会(The National Search and Rescue Council)，由澳大利亚海事安全局(Australian Maritime Safety Authority，AMSA)、澳大利亚国防军事力量(Australian Defence Force，ADF)、州/领地政府所属的警察力量构成。澳大利亚的海上搜救具体工作主要在联邦政府和州/领地政府两个层次展开，其中联邦政府层次的搜救机构由澳大利亚海事安全局和澳大利亚国防军事力量组成，分别负责民事和军事方面的搜救工作；州/领地政府层次的搜救工作由州/领地警察部门(水警)负责。除上述搜救力量外，澳大利亚还建立了由民间力量组成的非官方志愿者搜救队伍，配合当地政府部门监管沿岸航行的小型船舶的海上安全，协助开展应急搜救行动。搜救组织机构如图 2-2 所示，各组织职责如表 2-1 所示(董琳，2014)。

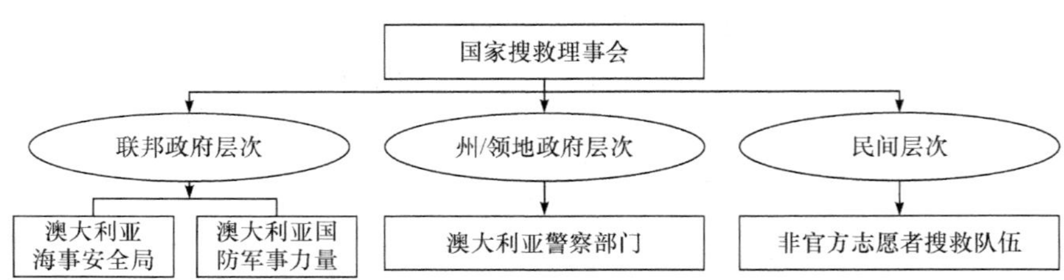

图 2-2 澳大利亚海上搜救组织机构

表 2-1 澳大利亚海上搜救组织及职责

搜救组织	简介	相关职责
国家搜救理事会	澳大利亚负责搜救工作最高行政机构	检查搜救责任区的力量部署；制定和修订《国家搜救手册》，明确搜救相应的协调程序；检查各搜救组织之间协调、合作的有效性
澳大利亚海事安全局	在海事安全、海洋环境保护、航空航海搜救等方面占据主要地位	制定并实施海事安全和海洋环境保护标准；提供助航网络及航行体系；负责搜救协调中心的运作，协调救援工作；保障海上通信服务

续表

搜救组织	简介	相关职责
澳大利亚海事安全搜救协调中心	澳大利亚海事安全局下设的执行机构，是具体组织搜救行动的协调指挥中心	协调海上遇险人员搜救工作；发布海上安全信息；医疗急救培训；监控违法利用海洋行为，管理船舶报告系统的运行和管理搜救培训学校
澳大利亚国防军事力量	负责澳大利亚军事搜救工作，海军是其海上搜救行动的主要力量	负责参与远离海岸(约 200 海里)险情搜救工作及接收紧急搜救请求的义务
州/领地警察部门(水警)	澳大利亚各州/领地区域内搜救行动的责任部门	负责搜救行动的对象主要包括当地渔船、休闲船艇、未登记的飞行器、陆地交通工具以及所有在港的非军事船舶
社会力量	非官方的支援搜救队伍	配合当地政府部门监督沿岸航行的小型船舶的海上安全，协助开展应急搜救行动

2. 搜救力量

澳大利亚筹集海上搜救资源的方式很灵活，他们并没有配备专门用于搜救的船舶和飞机，而是采用向商业机构长期租赁的形式。澳大利亚海事安全搜救办调中心租用了数架 Dornier328TP 固定翼飞机、救援直升机等，部署在墨尔本、达尔文等五个主要港口。澳大利亚还采用服务外包的方式向沿海遇险船舶提供应急拖带服务。这一租赁费用一般都是从国防预算中划拨。一般情况下，各州/领地政府均按辖区搜救工作需要至少安排一架直升机待命。

2.2　我国海上搜救组织体系与搜救力量

海上搜救是一个涉及多部门多力量协作的复杂组织体系，为建立、健全海上搜救网络，中国海上搜救中心及相关各省的搜救中心、分中心，具体承担了海上搜救的组织、指挥、预警、培训等各项职能。由各搜救中心构成的海上搜救网络，现已全面建立“险情报告制度”，进一步完善了搜救工作程序，成为海上搜救的组织保证。

2.2.1　我国海上搜救力量的发展

1) 1954～1972 年海上救护方案

1949 年，中央人民政府交通部(现交通运输部)成立，在相关的规章制度中规定“交通部海运管理总局内设的海港监督室，其监督员的职责就包括‘管理港区及水面秩序，引水、救助、救护……工作。’”；1951 年在上海成立了打捞公司，该公司一项重要任务就是“抢救遇险船舶及进行沉没打捞”；交通部颁发的《海事处理暂行办法》(1952)明确了海事处理包括“救护或发现遇险船舶或人命”，并第一次对如何处置发生或发现的海事做出明确规定。1953～1956 年，交通部又相继对船舶遇险的通信处置等出台了一系列规范。1956 年 7 月 3 日签订了《中朝苏关于在救护海上遇难的人命和救助海上遇难船舶及飞机方面进行合作的协定》，交通部以此为契机重整了救援资源。在这一阶段，通过这一系列章程对我国海上搜救工作中的职能定位、遇险通信机制等进行了初步探索，并且明确了五大港口管理局的区域划分。1958～1964 年，水上救援业务几经变更，最终明确规定港务监督局负责“组织领导海难救助工作和海难救助的技术研究工作”。

2) 1973～1989 年全国海上安全指挥部

1973 年 10 月 9 日，希腊籍货船“波罗的海 · 克列夫”号在台湾海峡遭遇台风遇险，请求中国政府救助。由于当时中国缺乏在大风浪中抢险救助的能力，最后遇险船沉没，大部分船员罹难。时任中国总理的周恩来指出，必须要尽快改变中国海上搜救的落后状况，两个月后，经国务院和中央军委决定，全国海上安全指挥部在北京成立，负责统一部署和指挥全国海上船舶防台风、防止船舶污染水域、防冻破冰和海难救助工作。我国沿海各省市随后成立了省级海上安全指挥部。在交通部上海海难救助打捞局的基础上，又成立了烟台和广州海难救助打捞局，在沿海又建立了若干个救助站。

1985 年，我国加入《1979 年国际海上搜寻救助公约》。为了做好履约工作，1989 年，中国海上搜救中心在北京成立，取代和承担原全国海上安全指挥部的职责，我国沿海各省市成立了海上搜救中心。

3) 1990～2005 年中国海上搜救中心

自中国海上搜救中心成立后，定期召开全国海上搜救工作会议，参与搜救工作的有关部委、军队、各省市海上搜救中心、各救助打捞局等单位加强了协作，标志着我国开始了海上搜救工作的统一组织和协调。其标志性的工作有三个：第一，形成了一套权威的搜救行动组织指挥体系——海事系统(1998 年以前称为港务监督系统)；第二，加强通信信息等基础设施建设，建成一套海上遇险安全系统和应急辅助决策系统，构建了信息动态传递的网络；第三，完善资源，专业培训，逐步建设了一支专业化的救援力量。

2003 年进行专业化改革，救助、打捞分离，成立专业化的海上救助管理机构，在北海、东海、南海分别成立救助局，原沿海的救助站更名为救助基地，并且成立了 4 个救助飞行队，主要负责我国水域事故船只、人员的救援和其他一些遇险事故的应急处置。

4) 2005 年国家海上搜救部际联席会议制度

2005 年 5 月，为进一步加强对全国海上搜救和船舶污染事故应急反应工作的组织领导，协调、整合各方力量，形成政府统一领导、部门各司其职、快速反应、团结协作、防救结合的工作格局，中国政府建立了国家海上搜救部际联席会议(以下简称联席会议)制度。联席会议在中国国务院领导下，统筹全国海上搜救和船舶污染应急反应工作；组织协调重大海上搜救和船舶污染应急反应行动；指导、监督有关省、自治区、直辖市海上搜救应急反应工作。

联席会议由交通部、公安部、农业农村部、卫生部、海关总署、中国民用航空总局、国家安全生产监督管理总局、中国气象局、国家海洋局、联合参谋部、海军、空军、武警组成(2006 年 6 月增加民政部和信息产业部，2008 年增加地震局)，交通部部长担任联席会议召集人；中国海上搜救中心是联席会议的办事机构，负责其日常工作。这个部际联席会议遵循的法律有：《中华人民共和国海上交通安全法》、《中华人民共和国安全生产法》和《1979 年国际海上搜寻救助公约》。在此基础上，交通运输部起草了《中华人民共和国海上搜寻救助条例》，以法律形式规范我国海上搜救的组织、指挥、协调和保障工作。

2005 年 12 月 7 日，时任国务委员兼国务院秘书长华建敏在国务院主持召开国家海上搜救部际联席会议第一次会议，国家海上搜救部际联席会议制度正式建立。2005 年 12 月 21 日，中国海上搜救中心总值班室成立。2006 年 1 月 22 日，国务院办公厅印发《国家海上搜救应急预案》(2006 年 1 月，中国海上搜救中心还编写了海上和内河客船、船载危险货物、民用航空器海上遇险应急处置 4 个分预案)。

2006 年，交通部在国家海上搜救部际联席会议的框架下，不断完善并指导地方政府加强海上搜救“一案三制”建设，签署了“交通部、中国气象局关于共同做好海上搜救气象服务的协议”；与卫生部、信息产业部建立了联动机制；就海上搜救力量的协调、获救人员安置、青年搜救志愿者、军地联动机制建设等与有关部门达成了一致意见，初步形成了“专群结合、军地结合”的海上搜救应急反应格局；联合气象局建立灾害性天气预防预警机制，取得了防抗台风期间水上运输船舶人员零死亡率的佳绩。特别是在防抗台风“珍珠”期间，成功组织了对 22 艘越南遇险渔船和 330 名遇险渔民的救助，取得了良好的社会效果，树立了我国政府良好的国际形象，得到党和国家领导的充分肯定。交通部与国务院各相关部委、军队、武警在搜救工作中进一步强化了配合协作关系，海上搜救应急机制不断完善，形成了以中国海上搜救中心组织、协调、指挥的专业力量与社会力量相结合、地方与军队相结合、多部门协同配合的海上搜救新格局。

2009 年，国家海上搜救首次演练Ⅰ级应急响应，“演习”是围绕一艘大型客船与一艘危险化学品船在东海浙江海域发生碰撞这一假定展开的。经过中国海上搜救中心的协调，调集了救助船舶 26 艘、专业救助直升机 3 架，模拟对两艘遇险船舶及船上的 368 名旅客和 40 名船员进行救助，并对可能受危险化学品泄漏威胁的 16000 余名群众进行安全大转移。在这一次的演练中首次实现国家海上搜救部际联席会议全体成员单位直接参加演习，进一步磨合了部际联动机制，增强了海上搜救部际协调、快速反应的应急处置能力；实现国家、省、市三级全方位联动，展示了我国海上搜救应急体制机制的特色和优势。

2014 年国家海上搜救部际联席会议和国家重大海上溢油应急处置部际联席会议召集人、交通运输部部长杨传堂签发《国家海上搜救和重大海上溢油应急处置部际联席会议工作制度》等五项工作制度。《国家海上搜救和重大海上溢油应急处置部际联席会议工作制度》和《国家海上搜救和重大海上溢油应急处置部际联席会议联络员工作制度》旨在为部际联席会议成员单位搭建顺畅的沟通协调议事平台；《国家海上搜救和重大海上溢油应急处置紧急会商工作制度》旨在研判应急处置进展情况，制定搜救行动和溢油应急处置工作方案，为搜救和溢油应急处置提供技术支撑和决策支持；《国家海上搜救和溢油应急处置联合演习工作制度》主要是为了切实增强部际联席会议各成员单位在处置海上突发事件中的协作能力，充分发挥应急演习在磨合机制、锻炼队伍、提高协调能力的作用；《国家海上突发事件咨询专家组工作章程》旨在充分发挥海上突发事件咨询专家组在海上搜救和重大海上溢油应急工作中的咨询指导作用。五项工作制度的施行，有利于进一步推动海上搜救和重大海上溢油应急处置“五化”(管理运行制度化、队伍资源正规化、决策指挥科学化、理念视野国际化、日常工作窗口化)工作目标的实现。

2.2.2　我国海上搜救组织结构体系

在“专群结合，军地结合”的海上搜救工作模式下，我国已经基本形成了一支以专业救助力量、军队和国家公务力量、社会力量等为主的海上搜救队伍。其中，专业救助力量在海上搜救工作中发挥着专业主导作用，军队和国家公务力量在海上搜救工作中发挥指挥协同作用，过往商船、作业渔船等社会力量和志愿者队伍在海上搜救工作中发挥及时救助作用。我国海上搜救工作，由国务院相关部委、军队等有关部门组成的“国家海上搜救部际联席会议”负责协调。其办事机构——中国海上搜救中心负责组织、协调、指挥搜救行动。部际联席会议各成员单位、海上各类企事业单位和个人拥有的资源，构成了我国的海上搜救力量。海事执法船舶是海难救助的重要力量之一，在海上搜救中承担现场的组织协调和救助任务。

国家海上搜救部际联席会议由交通运输部牵头，中国海上搜救中心作为联席会议日常办事机构，负责组织协调重特大海上搜救行动以及跨省域或涉外海上搜救行动，制定完善联席会议各项工作制度。中国海上搜救系统的组织结构如图 2-3 所示。

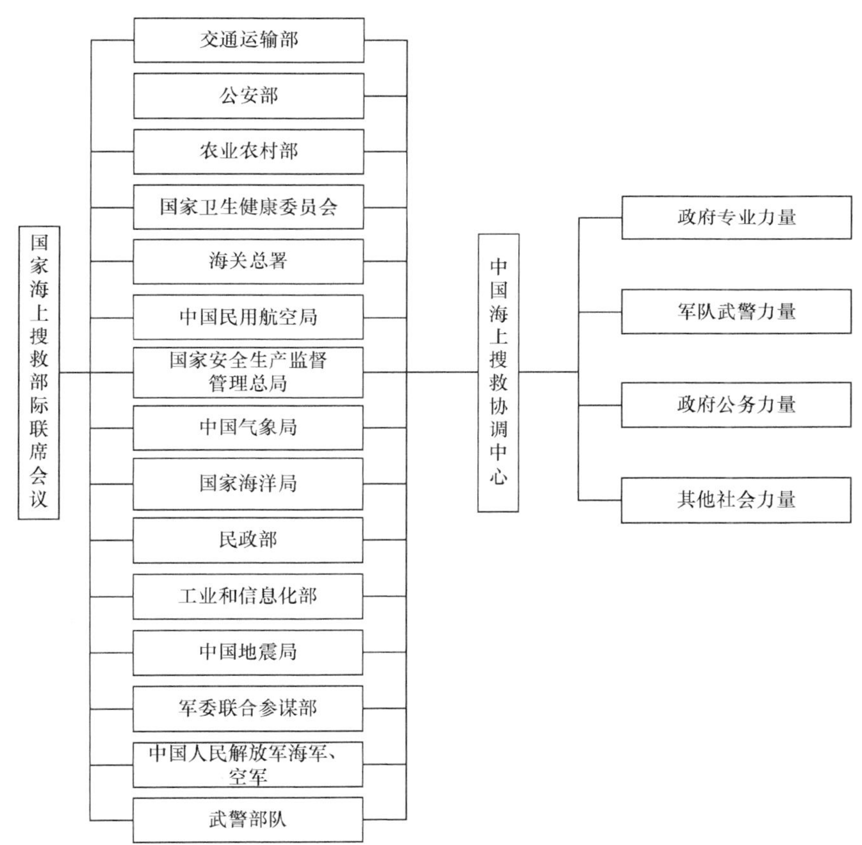

图 2-3　中国海上搜救系统的组织结构图

从图 2-3 可以看出，通过国家海上搜救部际联席会议将交通运输部、工业和信息化部、公安部、民政部、农业农村部、国家卫生健康委员会、海关总署、国家安全生产监督管理总局、中国气象局、军队和武装警察部队等国家部委与军队组织起来，具体通过中国海上搜救协调中心，协调和指挥政府专业力量、军队、武警力量、政府公务力量和其他社会力量，统一完成对于所有可用搜救力量的统一协调与运用。各级搜救部门职能划分如图 2-4 所示。

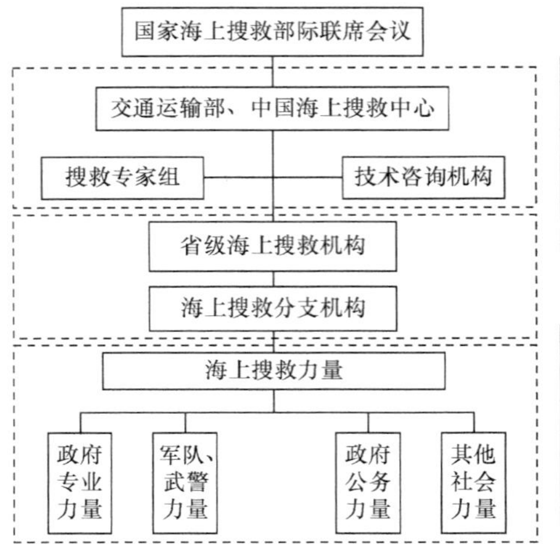

图 2-4　各级搜救部门职能划分

海上搜救管理机构组织结构(图 2-5)包括应急领导机构、运行管理机构、咨询机构、应急指挥机构等，具体职责如图 2-6 和图 2-7 所示。

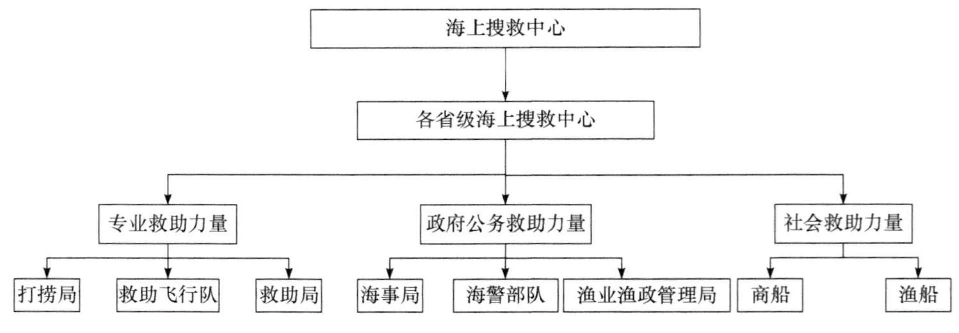

图 2-5　海上搜救管理机构组织结构图

(1) 国家海上部际联席会议是我国海上搜救领导最高机构，主要研究和议定海上搜救有关重要事宜，指导全国海上搜救反应工作。

(2) 中国海上搜救中心是中国海上搜救系统中的核心机构。中国海上搜救中心在交通运输部领导下承担海上搜救工作的运行管理工作，对全国重大海上搜救行动进行组织、协调和指挥；搜救专家组负责提供搜救技术咨询，其他相关咨询机构应中国海上搜救中心要求，提供相关的海上搜救咨询服务。中国海上搜救指挥机构分成中国海上搜救中心、省海上搜救中心和市海上搜救分中心三级。三级海上搜救中心之间能进行相互快捷、可靠的通信与协调，负责中国海上搜救责任区内海上遇险报警的接收、确认、核实，以及海上搜救应急组织、指挥工作，制定和执行地方海上应急预案及规章制度，建设中国海上搜救和污染应急反应的信息系统。各级海上搜救中心一般都设在各级海事局，由各级海事局负责其日常工作。中国海上搜救中心及各省级海上搜救中心(以下简称“搜救中心”)是我国海上搜救工作的组织、协调、指挥机构。目前，我国设置有辽宁、河北、天津、山东、江苏、上海、浙江、福建、广西、广东、海南 11 个省级海上搜救中心；各省级海上搜救中心可下设分搜救中心。我国 11 个省级海上搜救辖区范围见表 2-2。

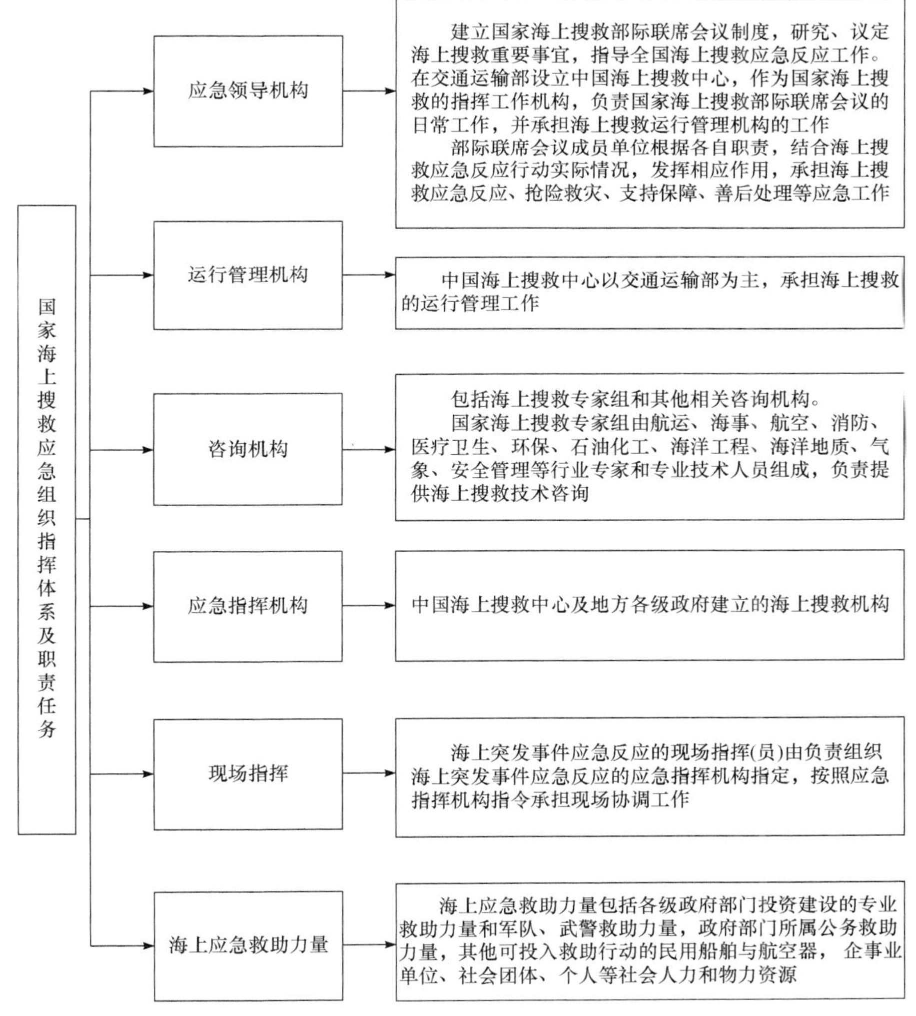

图 2-6　海上搜救管理机构职责图(一)

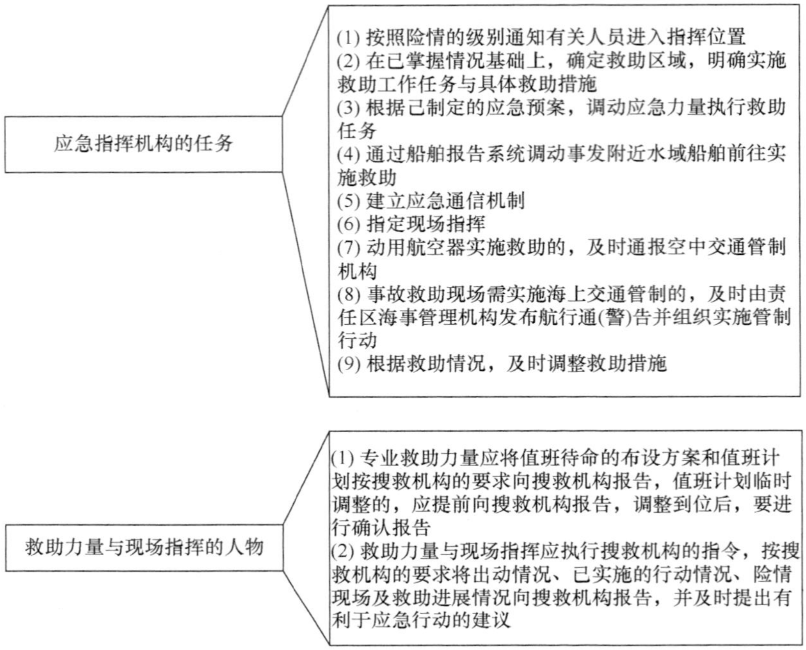

应急指挥机构的任务

(1) 按照险情的级别通知有关人员进入指挥位置
(2) 在已掌握情况基础上，确定救助区域，明确实施救助工作任务与具体救助措施
(3) 根据已制定的应急预案，调动应急力量执行救助任务
(4) 通过船舶报告系统调动事发附近水域船舶前往实施救助
(5) 建立应急通信机制
(6) 指定现场指挥
(7) 动用航空器实施救助的，及时通报空中交通管制机构
(8) 事故救助现场需实施海上交通管制的，及时由责任区海事管理机构发布航行通(警)告并组织实施管制行动
(9) 根据救助情况，及时调整救助措施

救助力量与现场指挥的人物

(1) 专业救助力量应将值班待命的布设方案和值班计划按搜救机构的要求向搜救机构报告，值班计划临时调整的，应提前向搜救机构报告，调整到位后，要进行确认报告
(2) 救助力量与现场指挥应执行搜救机构的指令，按搜救机构的要求将出动情况、已实施的行动情况、险情现场及救助进展情况向搜救机构报告，并及时提出有利于应急行动的建议

图 2-7　海上搜救管理机构职责图(二)

表 2-2　我国 11 个省级海上搜救辖区范围

我国 11 个省级海上搜救机构	责任区
天津海上搜救中心	38°37′N/117°30′E、38°37′N/118°13′E、38°18′N/118°48′E、38°18′N/120°20′E、38°30′N/120°20′E、39°08′N/120°10′E、38°50′N/118°40′E、39°00′N/118°05′E、39°14′N/118°04′E 九点连线所围成的海域
河北海上搜救中心	39.23333°N/118.06667°E、39°N/118.083333°E、38.83333°N/118.66667°E、40°18′N/119.93333°E
山东海上搜救中心	大口河口(北纬 38°30′)以南至绣针河口(北纬 34°59′)以北海域
辽宁海上搜救中心	下列 ABC 点顺序连接并自 C 点沿 38°纬度线向正东延伸与海岸之间的我国管辖海域 A(40°00′N/119°56′E)、B(39°08′N/120°10′E)、C(38°30′N/120°20′E)
江苏水上搜救中心	自岸边沿 32°40′00″N 纬度线向正东延伸至 32°40′00″N/121°05′00″E，再沿 121°05′00″E 经度线向正北延伸至 33°00′00″N/121°05′00″E，再沿 33°00′00″纬度线向正东延伸至 33°00′00″N/121°55′00″E，再沿 121°55′00″E 经度线向正南延伸至 31°40′00″N/121°55′00″E，再沿 31°40′00″纬度线向正西延伸至崇明岛

续表

我国 11 个省级海上搜救机构	责任区
上海海上搜救中心	(1) 黄浦江水域：自吴淞口灯塔、101 灯浮、102 灯浮、浦东西界标(31°23′14″N/121°31′41″E)四点连线至闵行发电厂上游边界与浦南面渠槽港上角连线之间范围内的黄浦江水域 (2) 长江上海段：牛棚港高压线(121°14′30″E)经度线下游的北支水道，崇明岛附近长江干线主航道右侧标以北的水域，长江干线浏河口下游刘黑屋(31°30′52″N/121°18′54″E)和崇明施翘河下游施信杆(31°37′34″N/121°22′30″E)二点连线以下的水域 (3) 上海沿海海域：指下列南、北界线之间除江苏、浙江海上搜救中心责任区域以外的海域。北界线：自 31°40′00″N/121°55′00″E 向正北延伸至 33°00′00″N/121°55′00″E，再沿 33°00′00″N 纬度线向正东延伸。南界线：A：30°41′32″N/ 121°16′00″E；B：30°32′55″N/121°16′00″E；C：30°33′03″N/121°21′30″E；D：30°28′49″N/121°42′30″E；E：30°32′00″N/122°16′00″E；F：30°32′00″N/122°20′30″E；G：30°30′40″N/122°27′36″E；H：30°28′00″N/122°27′36″E；I：30°28′00″N/122°32′48″E；J：30°31′23″N/122°32′48″E；K：30°35′20″N/122°12′54″E；L：30°44′20″N/122°16′58″E；M：北鼎星岛北端；N：花鸟山北端；O：海礁北端。上述各点顺序连接，再从海礁北端向正东延伸连线
浙江海上搜救中心	30.6922°N/121.266667°E; 30.548611°N/121.266667°E; 30.550833°N/121.358333°E; 30.48078°N/121.708333°E; 30.533333°N/122.266667°E; 30.533333°N/122.341667°E; 30.511111°N/122.460000°E; 30.466667°N/122.46°E
福建海上搜救中心	27.168333°N/120.418333°E；27°N/120.583333°E；27°N/124°E；24.5°N/120.633333°E; 24.5°N/118.391667°E; 24.6°N/118.391667°E
广东海上搜救中心	22.668888°N/114.508888°E ； 22.661667°N/114.583336°E ； 22.656944°N/114.591942°E ； 22.654444°N/114.594719°E ； 22.5°N/114.638336°E; 22.545834°N/114.883331°E; 16.661388°N/114.883057°E；12.44444°N/ 118.814163°E
广西海上搜救中心	21.458333°N/109.770833°E ； 21.225000°N/109.333333°E ； 20.116667°N/109.333333°E；20.116667°N/107.75°E；21.5478°N/107.9533°E
海南海上搜救中心	琼州海峡及下列东北、北界线以南我国管辖海域： 东北界线：自 20°18′32″N/111°34′00″E(北界线的 A 点)沿 140°方位线向东南方向延伸。 北界线：下列 A、B、C 点连线并自 C 点向正西延伸。 A：20°18′32″N/111°34′00″E B：20°18′32″N/111°00′00″E C：20°07′00″N/109°20′00″E

(3) 海上搜救力量是中国海上搜救系统中的重要组成部分，也是海上搜救行

动的具体执行者，目前我国海上搜救力量由各方力量联合组成，将在 2.2.3 节进行具体介绍。

2.2.3 我国海上搜救力量

定义 2-1 海上联合搜救力量。

海上联合搜救活动是一项跨部门、跨行业的系统工程，是由多部门联合作战、全社会共同参与的应急活动，“国家海上搜救部际联席会议”各成员单位、海上各类企事业单位和个人拥有的资源，构成了我国海上搜救力量。这些搜救力量可分为专业搜救力量和非专业搜救力量两大部分。在实际的搜救行动中，实行专业搜救力量为主，非专业搜救力量为辅，具体如图 2-8 所示。

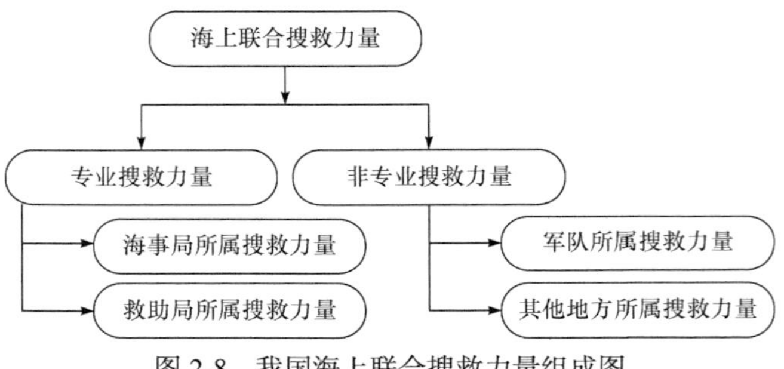

图 2-8 我国海上联合搜救力量组成图

专业搜救力量主要包括海事部门执法船舶、交通运输部救助打捞局所属的专业救助、打捞船舶，救助航空器及其他设施。目前，交通运输部根据季节气候变化及海上运输情况，调整专业救助待命网点，适应不断变化的海上运输和作业生产需要。

此外，我国水上搜救力量还包括军队、国家公务力量(如海事、渔政、海警等)和一些社会力量。它们的职责是组织本系统力量参加海上应急行动，为海上应急行动提供相应服务和技术支持。其他社会力量主要指可投入救助行动的民用船舶与航空器，企事业单位、社会团体、个人等社会人力和财力资源等。海上保障力量是保障海上搜救应急工作顺利进行的力量，它也是中国海上搜救系统中不可忽视的组成部分。它为海上应急工作提供治安、医疗、通信、气象等保障。

1. 中华人民共和国交通运输部海事局及其所属机构所属力量

交通海事局主要负责行使水上安全监督和防止船舶污染、船舶及海上设施检验、航海保障管理和行政执法等管理职能。我国海事系统由中华人民共和国海事局及 15 个直属海事局，北海、东海、南海三个航海保障中心，分支海事机构、海事派出机构以及省级、地级市、县级地方海事机构等组成。海事局拥有约300艘沿海巡逻船、特种船等其他船舶，是我国海上应急救助力量的重要组成部分。近年来交通运输部为加强执法手段，建造了3000吨级、1500吨级和60米、45米、35米级海事执法船，以及“海巡11”、“海巡21”、“海巡31”等大型海上巡逻巡视船，2021年10月23日，我国首艘万吨级海事巡逻船“海巡09”轮在广州南沙列编，加入中国海事执法序列，标志着我国目前吨位最大、装备先进、综合能力强，具有世界领先水平的公务执法船正式投入使用。

目前，各省级海上搜救中心办公室通常设置于各直属海事局，主要直属海事局有天津海事局、河北海事局、山东海事局、辽宁海事局、黑龙江海事局、江苏海事局、上海海事局、浙江海事局、福建海事局、深圳海事局、广东海事局、长江海事局、广西海事局和海南海事局。

2. 交通运输部救助打捞局所属力量

交通运输部救助打捞局是唯一一支国家海上专业救助打捞力量，全国范围内共下辖北海救助局，东海救助局，南海救助局，烟台打捞局，上海打捞局，广州打捞局，北海第一救助飞行队，东海第一、二救助飞行队和南海第一救助飞行队，初步完成了我国专业立体救助网。交通运输部救助打捞局承担着对中国水域发生的海上突发事件的应急反应、人命救助、船舶和财产救助、沉船沉物打捞、海上消防、清除溢油污染及其他为海上运输和海上资源开发提供安全保障等公益职责，简单概括起来就是“三救一捞”(即人命救助、环境救助、财产救助，应急抢险打捞)，同时还代表中国政府履行有关国际公约和海运双边多边协定的义务。70年来(1951年8月24日至2021年8月23日)，救捞系统在恶劣海况和其他急难险重的环境下共救助遇险人员82783名(外籍人员12703名)、救助遇险船舶5424艘(外籍船舶957艘)、打捞沉船1827艘(外籍船舶99艘)。

3. 军队所属搜救力量

军队所属搜救力量包括海军、空军的海上搜救设施。根据国务院、中央军委批复，如遇某些海域地方救助力量不足，中国海上搜救中心及地方海上搜救中心与军队联系，按照抢险救灾的原则，由部队派出舰船、飞机给予支援；参加救助的军用舰船和飞机由军队派出部分实施指挥，同时接受海上搜救中心的现场统一协调。

4. 其他地方搜救力量

其他地方搜救力量包括一些志愿者团队、航行于我国水域的商船和渔船、企事业单位、社会团体、个人所属船舶和航空器等，这部分搜救力量的作用也不容小视。根据《1979 年国际海上搜寻救助公约》和《联合国海洋法公约》对救助义务的相关规定，在事故或险情发生后，任何过往的船舶在不对本船及船上人员造成严重危险的情况下，都有义务救助在海上遇到的任何有生命危险的人。中国海上搜救中心从 2006 年开始建立了社会搜救力量统计制度，将具有搜救能力的社会单位、船舶纳入其中，构建起了社会救助力量数据库，丰富了我国的海上搜救资源，提高了海上搜救行动的效率。

经过近几十年的改革发展，我国海上应急队伍装备从无到有，力量建设初具规模。2010～2018 年，全国各级海上搜救中心共组织协调搜救行动 18474 次，协调各类船艇 84586 艘次，协调飞机 3451 架次，在我国搜救责任区内成功搜救 13592 艘中外遇险船舶、150687 名中外遇险人员，平均每天成功救助 45 人，搜救成功率(probability of rescue，POR)96.2%。2019 年 1～10 月，全国各级海上搜救中心共组织协调搜救行动 1539 次，成功搜救 1266 艘中外遇险船舶、11788 名中外遇险人员。2021 年，全国海事系统安全保障国内航行船舶进出港 2548 万艘次、国际航行船舶进出口岸 37.43 万艘次、水上货物运输 206.97 亿吨、水上客运 4.26 亿人次。全国共发生一般等级以上中国籍运输船舶交通事故 126 件、死亡失踪 150 人、沉船 46 艘、直接经济损失 2.26 亿元，同比分别下降 8.7%、23.5%、39.5%、5.2%。全年组织协调水上搜救行动 1881 次，搜救遇险船舶 1337 艘、遇险人员 14473 人，人命救助成功率 95.85%。虽然我国海上搜救力量有所加强，但在搜救行动中搜寻区域的确定以及搜救力量的分配方法还过多地依赖经验的指导，搜救过程中强调现场救助而忽视前期的海上搜寻，行动的组织在程序上存在一定的盲目性，直接影响了海上搜救指挥与协调工作的快速性和准确性。这一现状已经无法适应我国搜救的总体发展趋势，搜救行动需要更科学的辅助训练和决策工具的指导。

第 3 章　海上搜救业务协调与决策流程

中国海上搜救指挥机构分为中国海上搜救中心、省级海上搜救中心和市级海上搜救中心三级。接收险情后，由上到下依次进行任务指派与资源调动。

随着从被动的海上搜救到主动的预警转变，以及各项专业技术和新一代信息技术的快速发展，我国海上搜救业务开始逐渐开展极端天气预警制度等各类预警业务，同时强化卫星遥感、在线监测、智能无人装备等新技术和新手段应用。

我国海上搜救是指海上搜救中心获得海上遇险信息后协调、组织和指挥相关的搜救力量进行搜寻和救援行动。它由预警、遇险报警、遇险信息的分析与核实、遇险信息的处置、指挥与控制、紧急处置等阶段组成，其中重点流程在指挥与控制阶段和紧急处置阶段，如图 3-1 所示。

3.1　海上搜救决策过程

3.1.1　海上搜救应急救援协调决策过程

对海上搜救事件做出反应先后经过以下 6 个阶段，这 6 个阶段是搜救系统从开始发现事故到对事故做出反应的过程中实施的一连串具体行动。对某些特殊搜救事件可能并不要求执行每一个阶段。对于一些事件，某个阶段内的行动可能就包含了其他阶段的行动。因此，两个以上阶段的部分行动有可能会同时或交叉进行。

海上搜救的 6 个阶段如下。

(1) 预警阶段：此阶段是预防海上遇险事故发生，缩短海上搜救响应时间，保障海上搜救成功率的重要阶段。

(2) 遇险报警阶段：此阶段是获取海上险情信息的阶段。清晰、快速的遇险报警是海上搜救成功的一个重要前提。

(3) 遇险信息的分析与核实：当各级海上搜救中心获得遇险报警信息后，应采取一切有效、可行的手段对信息进行确认与核实，排除误报警并获取更为详细的遇险信息。

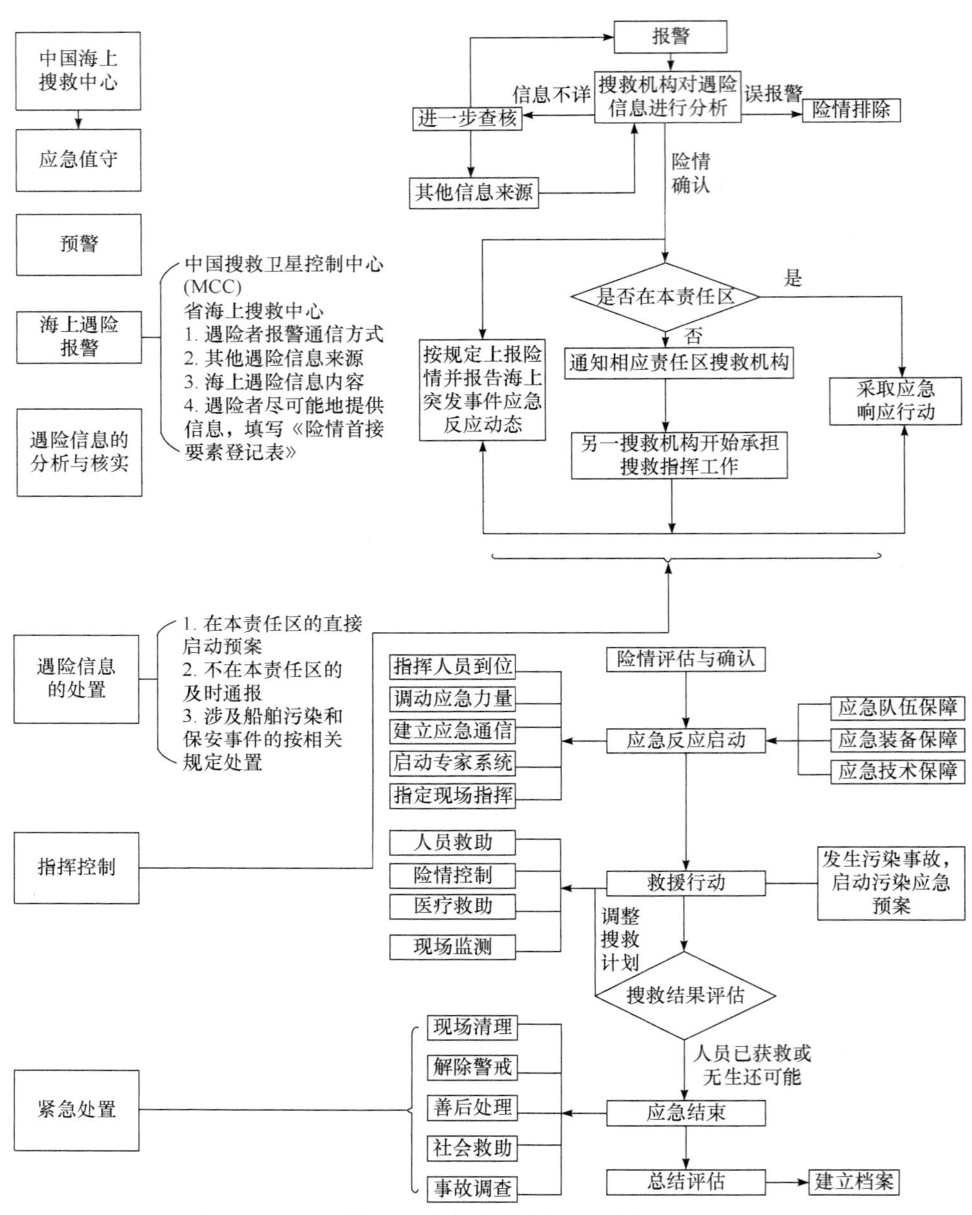

图 3-1　海上搜救指挥流程图

(4) 应急响应阶段：此阶段包含遇险信息的处置和指挥控制，即按照各级应急预案，快速地对险情进行响应。包括通知相关应急处置单位，保证保障资源、队伍和救助力量的快速到位，为海上搜救争取宝贵的时间。同时也为救助后期的交通、医疗、治安、通信以及信息发布作好安排，保证整个海上搜救过程有序。

(5) 应急行动阶段：此阶段是在紧急处置中根据响应方案开展救援行动，即各搜救设施在现场指挥人的指挥协调下，按照海上搜救计划进行搜寻和救助。

(6) 应急行动结束阶段：此阶段是在紧急处置中开展搜救结果评估，即海上搜救任务协调人、现场指挥人(船)进行搜救效果评估后，认为险情解除或者进一步搜寻不再有效，通知所有参与行动的救助力量结束行动，并进行现场清理、核实损失情况、恢复正常秩序等工作。

3.1.2　海上搜救应急救援指挥通信流程

1. 预警通信流程

海上预警通信是用于海上搜救中心与搜救船只、相关气象、渔业、航运、水利等机构进行联系，及时获取险情，并有效发布预警信息的重要工作流程。具体的工作流程如图 3-2 所示。

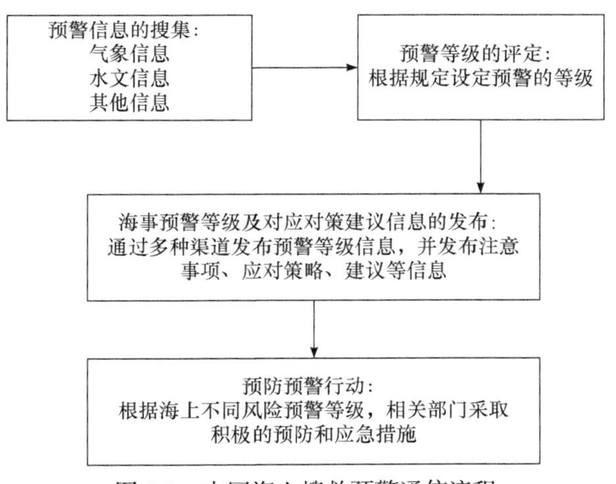

图 3-2　中国海上搜救预警通信流程

1) 预警信息的搜集

预警信息包括：气象、海洋、水文、地质等自然灾害预报信息，以及其他可能威胁海上人命、财产、环境安全或造成海上突发事件发生的信息。预警信息监测部门采集相关信息，并通过各自信息发布渠道向有关方面发布气象、海洋、水文、地质等自然灾害预警信息。

2) 预警等级的评定

海上搜救机构接到海上突发事件险情信息后，对险情信息进行分析与核实，并按照有关规定和程序逐级上报。海上事故灾难等级的评定是依据相关规定中的设定评定规则和判断标准进行的。

3) 海事预警等级及对应对策建议信息的发布

海事预警等级评定后，海上搜救中心将根据评定的等级，通过相关部门发布预警等级信息，并发布注意事项、对策建议等信息。

4) 预防预警行动

从事海上活动的有关单位、船舶和人员应注意接收预警信息，根据不同预警级别，采取相应的防范措施，防止或减少海上突发事件对人命、财产和环境造成危害。各级海上搜救机构，根据风险信息，有针对性地做好应急救助准备。

根据《国家海上搜救应急预案》，海上突发事件应急反应按照海上搜救分支机构、省级海上搜救机构、中国海上搜救中心从低到高依次响应。

(1) 任何海上突发事件，搜救责任区内最低一级海上搜救机构应首先进行响应。

(2) 责任区海上搜救机构应急力量不足或无法控制事件扩展时，请求上一级海上搜救机构开展应急响应。

(3) 上一级搜救机构应对下一级搜救机构的应急响应行动给予指导。

(4) 无论何种情况，均不免除各省级搜救机构对其搜救责任区内海上突发事件全面负责的责任，也不影响各省级搜救机构先期或将要采取的有效救助行动。

2. 预警报警通信

船舶遇险和紧急通信的处理，是关系到船舶航行安全和海上人命安危的重大问题，必须切实做好。1984 年交通部和全国海上安全指挥部曾制定过《船舶遇险及安全通信工作的若干规定》，后面又修订发布了《船舶遇险紧急通信处置细则》，在实际工作中发挥了重要作用。船舶遇险通信指的是当船舶在海上遭遇险情时，充分运用船上配置的通信设备，及时有效地与附近船舶、海上搜救中心和其他相关部门取得联系，包含船舶之间、船岸之间，以及岸上部门间通信。

1) 遇险报警的过程

船舶在海上航行发生船舶碰撞、进水、人员落水或失踪、船舶溢油、火灾等险情时，可通过海上通信无线电话、海岸电台、卫星地面站、应急无线电示位标(emergency position indicating radio beacon，EPIRB)或公众通信网(海上救助专用电话号码“12395”)等方式报警。

发送海上遇险信息时，应包括以下内容[①]：

(1) 事件发生的时间、位置；

(2) 遇险状况；

(3) 船舶、航空器或遇险者的名称、种类、国籍、呼号、联系方式。

报警者尽可能提供下列信息：

(1) 船舶或航空器的主要尺度、所有人、代理人、经营人、承运人；

(2) 遇险人员的数量及伤亡情况；

(3) 载货情况，货物(特别是危险货物)的名称、种类、数量；

(4) 事发直接原因、已采取的措施、救助请求；

(5) 事发现场的气象、海况信息，包括风力、风向、流向、流速、潮汐、水温、浪高等。

使用的报警设备应按规定做好相关报警与信息的预设工作。船长应该根据实际情况判断是否弃船，如需弃船，在通过可行通信手段进行报警后，携带搜救雷达应答器(search and rescue radar transponder，SART)和应急无线电示位标登上救生艇，上艇后立即启动救生艇离开遇险船只。

2) 搜救协调通信

海上搜救机构通过直接或间接的途径对海上遇险信息进行核实与分析，具体搜救协调通信包括以下步骤。

(1) 保持与遇险船只的通信，及时了解船舶遇险的性质、遇险人数、遇险水域海况、水文、救助要求以及船舶自救、互救等情况。

(2) 立即通过船舶的所有人、经营人、代理人和各种通信设备建立与报警船的直接或间接的联系，来确定遇险报警的属实性以及船舶的主要尺度、载货情况等信息。

(3) 通过船舶的所有人、经营人、代理人和始发港、经过港的海事局，以及中国海上搜救中心总值班室、中国船舶报告系统等途径了解报警船舶的有关资料。

(4) 通过中国船舶报告中心、船舶卫星应急示位标数据库、船舶交通管理(VTS)系统、海事卫星地面站和中国海上搜救中心查询、核实船舶遇险信息。

---

① 中央政府门户网站. 国家海上搜救应急预案[EB/OL].(2006-01-23).http://www.gov.cn/yjgl/2006-01/23/content_168935.htm.

(5) 如果需要，通过派出船舶、飞机等应急力量到现场核实事发现场和周围通航水域的交通状况，事发现场的气象、海况信息，包括风力、风向、流向、流速、潮汐、水温、浪高等现场详细信息。

(6) 通过专业气象台了解报警船舶附近水域气象、海况的未来变化趋势，以便为救助工作提供信息支援。

3) 现场通信

现场通信指的是在遇险事故现场组织协调有效搜救而进行的通信，海上搜救现场分为海上搜寻现场和救助现场。搜寻现场是由于无遇险源(遇险船只或人员)准确位置信息而展开的第一步寻找遇险船只和人员的救援行动。搜寻现场主力是参与搜救的力量，如搜寻直升机、搜救船等，其过程就是现场协调人(on-scene coordinator，OSC)和现场搜救设施按照搜寻行动计划并根据现场实际情况调整搜寻计划进行搜寻的过程。搜寻行动计划包括以下 6 个部分。

(1) 情况：如事故的简单描述、事故的位置和发生时间、主要和次要的搜寻目标、现场搜救设施等。

(2) 搜寻区：指定区、大小、角点、中心点、圆半径，以及其他必要的数据。

(3) 执行：搜救设施识别、搜寻模式、搜寻方向、搜寻起始点和高度等。

(4) 所需的协调：指定搜救任务协调员和现场协调人、搜救设施现场驻守时间、要求的搜寻间距和覆盖率、现场协调人指令、空间预留、设施上级单位解除指令。

(5) 通信：协调频道、现场频道、监听频道、媒体报道(如可能)。

(6) 报告：现场协调人使用标准情况报告(situation report，SITREP)格式，报告现场气象、进展和其他 SITREP 报告的信息，搜救任务协调员可授权现场指挥人视现场情况变更搜寻行动计划。

救助现场是指当搜救设施搜寻到遇险船或人员时，根据不同的险情对其采取救助的现场。其主要包括现场协调人(OSC)和现场救助设施按照救助行动计划并根据救助现场的实际情况调整救助计划进行救助的过程。救助行动计划通常由搜救任务协调员制定，供海上搜救现场协调人和现场救助设施执行。主要包括以下内容。

(1) 情况：事故、需要救助的人数、受伤程度、救生设备的类型和数量、天气预报和预报有效期、现场搜救设施。

(2) 救助区：描述事故位置，给出供救助设施使用的进入路线。

(3) 执行：列出所指派的救助设施名单，包括设施呼号和设施的上级单位、试图采用的救助方法以及准备运送的物品或设备清单。

(4) 协调：指定搜救任务协调员和现场指挥人、救助设施到达现场的时间、操作协调变更、设施的上级单位、解除搜救指令、临时性的飞行限制、向该区域内的非搜救航空器授权。

(5) 通信：协调频道、现场频道、监听频道和其他相关的通信信息。

(6) 报告：讨论是否要求现场协调人向搜救任务协调员报告、初始行动报告等，搜救任务协调员可授权现场指挥人视现场情况变更救助行动计划。

3.1.3　我国海上搜救应急救援信息保障体系

为确保海上搜救应急救援的及时有效，海上遇险与安全信息保障体系日益完善，形成了覆盖全球的海上遇险与安全信息接收与播发网络。1999 年 2 月 1 日，全球海上遇险与安全系统(global maritime distress and safety system，GMDSS)在全世界各航运国家全面启用。与在此之前广泛应用的呼救信号“SOS”不同，GMDSS 是一个船岸间通信新系统，主要由卫星通信系统——国际海事卫星系统(international maritime satellite system，INMARSAT)①和低极轨道卫星搜救(COSPAS/SARSAT)系统、地面无线电通信系统(即海岸电台)以及海上安全信息播发系统三大部分构成。GMDSS 是建立在先进的卫星通信技术、数字技术和计算机技术基础上的先进系统，在船只遇险时，不仅能向更大的范围更迅速、更可靠地发出救难信息，还能以自动、半自动的方式取代以前的人工报警方式。GMDSS Services 航海信息技术指的是在海上航行的船舶之间、船舶与港口交通管理中心之间、船舶与公司之间以及船舶本身的交通信息处理、控制及通信技术，包括电子海图显示与信息系统(electronic chart display and information system，ECDIS)、GMDSS、全球定位系统(global positioning system，GPS)、船舶自动识别系统(AIS)、Internet 与数字交通信息技术等。由于它综合各种航行信息，自动化水平高，而且能够有效地提高船舶航行的安全性，所以，随着 Internet 技术和无线电通信技术的飞速发展和广泛应用，将逐渐形成以“海上数字交通”为标志的现代航海信息技术格局，为海上运输安全提供有力保障。

GMDSS 具有以下七大功能。

(1) 遇险报警：是指遇险者迅速并成功地把遇险事件提供给可能予以救助的单位。报警包括船对岸、船对船和岸对船报警 3 个方向，其中船对岸报警是主要的。

(2) 搜救协调通信：远地通信中心通过岸台或岸站与遇险船舶和参与救助的

---

① 最早的地球静止轨道(GEO)卫星移动系统是利用美国通信卫星公司(Communications Satellite Corporation，COMSAT)的 Marisat 卫星进行卫星通信的，它是一个军用卫星通信系统。1982 年形成了以国际海事卫星组织(International Maritime Satellite Organization，IMSO)管理的 INMARSAT 系统，开始提供全球海事卫星通信服务。

船舶、飞机以及与陆上其他有关搜救中心进行有关搜救的直接通信。搜救协调通信是双方进行有关遇险与安全内容的信息交换，即具备双向的通信功能，与报警功能中只具有向某一方向传输特定信息不同。

(3) 救助现场通信：在救助现场参与救助的船舶之间、船舶与飞机之间的相互通信称为现场通信。它包括救助指挥船与其他船、船与救生艇、指挥船与救助飞机之间的现场通信。通常，这种通信的距离比较近。

(4) 定位：定位是指遇险船舶和救生艇所发出的一种无线电信号，便于救助船舶和飞机去寻找遇险的船舶和救生艇。

(5) 海上安全信息的播发：是指该系统能够提供各种手段发布航行警告、气象预报和其他各种紧急信息，以保证航行安全。

(6) 常规业务通信：是指 GMDSS 要求船舶配备的通信设备不但能进行遇险、紧急和安全通信，还能进行有关的公众业务通信。也就是船舶与岸上管理部门之间进行管理、调度等方面的通信以及船舶与船主、用户等通信。

(7) 驾驶台对驾驶台的通信：驾驶台之间的通信是有关航行安全等避让信息的传递，属于 VTS 系统方面的通信，这种通信在狭长的水道和繁忙航道航行中是非常重要的。

我国早在 20 世纪 70 年代末就开始注意 GMDSS 的重要发展动向，并组织论证了海上遇险与安全通信方面的主要构想，1986 年我国交通部向下属各有关单位进行了部署。为了进一步改善我国航运业的通信状况，进一步保障海上航行安全，我国从 1987 年开始在北京建造 INMARSAT 卫星通信地面站(岸站)，同时在我国沿海部署建立海上安全信息播发(NAVTEX)系统覆盖区，并加速对岸台(站)的通信设施进行技术更新，扩大电路数，增宽覆盖区域，以适应 GMDSS 的需要。

1992 年制定了我国的全球海上遇险与安全系统规划，按该规划要求，我国沿海的海岸电台形成链状的 A2 海区数字选择寻呼(DSC)覆盖区，同时对 A3 海区进行区域性 DSC 值守，在北京建成 COSPAS/SARSAT LUT(本地用户接收终端)和 MCC(搜救任务控制中心)，并把北京 INMARSAT 卫星岸站扩建成具有 B/M 系统能力的岸站，并服务于我国船舶航行密度大的印度洋区和太平洋区，以适应我国远洋运输事业的需要，最近又开始建设更加先进的 INMARSAT-F 系统，从而进一步保障海上航行安全。

我国在上海、广州、大连、福州、三亚建设了 NAVTEX 播发台，链状覆盖了我国沿海 400 海里以内的海域，已经开始在 518kHz 频率上播发航行警告和安全信息。我国自 1986 年开放用于船舶自动接收的 NAVTEX 业务，至 1999 年

2 月 1 日，所有从事国际国内航运的 300 总吨以上的船舶均已安装了 NAVTEX 接收机，自动接收并打印出海岸电台播出的有关海上安全航行警告信息。我国在上海、广州、大连、深圳、秦皇岛、烟台、营口等许多港口均已建立并开通了 VTS 系统，我国的船位报告系统可以覆盖渤海、黄海、东海和北纬 4°以北的南中国海海域。

我国 GMDSS 的发展和建设经历了十多年的时间，GMDSS 建成实施后，在北京海事卫星地面站岸站的有效覆盖范围内，船舶遇险报警的成功率将达到 99%以上；在 DSC 的有效覆盖范围之内，遇险报警的成功率将达到 95%以上；在低极轨道卫星搜救系统的有效覆盖范围内，船舶遇险报警的成功率将达到 90%以上。这样，岸上的遇险与安全通信设施收到船舶遇险报警后，通过畅通的陆上搜救协调通信网，将在两分钟之内把报警信息传到当地的搜救中心或分中心，同时传给中国海上搜救中心，以便搜救机构在接到报警信息后尽快(30 分钟左右)派出救助飞机和船舶或采取其他措施进行救援，使得我国的海上搜救效率提高到 90%以上，从而可以更好地为我国的改革开放事业和经济建设服务。

3.1.4　我国海上搜救决策一般流程

通过分析《国家海上搜救应急预案》，海上搜救行动决策一般可以概括为以下 6 个过程：

(1) 确定遇险时搜寻目标位置的概率分布，生成对应的概率图；

(2) 在搜救资源到达事发现场前，根据搜寻目标漂移模型更新搜寻目标位置的概率图并指定最优搜寻区域；

(3) 根据步骤(2)指定的最优搜寻区域和当前的海洋环境与气象信息，评估搜救资源的搜寻能力并选择合适的探测函数，最优化分配可用的搜救资源，指定最优搜寻计划；

(4) 执行最优搜寻计划；

(5) 如果搜寻失败，则评估搜寻失败结果并根据该结果更新搜寻目标位置的概率图，然后转到步骤(2)，重复步骤(2)～步骤(5)，直到发现目标或搜寻行动终止；

(6) 如果发现搜寻目标，则立即执行救助行动，直到搜救行动结束。

图 3-3 为海上搜救行动决策的一般过程。

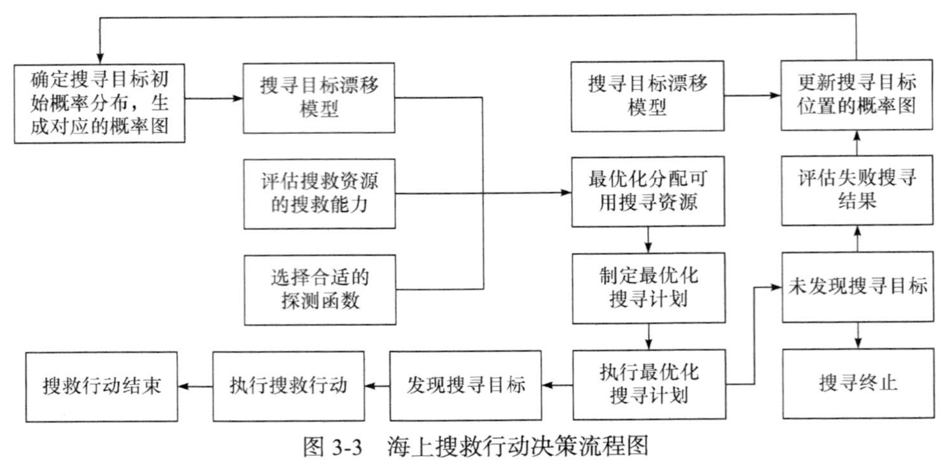

图 3-3　海上搜救行动决策流程图

3.2　海上搜救行动流程及案例推演分析

3.2.1　海上搜救运作模式

海上搜救行动的标准过程是我们建立海上搜救辅助决策系统所必须掌握的，海上搜救行动应包括以下几项内容：收到海难求救信号后，确定遇险性质和救助要求，制定搜救方案，组织、协调搜救力量，指挥搜救行动，跟踪搜救结果，调整搜救方案，继续或终止搜救行动，后评估。以下是海上搜救行动的流程(图 3-4和图 3-5)以及在搜救过程的每个阶段系统所需要的信息。

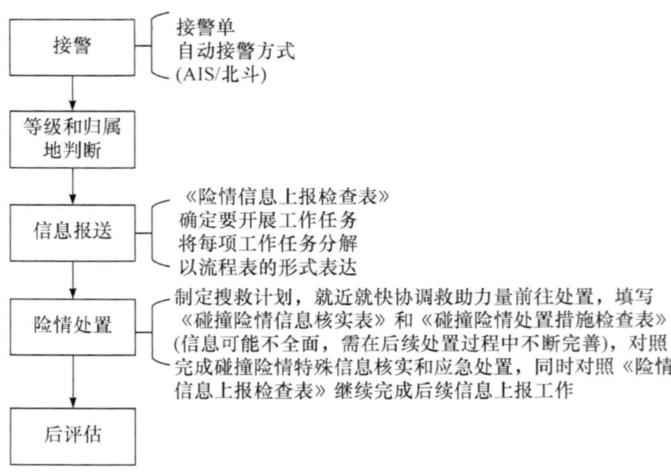

图 3-4　海上搜救行动流程图(一)

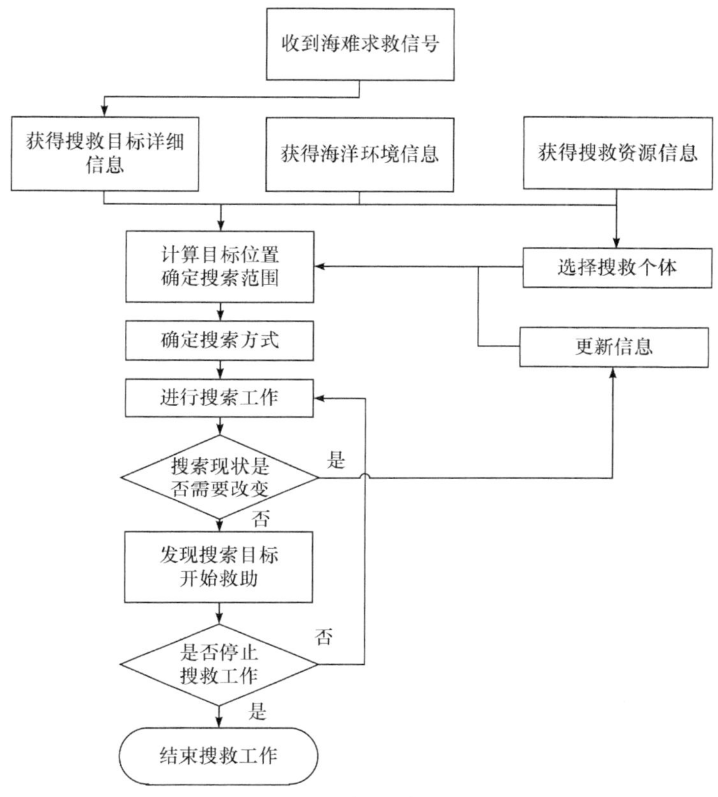

图 3-5　海上搜救行动流程图(二)

(1) 指挥中心收到遇险船舶发出的海难求救信号。求救信号可以由遇险船只直接发送，也可以由其他船只发送，岸基计算机或其他船舶电台接收后迅速传送到搜救指挥中心。海滩求救信息的内容主要包括：海难发生的时间、地点、性质、遇险船舶和人员的主要信息等。

(2) 收到求救信息后，搜救指挥中心先根据收到的求救信号的信息内容，结合海洋环境信息系统提供的海洋环境信息，推算出遇险人员的海上漂移状态，确定搜索区域和选择最优的搜索方式，制定详细可行的搜救方案；然后向可用的搜救资源即搜救个体发送搜救指令(搜救个体包括搜救船舶、专业的搜救飞机、航经海难发生地点的船舶等)。海洋环境信息包括：海难发生地点以及附近海域的海水温度、流速、流向、风速、风向、能见度等。

(3) 搜救个体根据搜救指挥中心发出的搜救指令以最快的速度赶到海滩现场，按照已经制定好的搜救方案开始搜救，并随时把海难现场的海洋环境数据和搜救工作进展情况传输到搜救指挥中心，指挥中心根据现场发回的具体情况做出实时调整。

(4) 搜救个体在搜救过程中搜索到遇险目标后，根据外部环境和自身条件，如果能够自身施救，则自身完成营救任务；如果自身条件不能完成营救任务，则立即向指挥中心发出救助信息(包括遇险目标的具体位置、周围的气象条件等)。

(5) 搜救个体开始实施救助，直到全部遇险人员被救起，或者事故处理完毕，整个搜救行动结束。

(6) 搜救行动结束后的后评估。

3.2.2 海上搜救行动典型案例推演分析

以历史案例为原型，根据海上搜救应急流程，开展海上搜救行动过程推演。具体内容如下。

虚拟案例 3-1 “碧海 XX”轮与木质渔船“鲁***”船碰撞案。

2018 年 6 月 27 日约 0300 时，“碧海 XX”轮在 38°16.0′N/118°08.8′E 处水域与木质渔船“鲁***”船发生碰撞，造成“鲁***”船翻扣，商船上有船员 23 名，渔船上有 9 人，请求救助。险情发生后，山东省、滨州市(事故责任属地)两级海上搜救中心立即启动应急响应，迅速协调救助资源前往现场救助，至 6 月 28 日，20 名船员从救生筏里救出，救起落水人员 4 名，8 名失联人员尸体全部被找到。

具体事故经过如下(图 3-6)。

2018 年 6 月 27 日约 0325 时中国海上搜救中心接到北斗报警信号：“2018 年 6 月 27 日约 0300 时，‘碧海 XX’轮在 38°16.0′N/118°08.8′E 处水域(套尔河 2 号浮和 3 号浮之间水域)与木质渔船‘鲁***’船发生碰撞，商船船舱破损进水，宣布弃船求生，渔船翻扣。商船上有船员 23 名，渔船上有 9 人。现场西南风 4～5 级，能见度良好。”请求救助力量前往搜救。

0330 时，中国海上搜救中心当即进行报警信息核实、登记与评估，判断是否需要召开部际联席会议。经评估，此险情属船舶碰撞特大险情，险情事故地点在山东滨州市，指挥由山东省海上搜救中心负责。中国海上搜救中心将报警信息发送山东省海上搜救中心。

0330 时，山东省海上搜救中心负责人第一时间到位，开始险情处置。

0335 时，山东省海上搜救中心制定救援计划：一是调集邻近的“恒通 988”轮、“生松工 3”轮和“振新 66”轮等 7 艘商船协助搜救；二是尽快了解“碧海 XX”轮的浮态，根据事发水域的天气、海况、海流等情况制定船舶施救方案；三是通报海洋渔业部门，协调渔业力量前往搜救；四是协调北海救助局派出专业救助船及直升机前往搜救；五是协调地方政府派出人员岸线搜寻。

0340 时，山东省海上搜救中心将报警信息发送滨州市海上搜救中心，由滨州市海上搜救中心负责现场应急响应和通信联系。与此同时，滨州市海上搜救中心启动应急预案和应急反应，进行现场指挥。

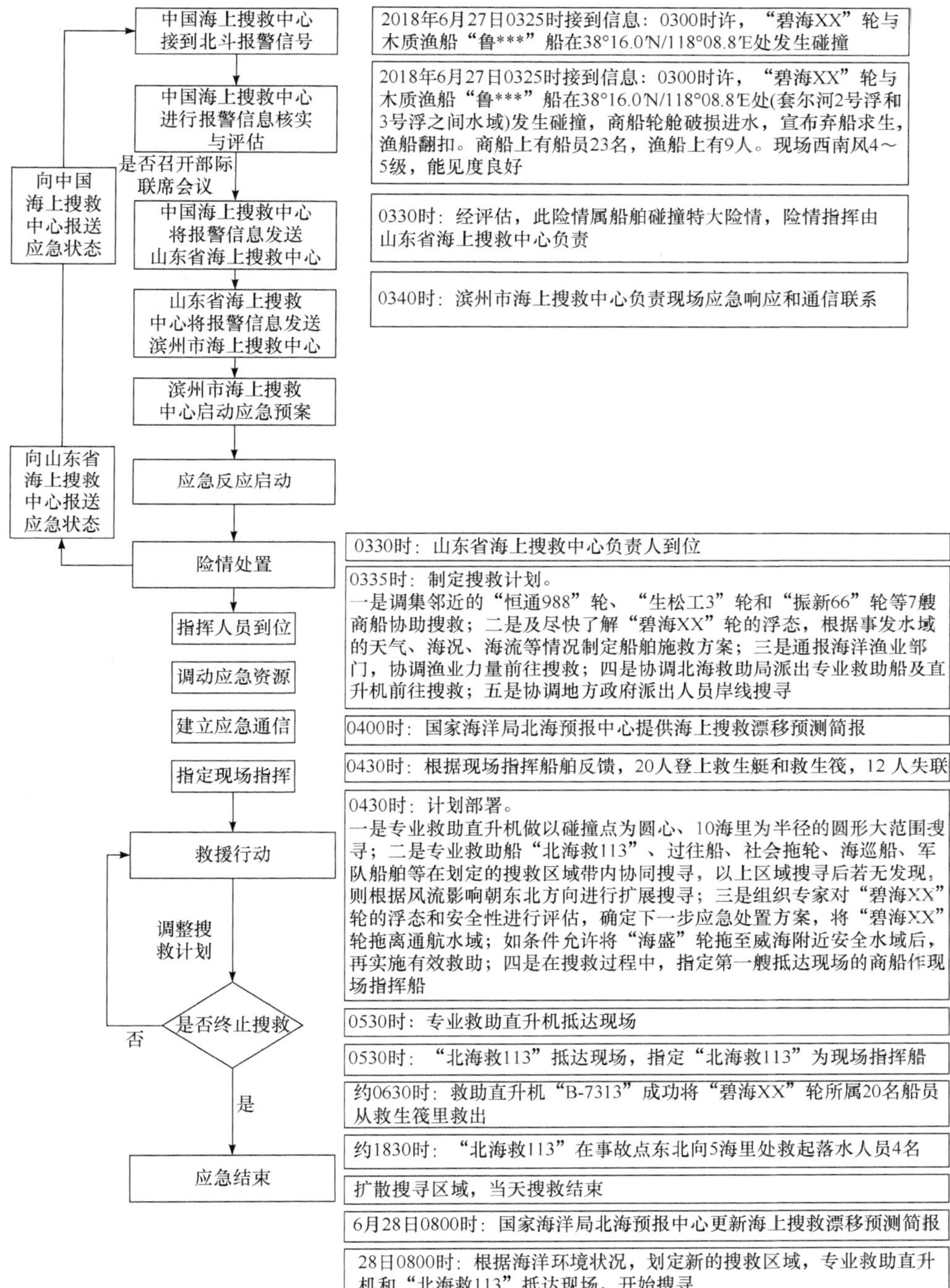

图 3-6 “碧海 XX”轮与木质渔船“鲁***”船碰撞案处置流程图

0400 时，国家海洋局北海预报中心根据滨州市海上搜救中心的请求，提供海上搜救漂移预测简报。

0430 时，根据现场指挥船舶反馈，20 人登上救生艇和救生筏，12 人失联。调整搜救计划：一是专业救助直升机做以碰撞点为圆心、10 海里为半径的圆形大范围搜寻；二是专业救助船“北海救 113”、过往船、社会拖轮、海巡船、军队船舶等在划定的搜救区域带内协同搜寻，以上区域搜寻后若无发现，则根据风流影响朝东北方向进行扩展搜寻；三是组织专家对“碧海 XX”轮的浮态和安全性进行评估，确定下一步应急处置方案，将“碧海 XX”轮拖离通航水域；如条件允许将“海盛”轮拖至威海附近安全水域后，再实施有效救助；四是在搜救过程中，指定第一艘抵达现场的商船作现场指挥船。

0530 时，专业救助直升机抵达现场。

0530 时，“北海救 113”抵达现场，指定“北海救 113”为现场指挥船。

约 0630 时，救助直升机“B-7313”成功将“碧海 XX”轮所属 20 名船员从救生筏里救出。

约 1830 时，“北海救 113”在事故点东北向 5 海里处救起落水人员 4 名。

扩散搜寻区域，当天搜救结束。

6 月 28 日 0800 时，国家海洋局北海预报中心更新海上搜救漂移预测简报。根据海洋环境状况，划定新的搜救区域，专业救助直升机和“北海救 113”抵达现场，开始搜寻。

8 名失联人员尸体全部找到，救助行动结束。

本章介绍了海上搜救业务协调与决策流程、海上搜救行动流程，并列举典型案例进行推演分析。

第 4 章　决策支持系统

从第 3 章介绍的海上搜救业务的协调与决策流程，可以看出海上搜救过程实际是一个复杂的系统工程过程，即为了完成一系列特定的流程任务，需要从险情分析、搜救资源分配、搜救力量调动等众多方面进行系统思考，从而做出科学的判断和合理的决策。海上搜救决策过程的复杂性决定了影响决策的数据和模型规模庞大，其中的结构关系复杂，因此，仅仅依靠人工计算很难协调模型之间的关系，也难以对数据进行快速、准确地分析和利用。因此我们需要借助信息化和智能化的手段进行决策的辅助支持，把众多模型和数据有效地组织和存储起来，将模型库和数据库有机结合，提升海上搜救决策的科学性和执行效率。

海上搜救决策支持系统的研究与开发在决策支持系统(decision support system，DSS)理论的基础上开展，因此本章将对决策支持系统的基本概念、方法和原理进行简要阐述。本章首先介绍决策与决策过程、决策系统的基本概念，在此基础上阐述决策支持系统的定义、基本特征、基本框架、发展和研究现状以及决策支持理论与方法。

4.1　决策与决策过程

4.1.1　决策的概念

决策是对未来的方向、目标以及实现途径做出决定的过程。决策是指个人或集体为了达到或实现某一目标，借助一定的手段和方法，从若干备选方案中选择或综合成一个满意合理的方案，并付诸实施的过程。把决策看成一个过程，是因为人们对于行动方案的确定要经过提出问题、确定目标、收集信息、制定方案、评估方案、做出决策等一系列组织实施过程，在实施以后，要检查和监督决策的执行情况，以便发现偏差，加以纠正。

决策具有以下特征。

(1) 目的性。人类活动都有着一定的目的，并在人的动机和意图的支配下进行。而想要达到的目标一定是在进行具体的实践行动之前就已经确定了的，因此决策体现了鲜明的目的性。

(2) 前瞻性。决策是在行动之前开展并完成主要内容，是对未来行动的方向、原则和方法的决定，没有超前性的决策将会丧失决策的价值。

(3) 创造性。为了实现决策目标最优，达到决策的最终目的，决策者必须带着创新意识去探索和寻求达到优化目标的最佳途径，也就是要创造性地选择和制定最优的决策方案。

(4) 管理性。“管理就是决策”，决策是主要的管理职能，没有决策就无从管理，任何管理都必须以决策为前提和依据。

4.1.2 决策过程模型

著名学者西蒙认为决策过程由 4 个步骤组成：①确定决策目标；②拟定各种备选方案；③从各种备选方案中进行选择；④执行方案。这 4 个步骤较精炼地概括了决策过程。

西蒙的观点一方面强调了实践的意义，即明确了决策的目的在于执行，而执行又反过来检验决策是否正确；另一方面把决策看成一个不断循环的管理过程，即“决策—执行—再决策—再执行”的循环过程。在执行中若出现新情况，则需要对原决策做出修改或者做出新的决策，这是一个反馈迭代的过程，也是人们认识不断深化的过程。

决策过程中的 4 个步骤可以分成更详细的 8 个步骤，即提出问题、明确目标、价值准则、拟订方案、分析评估、选择方案、试验验证、普遍实施(图 4-1)。

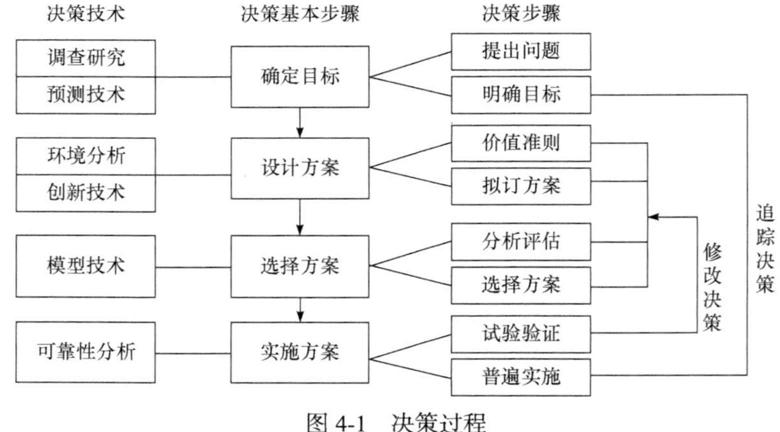

图 4-1　决策过程

1. 提出问题

大部分决策工作都是从提出问题开始的。如何才能发现和提出准确问题呢？一般途径如下。

(1) 寻找差距。差距是实际状况与理想要求(或标准)之间的差距。有了差距才能发现问题和提出问题。

(2) 确定问题的性质、特点和范围。为了界定问题，需要对问题产生的时间、地点、条件和环境等情况进行分析。通过调查研究，将问题的性质和特点研究清楚，并确定问题的范围。

2. 明确目标

决策目标就是决策者根据各种条件，对于未来一段时间内所要达到的目的和结果进行判断。显然，决策目标的正确与否在很大程度上影响着决策的成败，因此决策目标的确定需要经过慎重分析，它不是凭空生成的，而是建立在一定的调查研究和科学预测的基础上的。为了确定问题的目标，一般需要找出产生问题的原因。寻找问题的原因有以下原则。

(1) 从变化与差异中找原因。一般事物的发展变化都有其因果关系，问题界定得越清楚，存在的差异和产生的原因就越容易找到，越有利于确定问题目标。

(2) 对产生现象的可能原因进行寻根究底的详细分析。问题的表面原因容易发现，必须寻找“原因的原因”，一层层追究下去，才能通过中间原因找到根本原因。对根本原因确定的目标是至关重要的。

决策目标有 3 个特点：

(1) 目标概念明确或者决策目标定量化，降低目标的歧义性；

(2) 时间限制，在规定的时间内完成；

(3) 可能有约束条件限制。

3. 价值准则

价值准则是落实目标、评价和选择方案的依据。这里所说的价值是指决策目标或方案的作用、效益、收益、意义等，一般通过许多数量化指标来反映，如产量、产值、成本、质量、效益等。

传统的观点是要求“以最小的代价获得最大的收益”，即“最优”原则。以运筹学为中心的管理科学，从数学上建立了一整套最优化方法，给管理中最优决策提供了强有力的手段。

在现实世界中，可能会产生以下现象：有些目标无法定量化，情报不全，多个决策目标中存在相互矛盾的现象，系统状态动态变化等，致使决策目标无法达到最优标准。著名学者西蒙提出用“满意”原则(满意指标)来代替最优原则(最优标准)，即用著名的有限理性原则进行决策。

通过环境分析方法来确定价值准则，例如，依据背景资料，分析国内外同类问题的现状以及历史情况。以下方法可使价值准则更科学。

(1) 把目标分解为若干层次的确定价值指标。价值指标可以根据规模的大小分为若干层次。每类价值又可分为若干项，每项又可分为若干条，构成一个价值系统。

(2) 规定价值的主次、缓急以及在相互矛盾时的取舍原则。

(3) 指明实现这些指标的约束条件。

4. 拟订方案

拟订方案主要是寻找达到目标的有效途径。拟订方案的原则有以下两条。

(1) 整体详尽性。所拟定的全部备选方案应当包括所有可能方案，即不要漏掉某些可能的方案。

(2) 相互排斥性。不同的备选方案之间相互排斥，执行了甲方案就不能同时执行乙方案。

备选方案的拟定大体上可分为开放设想和详细设计两个阶段。

第一阶段：开放设想阶段。

寻找备选方案，一般是从过去的经验开始，对于决策问题，根据以往的经验拟定出可供选择的方案。由于情况的变化，往往需要寻找能切合实际问题的新方案，这就需要创新，即从不同的角度和多种途径，大胆设想出各种可能的方案。国外的管理决策者往往把能否创新看成管理决策的核心问题。

拟定的方案是否创新，取决于决策者所拥有的信息、能力和精神。

(1) 信息。决策者创造性地提出方案和解决问题，他必须具有丰富的信息。这包括古今知识、中外知识和各学科的知识，以及自己的经验、别人的经验和历史的经验。

(2) 能力。这里指人的创造性思维能力。人的思维包括 3 种形式：逻辑思维(推理)、形象思维(类比)和灵感思维(顿悟)。设计者通过思维创造出新思想，如瓦特发明蒸汽机。

(3) 精神。如果有了信息的基础和创造性思维的能力，还必须要有创新的精神。这体现在两个方面：敢于创新，冲破习惯势力；有解决问题的决心和坚韧不拔的精神。

第二阶段：详细设计阶段。

在详细设计阶段，保持冷静的分析态度，应用科学方法和相关领域模型工具等支撑下，尽可能完善和优化相关的设计。因为在这一阶段既要求我们反复地计算、严格地论证和细致地推敲，又要求我们经得起怀疑者和反对者的质疑。

详细设计包括两项工作：一是对措施细节的确定；二是对方案后果的估计。

大部分决策方案的后果是要通过预测求得。方案后果的预测包括两个方面：一是客观环境条件的可能变化引起方案后果的变化；二是在各种可能状况下方案的预期效果。

5. 分析评估

在拟定出一批备选方案后，按价值标准，对各种备选方案进行分析评估，一般有 3 种方法：经验评价法、数学分析法和实验法。

(1) 经验评价法是对备选方案进行评价应用较为普遍的方法，特别是对复杂的决策问题，在其目标多、变量多、准则多、方案多的情况下，一般通过决策者的经验来评价和选择各种备选方案。经验评价一般局限性较大，科学性较差，但是较为适用于战略问题等顶层问题的决策使用。

(2) 数学分析法是利用拟定的备选方案建立相应的决策模型，特别是建立多模型组合的决策支持系统，并利用计算机对决策支持系统进行计算，它的解代表了备选方案的结果，决策支持系统的计算使决策者对备选方案有了量化依据。新一代信息技术的迅猛发展，以及各类数据的采集与应用，有利于基于数学分析方法适用性的扩展。利用备选方案建立决策模型并求解，或输入到决策支持系统中并求解，已成为方案评价的基本手段。

(3) 实验法主要是面向一些问题模型较为清晰，能够较为经济快速地建立起来与决策问题类似的环境的时候，通过建立模拟现实问题的抽象或者简化版本系统，对其进行模拟运行来观察结果。有些重大问题或者影响范围广泛的决策问题，也常采用试点、彩排、情景模拟等方法对决策问题进行实验法检验。

6. 选择方案

备选方案在进行分析评价后，对方案的选择需要进行决断，它是决策过程中最关键的一步。从各种可供选择的方案中权衡利弊，然后选取其中一种方案或将多个方案综合形成方案。最后选定的方案，并不一定对每一个特定的指标都是最佳的，一般能达到多个主要的指标，又能兼顾其他指标。

现代决策需要专家从事决策过程中的多项工作，从提出各种方案到分析评估这些方案。但是，最后对方案进行选择的决断是由领导者(决策者)来完成的。领导者要为决策的后果负责。

若采用模型技术，特别是优化模型，那么由于模型的求解过程中已经考虑了各种可能的方案，故模型的计算过程就完成了对方案的选优。

采用决策支持系统，利用快速改变方案的能力，对多个不同的系统方案进行计算，根据结果再结合决策者的经验融合完成选择方案的决断。

7. 试验验证

在自然科学中，试验是十分常用和有效的方法。但是，在社会问题中，很难创造出像实验室那样的理想条件。在面临重大问题，尤其是那些我们缺乏判断经验的新问题，以及对于无形因素起较大作用而决策者认识不清时，可以先选几个典型场景做试验，验证决策方案运行的可靠性。决策方案试验的验证为决策者做最后的决策提供依据，这仍是行之有效的方法。

决策过程是一个动态的依赖时空变量的复杂随机函数，为了能客观地反映决策合理与否的效果，需要进行可靠性的分析。

在试验验证中，如果试验成功，则可进入全面普遍实施阶段；如果不成功，则必须反馈回去，进行决策修正。

8. 普遍实施

这是决策程序的最终阶段。如果决策方案通过试验验证，那么我们认为它的可靠程度一般是较高的。但是，在实施过程中仍会发生偏离目标的情况。因此，加强反馈工作，要有一套追踪检查的办法，即制定规章制度，用规章制度来衡量执行情况，随时纠正偏差。当主客观条件发生重大的变化，以致必须重新确定目标时，必须进行“追踪决策”。

所谓追踪决策，是指当原定决策方案的执行表明将危及决策目标时，对目标和决策方案所进行的一种根本性修正。发生这种情况有两种可能：一是执行过程表明原决策方案有错误；二是原决策方案是正确的，但主客观条件发生了重大变化。在这两种情况下，原决策方案都不能继续执行下去，必须重新进行决策。

4.1.3 应急决策

海上情况千变万化，很多海上遇险事故是搜救人员很少遇到甚至从未遇到过的，人们对此类事件的应对经验严重不足，再加上时间紧迫，必须在短时间内做出快速应对，处置不当，将会给人类物质和精神上带来重大损失。鉴于突发事件发生带来的严重后果，为了降低灾害破坏程度，对海上突发事件特别是海上人员、船只遇险开展应急处置决策的研究和应用具有重要的意义。

由于突发事件具有突发性、不确定性、危害性、时间紧迫性等特点，因此突发事件的应急决策与常规决策相比，难度更大，属于非结构性决策范畴。

关于突发事件应急决策的概念，学者很早就有所研究。袁辉认为应急决策有广义和狭义之说。广义的应急决策是指从突发事件发生前就开始研究解决有关问题的思路与方法，如预防政策和规划的制定、应急设施的最佳配置、预测和监测的方法与手段、应急预案的制定等，以及事件发生时的决策；狭义的应急决策是指突发事件发生时的决策,即在突发事件刚刚发生或出现某些征兆时，在极短的时间内收集、处理有关的信息，明确问题与目标，拟定各种可行方案，经分析评价后选择一个满意的方案，组织实施并不断地跟踪检验，及时纠正决策过程中的失误，直至问题彻底解决的一个动态过程。为了区别起见，一般我们把前者称为应急管理，后者称为应急决策。我们通常所说的应急决策更多是指后者。

薛澜认为所谓应急决策，是指在突发事件发生后，在有限信息和资源的条件下，控制事态发展、降低损失的举措，其本质是一种非程序化决策。

范维澄认为应急决策是指事件发生时的决策，在事件发生时第一时间收集整理相关信息，制定应对方案，立即组织实施并随时调整方案的动态决策过程。

综合上述观点，本章认为所谓突发事件应急决策，是指在突发事件发生后，决策主体为了避免事态恶化和降低损失，根据突发事件的主观和客观环境，在最短的时间内通过各种方法和技术手段收集事件信息和数据，依据有关知识、经验等对态势进行分析、判断、预测等，据此制定出应急方案与措施，并付诸实施，从而控制事态发展直至事件消除的动态过程。

4.1.4 应急决策的特征与流程

突发事件应急决策与常规决策相比，主要具有以下特征(表 4-1)。

1. 决策信息不充分

决策主体获取信息的数量、及时性以及可靠性，直接决定了决策的科学性。突发事件应急决策也不例外，甚至对信息的依赖程度更高。然而在危急状态下，由于事件本身发展的随机性和不确定性，决策主体几乎不可能在有限的时间内掌握所有事态发展信息。此外，危机可能导致的秩序混乱、信息收集工具受损或失灵、传播渠道受阻等问题的存在，还会造成信息失真或滞后，这些都会影响到应急决策的及时性与正确性。

2. 决策环境复杂多变

不同于常规决策的决策环境的相对稳定，突发事件应急决策的主客观环境不但复杂，可能还会不断变化，存在诸多不确定性，从而加大应急决策的难度。由于突发事件事发突然，发生地点的自然环境、气候环境、地理条件、水文条件等对于决策主体来说，可能都是陌生的，不仅需要决策主体快速熟悉掌握，还要依据外在环境的变化及时做出调整；此外，事发时的应急资源现状、应急管理人员情况等都存在很多不确定性。诸多的不确定性给决策主体造成很大的心理压力，这种心理压力又会影响到应急决策的效果。

表 4-1　应急决策与常规决策的比较

指标	应急决策	常规决策
决策目标	控制事态发展	维持组织运转
决策时限	很短	较长
决策信息的充足性	不充足	较为充足
决策环境复杂程度	复杂多变	较为稳定
决策过程程序化程度	非程序化	程序化
决策风险程度	较高	较低

3. 决策程序的非常规性

常规决策由于时间充足，一般会提前制订好决策规则和备选方案，还可以在决策之前根据最新获取的信息对方案进行反复讨论与修正，以期达到最佳决策效果。而突发事件应急决策，由于受到时间有限、环境复杂多变、信息不充分、资源紧缺等因素的制约，无法按照预先制定的常规性的、程序化的决策程序来完成，需要依靠决策主体的专业知识、智慧、胆魄、经验等，快速做出判断，并采取果断措施，从而控制事态的恶化。也正是应急决策程序的非常规性，导致传统的“预测-应对”应急管理模式效果较差，逐渐被“情景-应对”模式所替代。特别是随着新一代信息革命带来的网络泛在化，对于决策的时效性和动态性要求越来越高，一方面给应急决策带来了信息传输及时、方案制定快捷、评价快速等优点，另一方面也由于决策的高实时性给常规决策程序带来较大程度的颠覆，很多决策步骤与环节的反馈和迭代非常频繁、快速，甚至都可以融为一体，集成化处理。

4. 决策效果的高风险性

常规决策的主要目标是维持组织或机构的正常运转，决策程序与方法成熟，效果具有可预测性，因此，决策风险相对较小。然而，突发事件具有很大的破坏性，可能造成严重的后果，对社会公众的生命财产带来巨大损失，甚至威胁到社会的稳定，因此，决策风险较高。

4.1.5　决策系统的组成

决策系统的主要任务是：以现代决策手段和技术对信息系统提供的大量信息进行去粗取精、去伪存真等科学处理，使信息全面、及时、准确。对决策者提供的各种方案进行选择，认真分析每一个决策方案，从战略高度出发，统揽全局，权衡每一个方案的利弊，进行反复的比较，既可以选取其中一个方案，也可以综合成一个方案，以保证决策的科学性和准确性，并迅速做出决策和实施决策。

按照系统理论的观点，决策者(DM)、决策任务(DT)、决策环境(DE)等组成了决策系统(DS)。决策系统可用如下多元组表示：

$$\mathrm{DS} ::= \{\mathrm{DM}, \mathrm{DT}, \mathrm{DE}\}$$

根据前面的分析，可以看出决策(D)是决策者(DM)为了达到一定的行为目的，而根据决策环境(DE)的变化所做出的一些决定。它是一个动态过程，主要包括决策问题识别和决策问题求解两部分，即

$$\text{决策} ::= \{\text{决策问题识别，决策问题求解}\}$$

决策者是决策系统中的主导者，给出决策的偏好与决断，这种偏好与决断不仅针对决策方案与决策结果，而且针对决策的全过程。决策任务(DT)是决策系统需要完成的相对独立的工作任务，它反映了决策者或决策群体的目标及应有的职责等。决策问题(P)是根据决策任务和决策目标而确定的需要求解的具体问题，体现了决策环境(现实)与决策者期望间不和谐性关系的一种描述。决策问题识别是确定决策环境(现实)与决策者期望间的这种不和谐性，并加以形式化。决策问题求解则指的是在一定的决策环境中和在一定的约束条件下，针对一定的决策问题，确定如何达到决策目标，即确定决策方案的过程。

根据决策论的观点，决策任务可描述为

$$\mathrm{DT} ::= \{X, D, F\}$$

其中，X::=决策的论域(或环境描述)，具有一定的属性和结构，是系统运行状态的一种抽象；D::=决策方案(或行动)集，其元素是可供决策者选择的一组方案(或行动)，是决策单元对系统运行施加作用的一种抽象；F::=D 决策方案映射集，反映了一组方案(或行动)对论域(或环境描述)产生的影响。

决策目标(Π)是对决策目的一种描述，实际上是一组对决策结果的评价指标，用以反映决策方案的优劣。

因而决策问题是决策任务和决策目标的合成：

$$\text{决策问题} ::= \{\text{决策任务，决策目标}\}$$

决策问题可描述为

$$P=\{X,D,F,\Pi\}$$

其中

X∷=决策的论域

D∷=决策方案集

F∷=D 决策方案映射集

Π∷=决策的目标

决策系统有各种各样的表现形式，但总的来讲可归纳为两种：开环决策系统和闭环决策系统。

(1) 开环决策系统是指给定一个(或一系列、一组)决策问题，针对其产生决策，并在相关的决策环境中执行决策，从而产生相应的决策结果。在开环决策系统中，研究的重点是决策问题的求解。

开环决策系统如图 4-2 所示。

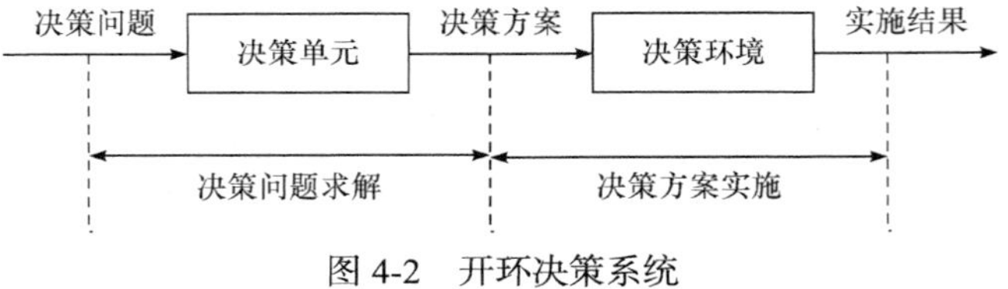

图 4-2　开环决策系统

(2) 闭环决策系统。决策是一个动态过程，随着现实决策环境和(或)决策期望与偏好等的不断变化，驱使决策系统不断地进行问题识别、问题求解和执行决策，三者组成了有机的循环体，因而有闭环决策系统，其一般结构如图 4-3 所示。

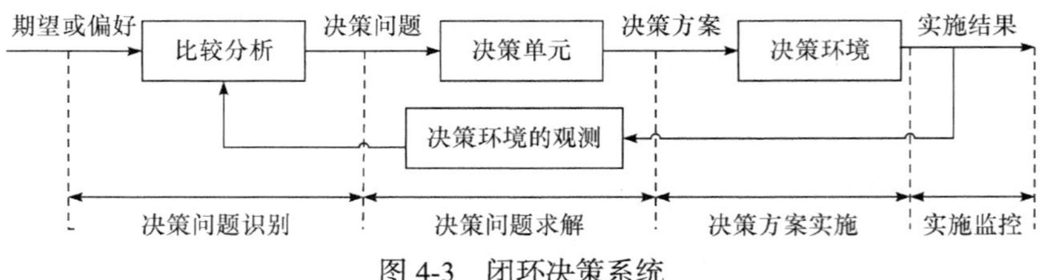

图 4-3　闭环决策系统

决策系统本质上是动态的，它是在决策者的主观期望与偏好的驱动下，根据有关的现实状况，确定一个(或一组)决策问题；并在此决策问题的驱动下，产生相应的决策方案；在相应的决策环境中执行此决策方案，从而形成一定的决策结果；而后再在主观偏好与期望的驱动下，根据有关变化了解现实状况，确定新的决策问题。

在决策科学中，现在大部分的研究工作集中在决策问题求解，即对开环决策系统的研究上，而对闭环决策系统的研究并不多，还没有把决策问题识别与决策问题求解放在统一的框架中进行分析。如果要想真正提高决策与决策支持的有效性，则有必要考虑决策问题的正确识别，必须把决策问题识别与问题求解放在统一的闭环决策系统中进行研究。

在决策系统中选择方案的方式有单一领导决策和集体决策之分。集体决策是由决策系统的集体(如委员会、董事会)来做决定。单一决策的优点是速度快，责任明确，但容易出现片面性并造成失误。集体决策可以集思广益，克服片面性，减少失误。但决策速度慢会贻误时机，有时意见不一致，会致使决策无法进行，或调和折中，影响决策，一旦决策失误又相互推卸责任。

对于重大决策，为减少失误，采用集体决策为宜；对于一般性决策，采用单一领导决策为好。追踪检查、评价反馈也是决策系统的重要任务，通过对决策实施的检查和评价，以检验决策系统的可靠性，提高决策质量。

4.1.6　决策系统建模方法

决策者常常遇到究竟选取何种模型的棘手问题，同时还需考虑是使用现成的模型还是修改已经存在的模型。因此，将模型按类型划分将有助于决策支持系统的决策者高效快速地做出抉择。

模型的分类可以用不同的方法，我们按模型对实际的抽象程度，将其分为图符、类比和数学三类。人们也常把模型分为线性回归、时间序列、数学规划、数量经济学、系统动力学、多目标等类型。在此，根据 Turban 的观点，按模型的求解方法进行分类。表 4-2 将决策支持系统(DSS)中使用的模型概括为七种类型，同时列出每种类型的代表性求解方法。

表 4-2　模型分类

种类	过程和目标	代表方法
穷举	从数量较小的方案中找出最好的方法	决策表、决策树、决策分析
优化与算法	利用逐步改进的过程，从大量乃至无穷的可选方案中找到最好的方案	线性规划模型和其他数学规划模型、网络模型
优化与分析公式	利用某个公式，在一步之中找到最好的方案	库存模型
模拟	利用实验的方法，从那些经过测试的可选方案中找出“足够好的”或最佳的方案	若干类型的模拟
启发式	利用规则找出“足够好的方案”	启发式程序设计，专家系统
其他描述模型	利用某个公式，试探 what-if 分析	财务模型的建立，等待队列
预测模型	对给定情景预测未来	马尔可夫预测模型

每种方法既可以动态模型出现，也可以静态模型出现，并可在假设的确定度、不确定度或风险度等条件下建立。

4.2　决策支持系统概述

4.2.1　决策支持系统的概念

决策支持系统(DDS)的概念最早在 20 世纪 70 年代初由美国人 M S Scott Morton 于《管理决策系统》一文中提出。20 世纪 80 年代中期，这一概念被引入到我国。经过几十年的发展，我国在决策支持系统理论研究和系统开发等方面的研究硕果累累，并呈现出多元化的发展势态。

管理科学与运筹学是运用模型辅助决策，体现在单模型辅助决策上，模型所需要的数据在计算机中以文件形式存储。随着时代的进步和各方面新兴技术的发展，我们所面临的问题已经且还会变得越来越复杂，这其中涉及的模型也呈现出数量庞大、结构复杂的趋势。要解决一个实际的问题，我们可能需要上百个模型来辅助决策，而怎样让这些模型之间联合和协调来达到期望的效果呢？此时人对于模型之间的联合和协调就显得尤为重要了。自然地，我们又联想到使用计算机来帮助我们做这样的工作，利用计算机自动组织和协调多模型的运行，存取及处理数据库中大量数据等，而决策支持系统的出现正是用来解决这些问题的，以便使我们达到更高层次的辅助决策能力。

自决策支持系统的概念被提出以后，不少人对决策支持系统进行了定义，比较典型的有以下几种定义。

1. Spraque 和 Carlson 对 DSS 的定义

决策支持系统具有交互式计算机系统的特征，能够帮助决策者利用数据和模型去解决半结构化问题。

决策支持系统具有以下功能。

(1) 解决高层管理者常碰到的半结构化和非结构化问题。

(2) 把模型或分析技术以传统的数据存储和检索功能结合起来。

(3) 以对话方式使用决策支持系统。

(4) 能适应环境和用户要求的变化。

2. Keen 对 DSS 的定义

决策支持系统是“决策”(*D*)、“支持”(*S*)、“系统”(*S*)三者汇集成的一体，即通过不断发展的计算机建立系统的技术(system)，逐渐扩展支持能力(support)，达到更好的辅助决策(decision)。

提供的工具能适用当前的决策过程只是传统意义上的支持能力，而理想的支持能力应该是主动地给出备选方案甚至能够决策备选方案。

3. Mittra 对 DSS 的定义

决策支持系统是从数据库中找出必要的数据，并利用数学模型的功能，为用户产生所需要的信息。

决策支持系统具有以下功能。

(1) 为了做出决策，用户可以试探几种“如果，将怎样”(what-if)的方案。

(2) DSS 必须具备一个数据库管理系统、一组以优化和非优化模型为形式的数学工具和一个能为用户开发 DSS 资源的联机交互系统。

(3) DSS 结构表示了控制模块将数据存取模块、数据变换模块(检索数据、产生报表和图形)和模型建立模块(选择数学模型或采用模拟技术)为实现决策问题而建立的结构关联。

综合以上定义，可以将决策支持系统定义为：决策支持系统是综合利用大量数据，有机组合众多模型，通过人机交互，辅助各级决策者实现科学决策的系统。该定义与决策支持系统的结构是一致的。决策支持系统的结构如图 4-4 所示。

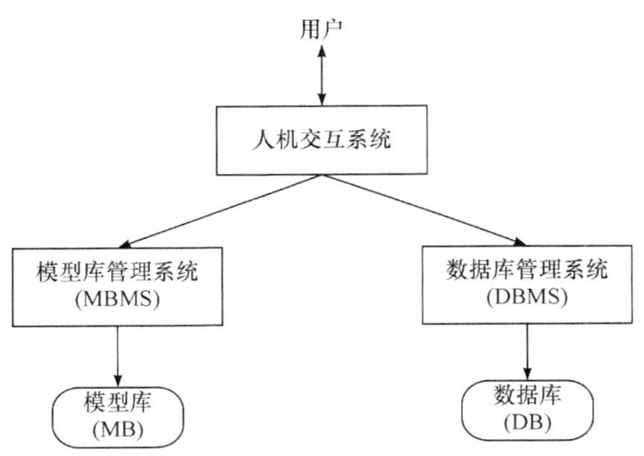

图 4-4　决策支持系统结构

DSS 是在数据库系统的基础上，增加了模型库系统，即 DSS 使得管理信息系统上升到了决策支持系统的新台阶上。那些原来不能用计算机解决的问题通过 DSS 逐步变成可以使用计算机辅助解决。

决策支持系统为决策者提供辅助决策的有用信息，它不能制定决策。决策是由人来制定的。Bonczek 认为决策的制定是由决策支持系统和它的用户共同完成的。

4.2.2　决策支持系统的产生与发展

DSS 的概念是在 20 世纪 70 年代提出来的，当时利用计算机来辅助决策的方式已经得到了普遍认可。20 世纪 70 年代学术界对于应用系统分析和管理信息系统(management information system，MIS)等思想进行了深刻反思，发现 MIS 等不能很好地解决现实中的决策问题，其主要原因是，无论系统分析人员还是信息系统本身都不可能取代决策者进行现实决策，其对于决策者的决策制定过程起到的只是支持辅助作用。DSS 概念的核心就是力图为决策者提供一些切实可行的帮助，它的出现在某种程度上克服了人们认识上的偏差。因而，DSS 是在计算机逐步深入到组织管理领域，管理决策问题也越来越突出地需要计算机辅助支持的情况下产生的。

由于现代决策面临种种挑战，决策者迫切需要一种基于计算机的决策支持系统。回首过去，不难发现，通常人们认为管理者制定决策是通过很长一段时间，在不同的决策环境和需求中所积累的经验带来的一项天赋。决策被认为是一门艺术，因为若干种风格的决策处理在应用于同种类型的管理问题时，通常为人们带来借鉴的优势，这种优势通常又为最终的决策处理带来了成功。人们认为，这些风格之所以行之有效，是因为它们来自于创造风格的创始人及完善者的经验、直觉、判断力和创造力等，却没有考虑过背后那些建立在科学方法基础上的系统化的定性和定量分析方法。

(1) 决策质量要求更高。

随着时代的进步和科学技术的迅速发展，在现代信息化的环境下，决策变得越来越复杂和困难，一项决策往往需要多种信息和知识的支持，现行的方法很难在短期内调集各方面的信息和知识，这迫使决策者必须采取更有效的方法，努力提高决策的质量。

(2) 决策时要考虑的因素更复杂。

现在决策需要考虑的因素更多、更复杂，尤其是军事决策，面对的是全球化的趋势，无论是否愿意，都将面对全球的政治、军事等复杂的环境，随着环境的恶化，决策者在进行决策时需要考虑更多、更复杂的制约因素。

(3) 决策速度要求更快。

随着 C^4ISR 系统和武器资源等的发展，要在战争中取得信息优势，进而获得决策优势，要求决策者能够更加迅速地做出正确的决策。

(4) 决策失败的代价更高。

决策实体中涉及的方面日渐增多，它们之间的联系也越来越紧密，使得整个系统运作更加复杂和精密。可以想象，当某一环节的判断出现失误，其产生的连锁反应将对其他方面带来重大的影响，从而对整个系统造成严重的损失。

面对这些趋势和变化，决策者必须变得更加精明。他们需要新的工具和技术来帮助他们制定有效的决策。而传统的信息系统却不具备这样强大的分析功能，这体现在以下几个方面。

(1) 分析工作量大。

许多决策者要花费大量的时间进行数据的分析，而真正花在制定决策上的时间却很仓促，对于许多大型实体，还必须为之配备庞大的专业分析队伍。

(2) 分析结果滞后。

由于分析时间过长，决策者经常无法及时拿到所需的信息，导致分析的结果滞后于现实，影响决策执行结果。

(3) 无法按照习惯进行分析。

传统的报表等只能进行简单的汇总，没有系统的完备的信息整合，决策者有时为了分析一个关键的因素，不得不在大量的报表之间来回地翻阅，浪费时间和精力，影响效率和决策的质量。

(4) 无法进行复杂的分析。

决策者经常希望能综合多种因素来分析问题，但分析的复杂性却让人望而却步。决策者通常难以全面准确地分析各因素的变动对于各方面的影响，如哪些因素对于某个决策起到最主要的影响，哪个因素又将产生怎样的影响等。

(5) 无法提供关键问题的解决方案。

在现在决策环境非常复杂、情况变化快的环境下，传统的信息技术已经不能及时有效地提供关键性问题的解决方案。

(6) 缺乏量化的衡量指标。

随着决策实体规模的扩大和机构的日益复杂，决策者不能只依赖经验和直觉来评价决策，必须借助一些关键的、量化的指标。

因而，现代决策需要做到以下几个方面。

(1) 快速的计算。

计算机允许决策者以很低的成本快速进行大量的计算，及时的决策在许多情况下非常关键，特别是类似海上搜救等涉及生命等重大问题的决策制定。

(2) 克服人在处理和存储上的限制。

人的智力受到我们本身身体机能的限制，这使得我们对于信息的处理能力和存储能力都是受限的，我们几乎不能做到随时随地检索到大脑中的信息并准确无误地表达出来。

(3) 克服人的认知局限。

对于当今复杂的各类问题,通常需要许多方面的不同知识和信息来辅助处理，而当我们多集中几个或者几十个人来共同参与处理工作时，又将出现协调和沟通等问题。于此而言，计算机系统就在这个问题上提供了极大的帮助，它能帮助人快速访问和处理大量存储的信息，减轻工作组中的协调和沟通。

(4) 削减费用。

可以想象，组织、聚集若干决策者(包括专家)共同参与的决策处理，需要考虑多方面的因素，消耗大量的时间和费用。而计算机化的决策支持不仅能削减参与小组的规模，允许小组在异地相互交流，还将提高支持人员的决策效率。对于决策来说这些支持是必需的，提高生产率就意味着更低的成本。

(5) 信息支持。

通过计算机技术，决策者可以获得正确的、及时的和最新的信息来进行决策。数据可能存储在管理组织的不同数据库中，还可能不在管理组织的任何数据库中，需要进行外部的协调。数据可能包括声音和图像，可能还需要远距离的高效传输。计算机则可以快速、低成本地对所需要的数据进行查询、存储和传输等操作。

(6) 质量支持。

计算机能显著提高决策的质量。由于计算机技术可以带来更为快速高效且准确的处理支持，因此可以评价更多的备选方案、进行更全面的风险分析，专家可能分散在全国各地，计算机技术可以消耗很少的时间和费用迅速收集专家的意见，许多专业知识甚至可以直接由计算机系统导出。利用计算机，决策者可以执行复杂的模拟，检查各种可能的情况，快速经济地评估不同的影响。所有这些都将带来更高质量的决策。

(7) 有效的流程重组和授权。

军事组织必须持续完善它们的运作模式、重组它们的流程和结构、充分授权给下级人员。决策支持系统使得欠缺专门知识的人也能做出良好的决策。

DSS 的发展大体上分为七个阶段。

(1) 20 世纪 70 年代初期，DSS 开始起步，还只是一种面向数据的信息处理系统，其标志是把交互技术应用于管理任务，以便借助于计算机做出复杂的决策。

(2) 20 世纪 70 年代中期及后期，模型逐渐进入 DSS，数据与模型相结合，这是 DSS 区别于其他信息系统的一个主要标志。此阶段 DSS 的发展强调的是“支持”而不是“决策过程”。

(3) 20 世纪 70 年代末到 20 世纪 80 年代中期，DSS 开始被人们所熟知和普遍使用，这一阶段的 DSS 一般由数据库、模型库及管理系统组成，计算机硬件与软件形成有机的整体。但是这一阶段的 DSS 模型化能力较弱，人机接口友好性不高，对环境的变化适应能力较差，DSS 与其他信息系统不兼容，甚至 DSS 系统之间彼此也不兼容，所有原始数据都要人工输入，数据更新困难。

(4) 20 世纪 80 年代中期到 20 世纪 90 年代初期，DSS 的发展以人工智能学科的渗入为主要特征，强调不仅要对结果进行决策支持，而且要对决策全过程进行支持，注重系统所具有的智能性、创造性和适应性。

(5) 20 世纪 90 年代初期到 20 世纪 90 年代末，DSS 强调网络技术、新一代数据库技术(面向对象数据库、对象关系数据库、多维数据库和数据仓库等)、多媒体技术、仿真(包括分布式交互仿真)技术和虚拟现实(virtual reality)技术等的应用。

(6) 20 世纪 90 年代末到 21 世纪初，DSS 更加向分布式智能和综合集成方向发展，强调各种技术的综合运用，强调 DSS 和人的有机结合，重视计算机与人的知识的相互融合及有效管理，并且关注“软信息”(文化、社会、道德、审美等)等决策中的非理性因素对决策过程和结果的影响。

(7) 进入 21 世纪，在新一代信息技术、网络泛在化的大潮下，智能-交互-集成化决策支持系统(3IDSS)成为决策支持系统的一种新形式。同时，DSS 的应用领域也逐渐扩展到社会管理层面，如应急管理、城市管理、区域规划、军事国防等更为广阔的领域。

4.2.3　海上搜救决策支持系统

海上搜救决策支持系统的研究与开发是将决策支持系统理论与海上搜救具体实施相结合而建立的海上搜救决策支持系统，有了决策支持系统理论为依据的支持，海上搜救决策将显著提高科学合理性和决策效率，将为保护生命财产安全、降低风险损失带来重大效益。在决策支持系统定义的基础上，我们给出了海上搜救决策支持系统的定义。

海上搜救决策支持系统是运用海洋环境、搜救力量、遇险主体(船只、人员、飞机等)多源数据与情报信息，通过对搜救场景、海洋动力学、搜救路线规划、搜救力量调度、搜救任务分发等各类模型的有机组合，建立完善的海上搜救决策数据库系统和模型库系统，通过模型-数据相融合及高性能计算资源的综合调用，通过人机交互方式，快速对已有数据信息进行处理与分析，以适应海上搜救环境动态不确定性，辅助各级决策者实现海上搜救科学决策的系统。

4.2.4　决策支持系统的基本特征

决策支持系统的显著特点就是规范了模型库和模型库管理系统，把众多的模型有效地组织和存储起来，并且建立了模型库和数据库的有机结合。这种有机结合适应人机交互功能，它与经典的管理信息系统数据处理不同，也与单模型的数值计算不同，而是它们的有机集成。它既具有数据处理功能，又具有模型的数值计算功能。

在学科基础方面，决策支持系统呈现出的特征一般是以管理科学、运筹学、控制论和行为科学等为基础，以计算机技术、仿真技术和信息技术等为手段，支持决策活动的人机系统。决策者决策所需的数据、信息和背景材料等都可以由决策支持系统提供，这样便可以帮助决策者明确决策目标并进行问题的识别，决策支持系统可以建立或修改决策模型，提供各种备选方案，并且对各种方案进行评价和优选，通过人机交互功能进行分析、比较和判断，为正确决策提供有效的支持。从本质上来说，决策支持系统是把各种数据、信息、知识和模型等同计算机技术有机地结合起来，把决策理论同决策者的经验、主观愿望等结合起来，形成一个基于计算机的决策支持的应用系统。

决策支持系统的另一个特征是不同的人对决策支持系统有着不同的理解。决策支持系统可以广义地作为一个术语，用来描述任何支持决策制定的计算机应用系统。广义地讲，对决策者的决策起辅助作用的各种手段、工具等均可称为决策辅助工具(decision aids，DA)，决策辅助工具是用以支持决策活动的工具与手段的集合，其中也包括有关的决策分析人员。决策支持系统是基于计算机的辅助决策工具，是用以进行决策支持的计算机应用系统。

决策支持系统的又一重要特征是要充分地利用有关的模型、方法、数据、知识等，辅助决策者进行创造性思维、逻辑推理和判断，从而达到有效决策的目的。决策支持系统不仅使用传统的信息处理方法和各种定量的数学模型，而且能够模拟决策者的思维方式，将成功的决策者的宝贵经验以知识的方式存放在系统中。

从解决的问题来看，决策支持系统的显著特征是要解决半结构化和非结构化问题。考虑以上对于决策支持系统的定义和描述可以发现，决策者经常面临的结构化程度不高的决策问题，主要就是指半结构化和非结构化问题，这正是决策支持系统所针对的关键。我们认为，更加有意义和重要的系统运行结果应该是能够产生有效的决策支持，而不只在于提高工作效率。值得注意的是，决策支持系统只能支持决策的制定，而不能代替决策者制定决策；系统把模型分析技术和人工智能(artificial intelligence，AI)等方法与传统的数据存取技术及检索技术等相结合，支持的范围包括多层次、多属性的决策活动，并考虑对这些决策活动中的各个阶段不同过程进行分析；决策支持系统本身是一个基于计算机的人机交互的决策问题处理系统，便于非计算机工作人员以交互灵活的方式使用，并且具有一定的灵活性和适应性以应对环境及用户决策方法与风格改变；系统对决策的全过程进行支持，能支持不同决策理性的实现；系统是开放式的。

决策支持系统本质上是一个人机系统，它通过人机交互方式进行数据和模型等的处理来完成支持决策的任务。

4.2.5　决策支持系统的基本框架

虽然 DSS 的具体表现形式多种多样，但 DSS 在结构上有一个基本的特性：集成性。DSS 都是由几个特性十分明显的基本模块(或称决策支持部件)组成。部件的不同组合，构成了不同形态的 DSS。DSS 性能的改进在很大程度上也是由于其中一些部件性能的改进，或增加了一些新的部件。

DSS 的框架结构从信息角度可分为“多库结构”和“架构结构”，而从技术角度可分为三个级别：专用 DSS、DSS 的生成器和 DSS 的开发工具。

“多库结构”是从信息分布的角度进行 DSS 框架结构的划分，而“架构结构”则是从信息应用的角度进行 DSS 框架结构的划分。“多库结构”指 DSS 是由问题库、文本库、数据库、模型库、知识库、方法库、图形库及有关的管理系统、人机系统和问题处理系统等组成，而“架构结构”指 DSS 是由语言系统、知识系统和问题处理系统等组成。

“多库结构”包括二库结构、三库结构等。二库结构指 DSS 由数据库及管理系统、模型库及管理系统和对话部分组成，二库结构奠定了 DSS 概念框架的基础，目前发展的 DSS 多库结构都是在二库结构的基础上建立起来的。其中对话部分完成决策者与 DSS 之间的通信，它具有处理不同对话方式的能力，接收并解释决策者输入的任务，向决策者提供决策信息。对话部分是一个交互式人机系统；数据库及管理系统完成数据的收集、存储和维护等；模型库及管理系统完成模型的存储、维护等。

三库结构是 DSS 在二库结构的基础上加入了知识库及管理系统，将人工智能技术引入 DSS，使 DSS 具有智能的特性；四库结构是 DSS 在三库结构的基础上加上了文本库及管理系统；五库结构是 DSS 在四库结构的基础上加上方法库及管理系统，实现了模型与方法的分离，便于模型的维护、修改与生成等；六库结构强调 DSS 中图像等多媒体的作用，形成专门的图像等多媒体库及管理系统用于图像等多媒体的生成与管理。七库结构 DSS 强调了问题域的重要性，形成的问题库及其管理系统用于管理 DSS 所能支持求解的决策问题。基于七库的 DSS 的框架结构图如图 4-5 所示。

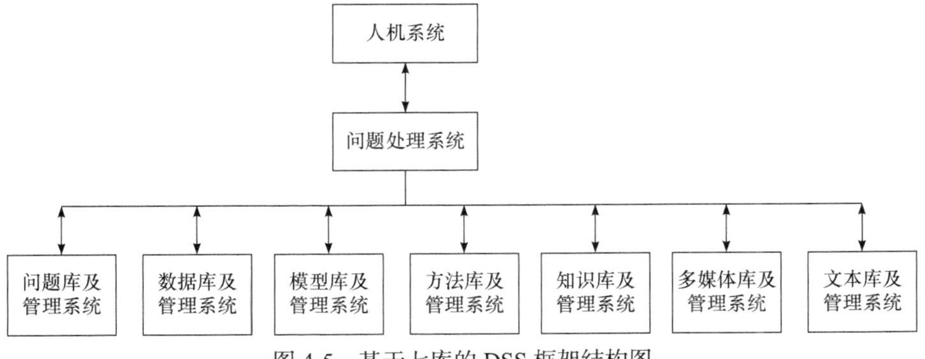

图 4-5　基于七库的 DSS 框架结构图

基于“3S”结构的 DSS 架构结构图如图 4-6 所示。

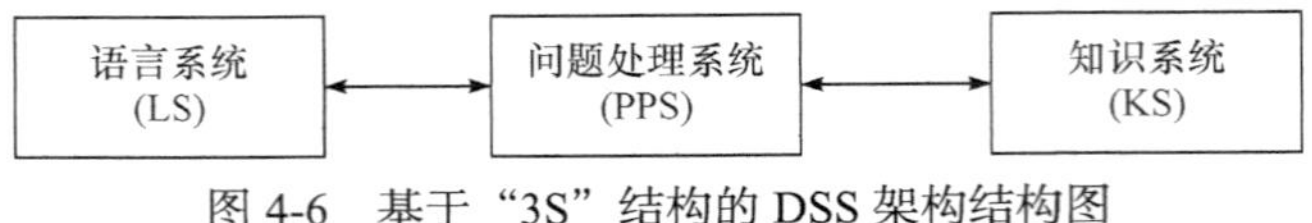

图 4-6　基于“3S”结构的 DSS 架构结构图

“架构结构”是 LS(语言系统)、PPS(问题处理系统)和 KS(知识系统)缩写的组合，其中：

(1) LS 是用于提供用户和 DSS 部件通信的机构；

(2) KS 用于存储 DSS 关于问题域的有关知识数据或过程等；

(3) PPS 是一个问题处理器，它连接 KS 和 LS，利用 KS 中的知识(广义)来处理所接收的 LS 陈述的问题，产生恰当的响应而支持决策者的决策，它具有支持一个或多个决策所需要的一般问题求解的能力。

4.2.6　决策支持系统的分类

决策支持系统(DSS)的分类方法有很多，一般来讲，可以分为如下几类：个人决策支持系统、群(组织)决策支持系统(group decision support system，GDSS)、智能决策支持系统(intelligence decision supporting system，IDSS)、分布式决策支持系统(distributed decision support system，DDSS)、决策支持中心(decision support centre，DSC)等。按决策支持的方式，决策支持系统也可分为：数据驱动的 DSS、模型驱动的 DSS、知识驱动的 DSS、基于 Web 的 DSS、基于仿真的 DSS、基于 GIS(geographic imformation system，地理信息系统)的 DSS、通信驱动的 DSS 等。

1. GDSS

所谓群(组织)决策是相对个体决策而言的，两人或多人召集在一起(同地、异地，同步、异步)讨论问题，提出解决某一问题的若干方案(或称设计解决问题的策略)，评价这些方案各自的优劣，最后做出决策，这样的决策过程称为群(组织)决策。

许多重大问题都需要群(组织)决策，大至人民代表大会及其常务委员会为国家重大事务做出决策，小至军队中的单个作战成员制定自己的行动方案，都无一例外。这些群(组织)的决策过程往往是根据已有的材料，根据群(组织)成员各自的经验和智慧，通过一定的议程(如会议等)，集中多数人的正确意见，做出决策。但是，如何设计开发 GDSS 来支持群(组织)决策是一个复杂的任务，因为它的运行方式与制度及文化的关系密不可分，它所涉及的不仅是不同的个人、时间、地点、通信网络或者个人偏好和其他技术的复杂的组合，其运行方式还与制度及文化的关系密不可分。群(组织)决策的问题多数是非结构化问题，这就使得很难直接用结构化方法提供支持。GDSS 的目的就在于克服上述这些障碍，尽可能地提供一种系统方法，有组织地指导信息交流方式、议事日程、讨论形式、决议内容等。环顾我们的社会和生活，决策环境从内部和外部来说都已经变得复杂多样、所需知识繁多，形势变化急剧，这种环境使群决策的意义更加深远，同时我们也越来越频繁地进行群决策。因此，GDSS 技术是管理人员和组织人员一个时期以来所期望的，有很强的实际背景，因而引起人们的极大兴趣。

实际上，GDSS 将通信、计算机和决策技术结合起来，进一步提高了问题求解过程的条理化和系统化，而各种技术如电子会议、局域网、远距离电话会议以及决策支持软件的研究成果不断发展进步，为 GDSS 的发展起到了良好的推动作用。GDSS 技术发展得越成熟，它对自然决策(即非支持决策)介入也就越多。GDSS 中用到电子信息、局域网或广域网、电话会议、储存和交换设备等通信技术；用到包括多用户系统、数据库、数据分析、数据存储和修改能力等计算机技术；用到议程设置、人工智能、自动推理技术，决策模型、决策树、风险分析以及德尔菲法等技术和决策支持方法。

GDSS 可提供三个级别的决策支持。

第一层次的 GDSS 目的在于消除群(组织)决策中的决策者们相互交流的技术障碍，方便他们进行通信和信息交流。第一层次系统通过改进成员间的信息交流来改进决策进程，如我们通常所说的“计算机支持的会议室”(或称为电子会议室)。

第二层次的 GDSS 目的在于提供基于认知过程和系统动态结构的、决策分析建模和判断方法的选择技术。这类系统通常使用便携式单用户计算机来给一群决策者提供支持。决策者面对面地进行决策，在 GDSS 的支持下(必要时还包括一定的工作人员)共享各自面临的问题中的知识和信息资源，以便制定出行动计划。

第三层次的 GDSS 通常是将上述第一层次和第二层次的技术结合起来，用计算机来启发、指导群体的通信方式，包括专家咨询和会议中规则的智能安排等。

GDSS 旨在发现并向决策群体提供新的方法，通过有规律的信息交流迭代来逐步达到这一目标。首先要做的就是克服信息交流的障碍，加速信息交流的进程，如第一层次的 GDSS；其次可以运用一些较成熟的系统技术使决策过程结构化或准结构化，如第二层次的 GDSS；最后，应对群体决策的信息交流的内容和方式、议事的时间进程提供智能型指导，从根本上解决非结构化决策的支持问题，这是第三层次的 GDSS 的发展方向，也可以说是 GDSS 的发展方向。

2. DDSS

近年来，DSS 得到了迅速发展，我们的要求也进一步提升，我们希望可以在更高的决策层次和更复杂的决策环境中得到计算机的支持来辅助我们的决策。这种支持面向的对象早已不局限于单个的决策人，或代表某一机构的决策群，而是若干具有一定独立性又存在某种联系的决策组织。许多大规模决策活动涉及许多承担不同责任的决策人，已不可能或不便于用集中方式进行，这些活动决策过程必需的信息资源或某些重要的决策因素分散在较大的活动范围，是一类组织决策或分布决策。分布式决策支持系统是为适合这类决策问题而建立的系统。

DDSS 是由多个物理上分离的决策支持结点构成的计算机网络，网络的每个结点至少含有一个决策支持系统或具有若干辅助决策的功能。DDSS 不只是一套软件，任一实用的 DDSS 都包括有机结合起来的软、硬件两部分。

分布式决策支持系统具有区别于一般 DSS 的若干特征。

(1) DDSS 是一类专门设计的系统，能支持处于不同结点的多层次的决策，提供个人支持、群体支持和组织支持。

(2) 支持的决策过程包括问题结构不良的，也包括信息结构不良的。

(3) 能为结点间提供交流机制和手段，支持人机交互、机机交互和人人交互。

(4) 不仅能从一结点向其他结点提供决策结果，还能提供对结果的说明和解释，有良好的资源共享机制。

(5) 具有处理结点间可能发生的冲突的能力，能协调各结点的操作。

(6) 内部协议较为严格，但同时又是开放性的，允许系统或结点方便地扩展。

(7) 系统内的结点作为平等成员而不形成递阶结构，每个结点享有自治权。

DDSS 的研究涉及许多不同学科的研究范畴，其研究范围相当广泛，它的研究与应用的内容也相当丰富，可归纳成如下几项。

(1) 从理论上研究分布特征的决策过程的原理和结构、分布决策的策略和方法。

(2) 信息不集中是分布系统的主要特征，因此我们需要充分研究分布信息的表达、适于分布决策的信息结构以及不完全信息条件下的决策方法。

(3) 研究高效率、智能化的通信管理系统，设计适用于不同场合的多种通信方式。

(4) 研究、开发适合构成 DDSS 的结构模型和实用软件。研究适合于分布决策的分布式数据库、分布式模型库及分布式知识库的结构和管理。研究设计和分析网络拓扑结构的方法。

(5) 研究能接纳异质结点的 DDSS，研究能利用现有分散 DSS 装配 DDSS 的方法。进一步完善DDSS的概念，研究评价DDSS的指标体系和分析方法。

3. IDSS

IDSS是DSS和AI(人工智能)相结合的产物，它把AI的知识推理技术和DSS的基本功能有机地结合起来。人工智能可以处理定性的、近似的或不精确的知识，因此被引入DSS中，用于问题识别、分析、求解和决策支持过程控制等，而DSS的一个共同特征是交互性强，这就要求在使用上必须更方便，并在接口设置和功能流程上更为“透明”。在接口设置，尤其是人机对话功能上，人工智能做出了突出贡献。

在结构上，IDSS增设了知识库、推理机与智能问题处理系统等。IDSS以知识库为中心，在模型数值计算的基础上引入了启发式等AI的推理方法，传统的DSS主要由人承担定性分析，引入AI后，部分或大部分转变可以由系统来完成，并且相比较于人而言做得更好。知识的推理机制能够获得新的知识，知识的积累使系统的能力不断增强。在人机交互方面，IDSS的人机交互系统可以采用自然语言处理等技术，形成智能人机系统。而用户可以通过智能人机系统使用自然语言提出决策问题，系统将其转变成系统能理解的问题描述，然后完成问题求解。

4. DSC

Owen等提出了决策支持中心(DSC)的概念，即决策支持系统的核心是一个了解决策环境的信息系统组成的决策支持小组，该中心采用先进的信息技术。通常决策支持中心在位置上和高层决策者十分接近，以便能便捷且及时地提供决策支持，决策支持小组随时做好开发或修改DSS的准备以支持高层领导做出紧急的和重要的决策。

DSC概念的出现，被认为是今后DSS研究领域发展的一个重要前沿。DSC的显著特点是：决策支持中心处在高层次重要决策部位，有一批参与政策制定、决策分析和系统开发的专家，资源有计算机等先进设备，通过人机结合等多种方式支持高层决策者做出应急和重要决策。这里应特别指出，DSC与DSS的本质区别是：DSS以计算机的信息系统为核心，支持决策者解决决策问题；而DSC是以决策支持小组为核心，采取人机结合的方式，来支持决策者解决决策问题。DSS与决策者只是一种人机交互方式，而DSC与决策者的交互方式有两种形式：一种是决策者与决策支持小组的交互方式，它充分注意决策支持小组的决策支持地位和作用，当然，决策支持小组在支持决策者时，需要使用DSS；另一种是决策者与DSS人机交互方式。DSC不但具有DSS的基本决策支持功能，还具有其他功能，这主要体现在对人决策的支持上。

决策支持小组支持决策者的功能具有深度、广度和灵活性等特点，主要表现在以下两个方面。

(1) 办公决策支持功能。着重提高办公效率和办公质量，对短期决策、预测和现状分析等日常工作提供支持，为决策者创造良好的办公环境。

(2) 定性定量相结合的综合集成功能。就其实质而言，是将各种有关专家结合起来，把数据和各种信息与计算机技术有机结合起来，把各种学科的科学理论与人的经验知识结合起来，构成一个整体，发挥 DSC 的整体优势和综合优势，更好地支持决策者。

DSC 对决策全过程进行辅助支持。由于 DSC 在 DSS 基础上增加了决策支持小组，所以在决策过程的每个阶段上都有人的支持活动。一般情况下，DSC 的决策支持成功率要高于一般的 DSS。DSC 的重要特点是改变单纯采用计算机信息系统支持决策的做法，有的决策问题可以由决策支持小组与 DSS 进行人机交互以取得决策支持；有的决策问题可以由决策支持小组采取传统程序得到支持。无论使用哪种方式支持决策，决策支持小组的分析综合都占据重要地位。DSC 支持决策的过程，通常首先由决策者提出意向决策问题；然后通过决策支持小组做出预决策，它包括意向问题定义、决策方案生成和评价等活动。DSS 与 DSC 进行人机交互，提供计算机信息环境，支持决策支持小组的决策分析活动。

5. 数据驱动的 DSS

以时间序列访问和操纵内部数据(有时也包括外部数据)是数据驱动的 DSS 所强调的。其通过查询和检索访问相关文件系统，提供了最基本的功能，而另一些功能由数据仓库系统提供。

有时，当应用于特定任务或设置时，需要采用一些特质的计算工具或者较为通用的工具和算法来对数据进行操纵，数据仓库系统则是支持这些操纵的。数据驱动的 DSS 结合了联机分析处理(online analysis process，OLAP)，提供高级的功能和决策支持，并且此类高级的决策支持是基于大规模历史数据进行分析的。主管信息系统(executive information system，EIS)以及地理信息系统(GIS)属于专用的数据驱动 DSS。

6. 模型驱动的 DSS

对于模型的访问和操纵是模型驱动的 DSS 所强调的，如统计模型、计算模型、优化模型和仿真模型等。简单的统计和分析工具提供最基本的功能，OLAP 系统提供一些模型和数据的检索以及数据摘要等功能，它们允许复杂的数据分析。模型驱动的 DSS 利用决策者提供的数据和参数来辅助决策者对于某种状况进行分析。一般来说，模型驱动的 DSS 综合运用仿真模型、优化模型或者多规格模型等来提供决策支持。模型驱动的 DSS 通常不是数据密集型的，也就是说，模型驱动的 DSS 通常不需要很大规模的数据库。模型驱动的 DSS 的早期版本被称为面向计算的 DSS。这类系统也称为面向模型或基于模型的决策支持系统。

7. 知识驱动的 DSS

知识驱动的 DSS 可以就采取何种行动向决策者提出建议或推荐。这类 DSS 是具有解决问题的专门知识的人-机系统。“专门知识”包括理解特定领域问题的“知识”，以及解决这些问题的“技能”。与之相关的一个概念是数据挖掘，数据挖掘是一类在数据库中搜寻隐藏模式的并用于分析的应用程序。数据挖掘通过对大量数据进行筛选，以产生数据内容之间的关联。

8. 基于 Web 的 DSS

基于 Web 的 DSS 通过“瘦客户端(Thin-Client)”浏览器向决策者或分析者提供决策支持信息或者决策支持工具，浏览器包括那些可以访问全球网或内部网诸如 Netscape Navigator 或者 Internet Explorer 等浏览器。运行 DSS 应用程序的服务器通过 TCP/IP 与用户计算机建立网络连接。基于 Web 的 DSS 可以是通信驱动、数据驱动、文件驱动、知识驱动、模型驱动或者混合类型。Web 技术可用以实现任何种类和类型的 DSS。基于 Web 意味着全部的应用均采用 Web 技术实现。“Web 启动”意味着应用程序的关键部分(如数据库)保存在服务系统中，而应用程序可以通过基于 Web 的组件进行访问，并通过浏览器显示。

9. 基于仿真的 DSS

基于仿真的 DSS 可以提供决策支持信息和决策支持工具，以帮助决策者，在仿真的基础上完成问题分析和求解。

10. 基于 GIS 的 DSS

基于 GIS(地理信息系统)的 DSS 通过 GIS 向决策者提供决策支持信息或决策支持工具。通用目标 GIS 工具诸如 ArcInfo、MapInfo 以及 ArcView 等都具有广泛的功能，但对于那些不熟悉 GIS 以及地图概念的用户来说，比较难以掌握。特殊目标 GIS 工具是由 GIS 程序设计者编写的程序，以易用程序包的形式向用户组提供特殊功能。以前，特殊目标 GIS 工具主要采用宏语言编写。这种提供特殊目标 GIS 工具的方法要求每个用户都拥有一份主程序(ArcInfo 或者 ArcView)用以运行宏语言应用程序。现在，GIS 程序设计者拥有较从前丰富很多的工具集来进行应用程序开发。程序设计库拥有交互映射以及空间分析功能的类，从而使得采用工业标准程序设计语言来开发特殊目标 GIS 工具成为可能，这类程序设计语言可以独立于主程序进行编译和运行(单机)。同时，Internet 开发工具已经走向成熟，能够开发出相当复杂的基于 GIS 的程序让用户通过万维网(World Wide Web，WWW)进行使用。

11. 通信驱动的 DSS

通信驱动的 DSS 强调通信、协作以及共享决策支持。简单的公告板或者线程电子邮件就是最基本的功能。通信驱动的 DSS 能够使两个或者更多的人互相通信、共享信息，以及协调他们的行为。群体决策允许多个用户使用不同的通信工具来支持协调和驱动，例如，音频会议、公告板和网络会议、文件共享、电子邮件、计算机支持的面对面会议软件以及交互电视。

4.3 决策支持理论与方法

4.3.1 决策支持的概念

在 DSS 发展历史中，决策支持是一个先导概念，决策支持的概念形成若干年后，才出现决策支持系统。直到现在大家仍然认为决策支持是比 DSS 更基本的一个概念。

Keen 和 Morton 认为，决策支持是指用计算机来达到以下目的：

(1) 帮助决策者在非结构化任务中做出决策；

(2) 支持而不是代替决策者的判断能力；

(3) 改进决策的效能而不是提高它的效率。

要同时达到这 3 个目的，决策将变得很复杂，但随着决策技术和计算机技术的发展与进步，实现这些目的的可能性在不断增加。现在，利用交互式的终端可以用很低的费用存取模型，进入系统，建立数据库。当这些设施变得更便宜、更灵活、更有效时，决策者便愿意在做关键决策时使用决策支持这一中心概念，以获取更多的机会和更大的成功概率。

决策支持的能力具体表现为以下几个方面。

1. 模型的决策支持

模型是对客观事物的特征和变化规律的一种科学抽象，通过研究模型来揭示决策问题原型的类型、特征和本质。模型方法是制定各类决策问题的基本方法和主要工具。该方法的途径是：在探索一些较复杂的现象和过程时，根据已经掌握的事实材料，首先建立一个适当的模型加以描述，从而认识和掌握其变化规律；然后分析各种因素对决策问题的影响程度，为确定最优决策问题提供定量依据。

在科学研究中，往往是先提出正确的模型，然后才能得到正确的运动规律和建立较完整的理论体系。它在探索未知规律和形成正确的理论体系过程中是一种行之有效的研究方法。

构建数学模型，需要建立方程式，再通过算法求解，得到变量优化值或者模型目标值。在实践中，若能实现和达到模型求出的值(变量的值和方程的值)，就能取得模型方程所追求的目标。数学模型辅助决策就是要求决策者按模型所求出的值去做决策。

对于一个决策问题，在没有掌握它的本质和规律时，它是一个非结构化决策问题。通过人们不懈的努力，建立了该问题的模型，找到它的本质和规律后，该问题就变成了一个结构化决策问题。

线性规划模型就是一个典型的例子，1939 年，苏联数学家康托罗维奇提出了线性规划问题，当时并未引起人们的重视。1947 年，美国数学家丹齐克提出线性规划的一般数学模型和求解线性规划问题的通用方法——单纯形法，为研究线性约束条件下线性目标函数的极值问题奠定了数学理论和方法，引起了学者的广泛重视。1951 年，美国经济学家库普曼斯(Koopman)把线性规划应用到经济领域。

从此，应用线性规划模型解决决策问题已从非结构化决策问题变成了结构化决策问题。

现在，对于生产计划问题、生产资源分配问题、运输问题等做出决策，线性规划仍是一个功能强大的解决工具。

管理科学/运筹学中的优化主要运用的就是线性规划这种决策支持方式。

2. what-if 分析

“如果，将怎样” (what-if)分析的决策支持对决策问题已建立的模型进行分析，即对模型中的方程、变量、参数做各种各样的假设，并通过模型计算，对各种结果进行对比分析后，研究最优解会有怎样的变化。

what-if 分析具有以下基本作用。

(1) 优化模型的许多参数在建模时是很难精确确定的，只能对一些数据进行估计。通过 what-if 分析可以表明系数估计值必须精确到怎样的程度才能避免得出错误的最优解，而且可以找出哪些系数是需要重新精确定义的灵敏度参数。

(2) 在决策问题的条件发生变化(这是经常发生的)时，通过 what-if 分析，即使不求解，也可以表明模型参数的变化是否会改变最优解。

(3) 当模型特定的参数反映政策决策时，what-if 分析可以表明改变这些决策对结果的影响，从而有效指导管理者做出最终的决策。

可见，what-if 分析在求得基本模型的最优解后，能为管理层的决策提供非常有用的信息。

决策支持系统的初期采用的就是 what-if 分析这种决策支持方式。

3. 决策问题方案的决策支持

模型是决策支持的重要手段，多模型组合形成决策问题方案，能扩大单模型的决策支持能力。对于比较复杂的决策问题，难以用单模型辅助决策。这时，就需要用多模型的组合来形成决策方案实现辅助决策。每个模型所需要的数据都不相同，模型之间的数据转换也是一项很烦琐的工作。对于多模型的组合，一般的方法是利用计算机分别对每个模型进行计算。

模型间的数据转换由人在计算机外手工来进行。

这些数据转换能否由计算机来完成？这是一个数据处理问题，应该建立数据处理模型(区别于数学模型)来完成。数据处理模型与数学模型在计算机中有以下区别：数学模型计算比较复杂，需要进行矩阵运算、循环和迭代，甚至用到递归，一般用数值计算语言(即高级语言，如 PASCAL、C、FORTRAN 等)来编程和求解；数据处理模型不需要进行复杂的计算，但处理的数据量很大，要进行数据存储结构的转换，一般用数据库语言(如 FoxPro、Oracle 等)来编程。多模型的组合则要求把两类不同语言编制的程序结合起来，这种结合需要解决以下计算机中的两个问题。

(1) 两类语言的接口。随着计算机技术的发展，20 世纪 90 年代中末期出现的 ODBC(open data base connectivity，开放式数据库互连)、ADO(ActiveX data object，ActiveX 数据对象)是两类语言的通用接口，基本解决了这个问题。

(2) 两类语言的集成。集成两类不同语言的模型，需要有一个控制程序来组合多个模型，形成系统方案。这种集成语言一般采用宿主语言，如以 C 语言为主语言，在 C 语言中嵌入数据库语言形成宿主语言。

决策支持系统基本上是属于这种决策支持方式。

4. 自动生成决策问题方案的决策支持

决策问题方案一般是由程序员根据决策问题的要求，选择解决该问题的模型、数据及多模型的组合方式，再编制该问题的决策支持系统方案，通过计算得到该方案的解，并评价方案。由于不同的决策问题的决策方案是不同的，不具有通用性，每个决策问题方案只能是分别由程序员编制程序并计算。

把所有模型和各类数据都作为决策资源存入模型库与数据库中，即模型库中既有数学模型，也有数据处理模型和人机交互模型等，数据库中既有公用数据也有私有数据，它们都作为决策资源。而决策问题被理解为将模型资源和数据资源作为积木块进行组合，搭建成系统方案的处理过程，用总控程序来描述。这时的总控程序就简单了，它只是模型运行控制、数据存储和人机交互这三者结合形成的控制流程。

利用计算机的系统快速原型法能自动生成具有上面要求的决策支持系统控制程序，达到控制模型程序的运行、数据库中数据的存取及人机对话，这样就实现了决策问题方案的自动生成。当某个决策方案需要将其中某个模型改为另外的模型，或者改变存取数据库中的数据时，只需修改决策支持系统控制程序中模型的调用或数据的存取，通过方案的自动生成就能够快速生成新的决策支持系统方案。

决策方案的自动生成为改变决策方案带来方便和快捷。这样，为决策者的决策提供了更好的决策支持效果，从而也为决策过程中的“多方案选择”步骤起到极其关键和有效的支持作用。

5. 知识推理与智能技术的决策支持

知识和模型一样，也是一种决策资源。数学模型是对现实问题用数学方法进行描述，通过对数学模型的求解，得到数值结果，从而帮助决策者进行数量分析。知识是从现实问题中抽取出来的，是现实问题中状态(概念)改变的描述。问题求解是从开始状态(概念)通过对知识的推理，建立从开始状态(概念)到目标状态(概念)的推理链，这是一种从定性分析角度出发的求解问题方法。它也是一种符号处理方法，完全不同于数学模型的定量分析方法。

知识推理是决策支持的定性分析手段。

知识推理是人工智能的核心。人工智能经过几十年的发展，已经形成了多种人工智能技术。专家系统是人工智能中应用最广、影响最大的人工智能技术。专家系统的知识有产生式规则、谓词逻辑、框架、语义网络等。其中，以产生式规则用得最多。专家系统通过知识的推理，达到人类专家解决问题的能力。例如，医疗专家系统可以类似医生，由计算机给患者看病，从输入的患者症状可以推理出患者得了什么病，并开出处方为患者治病。神经网络也是人工智能的重要技术。神经网络是将人脑中神经元的信息处理和学习过程用 MP 模型和 Hebb 模型表示。现在，已建立大量的神经网络模型，运用到模式识别、市场分析、决策优化、自适应控制等应用领域。神经网络的知识表现在神经元之间连接的权值，MP 模型和 Hebb 模型可以看成神经网络的推理。人工智能的机器学习是获取知识的重要技术。遗传算法是模拟生物遗传过程进行群体遗传，它对于优化问题的求解是非常有效的，它也是获取分类知识的重要技术。

遗传算法中的 3 种遗传算子(选择、交叉、变异)可以看成推理，它处理的对象是种群的个体。这些个体可以看成问题的初始解、中间解和目标解，是问题的知识。

这些人工智能技术都是以知识推理为核心，它们都从不同的角度达到决策支持的作用。知识推理与人工智能的决策支持是区别于模型以及模型组合方案的决策支持的另一种重要的决策支持方式。

从人们探索这项新技术的经验中也可以看出，决策支持和开发数据处理系统相比，所使用的设计方法和使用手段都完全不同。在 DSS 的发展过程中，决策支持是一个先导的概念，决策支持的概念形成若干年以后，才出现决策支持系统。直到现在，人们仍然认为决策支持是比 DSS 更基本的一个概念。可以这样说：决策支持是目标，DSS 是通向目标的工具。决策支持概念独立于具体实现手段，它存在于决策者和 DSS 的关系中，且表现为在有关的决策环境中帮助决策者制定决策，即识别和求解决策问题，因而有决策支持的定义：

决策支持 ::={支持决策问题识别，支持决策问题求解}

由于决策是一个动态过程，对这种过程的支持也应是动态的，即决策支持也应是动态的，它不但支持决策问题求解，而且支持决策问题识别，它们组成了有机的整体。决策问题识别是决策问题求解的前提，问题识别错误使问题求解失去意义。但现在大多数关于决策支持的研究工作，主要集中在对决策问题求解的支持上，还没有充分地把决策问题识别与决策问题求解放在统一的框架中进行分析。如果要想提高决策支持的有效性，就不能不考虑问题识别，必须视决策问题识别与决策问题求解具有同等重要性。

4.3.2 决策支持的理论体系

人们一直在努力研制各种各样的 DSS，其目的是对决策问题和过程进行有效的支持，帮助决策者制定正确的决策，以提高决策的有效性。

研究人员已经从多方面对 DSS 进行了研究，并且取得了很大的进展，但是 DSS 发展到现在还没有形成完整的理论体系，如果要使 DSS 在现实的决策环境中发挥其应有(或期望有)的作用，完善 DSS 的理论体系是十分必要的。现在，DSS 的应用先于理论研究，而决策支持的理论研究主要针对支持决策问题求解，DSS 的技术研究也主要集中在系统的体系结构及其各部件的组成、资源的管理、系统的开发策略等方面，并且侧重于决策问题求解的实现上。

决策支持理论体系由决策支持理论、决策支持系统工程、决策支持系统集成、决策支持部件和 DSS 等组成，它们之间具有如图 4-7 所示的关系。决策支持理论是 DSS 的理论基础，决策支持系统工程是 DSS 实现的方法论，决策支持系统集成是 DSS 实现的途径。决策支持理论主要研究决策环境分析、决策者行为与心理分析、决策需求分析、决策支持需求分析、决策问题识别理论与方法、决策问题求解理论与方法、决策支持过程调度与控制理论与方法等。决策支持系统工程是有效决策支持的实现原则，它是 DSS 实现的工程原理的集合，是决策支持理论到 DSS 实现过程中所应遵循的原则，它研究决策支持系统工程原理，决策支持系统研制的步骤、方法、生命周期，DSS 设计方法，DSS 开发方法，DSS 的评价与效能分析理论等。决策支持系统集成研究的是由决策支持部件形成有效的 DSS 的过程，即在一定的决策环境下，根据有关决策者和决策任务，有效地集成决策支持部件完成 DSS 的开发过程，它主要研究 DSS 集成的机理、原则与方法，包括 DSS 的技术集成、模型集成、数据集成和用户集成等。

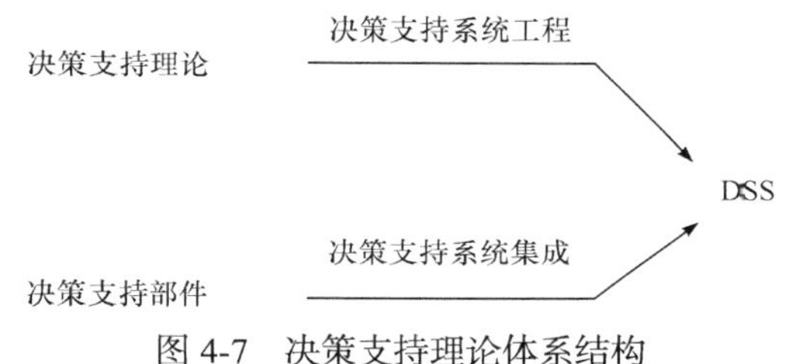

图 4-7　决策支持理论体系结构

4.3.3　决策支持问题的求解方法

决策问题求解指的是在一定的决策环境中和在一定的约束条件下，针对给定的决策问题，确定如何达到决策目标，即确定决策方案的过程。设决策环境的期望状态集用一组指标 $\mathring{Y}$ 及其阈值 δ 来描述；Y 表示决策环境的现实状态，用与 $\mathring{Y}$ 相同的一组指标来描述。

决策问题 $P_{J1},P_{J2},\cdots,P_{JN}$ 的求解为从决策方案集 $D_{J1},D_{J2},\cdots,D_{JN}$ 中选择相应的决策方案集 D_{Ji}，决策方案 $D_{Ji}(i=1,2,\cdots,N)$ 的执行能使决策环境的状态 Y 达到 $\mathring{Y}$ 的某个邻域 δ 内。

由于决策问题定义上具有主观性，所以决策问题求解常常缺少程序化的结构，决策者须依靠个人经验、理论知识和支持工具等来求解决策问题。同样，问题的复杂性和多样性，使得问题求解系统的设计变得非常困难，而用以指导问题求解系统设计的理论和方法，目前尚且不算成熟，因此有必要深入地研究支持决策问题求解的方法。

1. 基本概念分析

定义 4-1　原子问题。

原子问题是指不可再分解，但可直接求解的问题。

定义 4-2 原子模型。

原子模型是指不可再分解，但可直接运行的最小模型。

原子模型反映了模型结构中元素及其关系，包括比较关系、极值关系、包含关系、隶属关系、因果关系等。

定义 4-3 问题分解。

问题分解是指把问题 P 分解成若干子问题，问题 P 是这些子问题在某种结构下的集成。

定义 4-4 问题的分解过程。

问题 P 分解成若干子问题的过程称为问题的分解过程。

问题 P 的分解表示为

$$P := \{\{P_i\}, G_P, N\}$$

其中，P_i 表示第 i 个子问题，$i=1,2,\cdots,N$；G_P 反映了 P_i 间的连接关系；N 为 P 中 P_i 的个数。

定义 4-5 模型分解。

模型分解是指把决策模型 M 分解成若干子模型，决策模型 M 是这些子模型在某种结构下的集成。

定义 4-6 模型的分解过程。

模型 M 分解成子模型的过程称为模型的分解过程。

模型 M 的分解表示为

$$M := \{\{M_i\}, G_m, N_m\}$$

其中，M_i 为原子模型，$i=1,2,\cdots,N_m$；G_m 反映了 M_i 间的连接关系；N_m 为 M 中 M_i 的个数。

定义 4-7 问题链 P_{chain}。

问题链是指 DSS 为完成一定的决策支持任务，为问题 P 求解而确定的原子问题的求解次序，如下所示(箭头是说明有反馈与前馈)：

$$P_{\text{chain}} ::= P_1 \to P_2 \to \cdots \to P_N$$

其中，$P_1, P_2, \cdots, P_N$ 为问题 P 分解成的原子问题；N 为 P 分解成原子问题的个数。

定义 4-8 模型链 $M_{i,\text{chain}}$。

模型链是指 DSS 为求解一定的决策问题 P_i，而确定的原子模型的求解次序，如下所示(箭头是说明有反馈与前馈)：

$$M_{i,\text{chain}} ::= M_{i,1} \rightarrow M_{i,2} \rightarrow \cdots \rightarrow M_{i,N_i}$$

其中，$M_{i,1}, M_{i,2}, \cdots, M_{i,N_i}$ 为用于求解决策问题 P_i 的模型，$i=1,2,\cdots,N$；M_i 为所分解成的原子模型；N_i 为 M_i 所分解成的原子模型的数目。

定义 4-9　问题求解链。

问题求解链是指 DSS 为完成一定的决策支持任务求解而确定的原子模型的求解次序，它是问题链和模型的复合。

问题 P 的求解链 P_{chain} 如下所示(为了表述清楚，忽略链中的反馈与前馈回路)：

$$\begin{aligned} P_{\text{chain}} &::= \{P_1 \rightarrow P_2 \rightarrow \cdots \rightarrow P_N\} \\ &= \{M_{1,\text{chain}} \rightarrow M_{2,\text{chain}} \rightarrow \cdots \rightarrow M_{N,\text{chain}}\} \\ &= \{\{M_{1,1} \rightarrow M_{1,2} \rightarrow \cdots \rightarrow M_{1,N_1}\} \rightarrow \\ &\quad \{M_{2,1} \rightarrow M_{2,2} \rightarrow \cdots \rightarrow M_{2,N_2}\} \rightarrow \\ &\quad \cdots \rightarrow \{M_{N,1} \rightarrow M_{N,2} \rightarrow \cdots \rightarrow M_{N,N_N}\}\} \end{aligned}$$

定义 4-10　固定链。

固定链是指在执行过程中不可更改的链路。

定义 4-11　动态链。

动态链是指在执行过程中可更改的链路。

2. 决策问题求解的分解——合成法

一般来讲，决策问题比较复杂，很难直接求解。与此同时，要求在 DSS 中存放对所有决策问题的所有求解方法也是不可能的。实际上，在 DSS 中只能也只需存放支持原子问题求解的方法，因而客观上需要进行问题分解。把决策问题 P 分解成多个原子问题，对原子问题进行分别求解，然后合成决策结果，形成对问题 P 的解答，从而降低了问题 P 求解的复杂性。这就是问题求解分解——合成法的基本思想。

在应用问题求解的分解——合成法时，首先分解决策问题 P 成原子问题 P_i，然后在决策者和 DSS 的交互作用下，或由 DSS 自动完成决策问题与相应的决策模型间的匹配，形成问题求解链。如果所有的原子问题都可以用模型表示(或者映射)，则说明问题 P 可直接求解。如果有些原子问题不能用模型表示，则要在模型空间完成模型的变换，以确定问题的模型表示，并动态地确定问题链、模型链，从而确定问题求解链。系统运行此问题求解链，并对运行的结果进行合成，最后形成决策问题 P 的求解报告。

综上所述，决策问题求解的分解——合成法的主要步骤如下：

(1) 分解决策问题 P 为原子问题 P_i；

(2) 形成问题链；

(3) 寻求原子问题的模型表示，形成模型链；

(4) 把问题链和模型链组合在一起，形成问题求解链；

(5) 调用有关的资源，执行问题求解链，获取决策方案(结果)；

(6) 决策结果的合成；

(7) 生成问题求解报告。

由此可知，问题求解的分解——合成法的关键部分如下：

(1) 决策问题的分解；

(2) 问题求解链的形成；

(3) 原子决策问题的求解；

(4) 决策结果的合成；

(5) 求解报告的生成。

下面分别针对这些关键部分的知识及其相关知识进行介绍。

3. 决策问题的分解

问题分解是问题的一种变换，把问题 P 用原子问题 $P_i\,(i=1,2,\cdots,N)$ 的集合来表示。一般来讲，如果问题 $P=\{X,D,F,\varPi\}$ 中的任何一个元素是可分解的，则问题 P 也是可分解的，并且问题 $P_i=\{X_i,D_i,F_i,\varPi_i\}\,(i=1,2,\cdots,N)$，设 N 为问题 P 分解成原子问题的个数。解的合成与问题 $P=\{X,D,F,\varPi\}$ 的解是一致的。

设问题 P 的论域 X 可分解为二个子集 X_1 和 X_2，并设分解关系为 R_x，即 X 可表示为

$$X=X_1\cdot R_x\cdot X_2$$

并设

$$P_{x1}=\{X_1,D,F,\varPi\}$$

$$P_{x2}=\{X_2,D,F,\varPi\}$$

则问题 P 可表示为

$$P=P_{x1}\cdot R_x\cdot P_{x2}$$

即问题 P 可分解成子问题 P_{x1} 和 P_{x2}。

同样地，如果 $D=D_1\cdot R_D\cdot D_2$，则 $P=P_{D_1}\cdot R_D\cdot P_{D_2}$；如果 $F=F_1\cdot R_F\cdot F_2$，则 $P=P_{F_1}\cdot R_F\cdot P_{F_2}$；如果 $\varPi=\varPi_1\cdot R_\varPi\cdot \varPi_2$，则 $P=P_{\varPi_1}\cdot R_\varPi\cdot P_{\varPi_2}$。因而当问题的任何一个元素可分解时，则整个问题也是可分解的。

设问题 P 的综合分解关系为 R_P，则有

$$P = P_1 \cdot R_P \cdot P_2$$

$$R_P = R_X \cdot R_D \cdot R_F \cdot R_\Pi$$

即问题 P 可分解成子问题 P_1 和 P_2。

问题分解主要有串行分解、并行分解和混合分解等。下面分别进行介绍。

定义 4-12　串行分解。

$P = \{X, D, F, \Pi\}$ 是一个决策问题，如果有一组决策问题：

$$\{P_i = \{X_i, D_i, F_i, \Pi_i\}\}, \quad i = 1,2,\cdots,N$$

满足：

(1) $X_i \in X$，$\Pi_i \in \Pi$，$D_i \in D$，$F_i \in F$，$i = 1,2,\cdots,N$；

(2) 选择 $d_i \in D_i$，则 $F_i(d_i, X_i) \cap X_{i+1} \neq \varnothing$，$i = 1,2,\cdots,N-1$；

(3) $d = \{d_i\}$，$i = 1,2,\cdots,N$；则 $F(d, X) = \{F_i(d_i, X_i)\}$，且

$$\Pi(X, D) = \{\Pi_i(X_i, D_i)\}, \quad i = 1,2,\cdots,N$$

则称 $\{P_i\}$ $(i = 1,2,\cdots,N)$ 是 P 的一个串行分解。

串行分解的主要特征是：在所分解的一系列子问题中，前一个决策问题的决策方案(或行动)对后一个决策问题的论域(或环境)产生影响；且总体决策方案的选择，在总体决策指标衡量下，等价于各子方案在各分指标下的选择。

定义 4-13　并行分解。

$P = \{X, D, F, \Pi\}$ 是一个决策问题，如果有一组决策问题：

$$\{P_i = \{X_i, D_i, F_i, \Pi_i\}\}, \quad i = 1,2,\cdots,N$$

满足：

(1) $X_i \in X$，$\Pi_i \in \Pi$，$D_i \in D$，$F_i \in F$，$i = 1,2,\cdots,N$；

(2) $D_i \cap D_j = \varnothing$，且 $\forall i \neq j$，$\bigcup_{i=1}^{N} X_i = X$，$\bigcup_{i=1}^{N} D_i = D$，$i, j = 1,2,\cdots,N$；

(3) $d = \{d_i\}$，$i = 1,2,\cdots,N$，$F(d, X) = \{F_i(d_i, X_i)\}$，且

$$\Pi(X, D) = \{\Pi_i(X_i, D_i)\}, \quad i = 1,2,\cdots,N$$

则称 P_i $(i = 1,2,\cdots,N)$ 是 P 的一个并行分解。

并行分解的主要特征是：在所分解的一系列子问题中，各子论域可能有交叠，其并集就是总的论域；各子决策方案集互不相交，其并集就是总体方案集。决策方案对论域产生的影响等价于总体决策方案对总论域产生的影响，且总体方案的

选择，在总体指标衡量下，等价于各子方案在分指标下的选择。

定义 4-14 混合分解。

把决策问题 $P=\{X,D,F,\varPi\}$ 先串行(或并行)分解成若干个子问题，然后对这些子问题进行并行(或串行)分解，则称 $P_i\ (i=1,2,\cdots,N)$ 是 P 的一个混合分解。

无论串行分解、并行分解，还是混合分解，问题 P 的分解可统一表示为

$$P::=\{X,D,F,\varPi\}=\{\{P_i\},G_P,N\}$$

$$P_i::=\{X_i,D_i,F_i,\varPi_i\}$$

$$G_P::=\{L_{ij}\}$$

其中，P_i 为原子决策问题；N 为问题 P 分解为原子问题 P_i 的个数；G_P 为问题 P 的分解结构，即 P_i 的连接关系；$G_P=\{L_{ij}\}\ (i,j=1,2,\cdots,N)$ 的值按如下规则确定。

(1) 当 $i\neq j$ 时：

$$L_{ij}=\begin{cases}1, & i\to j \quad \text{问题}i\text{优先于问题}j\text{的优先级，并与问题}j\text{相连}\\ 0, & \quad\quad\ \ \text{问题}i\text{与问题}j\text{无直接的连接关系}\\ -1, & i\leftarrow j \quad \text{问题}j\text{优先于问题}i\text{的优先级，并与问题}i\text{相连}\end{cases}$$

(2) 当 $i=j$ 时：

$$L_{ij}=\begin{cases}0, & \text{无环路}\\ 1, & \text{有环路}\end{cases}$$

原子决策问题分为结构化决策问题与非结构化决策问题，因而决策问题 P 可用表示为

$$P=\{\{P_{i\text{非结构化}}\},\{P_{j\text{结构化}}\},G_P,N_{P_i},N_{P_j}\}$$

其中，$P_{i\text{非结构化}}$ 表示非结构化的原子问题；$P_{j\text{结构化}}$ 表示结构化的原子问题；G_P 表示原子问题的连接关系；N_{P_i} 表示问题 P 分解的原子问题中，非结构化问题数目；N_{P_j} 表示问题 P 分解的原子问题中，结构化问题数目；$i=1,2,\cdots,N_{P_i}$；$j=1,2,\cdots,N_{P_j}$。

4. 决策问题的原子模型表示

根据前面的讨论，决策问题 P 表示为

$$P=\{\{P_j\},G_P,N\}$$

$$j=1,2,\cdots,N$$

其中，P_j 为决策问题 P 分解成的原子决策问题；G_P 为 P_j 间的连接关系；N 为 P_j

的数量。

设用于求解 P_j 的模型为 M_j，即

$$P_j = M_j$$

因而有

$$\begin{aligned} P &= \{\{P_j\}, G_P, N\} \\ &= \{\{M_j\}, G_m, N_m\} \\ j &= 1,2,\cdots,N \end{aligned}$$

其中，N_m 表示 M_j 的总数；G_m 表示 M_j 之间的连接关系。

根据模型分解和原子模型的定义，模型可分解为原子模型，模型 M 可用如下多元组表示：

$$M = \{\{M_i\}, G_m, N_m\}$$

$$G_m = \{\eta_{tj}\}$$

$$i = 1,2,\cdots,N_m$$

其中，M_i 为模型 M 分解成的原子模型；G_m 为 M_i 之间的连接关系；N_m 为 M 分解成 M_i 的数量。

M_i 的连接关系主要有三种：网格关系、递阶关系和链接关系，如图 4-8 所示。

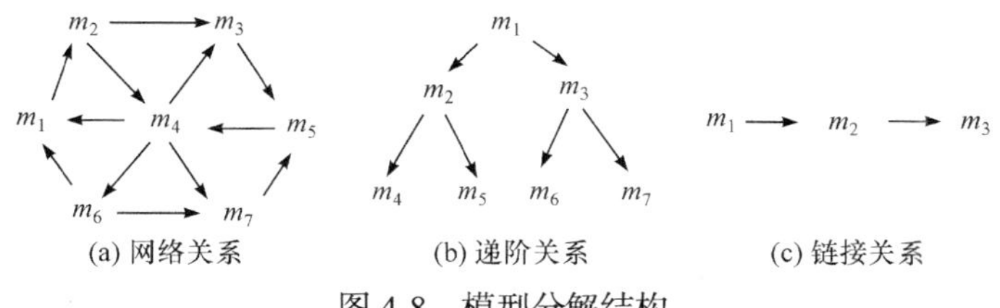

图 4-8　模型分解结构

$G_m = \{\eta_{tj}\}$ 的值按如下规则确定。

(1) 当 $t \neq j$ 时：

$$\eta_{tj} = \begin{cases} 1, & t \to j \quad \text{模型}t\text{优先于模型}j\text{的优先级并与模型}j\text{相连} \\ 0, & \quad\quad\ \ \text{模型}t\text{与模型}j\text{无直接的连接关系} \\ -1, & t \leftarrow j \quad \text{模型}j\text{优先于模型}t\text{的优先级并与模型}t\text{相连} \end{cases}$$

(2) 当 $t = j$ 时：

$$\eta_{ij} = \begin{cases} 0, & \text{无环路} \\ 1, & \text{有环路} \end{cases}$$

M_i 可用如下四元组表示：

$$M_i = \{\mathrm{AT}_i, X_i, Y_i, \mathrm{PR}_i\}$$

其中，AT_i 为 M_i 的属性说明；X_i 表示 M_i 的输入或前提条件；Y_i 表示 M_i 的输出或结论；PR_i 表示 X_i 到 Y_i 的变换过程。

因而可得原子问题 P_j 的原子模型表示：

$$P_j = M_j = \{\{M_i\}, G_{P_j}, N_m\}$$

$$j = 1, 2, \cdots, N_m$$

其中，M_i 为求解 P_j 的模型。

所以有：

$$\begin{aligned} P &= \{P_1, P_2, \cdots, P_N\} \\ &= \{M_1, M_2, \cdots, M_N\} \\ &= \{\{M_{1,1}, M_{1,2}, \cdots, M_{1,N_1}\}, \{M_{2,1}, M_{2,2}, \cdots, M_{2,N_2}\}, \cdots, \{M_{N,1}, M_{N,2}, \cdots, M_{N,N_i}\}\} \end{aligned}$$

其中，N_i 为 M_i 分解成原子模型 $M_{i,j}$ 的数量；$i = 1, 2, \cdots N$；$j = 1, 2, \cdots, N_i$。上式称为决策问题的原子模型表示，即

$$\begin{aligned} \text{决策问题} &= \{\{\text{原子模型}\}，\text{原子模型间的关系，原子模型的数量}\} \\ &= \{\{M_i\}, G_m, N_m\} \\ M_i &= \{\mathrm{AT}_i, X_i, Y_i, \mathrm{PR}_i\} \end{aligned}$$

5. 决策问题求解链的形成

在某种程度上讲，DSS 中问题求解过程的确定就是确定原子问题、原子问题的模型表示和原子模型执行次序的优化，即问题求解链的确定，也就是：

$$\begin{aligned} P &= \{\{P_i\}, G_P, N\} \\ &= \{\{M_i\}, G_P, N_m\} \\ &= T_1\{\{M_i'\}, G_P', N_m'\} \end{aligned}$$

其中，P_i、G_P、N、T_1、M_i'、G_P'、N_m' 等的确定和

$$\begin{aligned} P_{\text{chain}} &= \{P_1 \to P_2 \to \cdots \to P_N\} \\ &= T_2\{P_1' \to P_2' \to \cdots \to P_N'\} \\ &= T_2\{M_{1,\text{chain}}' \to M_{2,\text{chain}}' \to \cdots \to M_{N,\text{chain}}'\} \\ &= T_2\{T_{31}\{M_{1,1}' \to M_{1,2}' \to \cdots \to M_{1,N_1}'\} \to \\ &\quad T_{32}\{M_{2,1}' \to M_{2,2}' \to \cdots \to M_{2,N_2}'\} \to \\ &\quad \cdots \to T_{3N}\{M_{N,1}' \to M_{N,2}' \to \cdots \to M_{N,N_N}'\}\} \end{aligned}$$

其中，$T_2, T_{31}, T_{32}, \cdots, T_{3N}$，$P_1', P_2', \cdots, P_N'$，$M_{1,\text{chain}}', M_{2,\text{chain}}', \cdots, M_{N,\text{chain}}'$，$M_{1,1}'$，

$M'_{1,2},\cdots,M'_{N,N_N}$ 等的确定。

M_i 是广义的模型，包括解析定量模型与逻辑定性模型等，T_i 、T_{ij} 等为变换因子，反映了在模型空间中模型的变换，如代换、附加、删除、连接和分解等。

设 $P_{i,t}\left(t=1,2,\cdots,s_i\right)$ 为可完成同一功能 P_i 的原子问题，即在功能上有

$$P_i=P_{i,1}=\cdots=P_{i,t}=\cdots=P_{i,s_i}$$

$$i=1,2,\cdots,N$$

其中，s_i 为可完成同一功能 P_i 的原子问题数目。因而有对 $\forall i(i=1,2,\cdots,N)$ ，如果 $s_i=1$ ，则 $P_{\text{chain}}=\{P_1\to P_2\to\cdots\to P_N\}$ 为固定问题链，否则为动态问题链。

设 M_i 为求解问题 $P_i\left(i=1,2,\cdots,N\right)$ 的模型，即在功能上有

$$P_t=M_i,i=1,2,\cdots,N$$

根据模型分解，M_i 的原子模型表示为

$$M_i=\{\{M_{i,j}\},G_{mi},N_{mi}\}$$

其中，$M_{i,j}$ 表示 M_i 分解成的原子模型；G_{mi} 表示 $M_{i,j}$ 间的连接关系；N_{mi} 表示 M_i 分解成 $M_{i,j}$ 的数量；$j=1,2,\cdots,N_{mi}$ 。

又设 $M_{i,j,r}\,(r=1,2,\cdots,D_{ij})$为完成同一功能 M_{ij} 的模型，即在功能上有

$$M_{ij}=M_{ij,1}=\cdots=M_{ij,r}=\cdots=M_{ij,D_{ij}}$$

$$i=1,2,\cdots,N$$

$$j=1,2,\cdots,N_{mi}$$

因而有对 $j\ (j=1,2,\cdots,N_{mi})$ ，如果 $D_{ij}=1$ ，则 $M_{i,\text{chain}}=\{M_{i,1}\to M_{i,2}\to\cdots\to M_{i,N_i}\}$ 为固定模型链，否则为动态模型链。

综合上述分析有：如果对 i ，$s_i=1$ ，且 j ，$D_{ij}=1$ ，$i=1,2,\cdots N$ ，$j=1,2,\cdots,N_i$ ，则

$$\begin{aligned}P_{\text{chain}}&=\{P_1\to P_2\to\cdots\to P_N\}\\&=\{M_1\to M_2\to\cdots\to M_N\}\\&=\{\{M_{1,1}\to M_{1,2}\to\cdots\to M_{1,N_1}\}\to\\&\quad\{M_{2,1}\to M_{2,2}\to\cdots\to M_{2,N_2}\}\to\\&\quad\cdots\to\{M_{N,1}\to M_{N,2}\to\cdots\to M_{N,N_N}\}\}\end{aligned}$$

因而只有当问题链与模型链均为固定时，问题的求解链才是固定问题求解链，否则为动态问题求解链。

问题求解链的动态形成指的是针对待求解的决策问题 P ，动态选取 $\{P_i\}$ 和 $\{M_{ij}\}$ 的元素，以形成问题求解链。因而在形成问题求解链时，首先确定原子问题及其求解次序，即形成问题链；然后根据选定的原子问题，确定问题求解模型及运算次序，即形成模型链；最后，把问题链和模型链复合在一起，完成问题求解链的动态确定。

问题求解链的动态形成过程如下所示：

$$
\begin{aligned}
&P\\
&\downarrow\\
&\{\{P_{1,s_1}\}\to P_1\}\to\{\{\{M_{1,N_1,D_1N_1}\}\}\to\{M_{1,N_1}\}\}\\
&\{\{P_{2,s_2}\}\to P_2\}\to\{\{\{M_{2,N_2,D_2N_2}\}\}\to\{M_{2,N_2}\}\}\\
&\cdots\\
&\{\{P_{N,s_N}\}\to P_N\}\to\{\{\{M_{N,N_N,D_NN_N}\}\}\to\{M_{N,N_N}\}\}
\end{aligned}
$$

决策问题求解链的动态形成，既可以通过用户与 DSS 的交互完成，也可以基于人工智能，由 DSS 自动完成。前者称为问题求解链的交互形成，后者称为问题求解链的智能形成。

6. 支持结构化原子决策问题求解

根据决策问题结构化的定义，结构化原子问题求解主要是基于确定的决策模型的问题求解。支持结构化原子问题求解的模型如下所示：

$$P_{结构化}=\{\{M_i\},G_P,N\}=\{M,A_m,D,T,G\}$$

其中，$P_{结构化}$ 表示结构化原子决策问题；M_i 表示用于 $P_{结构化}$ 求解的第 i 个原子模型；G_P 反映了 M_i 间的关系；N 表示 $P_{结构化}$ 分解成 M_i 的数量；M 表示由 M_i 形成的用于求解 $P_{结构化}$ 的决策模型；A_m 为用于求解模型 M 的方法；D 表示运行模型 M 时的已知条件与约束限制等；T 表示求解 $P_{结构化}$ 时所需的文本，包括结果解释文本和模型使用说明文本等；G 表示求解 $P_{结构化}$ 时所需的图形集。

基于决策模型求解的知识构成为

$$K_m=\{K_{m1},K_{m2},K_{m3},K_{m4},K_{m5}\}$$

其中，K_{m1} 表示模型功能知识；K_{m2} 表示模型输入输出知识；K_{m3} 表示辅助建模知识；K_{m4} 表示模型求解链路特征知识；K_{m5} 表示模型运行结果解释知识。

支持结构化原子问题求解过程如下所示。

(1) 显示当前需要求解的结构化原子问题，确定对应的求解模型。

(2) 若用户确认此模型对于求解此问题是有效的，则进行步骤(3)；否则，在问题求解调度知识库的驱动下，搜索模型库，并确定用户满意的模型。

(3) 显示该结构化问题对应的决策模型所需要的输入信息，等待用户完成交互过程。

(4) 检索数据库，确定模型的初始数据和有关参数的值。

(5) 运行此模型，完成结构化问题求解。

(6) 针对此次求解情况，形成问题求解报告。

结构化决策问题求解过程所需要的知识为

$$K_{sdk}=\{K_{sdk1},K_{sdk2},K_{sdk3},K_{sdk4}\}$$

其中，K_{sdk1} 表示模型体知识；K_{sdk2} 表示模型输入输出知识；K_{sdk3} 表示模型调用方法知识；K_{sdk4} 表示模型运行解释知识。

7. 支持非结构化原子决策问题求解

非结构化原子问题求解，主要用基于知识和案例的决策问题求解方法，下面分别加以讨论。

1) 基于知识的决策问题求解

基于知识的非结构化原子决策问题的求解模型为

$$P_{\text{非结构化}}=\{\{K_i\},G_P,N\}=\{K,A_K,F,T\}$$

其中，$P_{\text{非结构化}}$ 表示非结构化原子决策问题；K_i 表示用于 $P_{\text{非结构化}}$ 求解的第 i 个原子模型；G_P 反映了 K_i 间的关系；N 表示 K_i 的数量；K 表示由 K_i 形成的，用于求解 $P_{\text{非结构化}}$ 的知识模型；A_K 为用于求解知识模型 K 的推理方法；F 表示用于知识模型 M 求解时的已知事实与约束限制等；T 表示基于知识模型求解 $P_{\text{非结构化}}$ 时所需的文本。

基于知识的问题求解的知识构成为

$$K_{kdk}=\{K_{kdk1},K_{kdk2},K_{kdk3},K_{kdk4},K_{kdk5}\}$$

其中，K_{kdk1} 表示问题求解知识；K_{kdk2} 表示知识库功能知识；K_{kdk3} 表示辅助建模知识；K_{kdk4} 表示模型求解链路特征知识；K_{kdk5} 表示模型运行结果解释知识。

基于知识的决策问题求解过程如下：

(1) 显示当前需要求解的非结构化原子问题，并确定对应的非结构化问题的求解方法；

(2) 如果选择为基于知识的问题求解，则确定对应的问题求解知识库和推理方法；

(3) 用户确认问题求解所需的事实；

(4) 系统自动完成事实的语义分析；

(5) 装载问题求解知识库；

(6) 运行基于知识的问题求解模型，在一定的推理方法的控制下，完成非结构化问题求解；

(7) 针对此次求解情况，生成问题求解报告。

基于知识的非结构化问题求解过程调度所需要的知识为

$$K_{kdpk}=\{K_{kdpk1},K_{kdpk2},K_{kdpk3}\}$$

其中，K_{kdpk1}表示知识库的领域知识；K_{kdpk2}表示知识调用知识；K_{kdpk3}表示知识模型运行解释知识。

2) 基于案例的决策问题求解

基于案例的非结构化决策原子问题求解的模型如下所示：

$$P_{非结构化}=\{\{C_i\},G_P,N\}=\{C,A_c,F,K_c,A_{kc},T,G\}$$

其中，C_i表示用于$P_{非结构化}$求解的第i个元案例模型；G_P表示C_i间的关系；N表示C_i的数量；C表示由C_i形成的，求解决策问题的案例模型；A_c表示分析案例模型的推理方法；K_c表示案例模型的知识；A_{kc}表示分析案例模型知识的推理方法；F表示用于驱动案例模型C求解的已知事实与约束限制等。

基于案例的问题求解的知识构成为

$$K_{sdck}=\{K_{sdck1},K_{sdck2},K_{sdck3},K_{sdck4},K_{sdck5}\}$$

其中，K_{sdck1}表示案例库功能知识；K_{sdck2}表示推理结果修正知识；K_{sdck3}表示辅助建模知识；K_{sdck4}表示模型求解链路特征知识；K_{sdck5}表示模型运行结果解释知识。

基于案例决策问题求解是以过去的相关决策案例为基础，按照类比推理方法进行的问题求解。决策者应用已求解过的类似问题的经验，求解相关问题，而不必从头做起，因而基于案例的推理也可以称为基于经验的推理。它具有从积累的案例中进行学习、自我完善的功能。它把知识工程的任务简化为特征的描述、术语的定义、案例的收集与分类，并把增添新的知识简化为向案例库中增加新的案例。

基于案例问题求解把已经解决的问题与需要解决的问题关联起来。需要解决的问题称为目标或靶，已经解决的问题称为源。当目标与源之间存在某种相似性(如结构和语义相似性)时，就产生了相似结构。基于案例的推理完成源与目标之间的相互映射。当决策者完成对目标问题的描述后，从案例库中搜寻一个(或一些)

具有某种相似结构的案例，对于这些案例进行评估。然后选取最合适的案例作为源。源到目标的映射是一种检索过程，所有相关的案例具有一些公共的特征，源的求解方法被转换到目标中，并加以修正，形成目标的求解方案。

当难以发现有关决策环境的内在的因果关系时，用基于模型与基于知识的方法很难有效地完成问题求解，而基于案例问题求解方法可以利用最合适的相似决策经验，不必依赖于其基本的因果机制，有效地完成问题的求解。基于案例的问题求解方法允许决策者求解问题时强调有关问题的重要属性，它使决策者避免已经犯下的错误。总之，基于案例的问题求解方法非常适合于没有理论模型或领域知识不完全但经验丰富的决策领域。

基于案例的推理是一种类比推理，是由认识到新的情况和已知情况在某些方面的相似，推出它们在其他相关方面也相似。基于案例的推理可用如下的计算模型表示：

如果 B_1， T_1(已知源中 B_1 和靶中 T_1)；

$B_1 \approx T_1$ (B_1 相似于 T_1)；

$B_1 >> B_2$(在源中 B_1 相关 B_2)；

B_2(已知源中 B_2)；

则 T_2(其中 $T_2 \approx B_2$)(推出有相似于 B_2 的靶 T_2)。

如果把上式中的 $\approx$ 改为=(相同)，>> 改为=>(蕴含)，则上述模型变为演绎推理模型，它说明类比推理是似然推理。

类比推理的计算模型分为联想、求精、匹配和转换等。用 B_i 表示记忆中的第 i 个已知情况， B_i 是集合 $B_1,\cdots,B_m$ 的缩写， 2^{B_i} 表示 B_i 的幂集， T_i 表示第 i 个靶， T_j 是 $T_1,\cdots,T_n$ 的缩写。

(1) 联想(R)。

在已知的集合 B_i 中寻找相似于 T_i 的情况作为候选基， R 是 R_1 和 R_2 的复合，其函数式定义为

$$R_1 : T_i \to 2^{B_i}$$

$$R_2 : 2^{B_i} \times T_i \to V$$

其中，V 是将 B_i 的子集中情况按与 T_j 的相似度从高到低排列所得到的集合；B_i 的认知解释是在遇到新情况 T_i 时，确定出的一些相似的已知情况；R_2 的认知解释是对应于经过初步思考肯定与 T_j 相似度高的已知情况，否定相似度低的情况。

(2) 求精(E)。

在 B_i 中寻找与当前类比相关的知识，其函数式为

$$E : B_i \times T_j \to B_i'$$

其中，B_i 是 B_i' 中与当前类比相关的知识。

(3) 匹配(M)。

建立 B_i' 与 T_j' 的组成元素间的全面对应关系，其函数式为

$$M : B_i' \times T_j' \to \Omega_{ij}$$

其中，Ω_{ij} 是 B_i' 与 T_j' 的对应构成的映射。

(4) 转换(T)。

将 B_i' 中在 T_j 中无对应部分的知识引入 T_j，作为类比的结论。其函数式为

$$T : B_i' \times T_j \to \Omega_{ij} \to T_j'$$

基于决策案例问题求解的过程如下：

(1) 显示当前需要求解的非结构化原子问题，非结构化问题的求解方法；

(2) 如果选择为基于案例的问题求解，则确定对应的问题求解案例库和推理方法；

(3) 用户确认问题求解所需的事实；

(4) 系统自动完成事实的语义分析；

(5) 装载问题求解案例库；

(6) 运行基于案例的问题求解模型，并修正基于案例推理的结果，完成非结构化问题求解；

(7) 针对此次求解情况，生成问题求解报告。

基于决策案例的非结构化问题求解过程所需要的知识为

$$K_{sdck} = \{K_{sdck1}, K_{sdck2}, K_{sdck3}\}$$

其中，K_{sdck1} 表示案例库的领域知识；K_{sdck2} 表示案例调用知识；K_{sdck3} 表示案例模型运行解释知识。

8. 决策结果的合成

根据问题分解的性质，决策问题 $P = \{X, D, F, \Pi\}$ 所分解的原子问题可表述为

$$\{P_i = \{X_i, D_i, F_i, \Pi_i\}\}, \quad i = 1, 2, \cdots, N$$

由前面分析可知，决策问题分解有串行分解、并行分解和混合分解，串行分解、并行分解是混合分解的基础。串行分解反映了所分解的子问题间的相互依赖关系。它说明前一决策问题对后一决策问题产生了影响，并且这种影响反映在决策论域的关联上，即由决策问题 P_i 所确定的决策 d_i 的执行，使决策问题 P_i 的论域值发生了变化，这种变化影响与此问题关联的决策问题，因而串行分解决策问题

的决策方案 d_i 间具有如下关系：

$$d_i = d_i\left(d_{i-1}\right), i = 1,2,\cdots,N$$

而并行分解的各个子问题所产生的决策方案集是互不影响的，即

$$d_i \cap d_j = \varnothing, \quad \forall i \neq j; i, j = 1,2,\cdots,N$$

由此可知,串行分解决策问题的决策方案相互依赖关系隐含在决策方案集中。从最后的决策结果来看，无论串行分解，还是并行分解，整个决策论域并没有发生变化$\left(X_i \in X\right)$，指标集和映射集也没有发生变化$\left(\varPi_i \in \varPi, F_i \in F\right)$，它们之间的差别只是在 d_i 之间是否有依赖关系，因而从问题求解的角度，这两种分解的合成方法是相同的；而混合分解是由串行分解与并行分解的复合所形成的，因而其合成方法与串行分解和并行分解的合成方法相同。决策结果的合成为

$$P = \left\{X, D, F, \varPi\right\} = \left\{\bigcup_{i=1}^{N} X_i, \bigcup_{i=1}^{N} D_i, \bigcup_{i=1}^{N} F_i, \bigcup_{i=1}^{N} \varPi_i\right\}$$

9. 决策支持报告生成

DSS 运行的结果反映为一组数值或定性量，它们本身并不能完全反映有关决策系统的物理意义与现实社会意义。如果把系统运行的结果直接交给有关的决策者，则决策支持的效果非常有限，甚至达不到有效的决策支持。决策支持报告在 DSS 与决策者间架起了一座桥梁,它使 DSS 运行的结果转换为决策者能够理解并可接受的有效形式，并完成相应的解释与分析等工作。

决策支持结果的解释与决策支持报告的形成可用知识库与多媒体库相结合的方法，它的知识构成为

$$K_{er} = \{K_{er1}, K_{er2}, K_{er3}, K_{er4}, K_{er5}, K_{er6}, K_{er7}\}$$

其中，K_{er1} 表示决策支持结果解释知识；K_{er2} 表示决策报告格式知识；K_{er3} 表示决策支持报告标题生成知识；K_{er4} 表示决策任务分析知识；K_{er5} 表示决策支持过程跟踪知识；K_{er6} 表示决策支持结果学习知识；K_{er7} 表示决策支持报告文本生成知识。

第 5 章　海上搜救辅助决策支持系统研究现状

海上搜寻理论和海上搜寻规划理论是指导搭建海上搜救辅助决策系统的理论基础，海上搜寻理论、海上搜寻规划理论的发展以及计算机技术的进步促进了海上搜救辅助决策系统的变革。因此，在对海上搜救辅助决策系统的研究发展脉络进行梳理之前，需要对海上搜寻理论以及海上搜寻规划理论的发展概况进行整理。本章首先对搜寻理论(search theory，简称搜索论)、搜寻规划理论的相关概念以及发展概况进行介绍；然后分别对国内外基于经典搜寻规划方法的海上搜救辅助决策系统以及国内外基于蒙特卡罗仿真的海上搜救辅助决策系统的研究现状进行比较全面的总结，并对其中典型的海上搜救辅助决策系统进行详细介绍。

5.1　搜寻理论及搜寻规划理论发展概况

海上搜救主要分为“搜”和“救”两个步骤，其中“搜”是指搜寻、搜索，是海上搜救应急处置过程中的首要步骤，也是在整个应急过程中最危险、最耗时和最复杂的步骤。搜寻理论是指搜救资源有限的情况下，如何最优化地利用搜救资源去找到搜救目标的理论。海上搜寻规划理论是基于搜寻理论形成的用于指导搜寻活动的理论方法，它是海上搜救领域专家通过对搜寻理论的总结和拓展，研究搜救目标的漂移轨迹预测、搜寻区域的确定、搜救应急资源的调配等问题。

5.1.1　搜寻理论发展概况

搜寻理论最早是由 Koopman 在第二次世界大战期间提出来的，二战时为了反潜战和寻找盟军被击落飞机飞行员海上漂移位置的需要，英国与美国都集中当时所有的科学方法和技术来提高搜索的效率。1942 年，美国海军成立了以 Koopman 及其同事组成的反潜军事运筹学研究组，由此产生了搜索理论的研究方向。

搜寻理论研究的是在搜救资源有限的情况下，如何最优化地配置搜索资源使得发现待搜索目标的概率最大。而搜寻理论正式作为一门研究内容是在 1946 年

Koopman 的论文《搜寻与筛选》中被提出来的。二战后，搜寻理论在军事海上搜寻救助、飞机失事救援以及能源勘测等情况下得到了广泛的应用。早期的工作是由 Koopman 开创的，他在提供了搜寻理论的工作手册后，在一系列开创性的论文中概述了搜索理论的基础，并阐明其内涵：搜寻理论研究如何最有效地利用有限的资源试图找到一个位置不确定的对象。Koopman 定义了如下具体的最优搜索基本问题的要素。

(1) 对搜索对象位置的先验概率密度计算，因此可以估计出任何可能区域子集的包含概率(probability of containment，POC)。

(2) 与搜索努力密度(或覆盖率，C)有关的检测函数，以及在搜索区域内能发现到对象的发现概率(probability of detection，POD)。

(3) 有限的搜索努力程度。

(4) 在资源的约束下，最大限度地提高搜寻成功率(probability of success，POS)的优化准则。

(5) 有效的扫海宽度(又称扫视宽度、发现能力指数)。

(6) 有效的搜索(扫海)率。

(7) 横向范围(发现)函数等。

Koopman 利用这些概念开发了定位静止物体的有效方法。之后 Cooper、Stone、Brown 等学者对搜寻理论的内涵、搜寻目标的探测算法、搜寻过程中资源的最优分配等问题进行了理论探索和改进。根据待搜寻目标是静止状态还是运动状态，可以将搜寻理论分为静止目标搜寻理论以及动态目标搜寻理论。

在静止目标搜寻理论的研究过程中，1956～1957 年 Koopman 研究了在具有二元正态分布形式的静止目标和具有指数形式的探测函数的假设下，如何最大化发现目标的概率，并对二战期间搜索问题的研究进展做了详细的介绍。随后在 1958 年，Charnes 和 Cooper 在 Koopman 的研究基础上对搜寻力量的最优分配问题进行了研究，将最优搜寻问题抽象为凸优化问题并加以解决。1961 年，de Guenin 将 Koopman 提出的模型中的指数形式的探测函数推广到连续空间中正规探测函数的情况，并给出使得搜索概率最大情况下的探测函数应具有的形式和满足的条件。1976 年，Stone 对 Koopman 的研究成果进行了完善和拓展，研究了局部的最优化配置与整体最优化配置之间的关系，解决了搜寻问题中“最优搜寻力量配置存在的充分与必要条件”。

在动态目标搜寻理论的研究过程中，1975 年 Stone 在《最优搜寻理论》中研究了两种形式的动态目标搜寻，分别是“马尔可夫型运动”以及“确定型运动”，主要是将有条件约束的最优搜索力量配置问题转化为无条件约束的最优搜索力量配置问题。随后，Brown 提出了一个运动目标探测算法以及用于产生最优搜寻方案的迭代算法，Washburn 在 Brown 的基础上进一步对其算法进行了优化和推广，

Stone 进一步将 Brown 的算法推广到更广阔意义上的时空的情况。表 5-1 列出了对搜寻理论的研究做出重要贡献的专家学者及其贡献。

表 5-1 搜寻理论主要贡献者

学者	贡献
Koopman	1946 年提出搜寻理论的概念 1957 年解决了特定条件下静止目标搜寻过程中搜寻资源的最优分配问题
Charnes、Cooper	1958 年使用凸多边形规划来研究最优搜寻力量分配问题，并开发了一个算法
Stone	1975 年解决动态目标搜寻问题 1976 年解决了搜寻问题中“最优搜寻力量配置存在的充分与必要条件”
Brown	1980 年提出离散时间和空间中运动目标的最优搜索算法
Washburn	1980 年研究运动目标的搜寻，提出向前向后(FAB)搜寻算法，是 Brown 算法的推广
Frost	1996 年分析了从搜索理论到搜寻规划的转变
Koester 等	2003 年阐述了陆上搜寻的扫视宽度概念及测量方式，并提出了确定陆上搜寻探测概率的方法

最常见的搜索问题类型是单边搜索问题：搜索者可以选择自己的策略，但搜索对象既不选择策略，也不以任何方式对搜索做出反应，且大多数海上搜救被视为单方搜救，而双边搜索问题涉及移动的搜索对象。

5.1.2 搜寻规划方法发展概况

搜寻理论是搜寻规划方法的理论基础，搜寻规划方法起源于搜寻理论，并对搜寻理论进行总结和优化，以指导搜寻实践的方法和规范。搜寻理论在二战期间已经用于指导军事搜寻活动，1957 年，美国海岸警卫队联合出版了第一部民用搜救手册；1959 年，美国出版了第一部国家搜救手册，用于指导海岸警卫队的日常救助行动，而该手册也被全世界海上搜救部门广泛接受并用于指导各国的海上搜救行动。

《国家搜救手册》是对搜索理论的提取和总结，在搜寻行动中利用搜救手册中的方法和规范进行简单计算就可以给出搜寻区域以及搜救资源配置等指导，这一类的搜寻规划方法被称为经典搜寻规划方法。但是早期版本的搜救手册大多是指导性的操作原则，并没有对其原理和基础理论做出介绍，并且存在很难理解的专业术语，这使得在实际使用过程中难以发挥真正的作用。随后的几十年间，不同的专家学者均注意到了这个问题，并从不同的角度对搜救手册做出优化和改进，以提高其科学性和易用性，各国也都提出了自己的搜救手册。

1998 年，国际海事组织(IMO)与国际民用航空组织(ICAO)联合推出了搜救手册《国际航空和海上搜寻救助手册》(IAMSAR Manual)(2001～2007 年又分别完成了该搜救手册的修正案，随后在 2008 年和 2010 年推出了新版本)。这部手册根据海上搜救的实际需要，在吸收搜救理论的最新成果的基础上，统一并规范了各国航空和海上搜救规划方法，凝聚了全世界搜救专家的智慧，已经成为航空和海事领域组织、管理、协调搜救行动的纲领性文件和操作指南。

除此之外，各国根据本国国情以及搜救实践的实际需要，均制定了各自的搜救手册和操作指南，加拿大海岸警卫队发布的《海员海上搜救参考手册》(SAR Seamanship Reference Manual)详细介绍了海上遇险人员搜救的过程与方法，其中对于海上遇险者的生存环境有比较清晰的描述，特别是考虑到了水温和气温对遇险者的影响。

由英国政府编制的《大不列颠及北爱尔兰联合王国搜寻救助框架》(Search and Rescue Framework for the United Kingdom of Great Britain and Northern Ireland)系统描述了英国搜救的大体情况，包括英国的搜救区域、职责、国家搜救体系组成及各职能部门在搜救工作中应承担的职责，为英国的搜救工作提供指导和政策支撑。

我国为了更好地履行有关搜救国际公约所规定的任务，加强我国海上搜救工作的统一组织、指挥和协调，合理利用海上搜救资源，迅速有效地组织海上搜救行动，救助海上遇险人员，最大限度地减少人员和财产损失，在 2011 年出版了《国家海上搜救手册》，该手册系统介绍了我国海上搜救的组织体系及职责、搜救力量组成以及搜救流程，为海上搜救实践提供了操作规范和章程，也彰显了我国在参与国际搜救行动和提高我国整体搜救能力等方面做出的巨大努力。

搜寻规划工具的发展可以分为三个阶段：手工方法阶段、手工方法的自动化阶段以及复杂的随机计算机模型或仿真阶段。海上搜救手册给搜寻规划人员在开展搜寻救助过程中提供了方法和指导，但是其中涉及大量的手工绘图与计算。为了减轻搜寻规划人员手工计算与绘图的工作负担，研究人员开始寻求利用计算机系统来辅助搜寻规划人员进行决策的方法。海上搜救决策系统发展前期是对已有搜救理论以及典型搜寻规划方法的计算机实现，主要是将手动规划提升为对计算机的操作，方便操作人员的计算与地图标绘，但是由于海洋搜救行动的复杂性，搜寻规划人员的工作量依然很多，研究人员开始寻求一种可以描述复杂搜救场景的技术——蒙特卡罗仿真技术，而且计算机技术的发展使得蒙特卡罗仿真技术系统应用成为可能，于是海上搜救决策支持系统发展的后期主要集中于基于蒙特卡罗仿真技术的计算机系统实现的研究上，因此本书对海上搜救决策支持系统的两个主要阶段：经典搜寻规划方法的计算机化阶段和基于蒙特卡罗模拟技术的计算机仿真阶段的国内外现状进行介绍。

5.2　基于经典规划方法的海上搜救系统

海上搜救决策支持系统的研究最早开始于 20 世纪 70 年代，随着海上搜寻规划理论的成熟以及计算机技术的不断发展，特别是 GIS 系统的地理环境信息表现与分析能力的不断发展，研究人员开始着眼于开发基于经典规划方法的海上搜救系统。海上搜救系统的发展使得搜救决策人员可以从经典搜寻规划方法带来的手动计算与绘图等烦琐工作中解放出来，专注于对计算结果的分析与对计算过程的优化工作上，并且计算机化的海上搜救过程能够更好地利用海洋环境与气象数据，提高搜救行动的可视化水平，进而提高海上搜救的成功率与效率。由于国外的计算机发展与普及水平和海上搜寻规划理论的发展水平均领先于国内，因此在海上搜救决策支持系统的研发与应用上，国外也领先于国内，20 世纪 70 年代，美国海岸警卫队就已经有一套完整的可供业务运行的海上搜救决策支持系统，国内在 20 世纪 90 年代才开始对海上搜救系统的系统架构以及功能等进行相关探索。

5.2.1　国外典型基于经典规划方法的海上搜救系统

随着海上搜寻理论以及搜寻规划理论的成熟以及计算机技术的不断发展，研究人员开始寻求一种能够减轻搜寻规划人员手动标绘与计算工作，提高计算速度和效率以提高海上搜救成功率的方法，海上搜救系统应运而生。海上搜救系统使得搜寻规划人员能够有更多的时间对遇险情况进行分析，从而更好地指导搜寻行动。1970 年左右，美国海岸警卫队实现了第一个海上搜救决策支持系统——SARP (search and rescue planning program)系统。该系统改进了经典搜寻规划方法、海洋环境与气象数据使用方法以及传统的漂移轨迹预测方法。SARP 系统在搜救案例管理、漂移轨迹预测以及搜寻区域计算、地图标绘等方面有较大的优势，能够减少人为的计算误差与计算时间，一定程度上降低了搜寻决策人员的工作负担，但是当时的计算机技术不够成熟以及海洋气象环境数据比较粗糙，使得其可用性与稳定性不能满足业务化需求。20 世纪 80 年代，加拿大海岸警卫队基于改进的经典搜寻规划方法以及新兴的 GIS 技术研发了 CANSARP(Canadian search and rescue program)系统，该系统相较于美国的 SARP 系统集成了 GIS 技术并且采用了 Client-Server(C-S)架构，在当时是加拿大海岸警卫队进行海上搜救的主要辅助搜救系统。20 世纪 90 年代，美国 ASA 公司基于美国的国家搜救手册建立了 SARMAP(search and rescue mapping and analysis program)系统，该系统集成了美国海岸警卫队构建的海上失事目标漂移轨迹预测模型以及 GIS 技术，在搜寻规划方法、漂移轨迹预测以及 GIS 技术上都取得了比较大的进步。1998 年，英国 BMT 公司开发了 SARIS(search and rescue information system)，该系统最大的改进是内置了多种典型的搜救目标风致漂移参数，能够快速地对失事目标的漂移轨迹进行预测。2001 年，加拿大国防研究发展中心基于 1999 年《国际航空和海上搜寻救助手册》提供的经典搜寻规划方法研发了 SARPlan 系统，该系统集成了最新的 GIS，并且创造性地引入了搜寻资源最优分配算法，对搜寻过程中涉及的应急资源分配问题进行了研究。该系统主要用于在失事飞机的搜救过程中指定搜寻规划，利用该系统可以较大程度地提高搜寻成功率(POS)。本节对 SARP 系统、SARIS 以及 SARPlan 系统架构及功能进行详细介绍。

1. SARP 系统

1970 年左右，美国海岸警卫队开发了第一个手工制定搜寻计划的计算机版本——SARP 系统，该系统的开发目的是向海上救援中心提供有关搜救案例的详细信息以提高海岸警卫队搜救能力。

该系统的主要功能如下。

(1) 减少潜在的计算错误。由于在 SARP 系统上线使用之前，搜寻决策人员进行搜寻规划均需要手工计算，而海上搜救的复杂性决定了计算的复杂性，同时搜救对于时效性的要求也很高，使得搜寻规划人员在进行手工计算时容易出错，导致搜救行动的失败，而计算机强大的计算能力和稳定性可以减少潜在的计算错误，提高计算结果的正确性并且可以缩短计算的时间，从而提高搜救的反应速度。

(2) 增加收集信息和对搜救案例评估的时间。由于海上搜救应急响应活动对于时间有着严格的限制，搜寻规划人员要在极为有限的时间内做出科学有效的搜救决策，而计算机系统的加入，使得计算的复杂度和计算所需时间显著降低，可以给搜寻规划人员预留更多的时间进行搜救信息的收集和对搜救的案例进行评估，以提高决策的科学性。

(3) 为搜寻规划人员提供搜救辅助决策信息。SARP 系统是基于国家搜救手册以及搜救技术搭建的海上搜救辅助决策系统，因此该系统可以为搜寻规划人员自动生成符合搜救手册和通用搜救技术的方案。

SARP 系统只能提供计算上的辅助，并不能减少搜寻规划人员的手动标绘工作，仅在一定程度上方便了搜寻规划人员进行案例管理和确定搜寻区域相关的计算。图 5-1 给出了 SARP 系统给出的一个漂移预测的方案，可以看出直观性、易用性并不是很友好，但是该系统作为第一个海上搜救辅助决策系统，为海上搜寻规划人员提供了一种新的解决方案。

```
CF CA DE CD
TEST CASE PACAREA
BT
UNCLAS
USCG COMPUTERIZED SAR PLANNING SYSTEM
PROGRAM SARP EXECUTED AT 211500Z JUL 75
          INCIDENT TIME AND LAST KNOWN POSITION DATA
INCIDENT DTG      201300Z JUL 75
LADT KNOW POS     37-30.0N   123-00.0W
SEARCH NUMBER    3   DATUM DTG     221440Z JUL 75 FIRST LIGHT
              DISTRESS CRAFT AND LEEWAY DATA
INITIAL POSITION ERROR (X) 15    SEARCH CRAFT ERROR (Y)  5
TARGET LENGTH, CLOUD COVER, VISIBILITY, SEARCH ALT   2  40  15  1000
LEEWAY CONFIGURATION IS F 60 0.07 1.0
                SURFACE WINDS - MONTEREY
NUMBER OF WINDS IS  10
NO DIR/SPD          DTG       FETCH     NO DIR/SPD          DTG     FETCH
 1 180/10   180600Z JUL 75   999         6 150/17   201800Z JUL 75   999
 2 190/15   181800Z JUL 75   999         7 150/13   210600Z JUL 75   999
 3 220/20   190600Z JUL 75   999         8 150/13   211800Z JUL 75   999
 4 210/20   191800Z JUL 75   999         9 150/13   220600Z JUL 75   999
 5 160/15   200600Z JUL 75   999        10 150/13   221800Z JUL 75   999
.........................................................................
INTERMEDIATE DRIFT POSITIONS
HOUR    POSITIONS            ASC     POSITIONS            ASC
   0    37-30.0N 123-00.0W
  12    37-37.1N 123-11.3W  NAVO    37-43.3N 122-59.8W  NAVO
  24    37-44.2N 123-22.6W  NAVO    37-56.6N 122-59.6W  NAVO
  36    37-51.2N 123-33.9W  NAVO    38-09.9N 122-59.4W  NAVO
  48    37-58.3N 123-45.1W  NAVO    38-23.2N 122-59.2W  NAVO
DATUM   38-12.2N 123-22.1W          AT  221440Z JUL 75  49.67 HRS DRIFT

COMPUTED TOTAL PROBABLE ERROR OF POSITION (E)  30.6 MILES
STANDARD 3RD SEARCH RADIUS  61.2 MILES
SEARCH AREA 14973 SQ MI
        ....39-13.4N....
124-39.2W         122-05.0W
        ....37-11.0N....

SWEEPWIDTH  2.6 MILES
SUNRISE AT DATUM 1440Z   SUNSET 0115Z

                    DRIFT VECTORS IN KNOTS
           AVERAGE OVER PERIOD                  LAST HOUR
WINCUR                352/0.29                   351/0.28
AVG SEA    147/0.20 MIN 156/0.13 MAX  147/0.20 MIN 198/0.06 MAX
LEEWAY     300/0.94 MIN 000/0.94 MAX  300/0.91 MIN 000/0.91 MAX
MINIMAX TOTAL         337/0.92                   335/0.88
PROBLEM COMPLETE
BT
```

图 5-1　SARP 系统解决方案样例

2. SARIS

1998 年，英国 BMT 公司开发了 SARIS，该系统内置了很多海洋地理数据库(包括洋流和海流的数据库)以及电子海图，为很多国家搜救机构提供搜寻救助。该系统是基于英国海岸警卫队 UK CG3 方法建立的，内置了若干种类型的搜救目标风致漂移参数，能够实现对搜救目标的快速定位与漂移轨迹预测，预测目标在风与潮流的综合作用下的运动轨迹。相对于之前的系统，SARIS 改进了误差的计算方法，通过将遇险位置误差与漂移推算误差相加确定总误差，进一步计算基准圆，最后得到搜寻区域。图 5-2 展示了 SARIS 计算的遇险目标位置与划分的搜寻区域。

SARIS 的特征如下。

该系统操作流程清晰、简单，根据流程一步一步操作，可以在搜救应急响应时实现快速反应。SARIS 基于搜救手册和搜救知识对搜救流程进行了梳理，形成了规范化的搜救应急响应，搜寻规划人员可以根据系统提示的搜救流程完成搜救搜寻规划，帮助操作人员清晰地把握搜救进展。

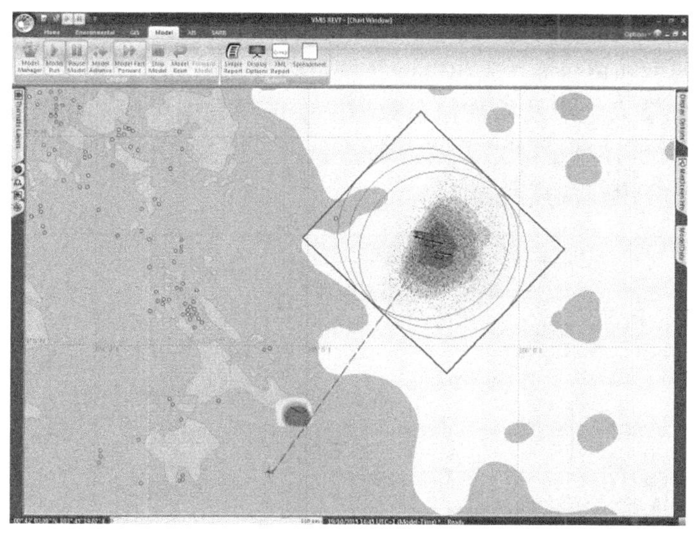

图 5-2　SARIS 计算遇险目标位置与划分搜寻区域

由于不同搜救(遇险、失事)目标的风致漂移参数等不同，SARIS 内置了若干遇险目标的参数。在发生搜救险情之后，系统操作人员可以根据遇险目标的类别选择相应的参数，使得搜寻规划人员无须再去对相应的参数进行设置。

电子海图的相关功能较为先进，可以将遇险目标的漂移轨迹、海流以及风场叠加反映在海图上，便于搜寻规划人员直观地理解，而且搜寻规划的结果可以导出为外部文件，方便系统生成搜寻规划报告。

此外，SARIS 可以自动计算扫视宽度、航线间距以及探测概率等。

3. SARPlan 系统

2001 年，加拿大国防研究发展中心研发了 SARPlan 系统，该系统基于 1999 年《国际航空和海上搜寻救助手册》提供的搜寻规划方法，集成了最新的 GIS 与近似最优搜救资源分配算法，主要用于在搜寻失踪飞机过程中指定搜救规划，但是在实践运行中发现对于海上遇险目标的搜寻救助也可以提供很好的辅助作用，搜寻规划的目标是最大化搜救任务的成功率。SARPlan 系统基于 C-S 架构，目的是给搜寻规划人员提供搜寻资源的最优分配方案，最优搜寻分配资源方案生成流程图如图 5-3 所示。SARPlan 系统为搜索规划人员提供了一种快速、直观、易用的方法来指定最优搜索计划，SARPlan 系统允许用户定义可能性区域，该系统中表示数据的主要数据结构是基本网格。基本网格是由 SARPlan 系统在一个可能的区域上生成的一组大小相等的正方形单元格。系统能够为定义的可能性区域自动生成网格模板，使用这个模板，可以为计算最优资源配置工作所需的每个主要变量创建主题网格，主题网格有多种类型：植被信息、地形、包含概率、探测概率、资源分布、速度和覆盖面。SARPlan 系统可以自动用值填充网格单元格，例如，系统可以从加拿大地形及植被信息数据库中选择数据对地形及植被网格进行填充，然后该系统可以根据给定的关于搜寻目标、搜救单元的信息以及探测器信息等数据自动计算出扫视宽度。

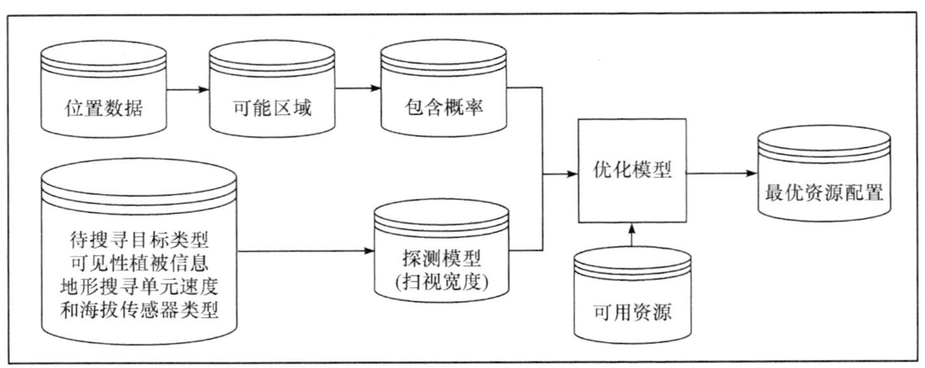

图 5-3　SARPlan 系统最优搜寻分配资源方案生成流程图

SARPlan 系统包含四个主要模块：案例管理模块、可能区域生成模块、主题网格定义模块以及搜寻规划模块，具体结构如图 5-4 所示。案例管理模块是指当用户打开 SARPlan 系统时，第一步是使用案例浏览器创建或打开案例，每一个案例对应于搜救事件，用户可以在界面中创建新的搜救案例，输入后续决策所需的相关信息。可能区域生成模块的功能就是生成搜索对象可能存在的区域。SARPlan 系统支持一组 CADRG 类型的军事地图，它提供了所有预期的地理功能和 GIS 功能，如缩放、绘图、平移、添加不同比例的地图、更改单元格大小，绘制各种多边形以及地名词典功能，将地图定位在由指定的位置名称上。

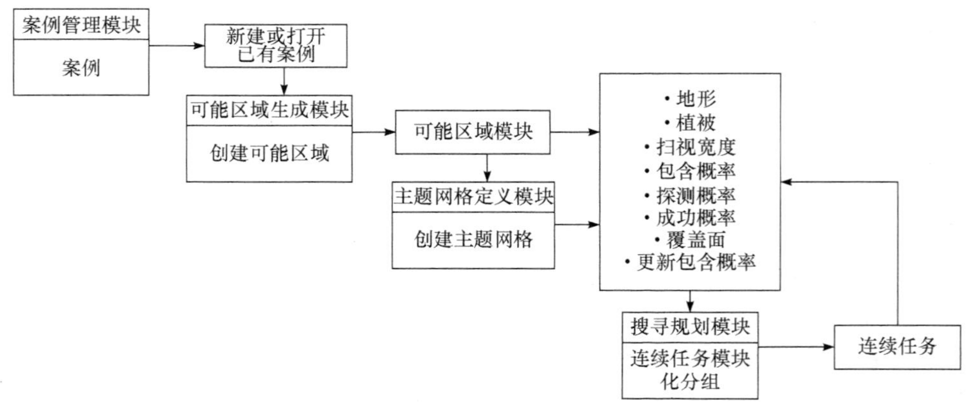

图 5-4　SARPlan 系统的主要步骤

在 SARPlan 系统进行搜寻规划的流程中，一旦确定了可能的搜寻区域，就必须量化可能搜寻区域内的地形、植被和地貌特征，对可能搜寻区域进行网格化，这些网格是模型检测和扫视宽度计算的必要输入，该系统中可以通过使用 VMAP 类型的矢量数据自动生成这些网格。其中需要生成三种类型的网格数据：植被和地形地貌网格、扫视宽度网格以及存在概率网格。植被以及地形地貌网格中，为了自动生成植被网格，系统使用每个网格被植被覆盖的区域的百分比。然后，为每个单元格计算加权平均值，并将其分为四个类别，分别描述了单元被植被覆盖的密度：超过 85%、60%～85%、15%～60%、低于 15%。地形网格是从 VMAP 轮廓数据自动生成的，然后每个单元格被分配四个类别之一：山脉、丘陵、平原或水。创建了影响扫视宽度的必要输入网格，即地形和植被网格后，就可以生成扫视宽度。对于使用并行模式的视觉搜索，用户还必须提供搜索对象的类型，搜救单元中的海上现场气象能见度，然后 SARPlan 系统自动生成扫视宽度网格。完成检测模型的描述后，量化搜索对象位置的分布，即生成存在概率网格，系统有三种标准方法可以自动生成存在概率网格：点基准、线基准和面积基准。用户可以手动构建搜索对象存在概率网格，唯一的要求是累积概率不超过 100%。

5.2.2　国内典型基于经典规划方法的海上搜救系统

我国学者从 20 世纪 90 年代末才开始海上搜救决策支持系统的研究，探讨在计算机上实现手动经典搜寻规划方法。国内主要对海上搜救辅助决策方法的研究较多，对计算机化的经典规划方法的海上搜救系统的研究比较少。罗永宏在《海上搜救智能辅助决策系统探究》一文中对海上搜救智能辅助决策系统的功能特点、实现条件以及系统架构提出了设想，本节对该文章进行介绍，以阐述我国研究人员对于海上搜救智能辅助决策系统最早的想法。

海上搜救智能辅助决策系统的功能特点包括：直观性、快速和智能性、科学和周密性、方便灵活性、事件可回放和模拟性以及统计分析与预测指导性。直观性是指搜救智能辅助决策系统平台以 GIS 平台为基础，可以将各种险情信息、复杂的海况信息以及搜救力量直观地标注在电子海图上，为决策者提供“一张图”展示，使得各类与搜救场景相关的元素都能够在时间和空间上精确定位，减少决策过程中由抽象概念的不精确带来的偏差。快速和智能性是指利用计算机强大的计算能力快速生成图形、图表和数据等相结合的易于决策人员理解的辅助决策信息，减少决策过程中不必要的人工参与，提高搜救应急的效率与智能化水平。科学和周密性是指搜救过程极其复杂，搜救辅助决策系统需要考虑各种搜救相关要素，对搜救模式、应急处置预案以及搜救力量配置等进行反复的实验与论证，而且需要将各种信息有机整合，使得搜救决策更加周密和科学。方便灵活性是指搜救辅助决策系统可以方便地查询到所需信息，便于决策人员的操作。事件可回放和模拟性是指系统可以对每次搜救行动的决策过程进行详细记录，形成可以追溯的案例库，对后续的搜救行动提供指导，另外系统还可以对搜救行动过程的相关步骤进行模拟，例如，对遇险目标的漂移轨迹进行模拟预测，提供给决策者未来可能发生的相关信息，辅助决策者做出更加科学有效的搜救决策。统计分析与预测指导性可以实现多种信息的统计功能，可以查询区域内的搜救单位和可以调动的搜救力量以及对险情进行分类统计等。

如图 5-5 所示，国内早期对海上搜救决策支持系统的功能定位是：遇险信息处理、搜救力量评估、辅助决策以及搜救指挥协调。其中遇险信息处理是指在接收到遇险报警信息时，将遇险船舶、人员以及设施的最新动态信息输入到海上搜救辅助决策系统中，为后续的辅助决策以及指定搜救计划提供指导。除了可获得的遇险报警相关信息之外，还可以通过与中国船舶报告系统以及国家海洋环境预报中心等系统联网获取相关信息以辅助后续的决策。搜救力量评估是指在海上搜救辅助决策系统中建立搜救力量评估功能，可以将搜救力量的位置与数量直观标注在电子海图上，实现可视化的展示，此外可以通过查询与调度功能选择可用的搜救力量参与搜救应急行动。辅助决策是指搜救辅助决策系统可以对搜救力量的调配与任务分配提供指导。搜救指挥协调是指系统在评估遇险信息之后，可以将相关信息自动分发到相关的搜救单元与主体上，协调不同的单位与资源共同完成各项搜救任务。

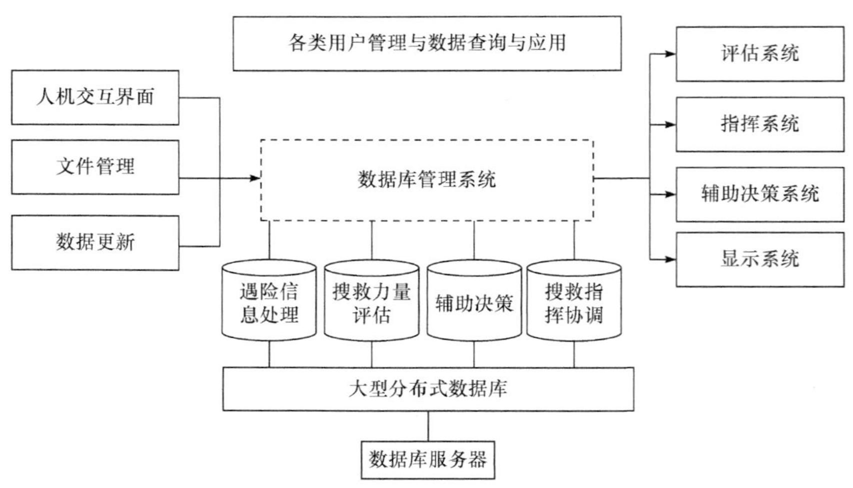

图 5-5　海上搜救智能决策系统架构图

5.3 基于蒙特卡罗仿真的海上搜救系统

在漂移轨迹预测以及最佳搜寻面积确定的研究过程中，发展出了较多的方法与思路，从根本上看可以将这些方法分为两类：解析方法以及蒙特卡罗仿真方法。解析方法的思路是将漂移物的初始位置作为基准点，将风压差与流压差的矢量叠加以推算基准点的漂移轨迹，从而确定最佳的搜寻面积，但是以手动经典搜寻规划方法为基础的解析方法具有其方法上的固有缺陷，即该类方法无法满足复杂环境下复杂系统以及体系下的计算需求，无法适应指导复杂搜救行动的需要。因此，研究人员开始寻找一种可以描述复杂搜救系统的研究方法——蒙特卡罗仿真方法，该方法以统计数学、经典概率论以及随机过程理论等为基础，具有强大的随机模拟和试验统计能力，适用于研究复杂、具有大量结构和状态的体系。蒙特卡罗仿真方法可以较为高效地利用海上搜救过程中复杂的环境信息以及表征该过程中存在的各种不确定性，使得模拟的漂移轨迹与实际的漂移轨迹更为接近。并且随着计算机计算能力的显著提升，基于蒙特卡罗仿真方法的系统使用成为可能，因此国内外各研究机构相继推出了以蒙特卡罗仿真为基础的海上搜救系统。

5.3.1 国外典型基于蒙特卡罗仿真的海上搜救系统

国内外学者开始寻求一种能够描述复杂搜救场景的方法，由于国外的计算机发展速度、普及广度和计算能力均优于国内，因此，需要大量重复计算的蒙特卡罗仿真方法最先在国外得到系统应用和普及。1972 年，美国海岸警卫队联合研发了第一个真正意义上的采用蒙特卡罗仿真方法的海上搜救决策系统——CASP(computer assisted search planning)，使得蒙特卡罗仿真方法在进行遇险目标漂移轨迹预测问题上成为主流方法。由于 CASP 系统一些固有的缺陷无法满足实际需求，2007 年美国海岸警卫队又联合几家公司共同研发了 SAROPS(search and rescue optimal planning system)，并取代了原有的 CASP 系统。除此之外，2001 年挪威气象研究所基于三维海洋数值预报模型 NORDIC4，分别针对小于 50m 的小型漂浮目标与大型船舶建立了 Leeway 模型以及 Shipdrift 模型，能够通过 Web 界面为挪威救助协调中心在开阔水域提供自救搜救支持服务。2016 年，意大利海岸警卫队研发了海上搜救移动端决策支持系统 OCEAN-SAR，基于哥白尼海洋环境监测中心以及地中海监测预报中心提供的环境数据，构建了 Leeway 模型，对 16 种类型的遇险目标进行漂移轨迹预测，为意大利海岸警卫队在地中海的搜寻救助服务提供支持。并且进入 21 世纪以来，随着蒙特卡罗仿真技术的计算机仿真方法逐渐被海上搜救人员所接受，以手动经典规划方法为基础的 CANSARP 系统、SARMAP 系统以及 SARIS 都在各自的系统中增加了基于蒙特卡罗技术的计算机仿真模型，以期更好地利用计算机强大的计算能力和更加完善的 GIS 操作系统，预测搜寻目标的漂移轨迹，确定搜寻区域，最优分配资源。本节对 CASP 系统、SAROPS 以及 OCEAN-SAR 系统进行详细介绍。

1. CASP 系统

1972 年，Daniel H. Wagner Associates 公司与美国海岸警卫队共同研发了计算辅助搜寻规划 CASP 系统，该系统被公认为是第一个将蒙特卡罗仿真用于漂移轨迹预测以及搜寻区域确定的计算机辅助决策系统。CASP 系统以海洋环境数据库为基础，采用蒙特卡罗仿真以及多场景推断方法获取漂移物位置的初始概率分布图，并且考虑洋流和风致漂移等因素，对初始概率分布图进行更新，最后如果搜寻任务失败，则可以使用贝叶斯推理方法利用负反馈信息对分布概率图进一步更新，使之更加符合实际漂移轨迹。并且 CASP 系统也提供了搜救资源最优分配的决策支持模块，可以用于指导搜救行动的开展，提高搜救成功率，降低遇险目标的伤亡以及降低搜寻成本。美国海岸警卫队在其下属的 11 个搜救中心运用了 CASP 系统制定搜救任务计划，此外，该系统还在伊利诺伊州斯科特空军基地的空军中央救援总部被使用，帮助计划和协调美国大陆内失踪飞机的搜寻任务。CASP 系统包含 9 个模块，分别是：地图(MAP)、方位(POSITION)、面积(AREA)、探测(TRACKLINE)、组合(COMBINATION)、漂移(DRIFT)、矩形绘制(RECTANGLE)、路径(PATH)以及多功能区(MULTI)。每个模块的功能分别如下。

(1) MAP：概率地图的可视化。

(2) POSITION、AREA、TRACKLINE 以及 COMBINATION：根据海洋环境信息以及遇险目标的初始位置等信息生成遇险目标位置的初始概率分布。

(3) DRIFT：根据漂移时间更新遇险目标的位置概率分布图。

(4) RECTANGLE 和 PATH：如果搜寻失败，则根据负反馈信息更新遇险目标的位置概率分布图并且计算累计探测概率。

(5) MULTI：对搜救资源的最优分配。

CASP 系统架构如图 5-6 所示，系统分为四部分功能，首先根据海洋气象环境信息以及事故信息，在 POSITION、AREA 以及 TRACKLINE 模块构建不同场景下的目标三维信息；其次在 COMBINATION 模块利用场景融合及推理方法将各场景融合生成最终的目标三维数据；接着在 DRIFT 模块利用蒙特卡罗仿真方法模拟漂移物随着时间漂移的路径，对目标的位置信息进行动态地调整与更新，给出不同时刻下的搜寻范围；然后在 RECTANGLE 和 PATH 模块中可以利用搜寻失败所得到的负反馈信息使用贝叶斯推理方法对目标位置调整和更新；最后 MAP 和 MULTI 模块对所得到的漂移轨迹进行可视化的展示并且根据最优搜索提供搜救资源的最优分配指导，以能够快速定位遇险人员，提高搜救成功率并且降低搜救成本。

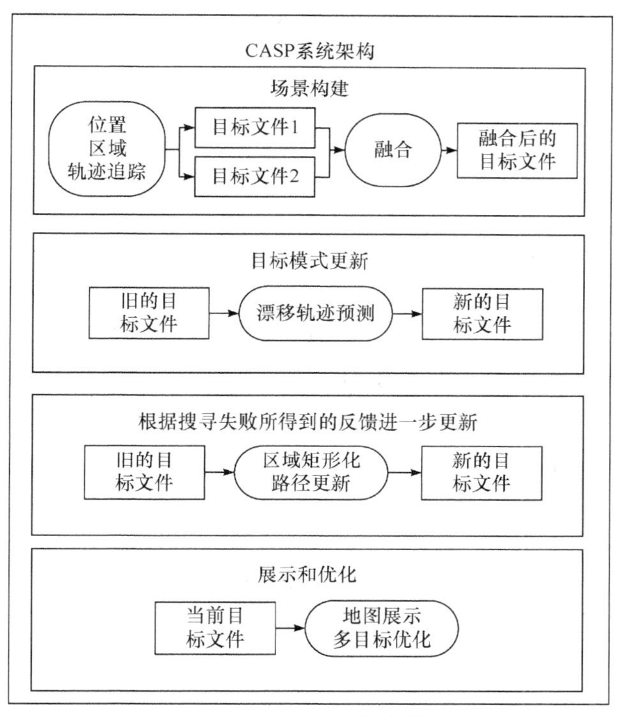

图 5-6　CASP 系统架构

CASP 系统不同于传统的基于经典规划方法的海上搜救辅助决策系统，它开创性地将蒙特卡罗仿真方法引入遇险目标漂移轨迹预测的过程中，使得生成的漂移轨迹和搜寻范围综合考虑了海洋环境的各种不确定性，得到更加准确的模拟结果，并且利用计算机的计算能力可以降低搜寻规划人员的计算工作，提高系统的反应能力，提高搜救行动的时效性。但是系统仍存在一些不足，首先由于 GIS 技术发展的限制，该系统的海图渲染能力较差，对海洋气象环境和搜寻计划的展示不够直观；然后 CASP 系统项目管理方式也很难适应于快速发展的搜救能力。由于 CASP 存在的固有缺陷无法满足搜救行动的需要，美国海岸警卫队开发了一个全新的系统——SAROPS，并最终替代了 CASP 系统。

2. SAROPS

2007 年，美国海岸警卫队联合几家公司共同研发了 SAROPS，该系统与 CASP 系统类似，均是采用蒙特卡罗仿真方法生成遇险目标的海上漂移轨迹，从而生成搜寻区域。但是与 CASP 系统不同的是，SAROPS 是基于最新的 GIS 开发平台并集成有多个环境数据服务产品，采用了改进后的 Brown 算法，考虑了搜寻过程中搜寻单元与搜寻目标之间的相对运动，并且可以对多个搜救单元协同分配，显著地提高了海岸警卫队在沿岸、大洋以及五大湖环境中的搜寻效率。SAROPS 主要由四个模块组成：图形用户界面(GUI)、环境数据服务器(EDS)、模拟器(SIM)以及规划器(Planner)。下面详细介绍每个模块的功能。

(1) CUI：CUI 可以显示搜救计划、搜救模式、搜救环境信息以及所有可能的海图，提供搜救行动报告等。图形用户界面是用户与系统交互的接口，由于该系统是基于最新的 GIS 开发平台开发的，SAROPS 相对于 CASP 系统的用户体验较为友好，地图渲染能力比较好。

(2) EDS：SAROPS 需要使用风场、流场等环境场信息来生成海上遇险目标的漂移轨迹，而浪高、云层、阳光强度以及雨水强度均会影响对搜寻目标的探测结果，因此 SAROPS 需要使用到的环境场信息十分复杂；另外，SAROPS 也接入了各种来源的环境数据，包括政府单位、私营单位以及其他数据供应商，因此，SAROPS 所需的信息来源众多，所需环境信息冗杂。EDS 模块的功能就是对这些数据进行整合，为不同的案例、不同的搜救场景以及不同的系统界面提供相对清晰的环境数据支持。EDS 模块的功能架构如图 5-7 所示，目录服务器从各个不同的数据源抽取有关风场、流场以及气象等环境信息到系统环境数据库中，系统环境数据库对不同来源的数据加以整合和分析，根据 Web 页面传来的数据需求格式生成不同类型(XML 或者 NetCDF)数据格式的数据包返回计算。

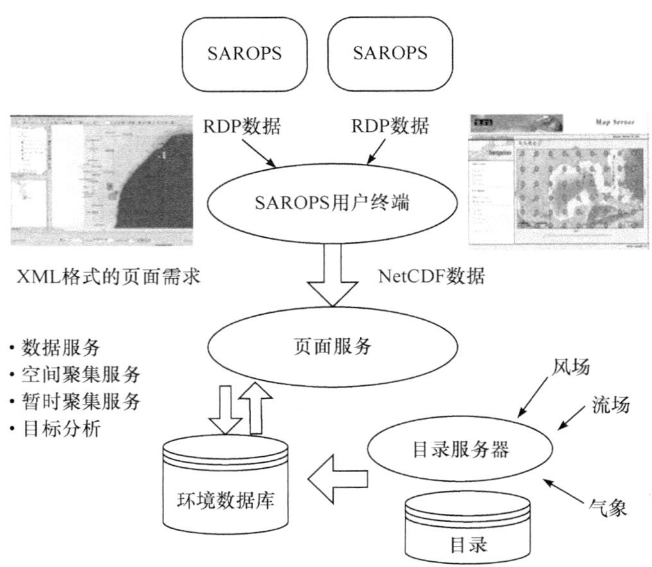

图 5-7　EDS 模块的功能架构

(3) SIM：美国海岸警卫队在搜寻规划的过程中需要考虑遇险目标位置和移动的信息，这些信息往往是不一致的，需要用一个合适的方法来描述场景信息，最简单的方法就是使用遇险目标的位置和时间来描述场景。SIM 基于场景中的位置及时间信息、EDS 模块提供的环境数据信息、场景的不确定性和漂移的概率模型，为每一个场景生成一个蒙特卡罗路径集，如图 5-8 所示。如果搜索行动失败，则可以使用贝叶斯推理方法整合搜救失败所产生的负反馈信息，对遇险目标的漂移路径进行修正。SIM 使用蒙特卡罗仿真方法，使用粒子来模拟物体的漂移，粒子的集合及其权重定义了物体位置分布，并将其作为时间的概率函数，图 5-8 所示的漂移路径表示为一组矩形单元格，每个单元格的概率由不同的颜色表示。

(4) Planner：在 SIM 模块生成遇险目标的漂移概率路径之后，Planner 模块需要基于生成的漂移概率路径以及可用的搜救资源列表生成可行的搜救方案，以达到最大化搜救成功率和最小化成本等目标。Planner 模块基于 SIM 生成的漂移路径生成矩形或者圆形的搜寻区域，然后根据海况以及事故的类型选择合适的搜寻方式等。Planner 的输出如图 5-9 所示。

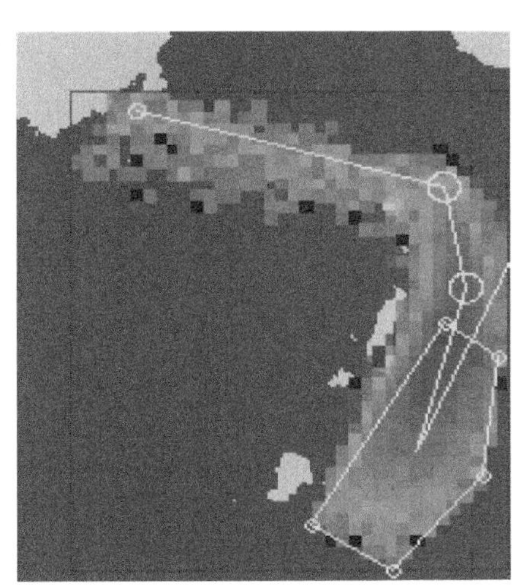

图 5-8　SAROPS 系统 SIM 生成的漂移概率路径

图 5-9　SAROPS 系统 Planner 的输出

SAROPS 面向一个案例的操作流程如下所示。

加载环境场，输入与事故相关的场景信息：由于 SAROPS 有不同数据来源的环境场信息，用户可以根据需要选择所需的环境场信息，除此之外，输入与事故相关的信息，如事故点、事故发生时间以及遇险目标的类型等信息，系统操作界面如图 5-10 所示。

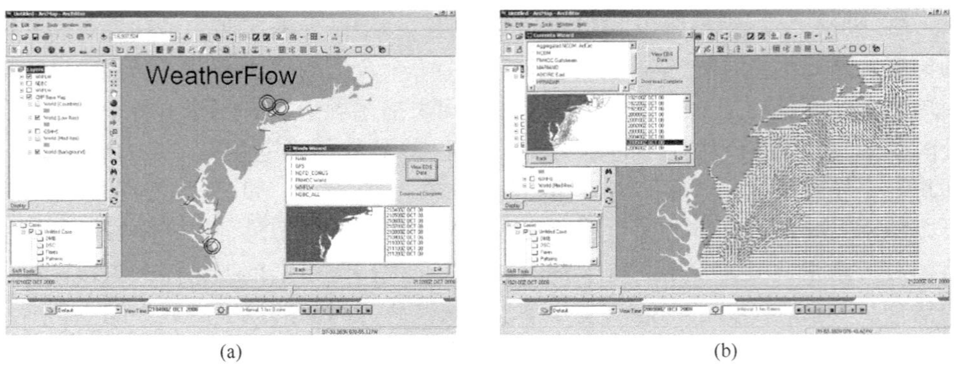

(a)　　(b)

图 5-10　SAROPS 选择环境场以及事故信息输入

SIM 模块模拟遇险目标的漂移轨迹：SAROPS 的 SIM 模块根据环境信息以及输入的事故时间、地点、遇险目标的类型等信息生成遇险目标的漂移轨迹，并且如果搜寻失败，还可以使用贝叶斯推理方法对漂移轨迹进行调整，系统操作界面如图 5-11 所示((a)→(b)→(c)→(d))。

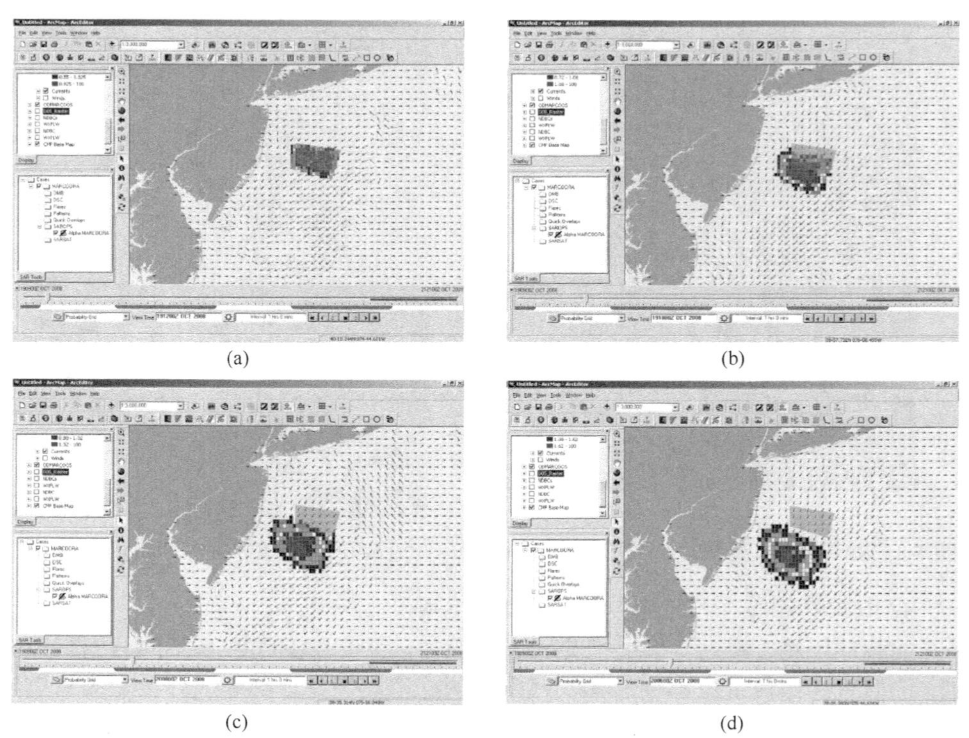

(a)　　(b)

(c)　　(d)

图 5-11　SAROPS 预测遇险目标漂移轨迹

Planner 生成搜寻计划：SAROPS 的 Planner 模块根据 SIM 模块生成的遇险目标漂移轨迹、事故信息以及搜救资源的相关信息，生成搜寻计划，搜寻计划包括选择哪些资源参与搜救行动以及采用哪种搜寻方式等，系统操作界面如图 5-12 所示。

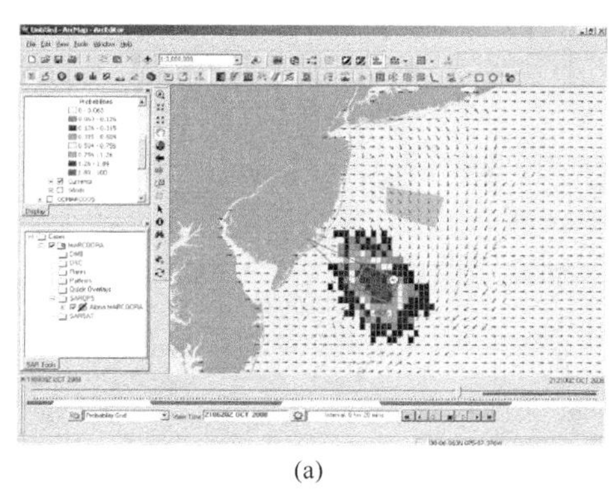

(a)

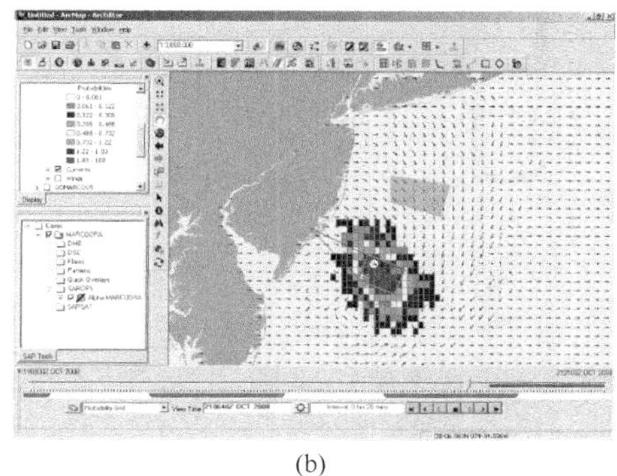

(b)

图 5-12　SAROPS 生成的搜寻计划

3. OCEAN-SAR

2016 年，意大利海岸警卫队开发了海上搜救移动端决策支持系统——OCEAN-SAR，该系统提供 iOS 版和 Android 版的应用，由哥白尼海洋环境监测中心以及地中海监测预报中心提供环境数据支持。OSEAN-SAR 系统由用户交互界面(client devices)、海上安全态势感知(security situation awareness，SSA)平台以及位于计算中心的复杂数据分析模块(complex data analysis model，CDAM)组成，其架构如图 5-13 所示。用户交互界面提供系统与用户交流的接口，用户可以通过该模块输入相关信息，系统界面将显示海图、漂移预测的结果以及搜寻计划。SSA 平台利用环境数据信息、事故信息以及存储的模型库、知识库与方法库中的相关信息，生成遇险目标的漂移轨迹并进一步生成搜寻计划。CDAM 模块提供计算服务，由于在计算漂移轨迹时采用了基于 Leeway 方法的蒙特卡罗仿真技术，存在大量的计算内容，因此该模块提供数据支持。

OCEAN-SAR 系统面向一个案例的操作流程如下所示。

加载环境场，输入与事故相关的场景信息：用户可以在输入界面设置漂移轨迹模拟的相关参数，提交需求以及在地图界面上展示模拟结果。需要设置的参数包括遇险目标最后的位置、模拟区间、预报系统的环境场数据源以及可视化的相关设置等。输入相关参数后，系统会将这些信息以 JSON 格式传到 SSA 平台，进行计算模拟(图 5-14)。

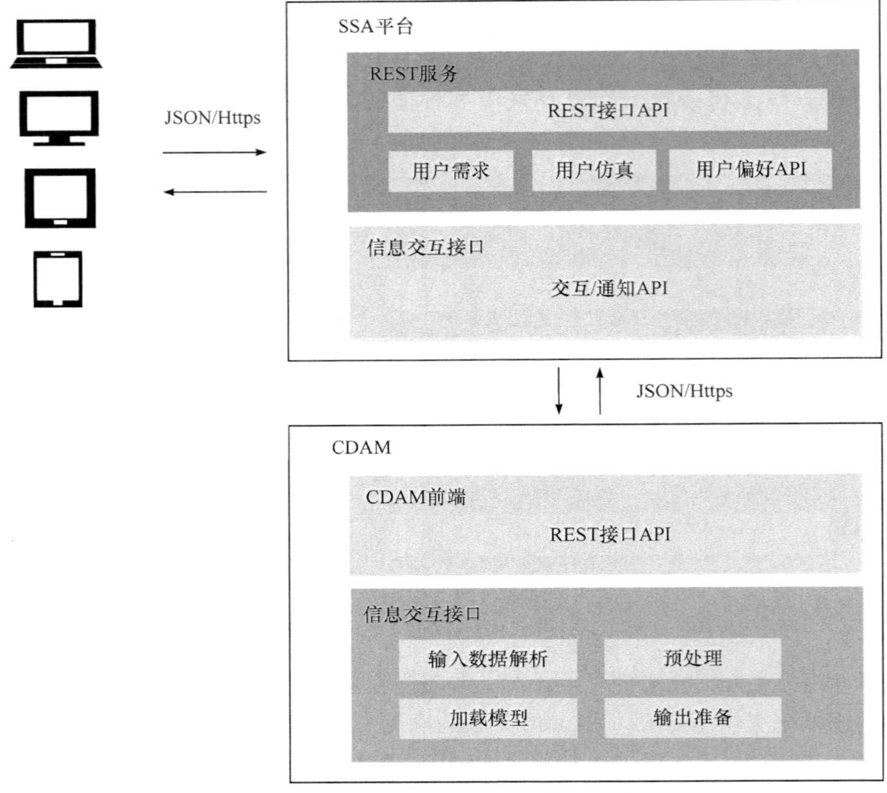

图 5-13　OCEAN-SAR 系统架构图

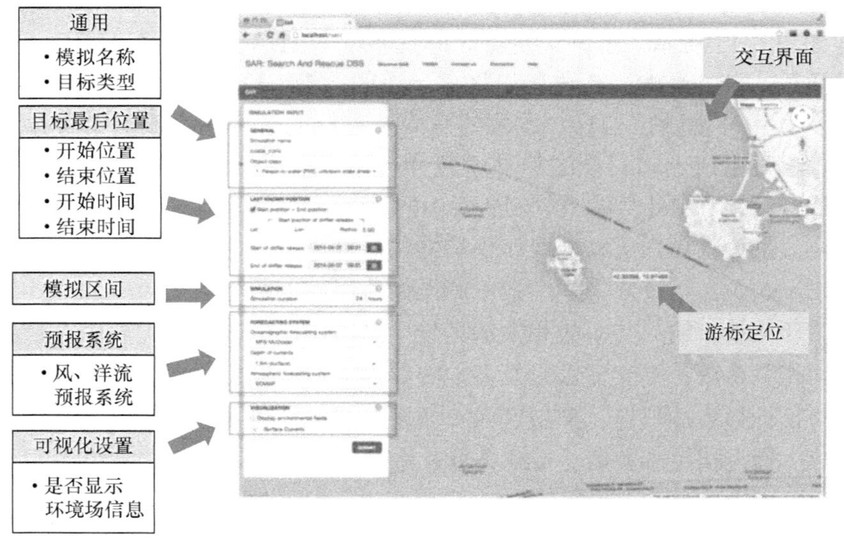

图 5-14　OCEAN-SAR 用户交互界面上显示的模拟参数

通过单击鼠标后出现在用户界面上的方框来解释每组参数的含义(图 5-15)。

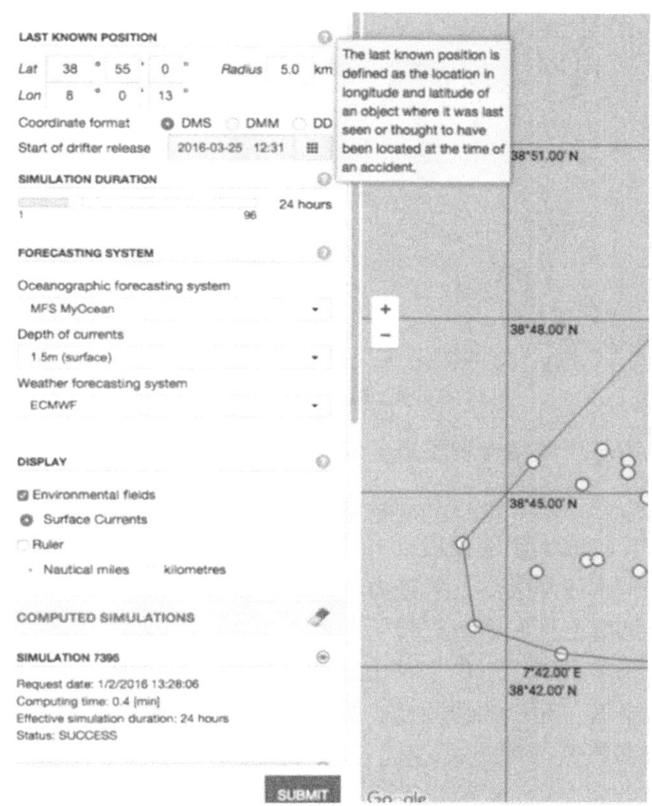

图 5-15　OCEAN-SAR 用户交互界面上参数描述帮助

预测结果以及搜寻计划生成：态势感知平台以输入的事故信息、环境场信息为基础，利用 Leeway 漂移轨迹预测方法，使用蒙特卡罗仿真技术生成了如图 5-16 的预测结果，图中空心圆圈点代表遇险目标可能在水中的位置，实心圆圈点代表遇险目标可能在岸滩的位置，中间黑色线条表示平均漂移轨迹，带对号(√)的点是遇险目标已知最后位置，灰色折线的凸型包络是可能的搜寻范围。预测的结果即遇险目标所在位置的概率图也会随着时间的改变而不断变化，并且该系统内置了多种类型遇险目标的相关参数，包括无动力渔船、真人、皮筏以及小船等。用户可以根据遇险目标的类型选择相应的内置参数，从而更加便捷地生成搜寻结果。

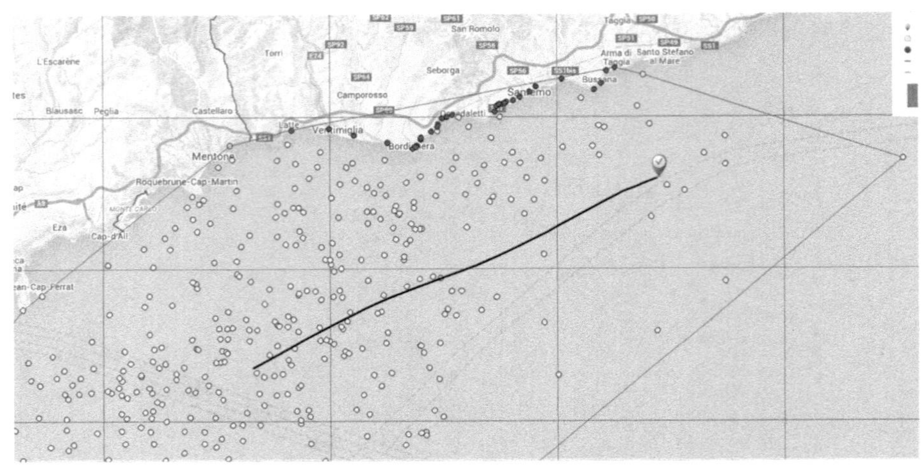

图 5-16　模型输出的可视化预测结果

5.3.2　国内典型基于蒙特卡罗仿真的海上搜救系统

国内海上搜救信息化过程起步较晚，现有的大部分业务化运行的海上搜救系统大都只有信息集成、预警预报、电子海图等基本功能。但是近些年来，国内的一些机构，如中国海洋大学、大连海事大学、国家海洋局及下属机构等均对基于蒙特卡罗仿真的海上搜救系统进行了相关探索，也形成了很多成果。2005 年大连海事大学吕刚开展了基于 GIS 的海上搜救辅助决策系统研究，该系统界面可视化强，功能较为全面，对影响遇险目标的动力因素考虑较为全面，但是该系统模拟遇险目标的漂移轨迹所需的风、浪、流等背景动力因素需要通过其他途径获取后再存储到系统数据库中，系统仍需进一步拓展才能满足业务化运行的需求。2009 年，中国海洋大学构建了一套基于 GIS 的南海示范区海上搜救辅助决策系统，该系统的功能更加全面，采用层级架构，系统中有专门的模块对遇险目标的漂移轨迹进行预测，并且提供了对搜救力量的评估等功能模块，基本满足业务化运行的需求。2016 年，国家海洋局联合两个国家级和三个海区级海洋预报机构共同打造了全国统一的搜救环境服务保障平台——“国家海上搜救环境保障服务平台(NMSARSS)”，该平台面向用户提供“交互式、自动化、高效率”的海上搜救漂移预测、辅助决策、历史案例管理以及海洋环境信息查询服务，并且实现了业务化的运行。下面对基于 GIS 的南海示范区海上搜救辅助决策系统以及国家海上搜救环境保障服务平台进行详细介绍。

1. 基于 GIS 的南海示范区海上搜救辅助决策系统

2009 年，中国海洋大学基于海洋公益性项目“中国近海海上搜救应急辅助决策系统研制及示范”项目的子项目——“南海示范区海上搜救应急辅助决策系统的研发”项目，研发了一套基于 GIS 的南海示范区海上搜救辅助决策系统。该系统的系统架构如图 5-17 所示，该系统按照多层架构方式部署，分别为表现层(系统的用户操作界面层)、逻辑事务层(部署系统的相关应用中间件)、数据服务层(部署支撑系统的空间数据库、结构化数据库以及多媒体数据库等)。系统数据库分为四个方面的数据库：电子海图数据库(主要是南海区电子海图库，存储在空间数据库中)、系统管理数据库(记录和设置系统的组织机构和权限及日志等相关信息)、环境专题信息数据库(主要包括区域内的浪场、流场、风场等环境信息)以及搜救专题信息数据库(主要包括搜救案例数据库、搜救资源数据库)。

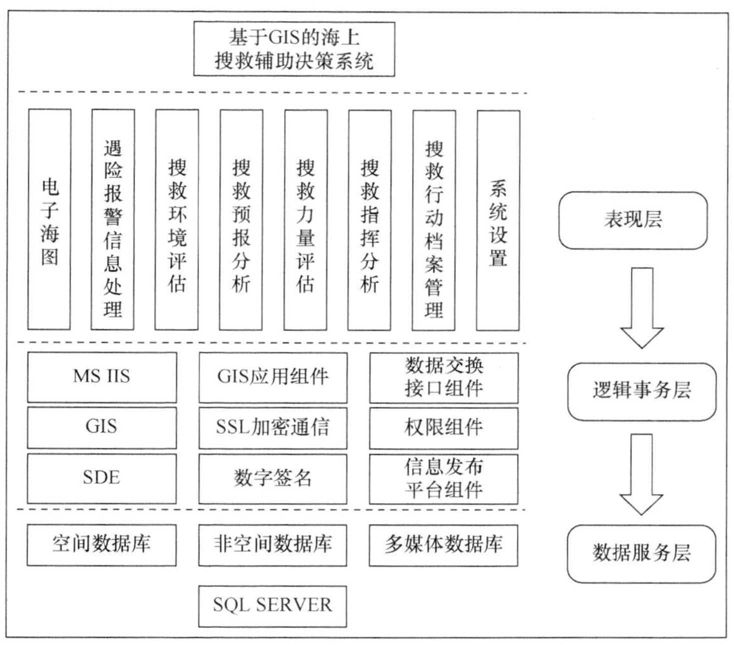

图 5-17　基于 GIS 的南海示范区海上搜救辅助决策系统架构图

该系统的功能包括：电子海图、遇险报警信息处理、搜救预报分析、搜救力量评估、搜救环境评估、搜救指挥分析以及搜救行动档案管理等。

(1) 电子海图功能：对海图的可视化展示，包括对地图的浏览、操作、测量等功能。

(2) 遇险报警信息处理功能：包括对历史案例的信息录入、编辑、查询以及定位等。

(3) 搜救预报分析功能，这应是系统的核心功能，根据选定的事件，调用环境数据和数值预报搜救模块计算出漂移路径并显示在海图上，可看到某一时刻的相关信息，还可将该路径信息存储到空间数据库，查阅归档以及生成预报单。

(4) 搜救环境评估功能：包括环境集成、环境动态展示以及环境统计分析等。

环境集成即系统集成外部系统提供的各时间段的风场、浪场以及流场信息，并根据建立好的数据模型和插值算法，将各类离散的信息转化为地图上的可视化的图形信息。环境动态展示即系统可以动态调用各时间段的风场、浪场以及流场的可视化图形信息并展示在海图上。环境统计分析即系统可以通过各种统计图形展示风场、浪场以及流场等环境场的专项统计信息。

(5) 搜救指挥分析功能：包含对搜救方案的添加、编辑以及输出等功能模块。

(6) 搜救力量评估功能：利用此功能可在电子海图上对搜救机构及船舶进行搜索定位，选择相关功能可查看详细信息，并可在地图上手动添加船舶标识，列表中根据标识坐标算出距离搜救目标的距离，并按照距离排列，可根据此决策选择合适的搜救力量参加搜救行动。

2. 国家海上搜救环境保障服务平台

2016 年，国家海洋局组织两个国家级和三个海区级的海洋预报机构，共同打造了全国统一的搜救环境保障服务平台，平台采用 SOA(service-oriented architecture，面向服务的架构)研发，整合了国家海洋局五家预报机构的海洋动力环境预报数据和漂移预测模型，面向用户提供“交互式、自动化、高效率”的海上搜救漂移预测和海洋环境信息查询服务。国家海上搜救环境保障服务平台的系统架构如图 5-18 所示，系统在用户层、业务层以及方法数据层实现海上突发事件处置流程及辅助决策的智能支持，其中用户层面向用户，负责应急处置流程交互式实时可视化，用户可以通过该接口提出决策支持需求。业务层负责系统的核心

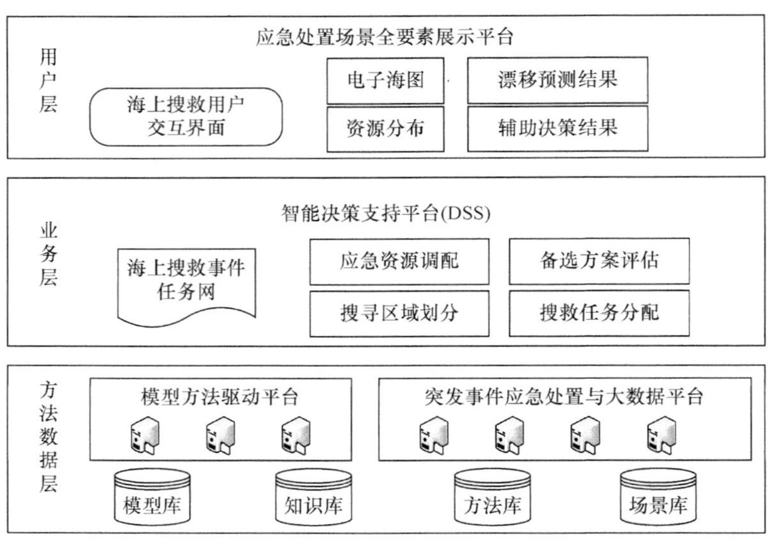

图 5-18　国家海上搜救环境保障服务平台系统架构图

业务，根据搜救事件决策需求，从模型库选择启动决策模型组实例，完成决策分析，系统在该层进行搜救应急资源的调配，进行多主体任务分发，并结合任务完成情况，动态调整分发方案，更好地完成任务协作。方法数据层包括模型库、知识库、方法库、场景库以及突发事件应急处置与大数据平台，为决策支持系统提供数据、模型以及方法等支持。

国家海上搜救环境保障服务平台的功能图如图 5-19 所示。功能包括：海洋环境场信息、搜救事件应急处置、搜救目标漂移预测、环境场模式预测、应急资源调配、备选方案集生成、辅助决策分析、任务分配以及地图操作等。

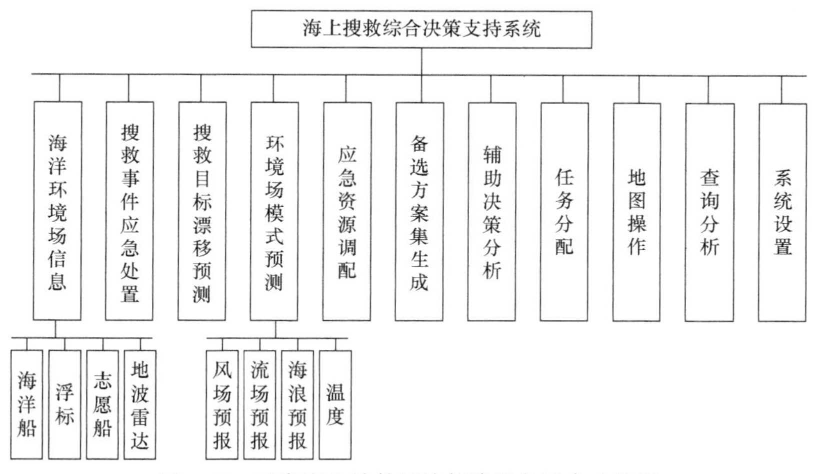

图 5-19　国家海上搜救环境保障服务平台功能图

(1) 漂移预测功能：基于海量数据快速同步与提取、漂移预测并行计算、标准服务封装等关键技术，为用户提供“一键式”漂移预测计算服务。漂移轨迹预测基于风力、海流和波浪对搜救目标的综合作用结果，失事目标在海上的漂移运动的计算采用拉格朗日粒子追踪方法，并且在此基础上，采用随机粒子仿真法对影响目标漂移运动的不确定性因素(风压系数、风场以及流场的误差)进行描述，构建整体随机粒子的漂移预测模型。整体随机粒子仿真法是将搜寻目标抽象成一个个相互独立的随机粒子，每个粒子具有搜寻目标的一些属性，其位置代表可能的搜寻目标位置。图 5-20 显示了系统在进行漂移预测之前需要输入的相关信息，包括漂移预测案例发生的时间、需要预测的时长、事故的类型(遇险目标的类型，系统内置了五种事故类型的参数，包括救生衣-平躺、救生衣-直立、救生圈-直立、救生筏以及无动力船)、风场作用参数以及是否邀请专业预报员参与预测等选项设置。图 5-21 给出了漂移预测的结果，漂移轨迹预测信息包括漂移案例起始位置、终止位置、漂移轨迹、特征时刻目标物概率范围、特征时刻海面风和海流等信息。

(2) 辅助决策分析：根据遇险目标的位置数据，采用漂移预测模型，确定可能性区域，将搜寻区域进行网格划分，计算每个网格的包含概率(POC)，然后根据周边的AIS信息选择搜救力量，按照同时搜索完成原则，对搜寻船只进行任务分配。搜救辅助决策的过程包括四步。第一步确定搜寻区域，可以根据案例的实际需要选择圆形区域、矩形区域、凸多边形区域以及POC概率分布图等(图5-22)。第二步确定搜寻模式，对航线间距和扫视宽度进行设置，然后选择合适的搜寻模式，可选的搜寻模式包括平行线搜寻、扩展方形搜寻以及扇形搜寻等(图5-23)。第三步是查询可用船舶，可以通过设置选择与事故点一定距离之内的船舶参与搜救行动(图5-24)。第四步是生成搜救方案并返回规划结果，可以选择参与搜救的船舶，获取船舶当前所在位置坐标，规划辅助决策方案，显示规划的结果，并将结果以简报形式导出(图5-25)。

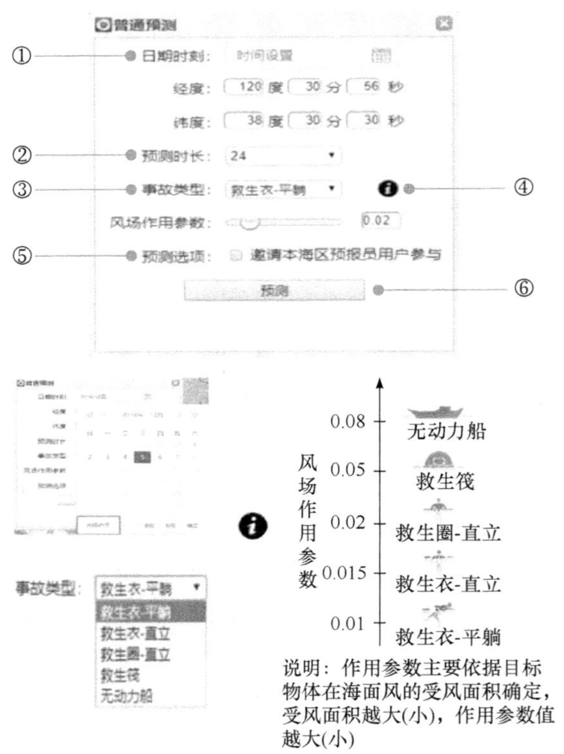

图5-20　国家海上搜救环境保障服务平台遇险目标漂移轨迹预测用户参与设置信息

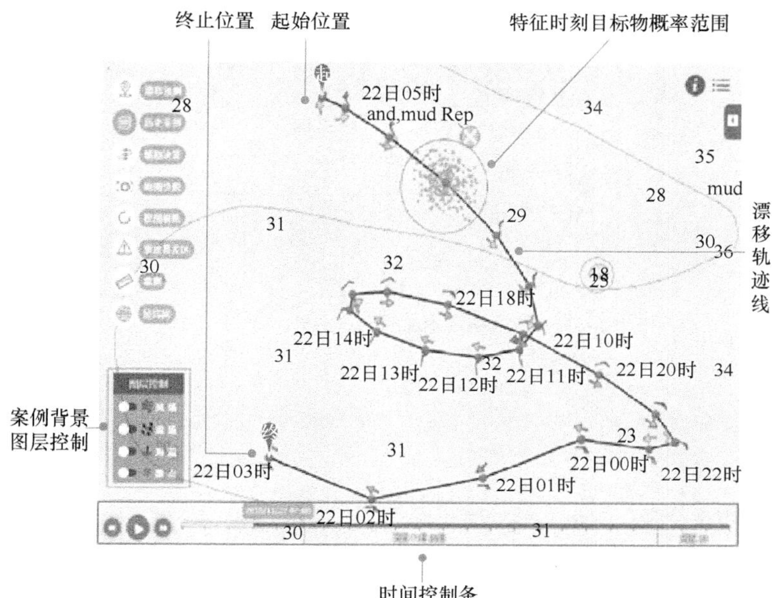

图 5-21 国家海上搜救环境保障服务平台遇险目标漂移预测结果

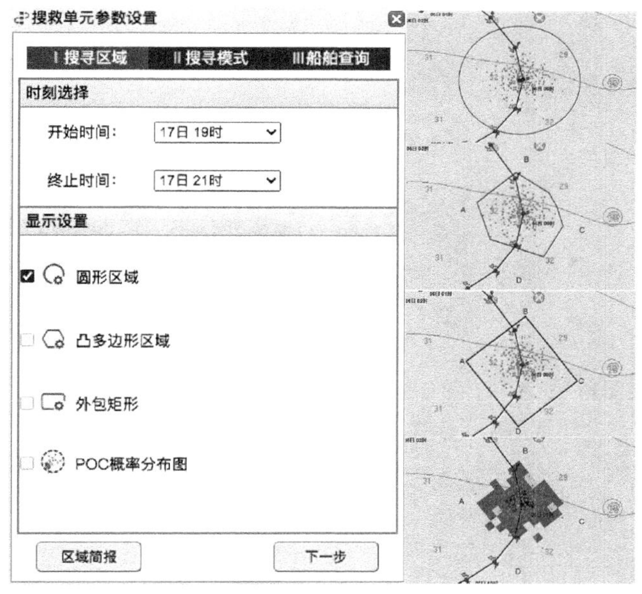

图 5-22 确定搜寻区域

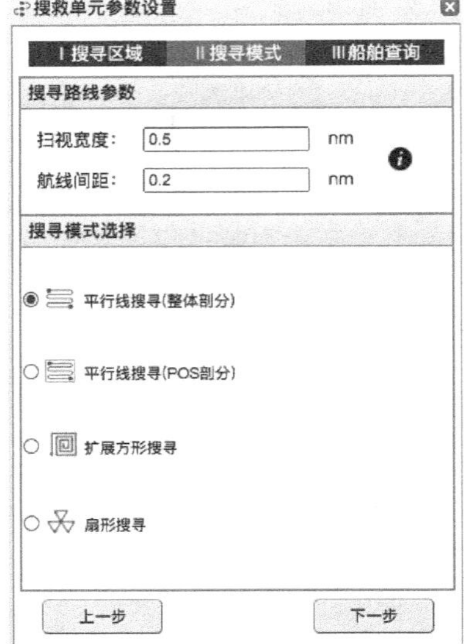

(a) 搜寻路线参数设置

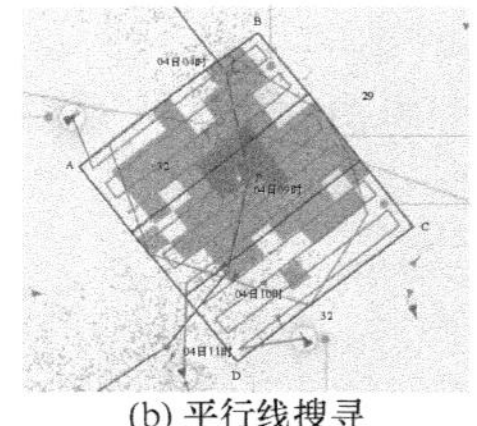

(b) 平行线搜寻

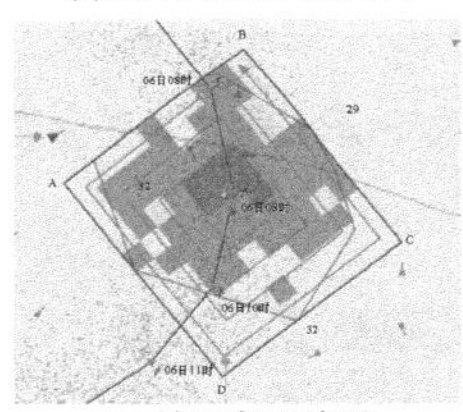

(c) 扩展方形搜寻

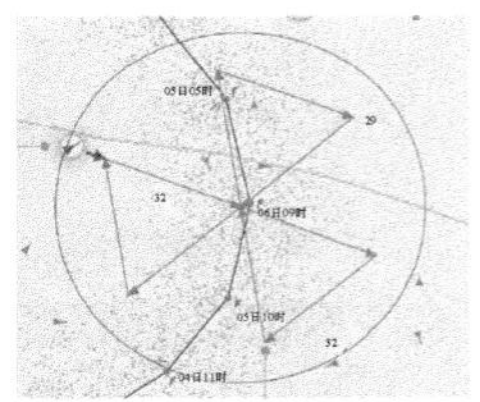

(d) 扇形搜寻

图 5-23　确定搜寻模式

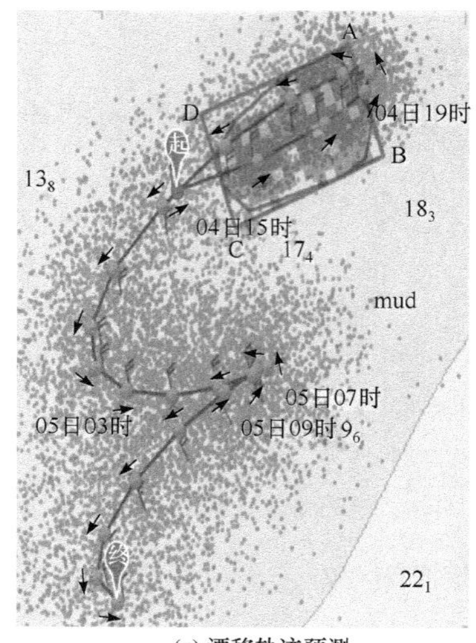

(a) 漂移轨迹预测

(b) 附近搜救船舶查询

图 5-24　查询可用船舶

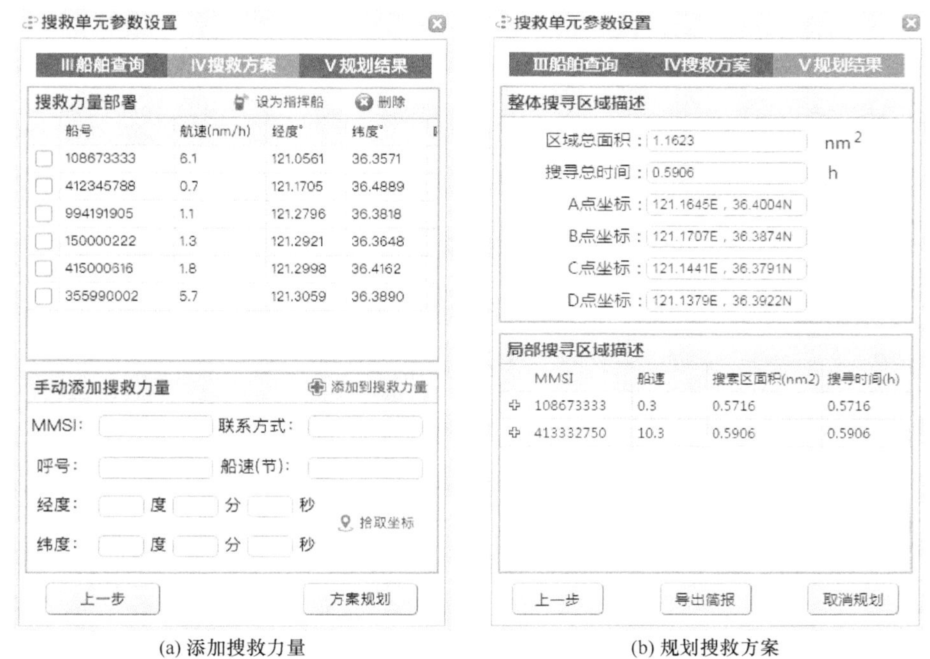

(a) 添加搜救力量　　　(b) 规划搜救方案

图 5-25　搜寻规划结果生成

5.4　国内外搜救系统对比

5.4.1　国内外典型搜救系统优缺点对比

本章首先对海上搜寻理论以及搜寻规划理论的发展概况进行了总结，搜寻规划理论是指导建立海上搜救辅助决策系统的理论基础。然后根据海上搜救辅助决策系统的发展阶段将其划分为基于经典规划方法的海上搜救辅助决策系统以及基于蒙特卡罗仿真的海上搜救辅助决策系统，分别对国内外各阶段的海上搜救系统的发展情况进行了总结，并且对其中典型的海上搜救辅助决策系统(SARP、SARIS、SAROPS、NMSARSS 等)的架构和功能模块进行了详细介绍，图 5-26 给出了几个主要国家海上搜救决策支持系统的发展过程图(图中 MEDCDSS 为海上突发事件应急处置综合决策支持系统)。通过前面章节对于各搜救辅助决策系统的介绍，现对国内外典型搜救系统的优缺点进行总结和对比，如表 5-2 所示。

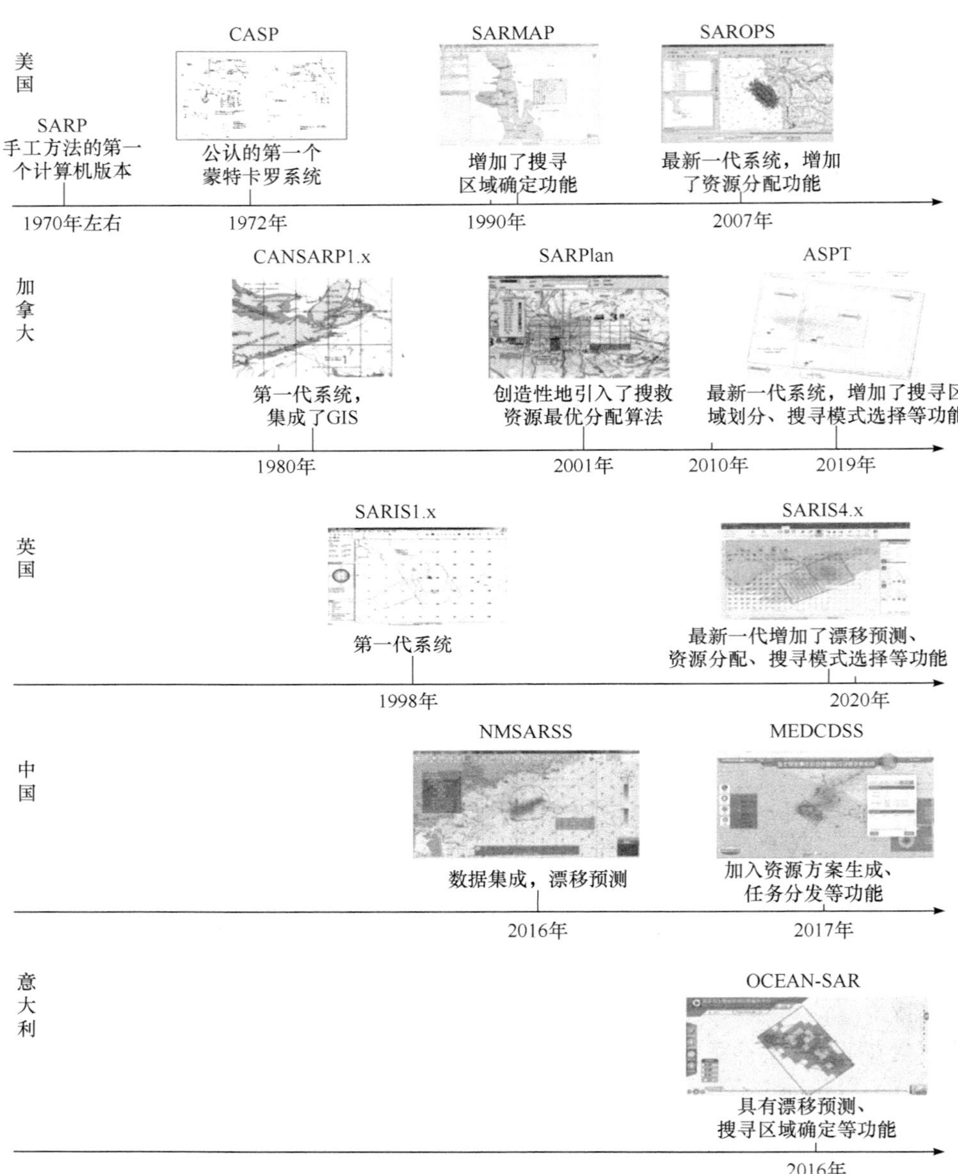

图 5-26　海上搜救决策支持系统发展图

表 5-2 国内外典型搜救系统优缺点对比

搜救辅助决策系统分类	搜救辅助决策系统名称	优点	缺点
基于经典规划方法的搜救辅助决策系统	SARP	(1) 第一个计算机化的海上搜救辅助决策系统，具有开创性，为海上应急处置提供了新的解决方案；(2) 在一定程度上减少搜寻规划人员的计算量，降低了计算误差，提高了搜救应急的反应速度；(3) 节约了搜寻规划人员的手工标绘时间，方便决策人员进行案例管理	(1) 海洋与气象环境数据粗糙，造成搜寻规划结果的偏差比较大；(2) 该系统运行于已经接近淘汰的 CDC3300 系统，使其易用性和稳定性大打折扣；(3) 没有提供漂移轨迹预测以及资源分配等更多的决策支持
	CANSARP	(1) 系统采用了 C-S 体系架构，便于将分布于不同的搜救机构的信息接入该系统；(2) 使用了代表不同概率的等大小的不同颜色的正方形网格来表示搜寻区域，更加直观；(3) 使用了更接近实时的观测和预报环境数据，使其搜寻规划结果更准确；(4) 该系统集成了 GIS 且运行于 UNIX 平台，比 SARP 系统要稳定和先进	(1) 只是简单的基于搜寻规划方法建立的系统，没有给出漂移轨迹预测或者资源分配等更多的决策支持；(2) 在概念上是 SARP 系统的延续，只是 SARP 系统的改进，并没有提出更多功能
基于经典规划方法的搜救辅助决策系统	SARMAP	(1) 使用了由美国海岸警卫队建立的并不断更新的漂移模型预测搜寻目标的漂移轨迹，并且与 GIS 高效整合，提供了直观的可视化输出；(2) 搜寻区域的确定相对 CANSARP 系统更精准；(3) 提供了搜救力量的动态规划	(1) 没有提供关于搜救任务规划的辅助决策功能；(2) 支持的环境数据库较少，且以预测单点为基础进行区域划分，多主体协同方案体现不足
	SARIS	(1) 基于英国海岸警卫队 UK CG3 方法建立，内置了若干种风致漂移参数，能对搜救目标漂移快速建模，漂移轨迹预测更快且精准；(2) 改进了误差计算的方法	(1) 评估风力和波浪高度的潜在误差可能导致搜索结果较差，如果搜寻规划人员对系统不熟悉，则误差更大；(2) 在搜救目标环境信息不完整的时候很难做出规划
	SARPlan	(1) 提供了案例管理的功能模块，便于实现对历史案例的重现和追溯；(2) 对搜寻区域的植被、地形以及存在概率等特征化显示，更加直观；(3) 提供了海上搜救资源的规划功能	(1) 海上搜救力量的路径规划不足；(2) 搜救任务分发支持不足

续表

搜救辅助决策系统分类	搜救辅助决策系统名称	优点	缺点
基于经典规划方法的搜救辅助决策系统	中国船舶报告系统	(1) 国内最早实现业务运行的具有搜救规划相关功能的系统； (2) 具有对船舶报告的航线、航位进行自动标绘和推算以及对延时未报告船舶自动预警功能； (3) 提供基本的海上搜寻救助规划功能	(1) 没有提供遇险目标的漂移轨迹预测； (2) 没有搜救力量规划、搜救资源分配以及搜救任务分发等功能
基于蒙特卡罗方法的搜救辅助决策系统	CASP	(1) 第一个真正意义采用蒙特卡罗仿真方法开发的海上搜救辅助决策系统； (2) 采用了蒙特卡罗仿真和多场景推断方法对遇险目标位置的概率分布进行预测； (3) 采用贝叶斯方法利用搜索失败的负反馈信息对遇险目标的概率分布进行更新； (4) 提供最优搜寻资源分配指导，降低了搜救成本	(1) 由于 GIS 技术发展的限制，该系统的海图渲染能力差，对海洋气象环境和搜寻计划展示不够直观； (2) CASP 系统项目管理方式也很难适应于快速发展的搜救能力
	SAROPS	(1) 采用蒙特卡罗仿真方法生成遇险目标海上漂移轨迹，从而生成搜寻区域； (2) SAROPS 是基于最新的 GIS 开发平台并集成有多个环境数据服务产品，采用了改进后的 Brown 算法； (3) 考虑了搜寻过程中搜寻单元与搜寻目标之间的相对运动，可以对多个搜救单元协同分配	(1) 未考虑到搜寻时间以及搜寻目标漂移位置对搜救方案的影响； (2) 缺少搜救力量规划和搜寻资源分配的功能模块
	OCEAN-SAR	(1) 采用蒙特卡罗仿真方法生成遇险目标海上漂移轨迹，从而生成搜寻区域； (2) 界面友好，采用了 C-S 体系架构，支持大规模数据计算，环境数据库丰富	(1) 缺少搜救力量规划和搜寻资源的分配功能模块； (2) 缺少搜寻区域划分以及搜寻任务分发的功能模块
	NMSARSS	(1) 整合了国家海洋局五家预报机构的海洋动力环境预报数据和漂移预测模型，漂移预测更准确； (2) 具有搜寻区域划分和搜救力量的分配等功能	(1) 缺少存储海上搜救资源的资源库； (2) 缺少对历史真实搜寻案例的存储

5.4.2 现有搜救系统的不足与展望

海上最优搜寻规划一直以来是海上搜救领域中的一个热点研究问题，自搜寻规划理论创建以来，众多学者投身这一领域，推动了海上搜寻理论以及海上搜寻规划理论的不断完善和发展，并且国内外各研究机构均对海上搜救辅助决策系统进行了探索，也有很多成功的系统辅助搜寻规划人员进行相关搜救决策，提高了海上搜救的成功率和效率。但是现有的系统中仍然存在一些不足，具体如下。

海洋环境在海上搜寻规划中占有重要地位，影响着遇险目标漂移轨迹预测的精度以及搜寻单元的探索能力等。但是目前海洋环境模型预测精度和分辨率普遍比较低，将来如何进一步提高现有单个海洋环境模型的预测精度以及水平分辨率，并在使用多海洋环境模型的搜寻规划系统中评估不同海域各海洋环境预测模型的预测精度及分辨率，使得搜寻规划者在不同的海域使用合适的海洋预测模型，进而提高海上搜寻区域的预测精度以及更有效地评估搜寻单元的探测能力是一个值得研究的课题。

海上搜寻单元的搜救能力受其续航能力、抗风浪能力、探测能力、所载值班人员素质等多种因素的影响。对海上搜寻单元搜救能力的准确评估是制订最优海上搜寻计划的前提，目前部分学者在这个方面已做了一些有益尝试，但离实际情况还有一些差距。如何采用合适的评估方法量化各评估指标体系，建立海上搜寻单元搜救能力评估模型，确定搜救船舶和飞机的优选顺序将是海上搜寻规划系统研究的一个重要组成部分。

海上搜寻资源最优分配是搜索理论研究的核心内容之一。目前海上搜寻资源最优分配多注重理论研究，鉴于严格的假设条件，使这些研究成果在现实环境中的实用性受到较大的限制，虽然前期部分学者在理论实用化中取得了一定的成果，但其离真正的实际应用还有一定的差距。

第 6 章　海上搜救决策支持系统基本决策方法

海上搜救过程业务种类繁多、涉及部门多，面临的海洋环境复杂、资源调配难，任何环节出现的问题都会导致错过黄金搜救时机，从而影响搜救效率。海上搜救行动在搜救计划下进行有序、科学的搜寻，需要在最短的时间内搜寻完最大的海域，实现搜救资源间的及时协调、相互协作以达到搜救效率最高。因此，制定搜救计划是搜救工作的重中之重，搜救计划的科学性直接决定搜救行动的科学性。海上搜救计划涉及一系列决策问题，包括预警信息确认、选择搜救资源、确定区域搜索、搜寻模式选择、实施搜救行动等。一方面，人脑的局限性使得不能处理多源的信息，从而做出快速准确的决策；另一方面，虽然大部分事故属轻微事件，只持续数小时，但有些事故会发展成为大型搜救行动，因此需要动用大量搜救资源进行搜救工作。为了提高搜救成功率，一些决策支持手段辅助决策者开展行动十分必要。根据海上搜救决策的一般过程，本章将介绍针对海上搜救决策支持系统的相关关键技术。本章主要内容包括一般决策支持方法、搜寻理论的基础概述以及海上搜寻方式的选择。

6.1　一般决策支持方法

6.1.1　情景构建与推演方法

海上搜救是针对海上突发性遇险事故的搜寻救援行动，而海上突发事件情景构建和推演是实现“情景-应对”型应急管理模式的关键问题之一。“9·11”之后，美国政府组织实施《国家应急规划情景》(National Response Framework)重大研究计划，对 15 种重大的突发事件情景进行了分析整理，构成了一套完整的重大突发事件情景构建方法理论体系。情景主要是对未来场景的一般描述，通过一系列的当时图景，利用概率来界定和判断未来可能出现的一系列的状况，因此具有较强的不确定性，但同时也具有很强的预见性，因其在整个过程中具有很强的因果关系，层层相扣。所以事件的情景能清晰刻画未来可能面对的最主要威胁，描述事件可预期的演变过程和可能涌现的“焦点事件”。基于“情景-应对”模式的情景构建可以在面临突发事故时，各级各层应急机构根据事先设定的情景，明确了解各自的任务和处置程序，且相关的任务都是根据各级各层的应急机构的“能力”而预先设定的，即明确了在应急处理时由“谁”来“做什么”和“怎么做”，更容易发挥基层应急力量，提高应急效率，降低应急管理成本。

海上突发事件情景构建与推演方法体系，具体包括以下四个部分：

(1) 关键要素及其作用机理提取与表示；

(2) 多源信息融合下的应急情景链构建；

(3) 面向“情景-应对”的应急情景推演；

(4) 情景推演结果评判与应对实效评估。

该方法体系及划分有助于合理展开“情景-应对”型应急管理关键问题的研究，可以促进“情景-应对”型应急管理模式在应急管理实践中的实现，为政府部门制定应急决策提供一定的决策支持。“情景-应对”型应急决策的需要在掌握突发事件情景演化规律的基础上开展，由图 6-1 可以看出，海上突发事件情景大致可以分为四种，分别为发生情景、发展情景、演化情景以及消失情景，其中演化情景又可以分为蔓延情景、衍生情景、转化情景以及耦合情景。一般我们又从时间角度把发生情景称为初始情景，发展情景和演化情景合称为中间情景，消失情景称为结束情景。

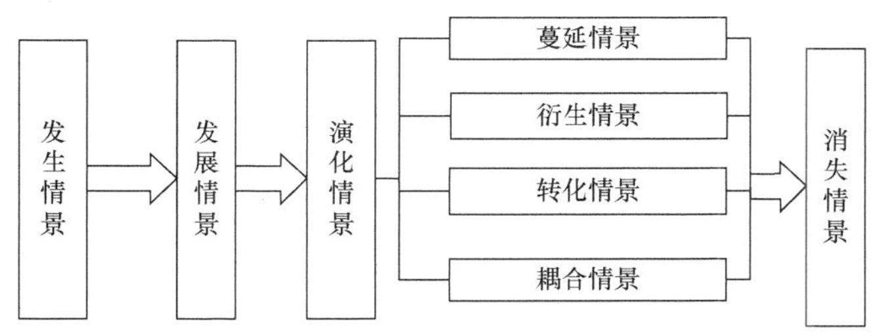

图 6-1　海上突发事件情景演化规律图

海上突发事件情景构建和推演分析从逻辑上来看又可以分为四个阶段：情景信息搜集、情景知识表达、情景网络构建、情景推演与仿真，如图 6-2 所示。

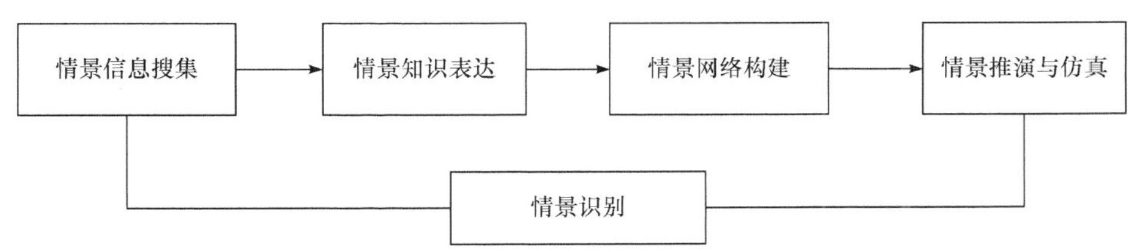

图 6-2　海上突发事件情景分析的阶段

(1) 情景信息搜集。

情景信息搜集是指在海上突发事件发生后，根据“情景-应对”型决策模式的信息需求，利用各种方法与技术手段，搜集突发事件情景信息，包括事件本身以及外部环境等方面。

(2) 情景知识表达。

情景知识表达是指对搜集的情景信息进行分类、整理、筛选、过滤等信息处理，提取关键情景要素对象，然后对情景要素对象用一定的方式表达出来。情景知识表达的主要任务其实就是实现点(数据)—线(信息)—面(状态)的转换。

(3) 情景网络构建。

情景网络构建是根据海上突发事件各个阶段的情景知识表达结果，分析确定事件发展演变过程中每个情景的构成要素之间的相互关系，以及不同情景之间相互关系，从而构建出整个突发事件情景演变网络图。本质上，情景网络就是多个情景以及每个情景构成要素在时间、空间上的关联关系所形成的网络结构图。

(4) 情景推演与仿真。

情景推演与仿真是指在依据情景网络中情景之间、要素之间的关系，从当前情景预测与估计下一时刻的情景状态，并进行仿真模拟。目前，针对情景推演，有基于贝叶斯网络理论、模糊推理理论、神经网络理论、物元分析法、专家评审法等多种方法，其根本目的是实现预测情景变化的未来趋势，从而提前做好相应准备与应对。从以上分析可以看出，突发事件情景分析的最终目标是实现“数据信息状态趋势”的转换过程，从而提前做出应对。在完成情景分析这一最重要的一步后，整个“情景-应对”型应急决策模式的流程图也就出来了，如图 6-3 所示。

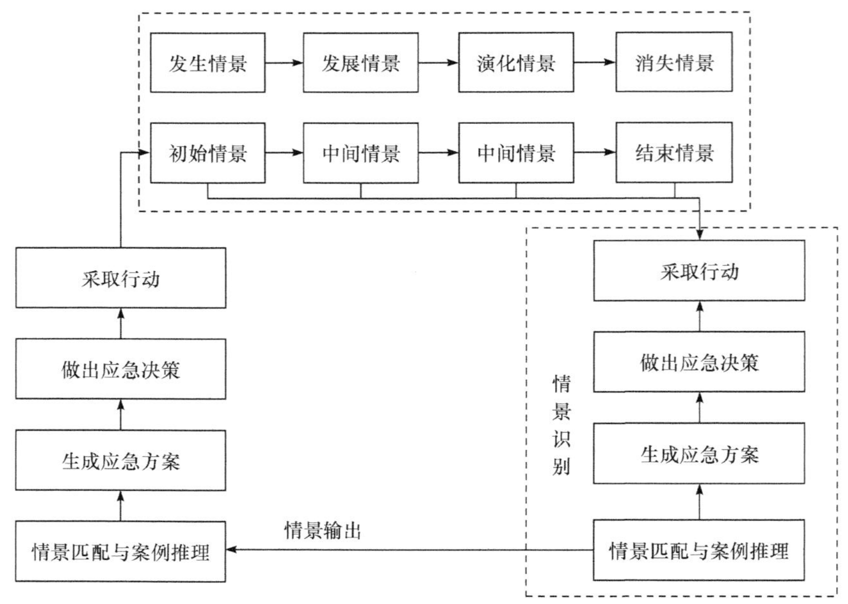

图 6-3 “情景-应对”型应急决策流程图

针对海上搜救事故而言，海上事故具有复杂的发生机理，加上海洋环境的恶劣，其发展和演变具有高度的不确定性，并有可能出现多种次生灾害，因此海上搜救在未来可能出现多种不同的情景，且各情景具有不同的发生概率。决策者需要考虑海上搜救过程中可能出现的多种情景及各个情景发生概率的估计信息，选择预期综合搜救效率最佳的应急方案，以及考虑情景演化及情景概率信息发生变化时的应急响应方案动态调整问题。

6.1.2　多属性决策方法

为了更加高效合理地开展应急决策和行动，海上搜救行动需合理利用科学的多属性决策方法来辅助进行。基于多属性决策方法对海上搜救方案进行评估，选择确定最优的搜救行动方案开展搜救行动。本章中所指的应急搜救方案是针对当前发生的海上突发事件制定的直接的、具体的、有针对性的详细应对方案，具体包括：搜救的流程、涉及的搜救技术、开展搜救行动所需要的资源以及资源和人员的协同配合等信息。

海上搜救方案的决策过程需要将海上搜救行动的特点考虑进来，而海上搜救作为一种突发事件在通常情况下具有如下五个特点。

(1) 威胁性。海上突发事件的威胁性指突发事件造成的后果是或者可能是严重的，会对社会的正常运转和人们的正常生活造成影响。突发事件所造成的破坏可能是局部的，也可能是范围较大的、根本性的损毁。

(2) 紧迫性。海上突发事件是突然发生的，事先很少会有征兆，且事件的发展速度快，一旦发生，可能会立即造成严重的人员伤亡与财产损失，造成社会恐慌，因此需要决策者迅速做出反应，采取科学有力的应急措施。有效、合理的应急反应能够减小海上搜救的人员伤亡与损失，因此，海上搜救效率很大程度上取决于决策者能否在短时间内制定出有效的应急措施。

(3) 不确定性。海上突发事件的发生往往在人们的预料之外，不可预测。突发事件在开始的时候无法用常理进行推测，其发展过程及可能造成的影响也不能依据历史经验进行推断，没有固定的规律可循，具有很大的不确定性。而且海上环境的恶劣和动态特性使得海上搜救行动充满更多的不确定性。

(4) 造成后果严重性。海上突发事件往往是突然发生，导致人们无法在第一时间做出正确的应对，可能会导致社会的动荡，甚至造成更大的损失，人们的生命、财产、公共设施以及社会生态环境都会受到不同程度的危害。近年来已发生的突发事件，如“桑吉”轮事件、MH370 失联等证明了海上突发事件对各方面造成的损害具有严重性。

(5) 人命搜救核心性。海上搜救行动可能涉及财产、物品、人命等的搜救，2017 年《中华人民共和国海上交通安全法(修订草案征求意见稿)》(以下简称《征求意见稿》)在中国政府法制信息网公布。《征求意见稿》完善了海上搜救和事故调查方面的具体制度，明确提出海上人命救助无偿且优先于财产和环境搜救的基本原则和搜救体制，建立了搜救行动终止制度。

考虑到海上搜救行动的特点，海上搜救方案的制定需要衡量多方面的准则以实现最优方案的决策，包括当前海上环境适用性、死伤率最小化、搜救时间最小化、资源耗费率最小化等。因此海上搜救方案的制定实际上是一个多准则的决策问题。在决策理论中，这种类似的问题都被称为多准则决策(multi-criteria decision making，MCDM)，它是决策分析理论的一个重要内容，是指在具有相互矛盾冲突、不可共度的有限(无限)方案集中进行选择的决策。根据决策方案的个数是否有限的判断依据，多准则决策可以划分为多属性决策(multi-attribute decision making，MADM)和多目标规划(multiple objective programming，MOP)两大类。在本书的6.1.4节将对多目标规划方法进行介绍。本小节先对多属性决策方法进行介绍，多属性决策的决策方案是有限的，是离散的多目标决策，它主要解决具有多个属性(指标)的有限决策方案的排序或优选问题。正是由于多属性决策的离散性特点，多属性决策问题广泛存在于社会、经济、管理等各个领域中，如投资决策、项目评估、质量评估、方案选优、工厂选址、资源分配、科研成果评价、人才考核、产业部门发展排序、经济效益综合评价等，因此多属性决策理论及方法有着广阔的应用前景。同样在海上搜救决策支持领域也有着应用需求。

多属性决策理论与方法的研究主要包括了定性属性的定量化问题、决策矩阵的规范化处理、属性赋权问题、多属性决策方法(决策方案的综合排序问题)、多属性群决策方法、多属性群决策中的决策者心理及行为分析、模糊理论在多属性决策中的应用等问题。本节重点对多属性决策方法(决策方案的综合排序问题)，即与海上搜救方案的评价排序问题相关的决策支持方法进行介绍。

多属性决策方法类型多样，本书只对目前常用的评价方法包括层次分析法(analytic hierarchy process，AHP)、模糊综合评价法、基于模糊层次分析法(fuzzy analytic hierarchy process，FAHP)和 TOPSIS(technique for order preference by similarity to ideal solution)的多属性决策方法进行简单的介绍。

1. 层次分析法

层次分析法是对定性问题进行定量分析的一种简便、灵活而又实用的多准则决策方法。它的特点是把复杂问题中的各种因素通过划分为相互联系的有序层次，使之条理化，根据对一定客观现实的主观判断结构(主要是两两比较)把专家意见和分析者的客观判断结果直接而有效地结合起来，将一层次元素两两比较的重要性进行定量描述。而后，利用数学方法计算反映每一层次元素的相对重要性次序的权值，通过所有层次之间的总排序计算所有元素的相对权重并进行排序。该方法自 1982 年被介绍到我国以来，以其定性分析与定量分析相结合地处理各种决策因素的特点，以及其系统灵活简洁的优点，迅速地在我国社会经济各个领域内，如能源系统分析、城市规划、经济管理、科研评价等，得到了广泛的重视和应用。在海上搜救行动中，也能作为一种重要的决策方法支持对不同的搜救方案进行选择。

例如，某人准备选购一台电冰箱，他对市场上的 6 种不同类型的电冰箱进行了解后，在决定买哪一款式时，往往不是直接进行比较，因为存在许多不可比的因素，而是选取一些中间指标进行考察，如电冰箱的容量、制冷级别、价格、型式、耗电量、外界信誉、售后服务等。然后考虑各种型号冰箱在上述各中间标准下的优劣排序。借助这种排序，最终做出选购决策。在决策时，由于 6 种电冰箱对于每个中间标准的优劣排序一般是不一致的，因此，决策者首先要对这 7 个标准的重要度作一个估计，给出一种排序，然后把 6 种冰箱分别对每一个标准的排序权重找出来，最后把这些信息数据综合，得到针对总目标即购买电冰箱的排序权重。有了这个权重向量，决策就很容易了。

下面对 AHP 的基本过程进行介绍，基于研究问题的本质将所有相关元素分为目标层、准则层、子准则层、方案层等多个层次，从而形成一个层次结构模型。求解层次结构模型主要有根法、和法、幂法三种方法。

本书采用根法对海上搜救方案的评价分析过程进行示例介绍，详细流程如下。

1) 建立层次结构模型

层次模型典型结构如图 6-4 所示。

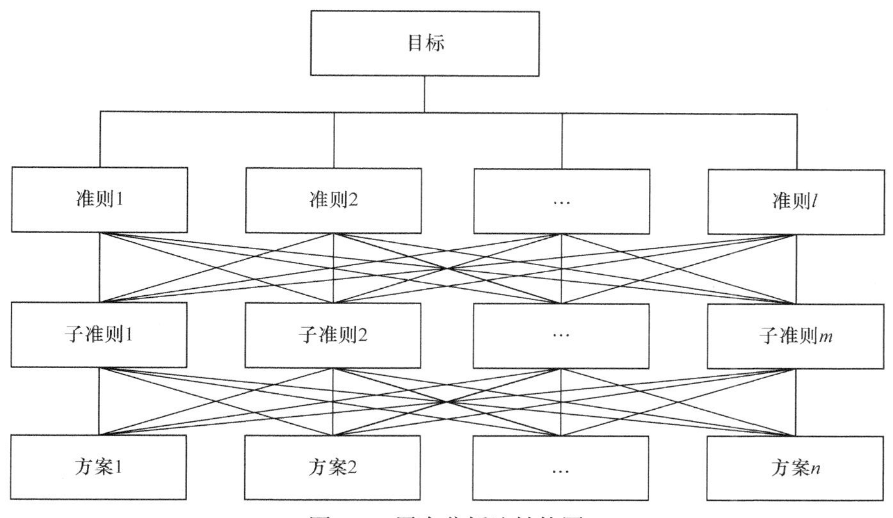

图 6-4　层次分析法结构图

2) 重要性标记，建立判断矩阵

采用 1-9 标度法比较因素 a 和因素 b 的重要性，具体取值情况如表 6-1 所示。

通过专家对每个因素(准则)的评判打分，最终能得到每个专家的判断矩阵。

表 6-1　1-9 标度法

标度法	含义
1	a 和 b 重要性相同
3	a 比 b 略重要
5	a 比 b 重要
7	a 比 b 重要得多
9	a 比 b 绝对重要
2、4、6、8	介于以上两种判断之间
倒数	若 b 与 a 比较，则结果为 $c_{ji}=\frac{1}{c_{ij}}$

3) 采用根法求解判断矩阵近似解

具体求解过程如下。

(1) 判断矩阵 A 每行元素求乘积后开 m 次方，得到向量，其中 $W^*=(w_1^*,w_2^*,\cdots,w_m^*)^{\mathrm{T}}$，$w_i^*=\sqrt[m]{\prod_{j=1}^{m}a_{ij}}$。

(2) 对向量 W^* 进行归一化处理，得到权重向量 $W=(w_1,w_2,\cdots,w_m)^{\mathrm{T}}$，其中，$w_1=\dfrac{w_i^*}{\sum_{i=1}^{m}w_i^*}$。

(3) 对判断矩阵 A 每列求和，得到向量 $S=(s_1,s_2,\cdots,s_m)$，其中 $s_j=\sum_{i=1}^{m}a_{ij}$。

(4) 计算最大特征值 $\lambda_{\max}$：

$$\lambda_{\max}=\sum_{i=1}^{m}s_iw_i=\mathrm{SW}=\frac{1}{m}\sum_{i=1}^{m}\frac{(\mathrm{AW})_i}{w_i} \tag{6-1}$$

(5) 一致性检验，当 $\mathrm{CR}<0.1$ 时，一致性检验通过。如果一致性检验不通过，则修正原判断矩阵：

$$\mathrm{CI}=\frac{\lambda_{\max}-m}{m-1} \tag{6-2}$$

$$\mathrm{CR}=\frac{\mathrm{CI}}{\mathrm{RI}} \tag{6-3}$$

RI 的取值如表 6-2 所示。

表 6-2　RI 取值表

m	RI
1	0
2	0
3	0.58
4	0.90
5	1.12
6	1.24
7	1.32
8	1.41
9	1.45

利用层次分析法可以对多个海上搜救方案进行排序评价，通过对专家打分数据的综合处理能够得到方案评价的结果，实现对决策者的辅助决策。

2. 模糊综合评价法

模糊综合评价法是一种基于模糊数学的综合评价方法，可用于多个海上搜救方案的评价以及资源选择等决策问题中，尤其是针对决策者无法给出确定的判断时，这种决策方法十分适用。该综合评价法根据模糊数学的隶属度理论把定性评价转化为定量评价，即用模糊数学对受到多种因素制约的事物或对象做出一个总体的评价。它具有结果清晰、系统性强的特点，能较好地解决模糊的、难以量化的问题，适合各种非确定性问题的解决。

模糊综合评价法是将不完全信息、不确定信息根据隶属理论转化为模糊概念，使得定性问题定量化，以此为基础对评判对象的优劣进行评价。评价因素的复杂性、评价对象的层次性、评价标准中存在的模糊性以及评价影响因素的模糊性或不确定性、定性指标难以量化等一系列问题，使得人们难以用绝对的“非此即彼”来准确地描述客观事实，经常存在着“亦此亦彼”的模糊现象，其描述也多用自然语言来表达，而自然语言最大的特点是它的模糊性，而这种模糊性很难用经典数学模型加以统一量度。因此，建立在模糊集合基础上的模糊综合评判方法，从多个指标对被评价事物隶属等级状况进行综合性评判，它把被评判事物的变化区间做出划分，一方面可以顾及对象的层次性，使得评价标准、影响因素的模糊性得以体现；另一方面在评价中又可以充分发挥人的经验，使评价结果更客观，符合实际情况。模糊综合评判可以做到定性和定量因素相结合，扩大信息量，使评价数度得以提高，评价结论可信。

其基本步骤如图 6-5 所示。

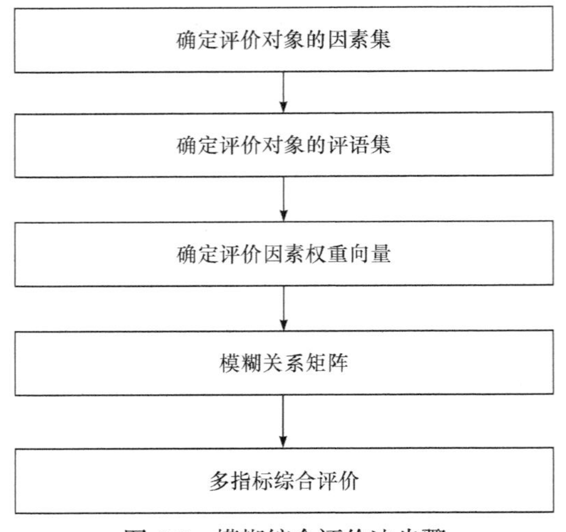

图 6-5　模糊综合评价法步骤

为了便于描述，依据模糊数学的基本概念，对模糊综合评价法中的有关术语定义如下。

(1) 评价因素(F)：对海上搜救方案评议的具体内容(如时间、各种指标、参数、规范、性能、状况等)。

为便于权重分配和评议，可以按评价因素的属性将评价因素分成若干类(如方案鲁棒性、响应速度、消耗、搜救效率等)，把每一类都视为单一评价因素，并称为第一级评价因素(F_1)。第一级评价因素可以设置下属的第二级评价因素，例如，第一级评价因素“搜救效率”可以有下属的第二级评价因素：搜救时间、发现目标能力和伤亡率等。第二级评价因素可以设置下属的第三级评价因素(F_3)。以此类推。

(2) 评价因素值(F_v)：评价因素的具体值。例如，某海上搜救方案的某技术参数为 120，那么，该方案的该评价因素值为 120。

(3) 评价值(E)：评价因素的优劣程度。评价因素最优的评价值为 1(采用百分制时为 100 分)；欠优的评价因素，依据欠优的程度，其评价值大于等于零且小于等于 1(采用百分制时为 100 分)，即 $0\leqslant E\leqslant 1$(采用百分制时 $0\leqslant E\leqslant 100$)。

(4) 平均评价值(E_p)：评标委员会成员对某评价因素评价的平均值。

平均评价值(E_p)=全体评标委员会成员的评价值之和/评委数

(5) 权重(W)：是指评价因素的地位和重要程度。

第一级评价因素的权重之和为 1；每一个评价因素的下一级评价因素的权重之和为 1。

(6) 加权平均评价值(E_{pw})：是指加权后的平均评价值。

$$加权平均评价值(E_{pw}) = 平均评价值(E_p)\times权重(W)$$

(7) 综合评价值(E_z)：是指同一级评价因素的加权平均评价值(E_{pw})之和。综合评价值也是对应的上一级评价。

为方便计算权重，按照因素集的属性将其进行分层分类；评语集为评价结果等级的集合，一般分为 3～5 个等级；权重即为各因素的重要程度，对评价结果影响较大，确定方法有专家估计法、德尔菲法等；逐个量化因素对评语集合的隶属程度，得到模糊关系矩阵，随后通过多指标综合评价方法对模糊关系矩阵进行求解，从而能得到一个确切的评估结果。

传统的综合评价方法很多，应用也较为广泛，但是没有一种方法能够适合各种场所，解决所有问题，每一种方法都有其侧重点和主要应用领域。如果要解决新的领域内产生的新问题，模糊综合评价法显然更为合适。

3. 基于 FAHP 和 TOPSIS 的多属性决策方法

结合海上搜救行动过程的特点，搜救资源是海上搜救过程中的核心力量，当险情发生后决策者需要快速决策最优的搜救资源方案。

海上搜救资源方案是针对海上搜救行动的直接应对措施，也是直接决定搜救行动效率的因素，因此海上搜救资源方案的科学性对于整个搜救行动至关重要。而海上搜救资源方案的选择实际上是一个多属性决策问题，对其评估需要遵循一定的科学、规范的流程。下面简要给出基于 FAHP 和 TOPSIS 法的海上搜救资源方案评估的流程(图 6-6)。

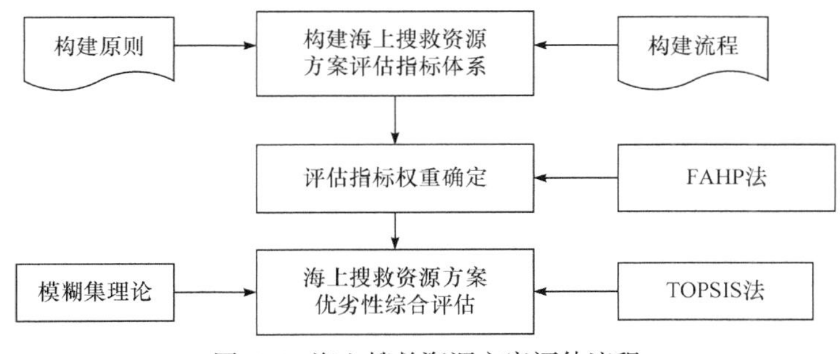

图 6-6 海上搜救资源方案评估流程

1) 海上搜救资源方案评估指标体系构建方法研究

在构建评估指标体系时，主要考虑海上搜救的不确定环境，构建以鲁棒性为核心的指标体系。为了评价搜救资方案的鲁棒性，针对最优搜索区域的不确定性，评价搜救资源方案在范围和时间方面的性能，首先构建以方案完整性、灵活性、可操作性和经济性为核心的海上搜救资源方案评价体系。

海上搜救资源方案鲁棒性是指方案在内部环境或外部环境发生变化时，依旧能够顺利进行，保持稳定的能力。内外部环境发生变化即各种应急资源存在各种风险因素，为了避免这些风险因素引起的不利影响，要求资源方案具有较高的鲁棒性。引入鲁棒性思想对于海上搜救行动实际存在各种不确定性因素的情况是非常必要的，通过对方案鲁棒性的度量，可以有效指导海上搜救实施过程。

海上搜救资源方案鲁棒性主要针对两个方面：方案的稳定性和抵抗风险因素干扰的能力。海上搜救资源方案的生成以最大化鲁棒性为目标来实现对这两个方面的提升，确保方案的顺利执行。当前方案鲁棒性分析方法主要有以下两种具体分类：质量鲁棒性和解的鲁棒性。质量鲁棒性是指资源配置方案总体执行目标的稳定性，是针对整个方案稳定性的一个衡量标准。解的鲁棒性是指方案中各个资源的稳定性，是针对海上搜救资源方案中单个资源节点而言。质量鲁棒性和解的鲁棒性两者相辅相成，分别从宏观和微观的角度表达方案的鲁棒性。

结合评估指标体系构建原则和流程，考虑到海上搜救行动中的特点，构建图 6-7 所示的海上搜救资源方案评估指标体系。海上搜救资源方案完整性(C_1)准则层下选取应急搜救行动方案完备性(C_{11})和应急部门间协作性(C_{12})两个三级指标；海上搜救资源方案灵活性(C_2)准则层下选取相似搜救流程合并性(C_{21})和次生事件处置能力(C_{22})两个三级指标；海上搜救资源方案可操作性(C_3)准则层下选取事故响应速度(C_{31})、处置事故有效性(C_{32})和保障措施有效性(C_{33})三个三级指标；海

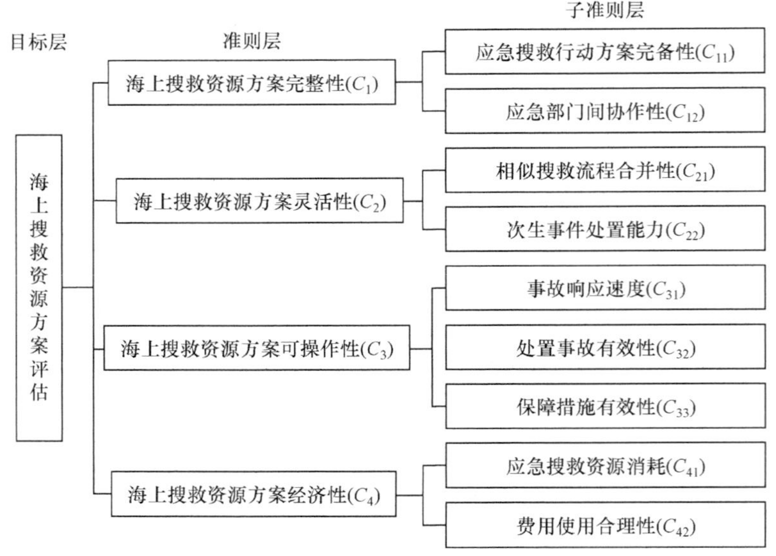

图 6-7　海上搜救资源方案的评估指标体系

上搜救资源方案经济性(C_4)准则层下选取应急搜救资源消耗(C_{41})和费用使用合理性(C_{42})两个三级指标。

不同的评级因素会存在着不同的权重，不同决策者对不同评价因素的考量存在着差异，而权重会影响到最后方案评价的结果，关于指标权重设置的方法有多种，接下来本章以 FAHP 为例对指标权重进行确定。

2) 基于 FAHP 的海上搜救资源方案指标权重设计方法

在对海上搜救资源方案进行评估过程中，考虑到评估对象的复杂性、不确定性以及人类思维的模糊性，决策者很难使用一个精确的数值来描述评价指标之间的相对重要性，决策者更喜欢采用语言化的形式给出判断，一种可行的方法是利用模糊数和二元语义等非精确值来定量地表达决策者的判断。基于此，可采用三角模糊数来描述不同评价指标间的两两比较判断矩阵，运用模糊层次分析法指标的权重。具体的步骤如下，详细的计算过程在这里不进行赘述。

步骤 1：构造海上搜救资源方案评估指标模糊判断矩阵。根据决策者判断信息，构造同层次元素关于上一层次某元素的重要性的两两比较判断矩阵，同时考虑到决策者判断信息的模糊性,采用三角模糊数来表征不同元素间的重要性比率。

步骤 2：计算单一准则下元素的相对权重。单一准则下元素的相对权重指的是同一层次的元素相对于上一层次某一元素来说的相对重要性排序。

步骤 3：计算各层元素相对目标层的合成权重。层次分析法的最终目的是求得方案层各元素相对于目标层的权重，需要从上至下逐层计算各层元素对目标层的合成权重。

3) 基于 TOPSIS 的海上搜救资源方案多准则决策方法研究

海上搜救的搜索环境和最优搜索区域等因素的不确定性导致了搜救的时间、成本、效益以及搜索范围等指标评价的不确定性。目前针对不确定环境下海上搜救资源备选方案的评价缺乏综合有效的评价方法。因此，需要研究备选方案在不同评估指标体系下的量化方法；在此基础上，研究评价属性不确定情况下的多属性决策方法，在方案指标权重确定的基础上，实现对备选方案的排序。

这里简单介绍 TOPSIS 法解决海上搜救资源备选方案的多准则排序和决策的过程。TOPSIS 是一种基于理想点的决策方法。其基本原理，是通过检测评价对象与最优解、最劣解的距离来进行排序，若评价对象最靠近最优解同时又最远离最劣解，则为最优；否则不为最优。其中最优解的各指标值都达到各评价指标的最优值。最劣解的各指标值都达到各评价指标的最差值。

TOPSIS 法中的理想解和负理想解是该方法的两个基本概念。所谓理想解是一设想的最优的解(方案)，它的各个属性值都达到各备选方案中的最好的值；而负理想解是一设想的最劣的解(方案)，它的各个属性值都达到各备选方案中的最坏的值。方案排序的规则是把各备选方案与理想解和负理想解做比较，若其中有一个方案最接近理想解，而同时又远离负理想解，则该方案是备选方案中最好的方案。

理想解是一假定的最好方案，记为 x^*，它往往是不可行的，在海上搜救资源方案评估中，理想解是指该资源方案在所建立的评估指标体系中对应的各个属性值至少达到了各备选方案中的最好值。

负理想解是一假定的最坏方案，记为 x^-，它往往也是不可行的，在海上搜救资源方案评估中，负理想解是指该资源调配方案在所建立的评估指标体系中对应的各个属性值都至少不优于其他各备选方案中的最坏值。

对海上搜救资源方案排序的决策规则是把实际备选方案与理想解和负理想解比较。TOPSIS 决策方法的步骤如下。

步骤 1：假设海上搜救资源方案评估问题的决策矩阵为 A，A 是各个备选方案相对于评估指标体系的属性值构成的矩阵。由 A 可构成规范化的决策矩阵 Z'，其元素为 Z'_{ij}：

$$Z'_{ij}=\frac{f_{ij}}{\sqrt{\sum_{i=1}^{n} f_{ij}^2}},\quad i=1,2,\cdots,n;\ j=1,2,\cdots,m \tag{6-4}$$

其中，f_{ij} 由决策矩阵给出，表示第 j 个备选方案的第 i 个评价指标的属性值。

步骤 2：构造规范化的加权决策矩阵 Z，其元素为 Z_{ij}：

$$Z_{ij}=W_i Z'_{ij},\quad i=1,2,\cdots,n;\ j=1,2,\cdots,m \tag{6-5}$$

其中，W_i 为对第 i 个评价指标的权重。

步骤 3：确定理想解和负理想解：

$$Z^*=\left(z_1^*,z_2^*,\cdots,z_m^*\right),\quad Z^-=\left(z_1^-,z_2^-,\cdots,z_m^-\right) \tag{6-6}$$

步骤 4：计算每个备选方案到理想点的距离 S_i^* 和负理想点的距离 S_i^-：

$$\begin{aligned} S_i^* &= \sqrt{\sum_{j=1}^{m}\left(Z_{ij}-Z_j^*\right)},\quad i=1,2,\cdots,n \\ S_i^- &= \sqrt{\sum_{j=1}^{m}\left(Z_{ij}-Z_j^-\right)},\quad i=1,2,\cdots,n \end{aligned} \tag{6-7}$$

步骤 5：计算每个方案接近理想点的相对接近度 C_i^*：

$$C_i^*=\frac{S_i^-}{S_i^-+S_i^*},\quad 0\leqslant C_i^*\leqslant 1;\ i=1,2,\cdots,n \tag{6-8}$$

步骤 6：按每个方案相对接近度 C_i^* 的大小对所有的应急资源备选方案进行排序。容易验证，若 x_i 是理想解，则相应的 $C_i^*=1$；若 x_i 是负理想解，则相应的 $C_i^*=0$。x_i 越靠近理想解，C_i^* 越接近数值 1。按照这一测度即可对所有的备选方案进行排序，从而确定最为满意的海上搜救资源方案。

6.1.3　相似案例分析方法

海上搜救行动通常需要在尽可能短的时间内采取有效的应急搜救方案，以减少突发事件造成的损失。但是，在突发事件发生后现场组织领域专家对备选应急方案进行评价并选择最佳应急方案的决策过程相对比较复杂，其决策指标的确定及决策信息的获取可能花费较多的时间，因此可能难以满足应急响应的时间要求。此外，突发事件具有类型多样、事发突然、不确定性高等特点，可能导致针对某次事故缺乏有效的备选应急方案的情形出现。因此，以往的历史案例在应急决策中具有重要的参考价值，是对海上应急突发事件及其处置措施的信息描述，是应急决策的重要依据。随着技术的日益进步，突发事件变得越来越复杂，对应急决策的要求也越来越高。

目前，基于相似案例分析的决策理论与方法，主要包括基于案例的推理(case-based reasoning，CBR)方法及基于案例的决策理论(case-based decision theory，CBDT)方法。下面进行简单介绍。

1. CBR 方法

CBR 是模仿人类推理和思考过程的方法论，该方法是通过模仿人类的推理和思考过程而进行求解问题的一种案例推理方法。基于案例的推理方法兼顾了专家直觉、想象加经验求解问题的一面，具体做法是通过检索与新问题相似的问题而求解，因此专家的思维过程能够很好地反映出来，此方法在工商业多个领域得到了广泛的应用。从本质上来说，基于案例的推理方法就是援引以前积累的经验和知识用于解决新出现的相似问题。其解决问题的基本思想是：当遇到一个新问题时，根据该问题的主要特征在已有案例库中进行检索，一个与当前问题相似的历史问题被查找出来，然后此历史问题的解决方案可用于当前面临的问题的解决处理。但是根据当时事故，当前解决方案都会面临不适用当前问题导致决策者不满意的问题，所以为了使其适用当前问题，需要对它进行修改调整，最后把调整过的实例形成一个新的案例保存到案例库中。

Aamodt 和 Plaza 提出了 CBR 求解问题的典型的 4R 循环流程，各个环节的具体内容包括以下几个方面。

(1) 案例检索(retrieve)。当遇到一个新问题时，通过当前问题所表现出的特征信息从案例库中检索出相似的历史案例。案例检索结果的优劣能够直接影响案例重用、案例修正环节以及基于案例的推理系统功能的好坏。在案例检索的过程中，为了提高案例检索的准确度，需要解决主要问题案例相似度计算方法的确定，从而使得当前目标案例与检索出的历史案例最为相似和接近。

(2) 案例重用(reuse)。案例重用是将检索出来的相似历史案例的方案用于求解当前的问题。

(3) 案例修正(revise)。在实际中，相似历史案例很难全部满足当前目标案例的需求，因此需要通过案例修正将相似历史案例与目标案例不符合的部分进行修改与调整。

(4) 案例保存(retain)。案例保存是将经过修改与调整之后，满足目标案例需求的新案例存入数据库中，以备下次检索。

这类基于案例库的应急方案生成技术相对成熟，技术路线如图 6-8 所示，核心问题是进行相似案例的检索、案例库方案数据的提取、基于规则推理(rule based reasoning，RBR)、方案的评估和优化等。

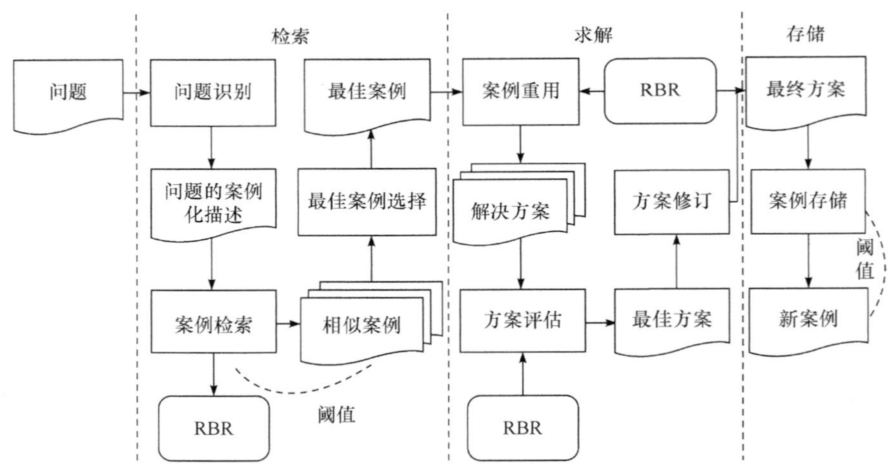

图 6-8　基于案例库的应急方案生成

该方法核心的部分在于相似案例的检索以及案例库方案数据的提取。案例的相似度计算和检索技术相对成熟，但需要注意的是，相似案例的检索除了要考虑事故和环境信息的相似性外，还要考虑应急决策方案的相似性。在相似案例检索中，权重对场景相似度的计算结果有重要的影响，不同的场景中承灾体的权重是不同的，案例检索中需要先确定场景中承灾体的权重；在海上搜救方案案例库的构建和应用过程中，一方面要考虑案例相似度计算问题，另一方面要考虑海上搜救方案的提取技术。此外，由于突发事件的场景和搜救措施的复杂多样性，有时需要同时提取案例库中多个案例的搜救方案并进行方案的融合。为达到这一目的，需要为海上搜救方案建立形式化的模型并研究相应的模型融合技术。同时，考虑到搜救过程中不同措施或者资源之间可能具有层次性、协同(并发)性、互斥选择性、时序性或者使用上的优先级特性，海上搜救方案的模型需要具备这些关系的描述能力。

至于海上搜救方案的形式化建模以及模型融合、模型相似度计算和模型评估的问题，业务流程管理领域的很多成果可以进行移植。

2. CBDT 方法

1997 年 Gilboa 和 Schmeidler 应用认知心理学和人工智能的成果，针对事件发生的自然状态难以确定，以及各状态的发生的概率或结果难以确定等一类决策问题，结合决策理论和基于案例的推理提出了 CBDT。他们认为在决策者面对新的决策问题时，决策者可利用自己的记忆或他人的记忆，搜寻与其正面对的决策问题相似的问题，并将搜寻到的相似问题的解决方案作为新的决策问题的解决方案。另外，CBDT 虽然寻求经验效用最优，但是它是基于满意决策理论的，这种决策模式可以有效地帮助决策者在面对复杂问题时，尽量避免对问题的认知偏差或其他的不确定性因素，利用过往经验，帮助决策者降低做决策的时间和成本。2002 年 Hüllermeier 评价 Gilboa 和 Schmeidler 二人的研究成果时，认为“CBDT 是一个体现了 Simon 的‘满意决策’思想的关于有限理性的理论”。明显地，CBDT 是基于经验理性的决策理论，这样，决策者并不需要在面对新的决策问题时，去预测所有可能发生的状况以及方案在这些状况下的结果效用；而只需获取过往的案例，并判断过往案例中所解决的决策问题与新的决策问题之间的相似性和过往案例在实施关联方案之后的结果效用。这种基于有限理性，且综合了主观和客观评价的决策理论十分适用于解决实际的决策问题。

CBDT 的基础是 CBR，二者之间的差异在于：CBR 仅根据案例的相似度进行选择，将最相似案例的被选方案作为目标问题的解决方案；而 CBDT 将选用相同或相似解决方案的案例归为一类，并根据案例相似度和结果效用综合评估不同解决方案的预期效用，最后根据综合评估值做出决策。可以看出，CBR 评价的是案例中的已解决问题与新问题之间的相似性，而 CBDT 评价的是案例中解决问题的方案。且 CBR 仅挑选出一个或少量几个相似案例供设计者参考，而 CBDT 挑选出选用相同或相似解决方案的一类案例供设计者参考。同时，CBDT 的决策过程既考虑了客观的相似性，又考虑了专家的主观评价，避免了选出实际效用较差的相似案例之后，需要重新评估案例的情况。因此，相对于 CBR，采用 CBDT 来辅助海上搜救方案的决策，既能够直接关注解决方案，又能同时提供好的参考解决方案和较多的关联案例，还能有效地结合主观评价和客观评价。

CBDT 是不确定条件下决策理论的一个重大突破，它将传统的风险转化为概率，并将通过比较有限的几种可能状态及其效用值的加权平均值来进行决策的模式。为了利用“类推”方式，即通过判断当前要解决的问题与过去的哪些案例具有相似性，将相似案例的最终结果与其相似程度联合考虑的模式来进行决策。

CBDT 与已有的决策理论相比，最大的区别在于是从人的认知过程角度考虑过去案例与当前案例的相似程度，而不是对未来的结果做出概率判断。它将每种选择情形都视为一个案例，将决策案例分为“问题、方案、结果”三部分，并引进“相似程度、效用水平、期望水平”三个概念，分别用于度量目前与过去案例间问题的相似性、过去使用某方案的效用水平及目前采用该方案后的期望水平。其中，期望水平是相似度与效用的乘积之和，决策者最终会采用使得期望水平最大的方案。对某种行动在当前案例中的评估方式是：考察该行动在各历史案例中所导致的结果，然后以各历史案例与当前案例相似程度作为这些结果的效用值，进行加权求和或计算加权值。

CBDT 将问题、方案以及结果三者的组合定义为案例，记为 $c(q, a, r)$，其中 q 是对决策问题的描述，a 表示问题中选择的行动方案，r 表示方案 a 在问题 q 中获得的结果，因此 r 也可表示为问题-方案对(q, a)的函数 $r(q, a)$。案例集则表示为 $C\equiv Q\times A\times R$，其中 Q 表示问题的非空集合，A 表示方案的非空集合，R 表示结果的集合。任一案例 $c(q, a, r)\in C$ 都由问题 $q\in Q$、方案 $a\in A$ 和结果 $r\in R$ 组成。每个案例的结果都能用实数值表示，定义效用函数 $u{:}r\to[0,+\infty)$，案例的结果可表示为效用函数值 $u(r)$。

假设目标问题为 $q\in Q$，定义案例子集 $M\subseteq C$ 为决策者面对目标问题 q 时具有的记忆，记忆中的所有案例对于决策者来说都是已知的，为已解决了的决策问题及其结果。相似度表示为$\sigma_q{:}Q\times Q\to[0, 1]$，给定目标问题 q_0 和一个记忆中的问题 q_i，则两者之间的相似度记为$\sigma_q(q_0, q_i)$。CBDT 通过所有已解决问题与目标问题之间的相似度以及各个已解决问题的方案结果效用来综合评价各类方案。评价过程中，决策者并不需要在面对新的决策问题时，去预测所有可能发生的状况以及方案在这些状况下的结果效用；而只需获取过往的案例，并判断过往案例中所解决的决策问题与新的决策问题之间的相似性和过往案例在实施关联方案之后的结果效用。给定记忆案例 $M\subseteq C$ 和目标问题 q_0，则每类方案的评价函数可表示为

$$U(a)=U_{q,M}(a)=\sum_{(q,a,r)\in M}\sigma_q^*(q_0,q_i)\cdot u(r) \tag{6-9}$$

$$\sigma_q^*(q_0,q_i)=\sigma_q(q_0,q_i)\left(\sum_{(q,a,r)\in M}\sigma_q(q_0,q)\right)^{-1} \tag{6-10}$$

根据评价函数(6-9)计算出来的值(即方案的综合效用值，结合了相似度评价和结果效用评价)最大的方案被选为初步解决方案。CBDT 的决策问题求解流程如

图 6-9 所示。

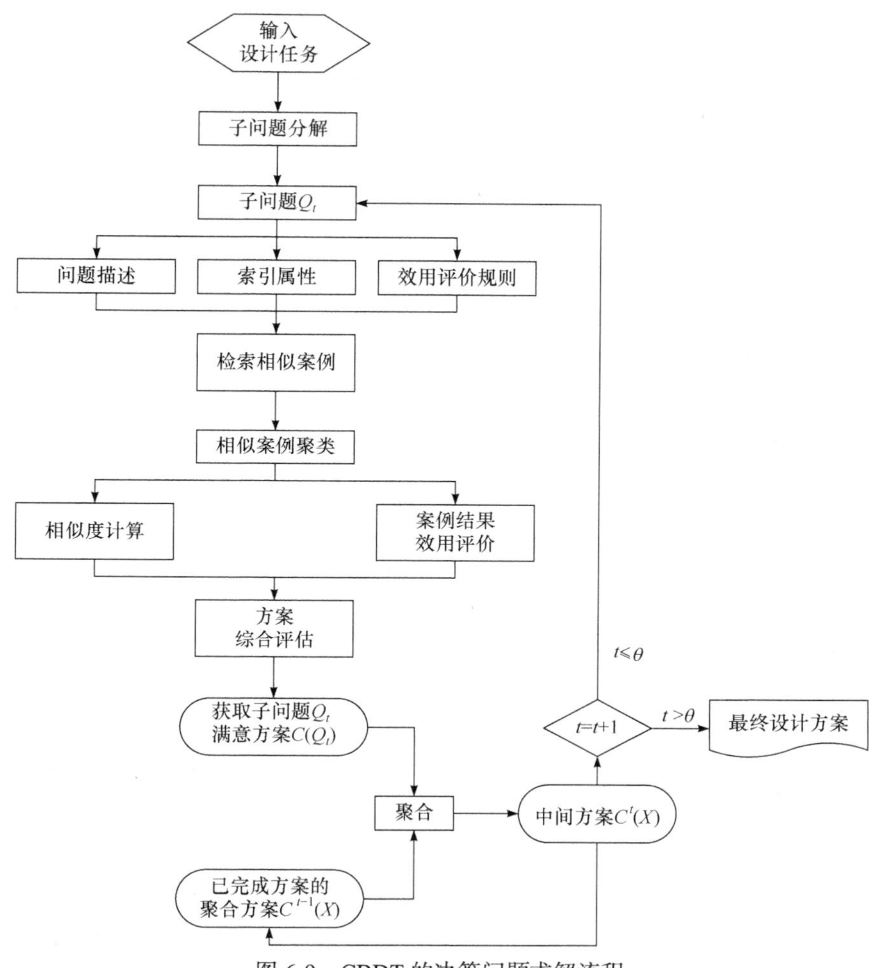

图 6-9　CBDT 的决策问题求解流程

借鉴历史海上搜救案例的经验和教训，基于案例库中已有的海上搜救方案进行当前事故海上搜救方案的推理和制定。通过对历史搜救案例进行场景化的组织与存储，从而构建案例库。基于相似案例分析的突发事件应急方案选择的决策问题，是指依据当前突发事件所涉及的应急响应问题的特征信息，在历史案例库中或预案库中进行检索，并通过应用检索结果所涉及的应急方案(预案)，来获得当前突发事件的应急方案。海上搜救方案的设计同样也可采用此决策方法进行决策。

6.1.4 多目标规划方法

多目标决策问题最早是由经济学家帕累托(Pareto)在 1896 年从政治经济学角度提出的，随后在 Kunh 与 Tucker 于 1951 年提出向量最优化问题的最优性条件，以及 20 世纪 60 年代得到迅速发展的多属性效用理论下得到真正的进展。从那时起，多目标决策问题得到了迅速的发展，多目标决策越来越受到人们的关注，并逐渐应用到各个领域。1970 年以来，研究者探索了多目标优化问题，学者们考虑到多目标决策中解的指数增长问题，提出利用优化算法对多目标问题进行求解，并在多个领域成功开展了应用，在云计算、多代理系统、基于 Web 的社交网络、供应链环境、P2P 网络等盛行的大背景下，开展了主要包括集群的形成、任务分配、任务调度或资源分配、体系规划等应用。

生活中存在很多问题都是由相互冲突的多个目标组成的，如何衡量这些目标从而做出最优决策也就是多目标规划问题。而海上搜救决策中的许多问题实际上也是多目标的问题，例如，最优搜救资源方案应该同时满足最大化搜救效率、最小化资源浪费、最大响应速度等目标，因此掌握多目标规划方法对于科学解决海上搜救的相关决策问题十分有利。目前我国业务部门在面临实际海上搜救决策问题时，大都采用定性的决策方法，如专家经验法等，存在着一定的局限性，往往难以保证应急决策方案是最优的，因此必要时需要利用到最优规划方法对海上搜救予以辅助决策。当一个优化问题存在的优化目标超过一个并需要对这些目标进行同时处理时，就成为求解多目标规划(MOP)问题。

多目标规划问题相对于多属性决策问题而言，其决策方案个数是无限的，多目标规划的决策变量是连续的，该问题的解决多用于优化设计的决策过程，其变量包含于约束条件所决定的区域内，是方案无限的一种多目标决策。在海上搜救行动的应急决策过程中，针对当前场景生成最优资源方案就是一个多目标规划问题，即根据已知场景信息和约束信息，对所有组合方案的目标函数值进行计算，进而选择最优的方案，因此多目标规划问题涉及数学模型的构建。多属性决策是有限个已有方案中决策一个最优的，而多目标规划是从所有可能方案中选择一个最优的。

用规范化的方法求解一个多目标决策问题全过程包括图 6-10 所示的五个步骤。第一步是起始，主要是提出问题；第二步是构造问题，这时要使目标具体化，要确定衡量各目标达到程度的标准即属性以及属性值的可获得性，并且要清楚地说明问题的边界与环境；第三步是系统建模，要选择决策模型的形式，确定关键变量以及这些变量之间的逻辑关系，估计各种参数，并在上述工作的基础上产生各种备选方案的各属性值，并根据决策规则进行排序或优化；第四步是分析评价；第五步是根据上述评价结果，选择实施。这只是一个理想化的多目标决策过程，有时到第三步时可能就要返回进行调整。而且由于解空间的爆炸，普通算法已不能解决多目标冲突问题，因此必须对其进行优化求解。

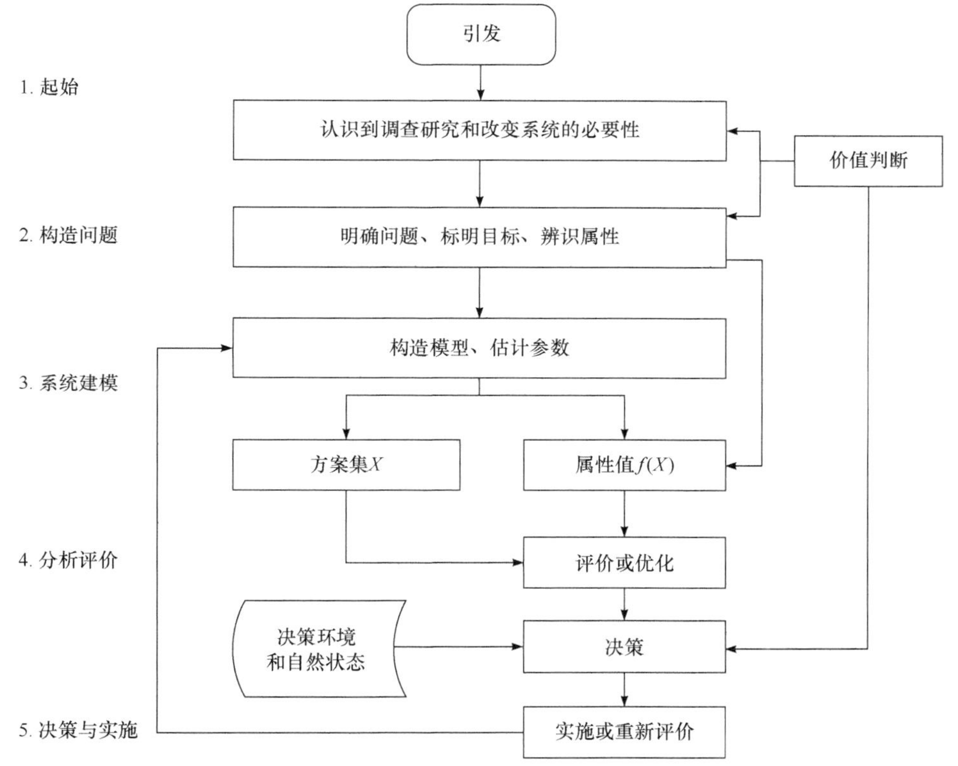

图 6-10　典型多目标决策的求解过程

任何一个多目标决策问题都包含决策单元(decision-making unit)、目标集(set of objectives)或称指标体系、属性集(set of attributes)、决策形式(decision situation)和决策规则(decision rule)五个要素。

在多目标决策过程中，所涉及的价值元素和需要进行的价值判断主要包括如下。

(1) 在构造问题的时候，决策人的需要、企图等主观因素对所辨识问题的界限和决策问题环境、对确定决策问题的目标及相应属性有着重要影响。

(2) 在系统建模这一步，选择决策模型的形式、确定模型的关键变量也不可避免地涉及决策人的价值判断。

(3) 在进行分析评价时，要选择适当的决策规则，而决策人的偏好对最终结果的影响最为关键。

1. 多目标规划问题的基本数学模型

多目标规划问题的数学模型一般用如下形式表示：

$$\begin{cases} \underset{x\in\Omega}{\text{minimize}}\ \ F(x)=(f_1(x), f_2(x),\cdots, f_M(x)) \\ \text{subject to}\ c_i(x)=0, \quad \forall i\in\varepsilon \\ \qquad\qquad\ \ c_j(x)\leqslant 0, \quad \forall j\in\tau \end{cases} \tag{6-11}$$

其中，x 作为决策变量，是作为一组能在优化过程中处理的向量变量形式进行表示的：

$$x=\begin{bmatrix} x_1 \\ x_2 \\ \vdots \\ x_L \end{bmatrix} \tag{6-12}$$

从上述数学模型可知，多目标规划问题要求各子目标都达到最优，但是这显然是很困难的，尤其是当每个子目标是互相矛盾时更加地困难。对于一个多目标规划问题而言，任意两种优化求解方案的优劣是难以判别的。因此在单目标优化问题中能求得最优解，而在多目标规划问题中能够得到的只是非劣解，并且非劣解存在着多个。

所谓非劣解(或称有效解)，是指若有 M 个目标，当要求 M–1 个目标不变化时，找不到一个 x，使得另一个目标函数值 $f(x)$ 比 $f(x^*)$ 更好，则此 x^* 作为非劣解。显然，多目标规划问题只有当求得的是非劣解时才有意义，劣解是没有意义的，而绝对最优解的可能性很小。

2. 多目标规划问题的帕累托前沿

帕累托前沿的概念是从 Edgeworth 和 Pareto 的工作中总结得来，并且通常被称为帕累托最优。帕累托最优性认为，只有当它在所有目标上都优于其他目标，或者在所有目标中都处于较低水平时，它才会优于另一种解决方案。多目标规划问题中的权衡取决于在某些目标上优于其他目标的解决方案，这些对于某些目标而言是优越的解决方案被称为非主导的。其实帕累托最优的概念是由帕累托支配关系定义的。图 6-11 给出了一个例子，显示了帕累托最优解集和帕累托前沿，以及两者之间的映射。帕累托最优解集定义了决策变量(在图中用 Variable 1、Variable 2、Variable 3 进行表示)，而帕累托前沿通过帕累托最优性来对多个目标(在图中用 $f_1(x), f_2(x)$来表示)进行权衡。考虑到目标之间的矛盾性，无法求解出一个最优解，因此多目标规划问题的求解结果是一组最优解集，即帕累托前沿(帕累托最优解对应的目标函数值就是帕累托前沿)。在得到帕累托前沿的基础上，还需决策者在此基础上进行进一步的决策，进而决策出最优方案。

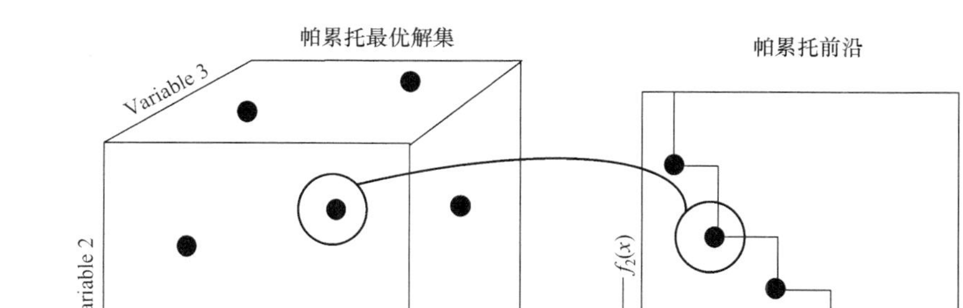

图 6-11　帕累托最优解集和帕累托前沿映射图

3. 多目标规划问题的求解算法

多目标规划问题并不存在唯一的全局最优解，而是生成一组帕累托解集，并根据决策者的偏好生成最终解。而多目标规划问题的求解算法可以分为两类：一是转化法，根据决策者的偏好或者目标的重要性赋予目标不同的重要性权重，将多目标问题转化为单目标问题，然后通过求解单目标问题得到最终解；二是进化算法，进化算法是一类启发式的随机搜索算法，通过模拟自然界中优胜劣汰的准则选择出相对最优的非劣解，然后根据决策者的偏好在非劣解集中选出最终解。第二种求解过程会导致经典的 NP-hard 问题，因此需要优化算法解决多目标冲突问题，从而也成为多目标优化问题。优化是指在一组备选方案中识别最佳解的过程。单目标优化采用单个准则来识别一组备选方案中的最佳方案，而多目标优化采用两个或更多个准则。多个目标可能相互冲突，因此改进一个目标会导致另一个目标的恶化。一般来说，多目标问题没有单一的最优解。

转化法的优点在于其原理简单、易于操作且求解方便，但是该方法有以下缺点：一是赋权有很大的主观性，很多情况下，我们对问题并不是很了解，目标之间的相对重要性也只能凭借主观猜测，因此赋予的权重也有很强的主观性，并不能完全反映实际情况；二是单目标求解算法对于问题的解空间的形状以及连续性比较敏感，随着目标的个数的增加，转化而成的单目标问题也就越复杂，这个缺点也就会越明显；三是在多目标规划问题中，不同目标的单位往往是不同的，于是这些目标是无法放在一起进行比较的。

随着实际中多目标优化问题的日益复杂，为了使优化更符合实际情况，许多对多目标综合模型的优化开始转向运用智能化启发式算法。智能化启发式算法模拟了自然界的生物进化机制，通过代与代之间的不断迭代维持一组由较优解组成的种群来实现全局搜索，有较强的适应性，适用于求解多目标优化算法。智能化启发式算法的基本原理如图 6-12 所示，首先智能化启发式算法从一组随机生成的初始种群出发，通过选择、交叉和变异等进化操作，不断迭代，使得新种群中个体的适应度评价越高，直至满足终止条件。

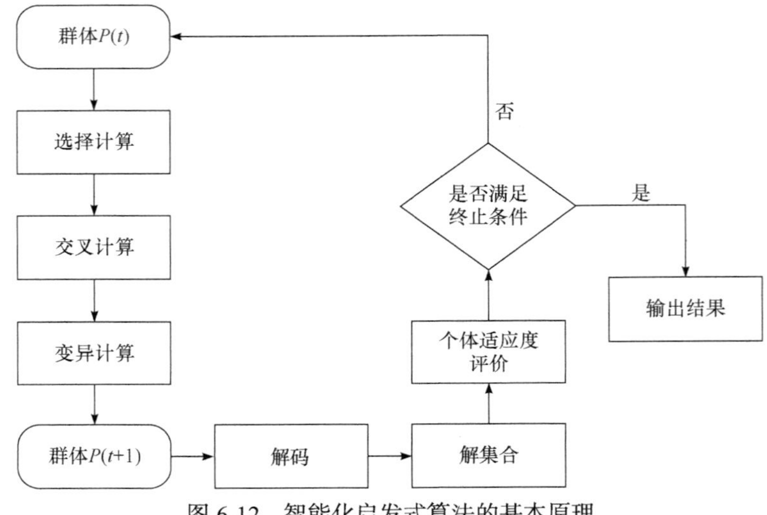

图 6-12　智能化启发式算法的基本原理

目前最流行的智能化启发式算法是 NSGA-II(带精英策略的非支配排序的遗传算法)，该算法在一系列问题上表现出很强的性能，因此在实践中经常被使用，而且在学术文献中被广泛研究。然而，智能化启发式算法并不局限于这些算法，广泛流行的还有粒子群优化算法、遗传算法、差分进化算法等，表 6-3 对不同优化算法的性能进行了对比分析，针对如何运行不同的算法，如何选择参数运行算法提供了借鉴与指导。

表 6-3　不同多目标优化算法适用问题对比

算法	算法类型	实数编码 (real)	二进制编码 (binary)	排列算法 (permutation)	子集生成 (subset)	约束 (constraints)
CMA-ES	进化策略	是	否	否	否	是
DBEA	分解式	是	是	是	是	是
eMOEA	ϵ-Dominance	是	是	是	是	是
eNSGA-II	ϵ-Dominance	是	是	是	是	是
GDE3	差分进化	是	否	否	否	是
IBEA	基于指标	是	是	是	是	否

续表

算法	算法类型	实数编码 (real)	三进制编码 (binary)	排列算法 (permutation)	子集生成 (subset)	约束 (constraints)
MOEAD	分解式	是	否	否	否	是
NSGA-II	遗传算法	是	是	是	是	是
NSGA-III	基准点	是	是	是	是	是
OMOPSO	粒子群优化	是	否	否	否	是
PAES	进化策略	是	是	是	是	是
PESA2	遗传算法	是	是	是	是	是
Random	随机搜索	是	是	是	是	是
SMPSO	粒子群优化	是	否	否	否	是
SMSEMOA	基于超体积指标	是	是	是	是	是
SPEA2	遗传算法	是	是	是	是	是
VEGA	遗传算法	是	是	是	是	否

海上搜救行动的应急决策必须在较短的时间内做出，尤其是突发事件刚刚发生的时候。应急决策主体所能利用的决策支持信息往往是不足的或存在缺失的，而且决策方案是应急管理决策主体对当前多个决策目标和决策信息的综合集成与权衡。但是由于人思维的局限性，无法在短时间内处理复杂的决策信息，因此，为了在短时间内做出高效的决策，可以利用多目标规划方法对决策方案进行选择决策，可根据具体事故情况选择合适的决策方法辅助决策者展开决策，提高搜救效率。

6.2　搜寻理论的基础概述

搜寻理论是进行海上搜救决策过程的基础支撑理论，是制定海上搜救方案和计划时的最基本的指导理论。由于搜寻活动的核心性，目前的海上搜救决策支持系统大多都是以搜寻理论为基础，它的发展与搜寻理论以及现代化信息技术的发展密切相关。

搜寻理论是运筹学的一个分支，它研究如何有效地利用有限的搜寻资源，以“最佳的方式”找到一个位置不确定的预定对象(通常被称为搜寻目标)的理论。“最佳”的方式是指在一定条件下，搜寻资源如何配置才能使发现目标的概率最大。搜寻理论的起源是与军事需求紧密在一起的，第二次世界大战期间，盟军在大西洋的交通运输受到德军潜艇的严重威胁，为了反潜战和寻找盟军被击落飞机飞行员海上漂移位置的需要，英国与美国都建立了各自的反潜战研究组，集中所有的科学方法和技术来提高搜索的效率，改善搜寻策略的有效性。1942 年美国海军成立了以 Koopman 及其同事组成的反潜军事学研究组。1946 年 Koopman 公开发表的研究报告《搜寻与筛选》标志着搜寻理论正式作为一个研究内容被提出来，在报告中 Koopman 总结了第二次世界大战期间反潜战的研究成果，分析了目力探测和雷达探测发现目标误差的统计规律，建立了随机搜索模型。第二次世界大战后，搜寻理论已在军事搜寻、海空失事救援、资源勘探等领域得到了广泛的应用。最优搜寻理论问题根据搜索目标是否运动一般分为静止目标搜索问题和运动目标搜索问题。下面对海上搜救决策支持系统设计过程中可能会涉及的搜寻理论中的相关概念进行介绍。

6.2.1 搜寻成功率

搜寻成功率(POS)是指搜寻单位最终发现目标的可能性。在海上搜寻实践中，对目标的搜寻不是一蹴而就的，通常需要分两步进行：首先需要确定搜救区域，搜救区域的大小、位置等因素需要根据当时海上的风流、目标的特性确定，确定搜寻区域并保证目标能处在此区域内的概率称为包含概率(POC)；其次就是在这个搜寻区域里面寻找目标。在搜寻区域中发现目标的概率称为发现概率(POD)。

发现概率是指搜寻目标 100%位于某一个海域时，搜寻设备能够发现该目标的概率。发现概率是评价搜寻单位在搜寻区域搜寻效果的好坏。发现概率通常采用百分数来表示，它用来衡量发现目标成功的可能性大小。一般条件下，当搜索目标与搜索人员距离很近时，发现目标的概率就会比较大，而如果超出最大发现距离，则基本发现不了目标。根据之前的研究结论，发现概率的大小主要受到以下三个因素的影响：搜寻区域的面积大小、扫海宽度大小(包含自然状况、搜寻设备能力和搜寻目标在内)，以及搜寻设施努力程度(在搜寻区域内覆盖的面积)。

发现概率是搜寻人员在制定搜寻计划时所要考虑的一个重要因素，它既体现了搜寻设施发现目标的能力，又反映出搜寻区域的大小特性。现在普遍所采用的发现概率曲线是基于目标静止均匀分布的情况下得到的，但是在现实情况中，目标会在海流、海风、暗涌等众多因素的影响下运动，这时采用之前静态的发现概率曲线可能不会很准确，需要进行一定的改进。

包含概率是衡量搜寻目标是否在搜寻区域内的可能性大小的量。包含概率也是用百分数表示，它反映了目标在风流和本身特性的影响下在某一区域的可能性。例如，警方在搜寻逃犯的过程中，首先必须确定犯人可能逃到了哪个省哪个市，而这个可能性就是指包含概率。当确定犯人已经逃到某市时，看到这个逃犯的概率其实就是发现概率。

和发现概率相比较，搜寻成功率是可以真正地表示搜寻行动的效果的量。在实际搜寻过程中，找到搜寻目标需要两个过程：第一，目标要处在推定的搜寻区域内；第二，有搜寻设备在此搜寻区域发现搜寻目标。包含概率衡量的是搜寻的目标有多大可能处在搜寻区域内；当搜寻的目标百分之百处在搜寻区域内时，发现概率衡量的是搜寻目标被搜寻设备寻找到的可能性。

包含概率与发现概率相辅相成，缺一不可，因为就算将整个搜寻区域进行了彻彻底底的搜寻(POD 接近 100%)，但是在实际情况下搜寻目标基本上并不会在此搜寻区域内(POC 约为 0%)，那么搜寻成功率几乎为 0，搜救失败。同样的道理，即使搜寻目标百分百处于搜寻区域内(POC 接近 100%)，但是搜寻方式不当(POC 约为 0%)，得到的结果仍然还是失败的(POS 约为 0%)。所以说，发现概率和包含概率中任意一个为零，最终得到的搜寻的成功率也将是零。换句话说，如果搜寻目标并不在搜寻区域内，那么无论采取什么搜寻方式，投入多少搜寻力量都将是徒劳；或者尽管区域内肯定存在搜寻目标，但是搜索方法不恰当或者搜寻懈怠，那么也不会最终发现目标。只有在包含概率和发现概率都接近于 100%，才能保证最终能够发现目标，完成搜寻任务。实际情况下，成功概率值的取值范围为[0,1]。POS、POC 和 POD 之间的关系式如下：

$$\mathrm{POS} = \mathrm{POC} \times \mathrm{POD} \tag{6-13}$$

其中，POC 代表包含概率；POS 代表搜寻成功率；POD 代表发现概率。

6.2.2 扫海宽度

扫海宽度是搜寻理论中的一个最基本、最重要的概念，是指搜寻设施的探测设备(包括视觉搜寻人员的视觉和电子搜寻中的电子探测设备)能够发现搜寻目标的有效范围，用于衡量探测设备发现搜寻目标的能力，也就是说，扫海宽度是评价搜寻能力的一个数学量。扫海宽度是搜寻设备的固有属性之一，但是不可以直接通过测量得出。扫海宽度主要用来衡量搜寻设施在海面上的发现能力，其和目标的形状特征、具体的天气状态、搜寻方式等有很大关系。在天气条件优秀的情况下，外形较大物体的发现概率比外形小的物体概率大很多，因此大目标的扫海宽度大。实心颜色深的目标要比同样尺寸透明的目标发现概率大，因此实心深色目标的雷达扫视宽度要比透明目标大。因此，扫海宽度受搜寻设备、气象情况、目标特性等因素的综合影响。扫海宽度的确定过程十分复杂，下面对扫海宽度的定义、确定过程以及修正过程进行描述与分析。

扫海宽度的定义：海面上均匀随机分布了若干待搜寻物体，搜寻人员在海面上按预定路线行进，由于受环境和设备性能等因素的影响，搜寻人员无法完全找到处于其最大探测范围之内的所有物体，如果在某一小于最大探测距离的横向距离内未被发现的物体数值与这一横向距离外被发现的物体数值相等，则这个特定的距离就是搜寻人员在当时环境和条件下的扫海宽度。如图 6-13 所示，在某一横向距离内，没有被发现的物体(白点)的数量与位于该距离之外以及最大探测距离之间的被发现的物体(黑点)的数量相等，都是 8 个，则这个横向距离就是所谓的扫海宽度。

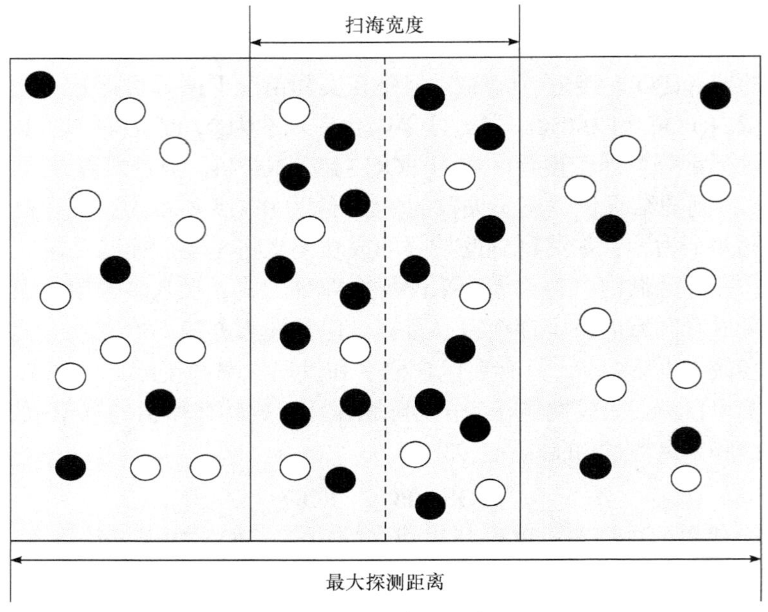

图 6-13　扫海宽度的定义

毫无疑问,搜寻设施扫海宽度的大小直接决定着搜寻设备探测到目标的能力。尽管扫海宽度相当重要，但因为它本质上是一个数学概念，所以无论在描述过程还是理解过程都存在一定的困难。Koopman 在他的论文 *The Theory of Search Part Ⅱ: Target Detection* 中给出扫海宽度的定义式：扫海宽度为搜寻设备以一定的速度通过一个包含众多服从均匀随机分布目标区域,那么这个设备的搜寻宽度 W 为

$$W = \frac{M}{N \times V} \tag{6-14}$$

其中，M 为探测设备在单位时间发现目标的数量；N 为在搜寻区域单位面积内的目标数量；V 表示探测设备的移动速度。

根据扫海宽度的定义,有些学者还用不同的数学公式对其进行形式化的表示,扫海宽度在数值上等于搜寻设备单位时间内发现物体的数量与单位面积内的物体数与搜寻速度的乘积的比值，如式(6-15)所示：

$$W = \frac{\text{npt}}{\rho \times v} \tag{6-15}$$

其中，W 表示扫海宽度；npt(number of objectives detected per unit time)表示单位时间内发现物体的数量；ρ 表示单位搜寻面积内的物体数；v 表示搜寻设备的速度。应该注意的是，扫海宽度是评估搜寻设备在特定环境下发现能力的，是一个有单位的数值。确定扫海宽度的方法主要有两种。

第一种方法是通过定义，在扫海宽度以外发现分散目标的数量等于扫海宽度以内可能漏过的目标数量，然后得出目标的扫海宽度。

第二种方法是设计恰当的实验，得到被搜寻目标发现或者是没有被发现的数目，构造侧向范围曲线，然后通过一定的数学方法推算出扫海宽度。

国外对扫海宽度已经进行了很多相关研究，例如，Koopman 在他早期的搜寻理论中，从实际需要出发，用 Sweep Width(扫海宽度、扫视宽度)这一定义来衡量搜救设备的发现能力，所以在某些场合下也称为“发现能力指数”。在 Frost 的论文 *Principles of Search Theory* 中，作者详细、生动地解释了扫海宽度的内涵。1978 年，美国海岸警卫队研究发展中心在真实的环境条件下，通过大量海岸救生员以及搜救单位，开始进行广泛的数据搜集工作，以便测量有效的扫海宽度，并且在具体情况下需要做出适当改进。这个实验持续了 20 多年，从中得到的数据及一系列实验所得出的结论构成了《国际搜救手册》和《国际航空和海上搜寻救助手册》中扫海宽度表、搜寻计划表以及发现概率的基础。

目前扫海宽度是经过大量的搜救实验以及通过对历史搜救案例的总结得出的，一般情况下可以通过查表得出，表 6-4～表 6-6 分别列了船舶、直升机、固定翼航空器的扫海宽度。扫海宽度的大小与搜救目标的大小、颜色、天气和海况以及搜寻设备本身的属性信息相关，因此对于标准扫海宽度的修正是十分必要的，需要根据当时的天气以及海况等因素对扫海宽度的数值进行修正，表 6-7 和表 6-8 为待搜寻目标大小等属性信息以及不同的天气和不同的海况下对扫海宽度的修正系数。

表 6-4 船舶的扫海宽度表

搜救目标	能见度				
	6(3)	9(5)	19(10)	28(15)	37(20)
落水人员	0.7(0.4)	0.9(0.5)	1.1(0.6)	1.7(0.7)	1.3(0.7)
4 人救生筏	4.2(2.3)	5.9(3.2)	7.8(4.2)	9.1(4.9)	10.2(5.5)
6 人救生筏	4.8(2.6)	6.7(3.6)	9.8(5.0)	11.5(6.2)	12.8(6.9)
15 人救生筏	4.8(2.6)	7.4(4.0)	9.4(5.1)	11.9(6.4)	13.5(7.3)
25 人救生筏	5.0(2.7)	7.8(4.2)	9.6(5.2)	12.0(6.5)	13.9(7.5)
<5m(17ft)船	2.0(1.1)	2.6(1.4)	3.5(1.9)	3.9(2.1)	4.3(2.3)

续表

搜救目标	能见度				
	6(3)	9(5)	19(10)	28(15)	37(20)
7m(23ft)船	3.7(2.0)	5.4(2.9)	8.0(4.3)	9.6(5.2)	10.7(5.8)
12m(40ft)船	5.2(2.8)	8.3(4.5)	14.1(7.6)	17.4(9.4)	21.5(11.6)
24m(79ft)船	5.9(3.2)	10.4(5.6)	19.8(10.7)	27.2(14.7)	33.5(18.1)

注：表中单位为 km 或 n mile，6(3)表示 6km 或者 3n mile，表示等同；1ft ≈ 30.48cm。

表 6-5 直升机的扫海宽度表

搜救目标	高度		
	150m(500ft)	300m(1000ft)	600m(2000ft)
落水人员	0.2(0.1)	0.2(0.1)	0.2(0.1)
4 人救生筏	5.2(2.8)	5.4(2.9)	5.6(3.0)
6 人救生筏	6.5(3.5)	6.5(3.5)	6.7(3.6)
15 人救生筏	8.1(4.4)	8.3(4.5)	8.7(4.7)
25 人救生筏	10.4(5.6)	10.6(5.7)	10.9(5.9)
<5m(17ft)船	4.3(2.3)	4.6(2.5)	5.0(2.7)
7m(23ft)船	10.7(5.8)	10.9(5.9)	11.3(6.1)
12m(40ft)船	21.9(11.8)	22.0(11.9)	22.4(12.1)
24m(79ft)船	34.1(18.4)	34.3(18.5)	34.3(18.5)

注：表中单位为 km 或 n mile。

表 6-6 固定翼航空器扫海宽度表

搜救目标	高度		
	150m(500ft)	300m(1000ft)	600m(2000ft)
落水人员	0.2(0.1)	0.2(0.1)	0.2(0.1)
4 人救生筏	4.1(2.2)	4.3(2.3)	4.3(2.3)
6 人救生筏	5.2(2.8)	5.2(2.8)	5.4(2.9)
15 人救生筏	6.7(3.6)	6.9(3.7)	7.2(3.9)
25 人救生筏	8.5(4.6)	8.7(4.7)	9.2(4.9)
<5m(17ft)船	3.3(1.8)	3.7(2.0)	4.1(2.2)
7m(23ft)船	8.9(4.8)	9.3(5.0)	9.4(5.1)
12m(40ft)船	19.3(10.4)	19.3(10.4)	21.5(11.6)
24m(79ft)船	30.9(16.7)	30.9(16.7)	31.1(16.8)

注：表中单位为 km 或者 n mile。

表 6-7　不同风力条件下对扫海宽度的修正系数

气象条件(风速/(km/h)或浪高/m)	人员落水或者长度<10m 的船筏	其他物体
风速 0～28km/h 或浪高 0～1m	1.0	1.0
风速 28～46km/h 或浪高 1～1.5m	0.5	0.9
风速>46km/h 或浪高>1.5m	0.25	0.9

表 6-8　能见度对直升机和固定翼航空器的扫海宽度的修正系数

能见度	能见度修正系数
6(3)	0.4
9(5)	0.6
19(10)	0.8
28(15)	0.9
>37(>20)	1.0

注：表中能见度单位为 km 或 n mile。

假设某次海上搜救行动中，搜救人员搭乘专业救助船进行视力搜寻，待搜寻目标是一可以容纳 25 人的救生筏，并且当时的能见度为 19km(10n mile)，风速为 30km/h，浪高为 1.2m，经过查表可以得出如下结论。

未经修正的扫海宽度：

$$W = 9.6\text{km}(5.2 \text{ n mile})$$

修正系数：

$$f = 0.9$$

经过修正的扫海宽度：

$$W_u = 9.6 \times 0.9\text{km} = 8.64\text{km}$$

或者

$$W_u = 5.2 \times 0.9 \text{ n mile} = 4.68 \text{ n mile}$$

计划制订者往往都是直接根据《国际航空和海上搜寻救助手册》中的船舶、直升机、固定翼航空器的扫视宽度表来确定扫海宽度，制订扫海计划，但随着搜寻设备、搜寻技术的日益更新，这些表格会渐渐不适应现实搜寻条件，与之相矛盾的是，很少有人研究如何获得适应本海域的扫海宽度，更不用说扫海宽度有关数据的准确性了。

影响目标扫海宽度大小的因素比较多，但是主要因素有三个：目标的特性、搜寻设施的特征和自然环境。图 6-14 列出了影响扫海宽度大小的因素。

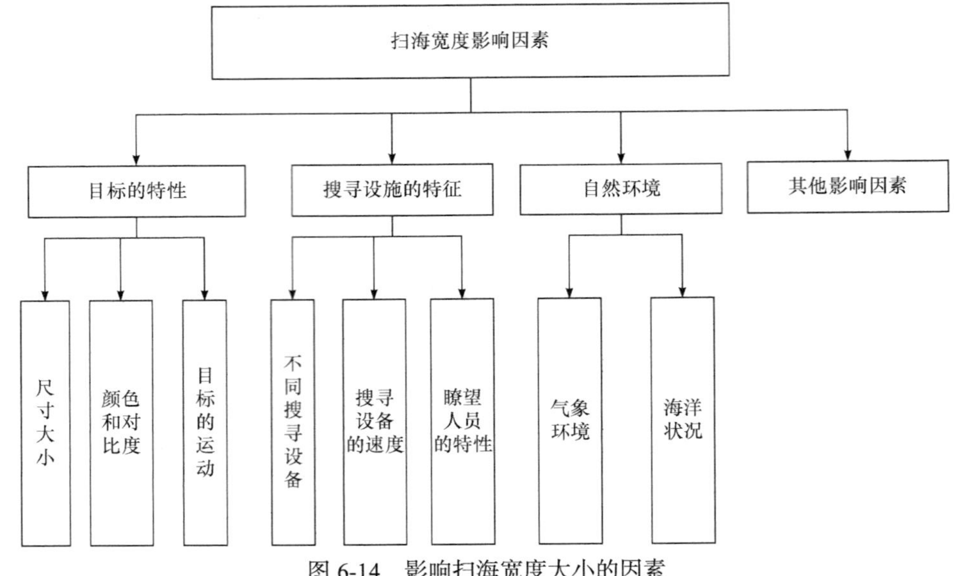

图 6-14　影响扫海宽度大小的因素

6.2.3　搜寻努力程度

搜寻努力程度(effort)是对搜救资源耗费的一种衡量方式，由于搜救资源形式多种多样，因此搜寻努力程度的衡量也可以采用多种方式，通常情况下搜寻努力程度表示的是搜寻人员在进行搜寻时在搜寻区域内移动距离的总和。搜寻努力程度在数值上等于搜寻人员在搜寻区域内花费的时间(不包括休息、用餐时间和任务分配时间等)与搜寻时搜寻人员平均速度的乘积：

$$d = vt \tag{6-16}$$

其中，d 为行动距离；v 为平均速度；t 为花费时间。

搜寻努力程度在陆地搜救中被定义为：搜寻人员在搜寻区域内行动的距离的总和。这里所指的搜寻区域是指搜寻过程中，被搜寻目标 100%存在于该区域内。此定义方法，同样适用于海上搜寻，即搜寻人员在搜寻海域内行动的距离的总和。

如果在搜寻区域内是一个搜寻团队，并且每个搜寻单位的速度相同，那么式(6-16)则变成

$$\begin{aligned} \text{Effort} &= \sum_{i=1}^{n} d_i \\ \text{Effort} &= nd \end{aligned} \tag{6-17}$$

即搜寻的努力程度是每个搜寻单位行动的距离总和，n 表示搜寻单位的个数。

搜寻努力程度是对搜寻单元在搜寻区域内搜寻行动有效性的衡量，在实际情

况中，它也受到环境条件、扫海宽度、导航设备导航精度等因素的影响。在一定范围内，搜寻努力程度数值越大，搜寻行动有效性越高，对搜寻成功概率也会产生积极的影响。

6.2.4　覆盖因子

覆盖因子用于衡量待搜寻区域内的对搜寻目标搜寻彻底性的度量，是一个无量纲的数据。覆盖因子表示已经搜寻的范围占整个搜寻区域的百分比。在搜寻区域内精确进行的活动中，覆盖因子是该区域覆盖程度的一种衡量。它能表示搜寻区域到底有多么彻底。

覆盖因子等于搜寻分区内的有效搜寻范围与整个搜寻区域的比例，即

$$\text{Coverage} = \frac{\text{AreaEffectivelySwept}}{\text{Segment'sArea}} \tag{6-18}$$

式中，AreaEffectivelySwept 为有效搜寻面积；Segment'sArea 为被搜寻区域的总面积。

根据定义分析，得到如下计算式：

$$\text{Coverage} = \frac{S_w}{S} = \frac{W \times v \times t}{D \times v \times t} = \frac{W}{D} \tag{6-19}$$

其中，S_w 表示有效搜寻的面积；S 表示整个搜寻区域的面积；W 表示扫海宽度；D 代表航线间距。从式(6-19)中可以看出，标准情况下，覆盖因子在数值上等于扫海宽度与航线间距的比值。又因为待搜寻目标是均匀等概率存在于待搜寻区域内的，将式(6-19)中的分子分母都乘以分布密度，则可以得到以下等式：

$$\text{Coverage} = \frac{S_w}{S} = \frac{N_W}{N} \tag{6-20}$$

其中，N_W 表示已经发现的目标数量；N 表示待发现的目标总数。由式(6-19)和式(6-20)可得

$$W = \text{Coverage} \times D = \frac{N_W}{\frac{N}{S} \times \frac{S}{D}} = \frac{N_W}{\rho \times L} = \frac{\frac{N_W}{t}}{\rho \times \frac{L}{t}} = \frac{\text{npt}}{\rho \times v} \tag{6-21}$$

其中，S 表示整个搜寻区域面积；ρ 表示单位搜寻面积内的物体数；L 表示搜寻设备直线搜寻的总距离；npt 表示单位时间内发现物体的数量；v 表示搜寻设备的速度。

6.2.5　搜寻基准

搜寻基准是整个海上搜寻活动的依据。通常习惯以遇险船舶最后已知位置为

起点，综合考虑各种环境因素在目标漂移时间内产生的作用，结合可能的漂移方向，确定最可能距离，进而确定搜寻基准。它是以某一时刻遇险目标最可能(目标存在概率最大)的位置，利用基准和位置的总或然误差划定遇险目标的可能区域，在该区域范围内遇险目标的位置服从一定的概率分布，作为搜寻区域。搜寻基准的类型不同，搜寻区域的形状、范围也有所不同。此外，海难事故往往发生于恶劣的气象海况条件下，加之目标可能会失去动力，会随风、流在海上漂移，基准会随着漂移作用而发生变化，因此搜寻基准要做出调整以弥补对遇险后目标移动的估算，从而计算新的搜寻基准。为了便于采取搜寻行动，在某一段时间内，可以认为搜寻基准保持不变。最后，分析评估新基准的不可靠程度，并且估算包含遇险目标所有可能位置的最小范围，作为搜寻区域。确定搜寻基准除了考虑上述因素之外，根据搜寻计划人员对遇险目标掌握的已知位置，搜寻基准形式分为基准点、基准线和基准区三种类型。基准的类型在一定程度上决定了搜寻区域的几何形状，进而影响搜寻区域的划分方法。

1. 基准点

这是最简单精确的一种，它用经纬度、范围和与已知点的距离和方位或其他方法来表示具体的地理位置，通常从遇险船舶本身或外部定位设备处获得。如果能获得遇险者某一确切时刻的具体位置，便可利用漂移模型进行漂移轨迹范围预测，确定初始搜寻基点。

确定搜寻基点(datum)：搜寻基点并非发生事故的最初位置点，而是从事故发生的原来位置为起点，考虑到风、流漂移和救助者到达现场的时间差等影响后所得出的目标最可能的位置(the most probable position)。具体来说需要参考的要素如下：

(1) 所报事故的地点、时间；

(2) 赴援船到达现场的时间间隔 t；

(3) 难船或艇、筏在时间 t 内的漂移，可参照《国际航空和海上搜寻救助手册》中的风压漂移估算表。

2. 基准线

基准线形式多样，包括计划航线、假设的航迹线，也可以是一条方位线。遇险者的分布概率以基准线为对称轴呈轴对称，越靠近基准线概率越大。具体说来，线的两边都是正态分布。

3. 基准区

基准区多为海上专业作业区域。在这类区域内，概率分布一般被认为是平均分布(均匀分布)。

在确定搜寻基准的基础之上，根据遇险信息、海洋环境与气象情况以搜寻目标漂移模型确定包含搜寻目标的最小搜寻区域(最可能区域)，便于集中可用的搜寻资源在最可能区域进行有效的搜寻。最可能区域能在保证在较小的搜寻区域内具有较高的包含概率(POC)的条件下，使得有限且昂贵的搜寻资源能有效地覆盖该区域，从而获得较高的发现概率(POD)，最终达到提高搜寻成功率(POS)的目的。

海上漂流预测模型，可对搜寻区域进行初步确定，具体步骤如图 6-15 所示。

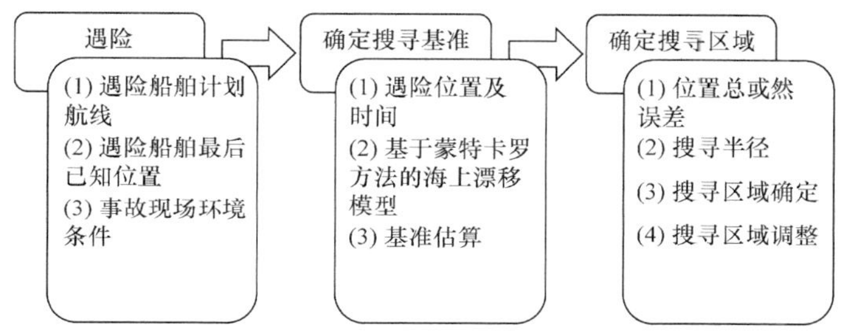

图 6-15　搜寻区域制定具体步骤

搜寻区域是由搜救人员确定的最有可能包含搜索目标的地理区域。确定搜寻区域，首先估算位置总或然误差，然后计算搜索半径，最后利用基点以及搜寻半径来确定需要搜寻的区域。

6.3　海上搜寻方式的选择

当确定参与海上搜救的具体资源(船舶与飞机)后，为了提高搜救资源执行的效率，需要确定搜寻区域的覆盖方式，即在给定搜寻设施、任务完成时间及搜寻区域范围的情况下，搜寻单元按照指定路线进行搜寻的方式。这也是搜寻任务协调员的主要工作之一。目前的主要搜寻方式有视力搜寻、电子搜寻、海空联合搜寻等，下面对各类搜寻方式以及影响搜寻行动的因素、评估标准等做简要的介绍，为决策者提供辅助决策支持。

6.3.1　影响搜寻行动的因素

影响搜寻区域覆盖的因素有很多，主要包括以下几个方面。

1. 搜寻单位的类型与数量

搜寻单位的类型与数量是指包括救助飞机、救助船舶在内的救助设施的基本情况(如抗风等级、运行要求)和适于该项工作的设施数，是决定搜寻区域覆盖的最主要因素。参与搜救单位的类型与数量代表了投入搜救力量的规模，在第 7 章会对最优搜救资源方案的生成过程进行介绍。此外，搜寻单位应该有足够数量训练有素的瞭望人员和施救人员，以保证及时发现目标并有效救助。

2. 搜寻能见度

搜寻能见度指从搜寻单位以海平面以上瞭望者的眼高看某一目标的距离，搜寻能见度受当时海上气象能见度的制约并且永远小于当时的气象能见度。通常情况下，雾会使视力搜寻无效甚至中断搜寻，而烟雾和霾会降低白天搜寻的有效性。如果有飞机参与救助行动，那么较低的云层会使飞机安全度降低，甚至使空中搜寻成为不可能。

影响能见度的因素有：

(1) 目标的大小；

(2) 目标的颜色和外形；

(3) 海况，在有白浪花泡沫带、开浪花以及阳光反射的海域，目标往往受其隐蔽；

(4) 搜寻时间，白天或者晚上；

(5) 瞭望者对搜寻目标的认识和反应程度。

3. 搜寻航线间距

搜寻航线间距指相邻的搜寻航线之间的距离。无论一个单位还是多个搜寻单位的连续航行，相邻的航线间距都称为搜寻航线间距。搜寻航线间距越小，在搜寻区域内发现目标的可能性越大；反之，发现目标的可能性越小。为提高搜救效率，要求在相同时间内参加的搜寻单位越多越好。但这一方面可能使行动花费过大；另一方面也可能受搜寻力量少的限制，使这种安排难以实现。海上搜救中心在制订搜寻计划时，要在搜寻时间固定和可用搜寻单位有限的前提下，选择一个最佳航线间距。在实践中，最佳航线间距一般为搜寻能见度的 1.5(小于 2)倍，但如果搜寻区域过大，应采取较宽的航线间距，因为这仍有一定的发现机会。

4. 搜寻单位航行的准确性

搜寻单位航行的准确性是指搜寻单位(船舶或飞机)到达给定的搜寻区域的准确程度。搜寻单位受定位条件或驾驶工作水平的限制，有时不能准确到达遇险地点，因此不能很好地覆盖区域。一般来说，利用参考点、助航标志，运用电子手段以及海空协调方式定位比较准确，而利用天文定位、航迹推算定位(尤其是飞机)等手段会出现较大误差，这一点应引起注意。

综合考虑上述因素，从而对搜寻区域的覆盖方式进行评估与确定。搜寻区域的覆盖方式从发现手段上分为视力搜寻、电子搜寻和海空联合搜寻方式，根据搜救资源的种类、数量和搜寻区域的大小，每种方式选择不同的航行方法。

6.3.2　视力搜寻

1. 扇形搜寻

当搜寻目标位置准确或搜寻区域较小时，扇形搜寻是最有效的方法，尤其适用于搜救船舶快速抵达出事位置的情况。其主要用于搜寻以某个基点为中心的圆形区域，能较容易地航行在基点附近区域，并仔细搜寻这个最可能发现目标的区域。具体方法为在基点位置投放适当的标志，如烟雾信号标或无线电灯标作为搜寻方法中心的参考或助航标识。行动期间风、流合力对搜寻目标移动造成的影响能自动调整。当搜寻目标位置准确或搜寻区域较小时，扇形搜寻是最有效的方法(尤其适用于搜救船舶快速抵达出事位置的情况)。对搜寻船舶而言，扇形搜寻半径通常在 2～5 海里；而对于飞行器，搜寻半径一般为 5～20 海里。如果在完成首次扇形搜寻后仍未发现目标，则转动扇形，并下移首次扇形搜寻半径的一半进行第二次扇形搜寻，如图 6-16 所示。

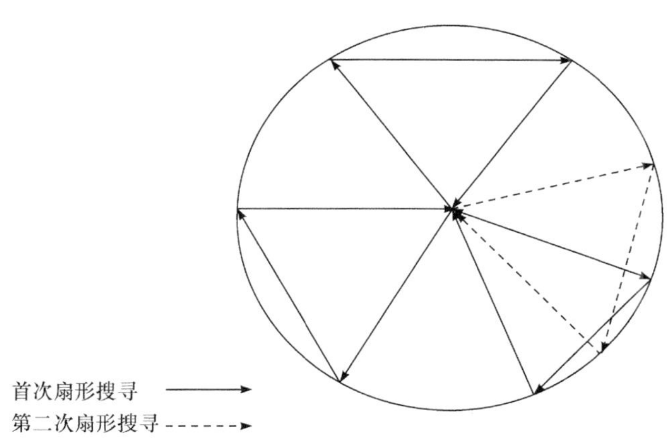

图 6-16　扇形搜寻

2. 扩展方形搜寻

搜寻单位从报告位置或最可能位置以同心方形逐渐向外扩展来搜寻，始终以搜寻起始点作为基准点，故称为扩展方形搜寻。

扩展方形搜寻方法的搜寻起点始终是基准位置，搜寻行动以同心方形向外扩展，从而基本均匀覆盖了以基点为中心的区域。但如果基准不是一个点而是一条短线，则搜寻方案应改成向外扩展的矩形。前两条搜寻航线长度等于搜寻线间距，以后每段搜寻长度在原基础上增加一个搜寻线间距。如果在同一区域内进行连续搜寻，则一般将搜寻航线转向 45°继续搜寻。

扩展方形搜索适用于当搜寻目标位置处于相对较近的区域(一般不超过 100 平方海里)的情况，尤其适用于船舶或小艇搜寻落水人员或在很小或无风压漂移时搜寻其他目标。如果航行准确，则这是一种非常精确的搜寻方式。

扩展方形搜寻要求搜寻设施能精确航行，为尽量减小航行误差，首条搜寻路线通常为逆风方向。当风压与总流压相比可忽略不计的情况下，扩展方形搜寻通常适用于船舶或小船搜寻落水人员或其他搜寻目标的行动。在这种情况下，船舶应根据航迹推算并按照搜寻方式航行，利用与扇形搜寻相类似自动补偿总流压的影响的方法搜寻。如图 6-17 所示，图中 *S* 为航线间距。

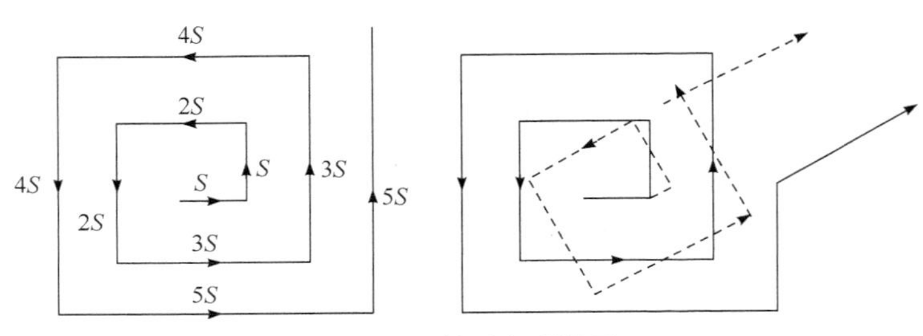

图 6-17　扩展方形搜寻

3. 航迹线搜寻

航迹线搜寻是以沿着已知航线的一侧，然后反向沿着该航线的另一侧返回的方式进行。

该方法通常用于船舶或飞机沿着一条已知航线失踪，没有留下任何迹象的情况。该方法基于这样的假定，即目标在计划航线上及其附近发生故障且易于找到，或者有遇险幸存者，他们能在听到或看到搜寻单位时发出某种信号显示其位置。将搜寻力量集中于基准线附近，搜寻设施沿着遇险船舶的计划航线进行搜寻。也可先沿一侧搜寻，然后返回相反方向搜寻，或者沿航迹线或其中任何一端沿线搜寻而不返回。该方法要求搜寻设施搜寻时保持在与搜寻目标最可能的路线或接近平行的路线上，如图 6-18 所示。

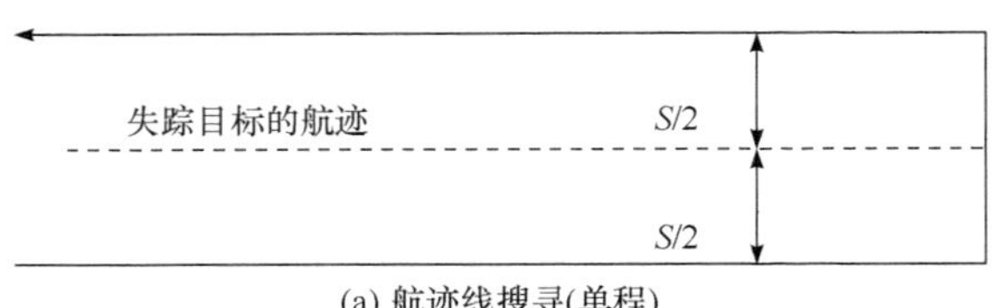

(a) 航迹线搜寻(单程)

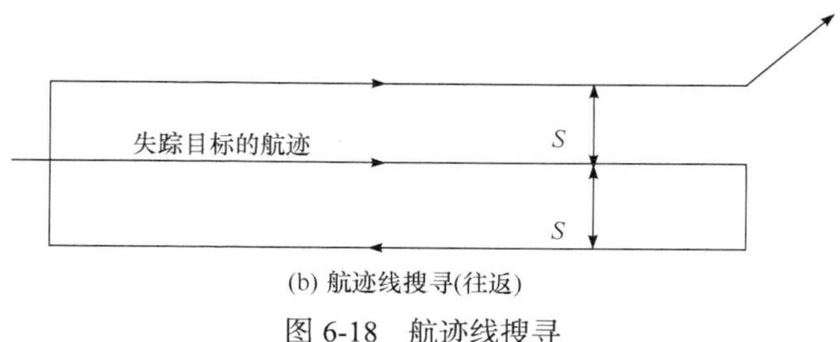

(b) 航迹线搜寻(往返)

图 6-18　航迹线搜寻

4. 平行线扫视搜寻

当搜寻目标位置很不确定并要求均匀覆盖一广阔区域时，通常使用平行线扫视搜寻，平行线搜寻的覆盖区域为矩形。当搜寻区域较大，需要多个搜救力量联合搜寻时，则可将其分割成几个分区并分别安排给各搜寻设施。当执行平行线扫视搜寻时，先设定一搜寻区域，并根据现场情况确定搜寻线间距，搜寻设施把搜寻区域的一角作为搜寻起始点，搜寻起始点通常在搜寻矩形内距两直角边各搜寻线间距的位置，然后沿矩形长边来回保持间距搜寻。如图 6-19 所示，矩形为搜寻区域，S 为航线间距。

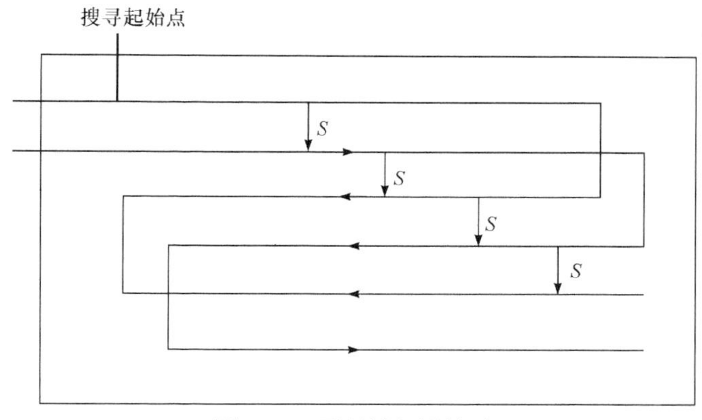

图 6-19　平行线扫视搜寻

5. 横移线协调搜寻

一般情况下，横移线协调搜寻由按搜寻横移线飞行的航空器和沿搜寻区域主轴线航行的船舶实施海空协调搜寻。航空器的搜寻路线与船舶航线相垂直。此方法需要计划好船速、航空器航速、航空器的搜寻线长度和搜寻线间距，以使航空器在横移方向上的距离等于水面搜寻设施的速度，完成对搜救区域的覆盖。水面搜寻设施航速、航空器飞行速度、搜寻线间距和搜寻线长度之间的关系如下：

$$V_s = \frac{S \times V_a}{L + S} \tag{6-22}$$

其中，V_s为水面搜寻设施航速；S为搜寻线间距；V_a为航空器真空速度；L为航空器的搜寻线长度。V_s、S和V_a对待定的船舶和飞行器来说是固定的，因此可以通过式(6-22)确定L的大小，从而确定搜救区域的大小。图6-20所示为横移线协调搜寻方式的示意图，其中虚线方框为待搜寻区域。

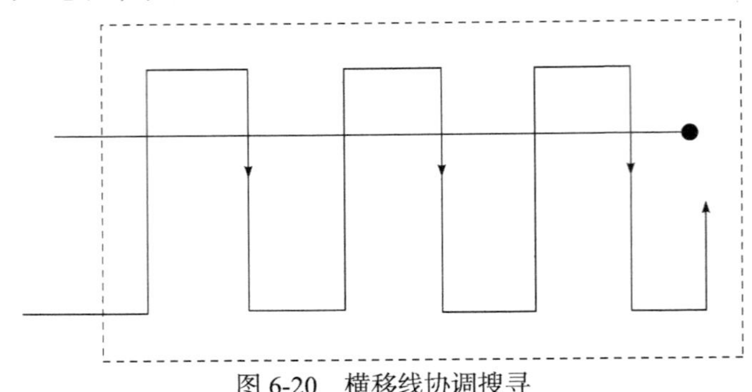

图6-20　横移线协调搜寻

6. *移动矩形搜寻*

该方法是我国南海救助局的于新洪介绍的一种新的搜寻方法。这种搜寻方法在风浪大、能见度低、夜间搜寻有效距离近、被搜寻目标小不易被发现、目标漂移的速度较快的情况下得到过成功的应用。实际上，移动矩形可以看成扩展方形的一种变形。

此种搜寻方法需要根据当时的海况、气象等条件估算出漂移方向C、漂移速度V，并估算出漂移方向的误差值($\pm C$)和速度的误差值($\pm V$)的范围，以便确定搜索范围，根据目标的特点及气象条件确定搜索的有效距离D，根据救助船的到达时间定出搜索起始点A，可根据此公式计算：

V＝救助船到达的时间与目标遇险时间之差×推算目标漂移速度−救助船到达的时间与目标遇险时间之差×推算目标漂移速度误差(取正值)

从遇险位置向推算漂流方向上量取V，即为搜寻起始点，从搜寻起始点至第一次转向之间的距离称为搜寻纵距，可以这样计算：

搜寻纵距的长度＝推算目标漂移误差(取正值)×2+进度系数

进度系数可根据我们的搜索进度决定，一般取0.5～1.5海里较为合适。相邻两条垂直于目标漂移方向的航迹线之间的距离称为横向搜寻间距，它的值为搜索有效距离的2倍。相邻两条垂直于目标漂移方向的航迹线之间的距离称为纵向搜寻间距，它的大小由搜索进度决定，在搜索过程中可根据搜索进度进行适当调整。一次搜索完成后，如果还需继续搜索，则可以按以上方法重新确定第二次搜索的起始点，继续进行第二次、第三次搜索。

此种搜寻方法的优点是可使搜寻区域随时间的流逝往推算的漂移方向移动，

不至于把有限的时间浪费在因时间的流逝，目标已经不可能存在的海域，始终使搜寻的区域保持在最可能的区域，提高搜寻的成功率。但是选择此种搜寻方法应当保持足够的慎重，最可能的区域并不代表一定存在的区域。一旦采用此种方法，则表示其假定了目标距离基准位置较近，搜寻过程对距离基准位置较远的区域有所舍弃，在搜救力量有限的情况下，此种搜寻方法是可行的。但作为一种系统的搜寻方法，在可能的情况下不应当作为整个搜救行动唯一的搜寻方法。

6.3.3 电子搜寻

除了采用瞭望的方式进行视力搜寻外，还可使用电子探测设备发现遇险目标，即电子搜寻。电子搜寻主要有雷达搜寻和救生信标搜寻两种方式，电子搜寻一般是搜救力量探测失踪漂浮物自身所装备的无线电示位装置所发出的无线电信号，从而确定失踪目标的位置。一般的无线电示位装置有 EPIRB(应急无线电示位标)、ELT(emergency locator transmitter，紧急示位发射机)、SART(搜救雷达应答器)等。雷达搜寻也是一种重要的电子搜寻方法。当搜寻目标配备了电子示位装置时，其被发现能力将显著增强，但是电子搜寻对搜寻区域估计的依赖性相对较小。

1. 雷达搜寻

在海上搜寻中，雷达是基本设备。当采用雷达作为探测设备时，其扫视宽度取决于雷达的种类、天线高度、环境干扰因素和噪声、搜寻目标在雷达上的横截面、雷达波束的大气折射以及操作者的能力。值得注意的是，当海浪高度增加到 1～2m 时，几乎所有雷达的探测能力都将显著减弱，因此，扫视宽度也相应减小。对于搜寻小目标的航空器，通常的飞行高度在 800～1200m，如果搜寻较大目标，搜寻高度不应超过 2400m。当估计航空器的扫视宽度以及在现有条件下确定合适的搜寻线间距时，有必要咨询机长。

雷达搜寻方式是使用船舶雷达设备进行海面搜寻的工作方式，一般在没有确切的失事地点，而飞机不可能参加的情况下使用。如果单船搜寻，以雷达探测距离确定航线间距；如果有几艘船同时参与，则各船应采取“分散齐头并进”的方式前进，并保持船舶间距为雷达探测间距的 1.5 倍进行搜寻。

雷达探测距离如表 6-9 所示。

表 6-9　雷达探测距离(目标正面接近)

目标	雷达扫描器高度	
	15m	30m
10000 总吨船舶	13 n mile	18 n mile
1000 总吨船舶	6 n mile	8.4 n mile
200 总吨船舶	5.5 n mile	7.7 n mile
9m 长小船	1.9 n mile	2.7 n mile

表 6-9 中数据是雷达在天气正常情况下的探测距离，由于天气情况对雷达回波的影响较大，因此上述数据仅供参考。

2. 救生信标搜寻

当获知遇险目标(航空器、船舶或人员)配有救生信标后，无论是否已经通过COSPAS/SARSAT(近极轨道卫星搜救)系统收到有关信息，都应立即实施高空电子搜寻。除了幸存者使用 EPIRB 以外，许多航空器携带紧急示位发射机(ELT)。当压力到达一定值时，这些设备自动开始工作。由于电子搜寻能否成功取决于救生信标的信号发射能力，因此可与视力搜寻同时开展，二者并不冲突。通常，在救生信标搜寻中应当使用平行线搜寻方式或横移线协调搜寻方式。如果第一次搜寻未能找到信标，应实施与该次搜寻线成直角的第二次搜寻行动。如果仍不能找到信标，则只要确信它在待搜寻区域内并正在工作，就应考虑实施与首次搜寻线平行，航线间距为原来一半的第三次搜寻行动。一旦探测到救生信标，应用下述程序之一确定其位置。

(1) 对于配有导航系统的搜寻力量，探测到信号后就能把救生信标当作导航信标，指引搜寻力量接近遇险目标。如果搜寻力量从搜寻目标存在概率最大的基点附近开始搜寻，将很快找到救生信标。如果不成功，则根据可用搜寻力量的最佳利用值，使用扇形搜寻、扩展方形搜寻、平行线扫视搜寻或横移线协调搜寻方式进行全面的搜寻。

(2) 对于无导航能力的电子搜寻设施，需要专业的方法确定位置。

6.3.4 海空联合搜寻

海空联合搜寻是空中搜寻力量(航空器)与海面搜寻力量(船舶)协同开展的搜寻行动，是发现海上遇险目标最有效的方式。海上目标(船舶、人员等)遇险通常发生在恶劣的气象和海况条件下，由于其失去动力，会随风、流在海上漂移。因此，单种资源类型难以满足如此复杂的海上搜寻任务，需要多类资源的协同搜救。随着海上搜寻力量信息获取技术的日趋成熟，搜寻计划人员已能够及时、全面地掌握待搜寻海域及其周围可用搜寻力量的动态信息(位置、航速、航向)和搜寻能力信息。

海空联合搜寻是海面力量(搜救船舶)与空中力量(搜救航空器)协同开展的搜寻与救助活动，是被实践证明了的最为有效的海上人命搜救方式。搜救航空器可以迅速飞临遇险事故现场，实施快速搜寻；救助直升机更可以悬停实施快速救生；搜救船舶则可以长时间地在搜救现场执行搜救作业，并能提供多种直接救援作业。海空力量的有机结合可以充分实现优势互补，协同实施搜寻救助的价值和效果远远超过了单一地使用船舶和航空器。

不可否认，先进的搜救资源是海上搜救工作能够成功的一个关键因素，为了缩短搜寻时间，越来越多的海上搜救组织倾向于利用直升机进行海上遇险目标的搜寻。然而，直升机海上搜救是一门复杂的、技术含量高的综合技术，是集搜寻、救助于一体的工程。航空器参与搜救在西方发达国家、地区开展得比较早，并且具有一定的规模，应用比较广泛。使用航空器参与海上搜救的主要优势体现以下几个方面。

1. 搜救范围广

从理论上讲，航空器搜救可以在海平面上任意地点实施，并且直升机的飞行半径大都在 100 海里以上，可以在较短的时间内覆盖数百平方海里，这是海面搜寻力量所无法达到的，是极佳的海上搜寻力量。

2. 响应速度快

由于平时的值班水平较高，担负航空器海上搜救的相关部门都建立了完善的值班响应制度，能够在得到准确搜救任务信息的情况下迅速起飞，执行指定的搜救任务。交通运输部救助打捞局的搜救直升机能够在 15min 内做好备航准备，并可采取直线飞行方式，飞行速度高达 200km/h 以上。

3. 科技含量高

航空器参与搜救需要使用技术含量高的航空器材以及众多高新技术，如通信、导航、医疗、光学、卫星技术等，通过高素质的搜救团队和高效率的管理组织指挥，才能很好地完成任务。在航空器应用搜救方面，美国已经考虑使用无人机进行灾害的现场勘查，或出动无人机与直升机配合，对遇险人员所在区域进行搜寻、航空摄影。通过这些手段，可以极大地提高搜寻和救助效率，同时降低搜寻成本，缩短搜寻时间。

4. 搜救效果好

航空器由于具有作业范围广、响应速度快、对环境适应能力强等特点，在海上遇险目标搜救行动中展现出了较好的搜救效果。

在大规模搜救行动中，直升机具有反应迅速、搜寻面积大的特点，并且向遇险人员空投救生设备，指引搜救船舶行动的作用。在恶劣的海况下，大型船舶很难从海面搭救遇险人员，而直升机可以悬停在空中将遇险人员从海面上救起，并迅速将获救人员运送至安全地点，其搜救效果会更好。有搜救飞机参与的“海上立体搜救”新模式受到了普遍重视。因此海空立体搜救是当前海难搜救的发展方向，但如何对海空联合搜寻中的资源进行最优协调规划还需要进行进一步的探讨，尤其是面向未来高科技发展，无人机等设施大范围投入海上搜救行动中，如何与地下有人搜救设施进行协同，开展高效搜救行动。

6.3.5 海上搜寻方式的评估

海上突发事故的类型各异，适用的海上搜寻方式也各异，需要根据事故场景的特点对不同的海上搜寻方式进行评估决策，从而选择最合适的搜寻方式展开行动。下面对海上搜寻方式评估的因素和选择标准进行介绍。

1. 选择搜寻方法应当考虑的因素

由于搜救行动具有很强的针对性，而不同的搜寻方法有各自所适用的条件，因此在选择合适的搜寻方法之前应当仔细分析所有的相关因素，一般来说有如下几项。

(1) 搜寻目标位置的不确定性。

(2) 各搜救设施的航行能力。

(3) 所用探测设备的类型。

(4) 搜寻目标的类型。

(5) 搜寻时的海况。

(6) 搜寻期间目标运动的趋势和幅度。

(7) 幸存者的预期生存时间。

(8) 搜寻设施的持续搜寻时间。

(9) 搜寻方法应符合每个可用搜寻设施准确、安全完成搜救任务的能力范围。

(10) 所选搜寻方法应使进行搜寻的力量间发生碰撞的概率降到最低，避免可能发生的航行灾难。

总的来说，搜寻方法的选择因搜救目标、搜寻设施以及环境的不同而不同，在同一个搜救任务中，可能有若干种不同的搜寻方法。因此可以根据现场场景的动态变化和搜寻需求进行搜寻方式的调整。

2. 搜寻方法的选择标准

对任何一次搜救行动来说，评判搜寻方法优劣的标准只有一个，即是否能够最大限度地提高搜救任务成功率。将此标准细化，可以分为如下几项。

1) 区域的覆盖能力

决策者所选择的搜寻方法是否能够最大限度覆盖所选择搜寻区域而没有遗漏。例如，扇形搜索方法仅对于小范围的搜寻有效，当所设定的搜寻区域过大时，其外围将有大量区域因搜寻设施的扫视宽度有限而被遗漏。

2) 快速性

所谓快速性是指所选择的搜寻方法能否以最快的速度完成所选区域的搜索。

毫无疑问，平行线、扩展方形等搜寻方法由于未存在对区域的重复搜索，从而最具有快速性的优势。而移动矩形搜寻、扇形搜索因为对中心区域存在过多的重复搜索，在快速性指标上略低于其他搜寻方法。

3) 可操作性

搜寻方法的可操作性，尤其是在恶劣海况下的可操作性是评价一搜寻方法好坏的重要指标。有的搜寻方法尽管在理论上具有较强的指导性，但是产生过多的航线转向将加大驾驶者的负担，而且很容易产生误差，导致实际航行中无法严格按照计划的航迹航行，使部分搜寻区域未能覆盖，降低了搜寻效率。

4) 安全性

安全性即此种搜寻方法是否与船舶、飞行器的燃料储备相适应，搜寻方法是否会加重搜寻设施间发生碰撞等事故的危险。

以上列举的几种视力搜寻方法，从本质上可以归纳为几何搜寻方法，只是因为采用基点或是基线的不同而有所区别，但最终目的都是对可能区域在几何上予以完全覆盖。

由于在以往搜救工作中，对风、流等环境因素比较难以估计，上述部分漂移方法如扇形、扩展方形搜索中使用推算船位航行能自动补偿总流压的影响，因此其并不是完全或者有所修正的几何搜寻方法。另外，对于各种搜寻方式所适用的搜寻范围、目标位置、搜救个体、搜索起点等对比如表 6-10 所示，以供搜寻决策时参考。

表 6-10　几种搜寻方法的比较

搜寻方法	搜索范围	目标位置	搜救个体	搜索起点
扇形搜寻	小	确定	单一	基点
扩展方形搜寻	小	确定	单一	基点
平行线搜索	大	大略位置	一个或多个	搜索区域一侧
横移线搜索	长且窄	在已知两点间	一个或多个	搜索区域一侧
移动矩形搜寻	小	确定	单一	基点

第 7 章　海上搜救资源方案决策优化方法

海上搜救资源方案的决策优化是指为了完成一定的搜救任务，通过对情景任务进行使命分析，在掌握环境信息及相关资源(飞机与船舶)信息的基础上，从可用资源中选择出合理的资源类型及数量，生成满足搜救需求的最优资源方案的过程。基于前面介绍的决策方法和基本搜寻理论，本章提出一种定性与定量方法结合的决策方法，即基于规则与多目标规划相结合的海上搜救资源方案生成与优化方法，首先通过建立规范的规则库与多目标规划模型对所有可能的搜救资源方案进行评估选择，构建的模型应该考虑到海上突发事故的类型、性质，能参加搜救行动的资源性能、地理位置等信息，以及现场的海洋环境情况等；然后在综合衡量所有信息的基础上从各方搜救组织中选择出合适的资源组合；最后利用智能优化算法快速生成最优的海上搜救资源方案，实现在不造成资源浪费的情况下，资源方案的搜救效率最高。下面对海上搜救资源方案决策优化方法模型的内容进行介绍。

7.1　海上搜救资源方案决策优化问题分析

7.1.1　海上搜救资源方案的特点

海上搜救资源方案的决策关乎生命存活，至关重要。海上险情具有突发性强、时效性快、危害性大、救助难、社会关注度高等特点，而在进行搜救资源方案设计时，每一个特点都对资源方案提了一定的要求。

(1) 时效性。救援界认为，灾难发生之后存在一个“黄金 72 小时”，在此时间段内，遇险者的存活率极高。海上搜救中最关键的是时间，把握方案的时效性有利于科学制定海上搜救措施，集中力量最大限度地增加遇险人员获救的可能，提高海上人命救助成功率。海上事故在复杂海况的影响下往往发展很快，例如，失事人员落入海中，若搜救力量没有及时搜救，搜救对象在低温的海面以及缺少营养物等状态下很可能在短时间内死亡。一般人体在低温水域中生存极限如下，穿着常服并保持静止，在海水中的存活时间：1℃海水，7 分钟；2℃海水，15 分钟；2.5℃海水，30 分钟；5℃海水，60 分钟；10℃海水，3 小时；10～15℃，少于 6 小时；15～20℃，少于 12 小时；超过 20℃，不定(视疲劳程度而定)，能在 0～4℃冰水混合物中坚持 30 分钟的人则为少数中的少数。这是因为人体温度一般不低于 35℃，长期处于低于这一温度水中，人体细胞就会紊乱，血液也流动不畅，造成缺氧，人会进入昏迷状态。“泰坦尼克号”上千人落入海水中，当时海水中有很多冰块及冰山，大部分人在 10 分钟内被冻死。除了低温环境以外，人在补充营养(食物)但不喝水的情况下，在一般环境条件下是 72 小时(3 天)，如果超过了 72 小时人的生命就会有危险；如果有水而没有食物人可生存时间是七天，八天将是人的生命极限。因此海上搜救力量应该在事故发生后立即反应，在时限内及时赶到，快速进行搜寻救助。时效性对于资源完成任务的时间有着很高的要求，因此搜救时间是方案设计需要重点考虑的因素。

(2) 资源平台性。海上搜救体系的资源种类多样，大至航母，小至救生圈，但海上搜救力量主要以资源平台为主，以各类飞机和船舶为核心力量。而类似卫生员背囊、搜寻定位资源、救生捞救网等将会以附属资源的形式配置于资源平台上。因此飞机与船舶资源是海上搜救资源方案设计的核心，考虑到这点，本书进行海上搜救资源方案决策优化的研究时，只考虑对飞机与船舶两类资源。

(3) 搜寻活动核心性。海上搜救行动主要由搜寻行动和救助行动两个部分组成，把落水目标成功救至安全区域，搜寻和救助行动都必不可少。而搜寻过程可以说是整个搜救行动的基石，只要发现了目标，搜救就成功了一半。发现不了目标，后面的一切救助都是空谈。搜寻到目标是搜救行动的一切前提，因此，可以说搜寻的成败直接决定了搜救的成败。因此本书在进行资源方案设计时，将搜寻活动中的效率作为衡量方案优劣的主要价值函数。

(4) 处理信息多元性。海上搜救资源方案的决策应该是“情景-应对”型的，在进行资源方案决策时需考虑适应海上搜救环境的要求，从而处理多方面的信息以做出科学的决策。根据搜救目标情况、遇险性质、遇险海域内的环境条件、可用资源信息等，进行科学的分析和判断。因此进行资源方案设计时，需要合理运用这些信息，尽可能真实地反映现实情况，从而科学地制定搜救资源方案。

7.1.2　海上搜救资源方案决策的原则

在发生海上遇险事故之后，搜救应急指挥中心需要综合考虑遇险事故的等级和可用的搜救资源，在短时间内给出一个相对满意的搜救资源方案，需要从全局出发，确定海上搜救资源方案生成的原则。

(1) 弱经济性原则。海上发生遇险事故之后，本着生命至上的原则，在对失事人员进行救助的过程中对搜救成本的考虑较少或者不予考虑，海上搜救事故的突发性和搜救行动紧迫性决定了海上搜救资源方案的时间效率要高于经济效益。

(2) 及时性原则。由于遇险人员在海上存活的时间较短，存在黄金救援时间，海上搜救资源方案必须要考虑到及时性原则，以最短搜救行动时间作为方案选择的原则之一。

(3) 全局性原则。海上遇险事故往往伴随着衍生事故或者多起事故同时发生，需要考虑到这种情况，从全局出发生成海上搜救资源方案。

(4) 动态调整性原则。由于海上环境的复杂性和事故情景演变的现实特性，海上搜救行动实际上是多阶段的，不同阶段所需的资源都存在着差异，而且资源本身也存在一定的动态性，因此海上搜救资源方案也应该遵循动态调整的原则。

7.1.3 海上搜救资源方案决策问题剖析

1. 海上搜救资源方案决策过程

恶劣的海上环境给搜救行动带来了很多挑战，为了克服这些挑战，目前大多数国家对海上搜救采取了航空和海上联合搜救方式。然而，协调整个海空搜救行动的效率和效益远远不止选择一艘船或一架飞机那么简单，如此复杂的联合行动会给决策者带来许多问题。例如，为了尽可能快地做出应急响应，而且避免不必要的资源浪费，决策者需要在短时间内在所有资源中选择参与搜救行动的飞机和船只。海上搜救资源方案设计直接决定着其运行的有效性和效率，降低人员伤亡和财产损失。

在海上搜救资源方案决策方面，许多挑战阻碍了决策者做出科学的决策，主要表现在：

(1) 搜救资源选择的空间复杂且庞大，给快速求解带来了一定的难度；

(2) 搜救资源种类多、数量多，包括了来自不同搜救组织的飞机、船舶等；

(3) 海上搜救资源的初始位置、速度、航线间距和扫海宽度，承载伤员容量不同，如何综合这些要素构建方案的目标函数也存在着一定难度。

决策者需要在短时间内分析大量的数据，并且正确选择最优的搜救资源组合。然而，迄今为止，关于海上搜救资源方案决策的定量模型的研究还很少，现实中的搜救资源基本都是倾巢出动，并没有进行过优化选择。总的来说，目前海上搜救资源方案设计是低效的，因此制定科学的海上搜救资源方案是十分必要的。

海上搜救行动中存在着一些现实因素。首先，搜救飞机的速度远远快于船只，相对于搜救船只而言，飞机可以在短时间内快速到达作战区域并找到人员。然后，虽然无人机和固定翼飞机具有良好的海上搜索能力，但它们自身的结构并不适合在发现人员后进行打捞。最后，尽管直升机具有一定的救助能力，但与搜救空投能力相比，其救助能力仍然有限。因此，结合目前现实的搜救情况，本书只考虑了海上搜救行动中由搜救飞机执行快速搜寻定位任务，由搜救船只执行打捞救助任务的情况。本章简化的海上搜救过程一般包括预警阶段、搜寻行动和救助行动三个阶段，如图 7-1 所示。

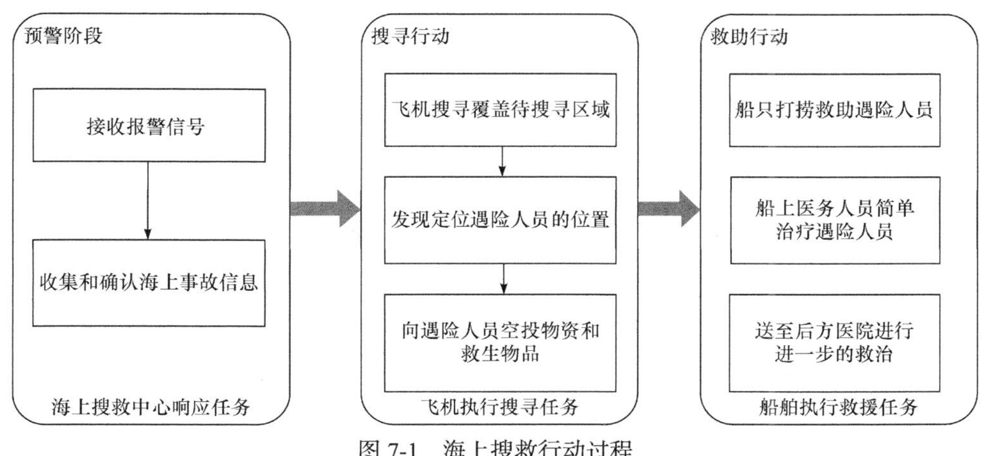

图 7-1　海上搜救行动过程

首先，在接收到海上遇险报警信号后，相关责任部门对已有的事故信息和环境信息进行确认和处理，为后续的搜救决策过程提供数据基础；其次，在搜寻阶段需要确定飞机资源方案，由于飞机速度远远大于船舶，因此由各类飞机展开搜寻，而各搜救飞机的位置、航速搜寻能力和发现目标的概率不同，应该设计合适的飞机方案使其快速高效地对待搜寻海域实施搜寻覆盖；然后，在救助阶段需要确定船舶资源方案，当飞机搜寻到搜救目标后，将目标的具体位置传输至附近救援船舶，船舶根据距离的远近选择去不同的区域进行救援后送至安全位置，应选择可用的船舶使其能以最短的时间完成所有搜救对象的打捞救援；最后，对飞机与船舶的方案进行融合，生成最优搜救资源方案。

通过对前面几章的相关概念以及海上搜救知识进行介绍，接下来对海上搜救资源方案设计问题进行更深入的分析。

海上搜救过程是一个复杂的系统工程，而本书的研究落脚于其中的资源方案设计问题，如何定义该问题，将问题抽象为可以解决的决策模型，并依据该分析拟定研究思路。图 7-2 展示了海上搜救资源方案设计决策与优化的基本概念过程。

如图 7-2 所示，海上搜救资源方案决策需要协调各方力量共同完成，但海上事故的性质各不相同，各搜救资源的位置、容量、航速、航线间距也不同，环境状况也有很大的区别，如何选择可用的搜救资源并使其协同工作，对遇险人员实施快速高效的搜救，是海上搜救实践中经常遇到的问题。当海上事故突发时需要联合多方力量展开搜救，但就我国目前的海上搜救情况来看，搜救资源的选择还过多依赖经验的指导，行动的组织存在一定程度的盲目性。

本书中针对海上搜救资源方案决策与优化的定量化思路，即研究在全面掌握所有可用的海上联合搜救力量信息的情况下，对各方搜救力量进行科学的调度和指挥，考虑尽可能全的约束信息，研究海上搜救资源方案设计方法模型，并对模型进行求解和分析，得出参与搜救行动资源力量的最优方案(包括资源的类型及数量)，考虑用尽可能少的资源使得海上搜救行动效率全局最优。

图 7-2　海上搜救资源方案设计决策与优化概念图

2. 海上搜救资源方案决策问题的关键要素

根据前面分析，海上搜救资源方案设计问题的本质在于资源选择，方案的设计在本书被抽象成一个方案选择与决策优化问题。

海上搜救资源方案设计问题是指在海上搜救背景下，由我国海上搜救中心分管资源方案设计的部门对搜救事故性质、海面环境、搜救对象生命状态、不同力量组织位置，以及可用资源性能进行综合考虑，设计海上搜救资源方案。

海上搜救资源方案内容针对以下问题：选择哪些可用的资源，来自哪些力量组织，如何使得选择的方案满足搜救任务要求，采用相关的决策技术和方法对设计方案进行选择和优化的过程。尽管如此，海上搜救资源方案设计本身依旧是一个系统工程，方案的制定涉及的利益主体以及过程要素较多。与决策相关的知识理论内容也有很多，涵盖资源组合选择、方案评价、搜寻理论、效用理论等，涉及学科专业门类复杂，因此需要综合各类要素和理论构建模型进行优化求解。

如图 7-3 所示，海上搜救资源方案的决策是指面向搜救任务需求，基于当前各搜救力量组织资源在位状态，综合考虑事故性质、环境情况、资源性能等影响，拟定包括资源来自何种力量组织以及可用的资源类型及数量的资源方案，通过综合运用系统分析、价值分析以及决策分析等方法，从搜救效率、平均资源效用多个角度对备选方案进行价值计算与优劣权衡，筛选出合适的海上搜救资源方案，使其实现搜救效果最佳的前提下也不会造成资源浪费，为实施高效高质的搜救任务保障提供科学依据。

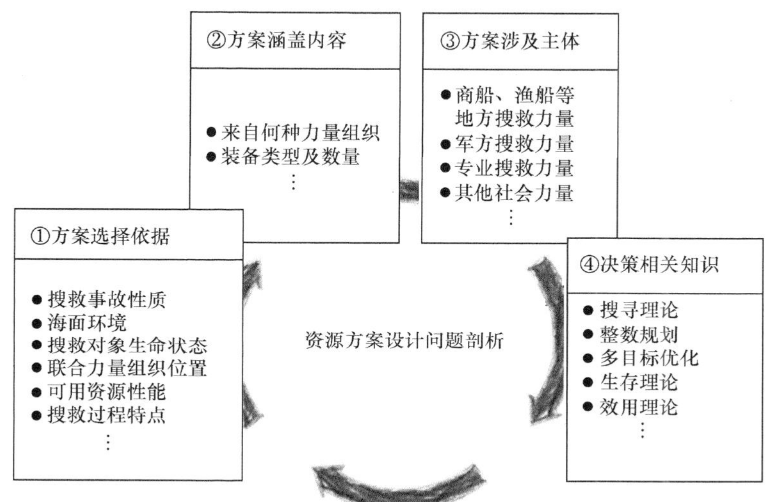

图 7-3　海上搜救资源方案决策问题剖析图

从问题建模以及求解的角度来看，海上搜救资源方案设计过程中所涉及的关键要件应该包括价值模型、选择模型以及求解方法几个方面，下面进行简要介绍。

1. 海上搜救资源方案的价值模型

方案价值模式是对方案多个价值的度量，反映了决策者对于面向海上搜救任务的资源方案的满意程度。进行海上搜救资源方案选择的一个关键部分，就是合理确定方案价值指标，建立价值指标模型。价值模型要能完整全面、科学合理地反映海上搜救资源方案价值特性并且能够度量，即价值准则要具有完整性、系统性、可测性以及相对独立性等特点。

基于价值模型，充分利用现有的决策方法与技术，实现对海上资源方案的定量化、科学化选择决策过程。而对于本书的价值模型而言，从现实角度出发，考虑一个海上搜救资源方案应该满足的条件。首先从搜救成功率出发进行考虑，即成功搜寻到目标并及时给予救援，从而保证搜救对象的生命存活是方案衡量的主要价值之一。此外，在保证搜救成功率的前提下，方案中资源数量的过多会造成资源性能冗余，从而造成浪费，因此还需要引入一个价值，即平均资源效用。本章将对两个价值进行综合考虑，对海上搜救资源方案进行评价选择，在 7.1.4 节会进行进一步阐述。

2. 海上搜救资源方案的选择模型

通过以上的分析可以看出,关于海上资源方案决策的基础建模工作已经完备。而问题的核心则在于如何根据已有约束条件、方案价值模型对备选方案价值进行比较。首先这部分需要对海上搜救资源方案决策过程中相关约束条件进行研究，因为现实环境条件以及资源自身属性的局限，存在着一定的约束条件。通过研究真实搜救场景下的约束信息，将其纳入本章的问题模型中，对资源方案进行初步决策。

然后，根据最大化搜救成功率以及最大化平均资源效用的价值函数值来度量资源方案的优劣，对候选海上资源方案进行筛选，而最大化搜救成功率与最大化平均资源效用是矛盾的，如何对这两个目标进行权衡从而选择最优资源方案也是本章要研究的问题。

3. 海上搜救资源方案的求解方法

通过以上分析得知，海上搜救资源方案决策的问题模型已经建立，如何最终求得海上搜救最优资源方案是接下来需要研究的内容。这是由于候选资源方案的增多会导致经典的 NP-hard 问题，指数爆炸导致普通算法无法在短时间内求解，而且并不能解决多目标冲突问题，因此必须对其进行优化求解。对于本章的约束优化问题，需要利用智能优化算法进行求解，选取合适的优化算法求解出科学合理的帕累托前沿是需要研究的内容。

从以上的分析可以看出，本章问题属于多目标规划的决策问题，接下来我们将海上搜救资源方案设计的多目标进行分析。

7.1.4　海上搜救资源方案决策的多目标分析

在了解多目标规划问题基本理论基础上，我们可以看出，该问题的本质在于每次决策过程中对海上搜救资源方案的目标函数进行衡量比较，而模型中的目标函数是本书问题的核心，目标函数实际上就是前面提到的海上搜救资源方案的价值模型。下面结合海上搜救的实际情况以及搜救任务的特点，对本章衡量最优海上搜救资源方案的两个目标进行介绍。

1. 最大化搜救成功率目标

对于海上搜救行动而言，制定搜救资源方案的目的是能高效完成海上搜救任务，而衡量海上搜救任务完成高效与否的最直接的指标就是搜救成功率。

一方面，海上搜救过程中搜寻活动核心性的特点决定了搜寻到搜救目标是至关重要的。因为搜寻不到目标就无法对遇险人员(搜救对象)实施救援，而现实情况是就算飞机搜寻覆盖到了搜救对象所在区域，由于海面上浪花阻碍、资源性能局限以及目标对象太小不易发现等因素，搜救对象被成功搜寻到存在着一定的概率。

另一方面，对于海上搜救行动全程而言，成功搜寻到遇险人员目标是远远不够的，同时还应考虑搜救对象的存活状态。这也是因为遇险人员会因为长期在低温、海浪等恶劣环境中而失去生命特征，此时仅保证成功搜寻到目标来衡量海上搜救资源方案是不够的，还需要将遇险人员的生命时长因素考虑进来。因此，在搜救行动中，遇险人员的最长等待救援时长是制定任何一个海上搜救资源方案都应该考虑的生命指标，最长等待救援时长是指搜救对象在遭受灾难后生命特征最长能维持的时间，即在待搜救对象的最长等待时长之内搜救活动必须完成，超过这个时间之后，搜救对象失去生命特征，救援将失去意义。因此本书在考虑海上搜救最优资源方案的目标——搜救成功率时需要从两个方面出发进行考虑。

资源的搜寻定位成功与否：海上搜寻资源在海面上进行搜寻过程中，是否能发现目标存在着一定的可能性。除了与资源性能有关之外，也与参与搜寻的搜救人员经验、海况情况有关。在平静的海面上，搜寻人员能够相对容易地搜寻到目标。当海况变差时，海面上的浪花会影响到搜寻行动的效率，如海上的藻类、漂浮的木头等也会形成干扰。而对目标的成功定位是保证搜救对象下一步进行救援的必要步骤。因此最终搜救成功与否，成功的搜寻定位是非常重要的，因此搜寻成功率是搜救成功率的一部分，是指搜寻单位最终发现目标的可能性。

搜救对象的生存状态是否存活：对于海上救生来说，保障搜救对象的存活是最重要的。因此衡量搜救活动的成功率不能只考虑搜寻成功率，还需考虑到搜救对象的生命存活状态。海上救援与陆地救援最大的区别就在于海上恶劣的环境会降低搜救对象的生存时长。落水人员的生存时间是指人体在正常状态下，身体浸泡在海水中能够存活的最长时间。因此，海上救援对搜救效率的要求更高，超过一定搜救时长搜救对象则会失去生命特征，搜救行动将失去意义。若搜救过程时间过长，海况条件恶劣，则搜救对象的平均生存水平会降低。因此搜救活动结束时，搜救对象生存水平也是搜救成功率应该考虑的一部分，是指一定搜救时间之内，搜救对象依然生存的可能性。

根据上述分析，可以得出最大化搜救成功率可以作为衡量海上搜救资源方案的优劣的目标之一，通过预先对资源方案完成搜救任务的效果进行评价，判定预设方案最终搜救成功的可能性，从而选择出搜救成功率最高的资源方案。

整个搜救活动的搜救成功率是指成功搜寻到所有搜救对象的同时，这些搜寻对象还存活的可能性。因此，搜救成功率实则由搜寻成功率与生存水平两部分组成。由此可见搜救成功率(POR)主要由两部分组成，分别是搜寻成功率(POS)和生存概率(POL)。为了使得搜救行动的效率最高，海上搜救资源方案应该使得搜救成功率最高，表达式如式(7-1)所示，具体的计算模型在 7.2.3 节中进行解释说明。

$$\mathrm{Max(POR)} = \mathrm{POS} \times \mathrm{POL} \tag{7-1}$$

2. 最大化平均资源效用目标

在进行海上搜救资源方案设计时，若只是用最大化搜救成功率的目标来筛选资源方案，最终会出现一种情况，即满足约束条件的所有资源都出动参加搜救活动，但现实情况中不用全体出动也能达到同样的搜救效果，因此仅以搜救成功率为目标进行资源方案设计，最终生成的方案会造成搜救资源的浪费。为了更科学地进行资源方案的设计，在保证最大化搜救成功率的前提下，应该考虑用尽可能少的资源去完成搜救任务。

根据研究以及实际经验可知，随着资源数量的逐渐增多，完成搜救任务的成功率会逐渐增加(图 7-4)，且搜救成功率增加的幅度会减小。由图可知，随着资源数量的增加，在一定数量范围内，搜救成功率的增加比较明显。而到达一定数量之后，搜救成功率的增加趋于平缓，这就说明资源数量的过多增加并不会对搜救成功率有多大贡献，反而会造成资源浪费。出现这一现象的原因在于随着搜救行动的进行，平均搜救工作量会逐渐变少，致使新加入搜救行动的资源对整个任务的贡献量越来越小，边际效用越来越低。虽然搜救资源数量越多搜救成功率也会越高，但是肯定会存在资源效能冗余的情况，致使后面加入资源的边际效用逐渐趋于 0，从而导致平均资源效用会很低。

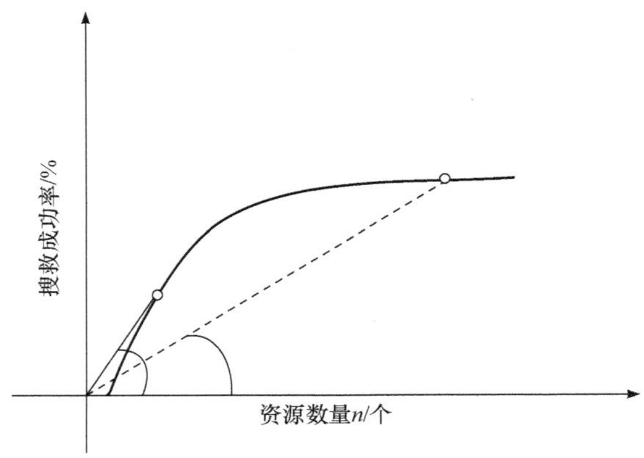

图 7-4　搜救成功率与资源数量的关系图

而且在现实情况中，当面临海上搜救任务时，可用的搜救资源并不能倾巢出动。这是因为一方面为了保证搜救支队以及相关基站的设备在位率，使得一部分资源能执行每日海上巡逻任务以及其他日常任务；另一方面，考虑多事故的并发需要保证一部分资源的机动性，使得这些资源能待命其他搜救任务。因此一个最优方案应该保证资源方案中的有限资源都能用其所用，发挥资源自身的最大效用。

通过以上综合考虑，在衡量海上搜救资源方案优劣时，还应该加入最大化平均资源效用的目标函数，在保证最大化搜救成功率的基础上能使所有资源发挥最大效用，从而高效利用搜救资源而不造成浪费，也保证了搜救组织的资源到位率。实际上平均资源效用也代表了资源方案的资源利用情况。

通过以上分析，本书将围绕最大化搜救成功率与最大化平均资源效用两个目标函数来进行海上搜救资源方案的选择。在之后章节中，对目标函数再进行更深入的分析。

7.2　基于规则与多目标规划的海上搜救资源方案决策优化

7.2.1　总体思路介绍

本节介绍一种将定性与定量方法相结合的方法对海上搜救资源方案进行决策的过程，从而生成最优的搜救资源方案。基于规则与多目标规划相结合的方法，既能充分利用历史案例中丰富的处置经验与专家知识，又能改进当前资源选择过多依赖经验指导的局限性，建立科学定量的模型，从而切实提高搜救效率和提高资源利用率。

海上搜救资源方案生成方法框架如图 7-5 所示：首先通过总结整理海上搜救资源使用的实际经验以及领域专家知识，将经验知识进行规则化表示并建立匹配机制，从而得到初步可行的资源集；然后，考虑到最优的资源方案既能保证最高效率，又能充分利用各方资源，将其抽象转化为定量的决策优化问题，建立海上突发事件应急处置方案的整数多目标规划模型；最后在初步生成资源集的基础上进行进一步的优化，得到最优海上搜救资源方案集。

在输入海上环境与事故信息数据之后，通过规则库的匹配生成最初的可选搜救资源集，然后将规则匹配得到的结果结合资源库中资源的相关信息，输入到已经构建好的多目标规划模型中，生成最终的海上搜救资源备选方案集。

为了便于研究，本章在如下假设中给出海上搜救资源方案的决策方法：

(1) 所有的搜救对象在搜寻区域内均匀分布；

(2) 由于飞机与船舶速度相差较大，本章只考虑飞机搜寻、船舶救助的情况；

(3) 假设全体搜救对象的生存时长服从正态分布；

(4) 假设所有搜救飞机覆盖完指定搜寻区域的时间就是搜寻阶段的时间，在这里不考虑飞机返航加油的因素；

(5) 假设目前通过历史经验统计得知了各类飞机的在不同海况下的搜寻能力、目标发现概率、各类船舶的打捞效率。

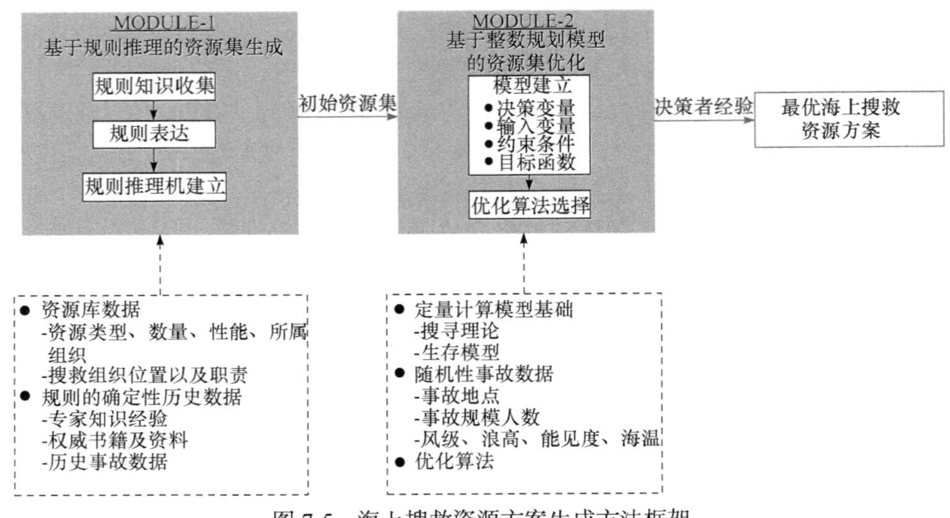

图 7-5　海上搜救资源方案生成方法框架

首先对基于规则的海上搜救资源可行集生成方法进行介绍。

7.2.2　基于规则的海上搜救资源可行集生成

经过数代人的努力与数万次实际搜救的宝贵经历，在海上搜救资源调配上已积累了大量知识，却没有固化成知识化的规则，且缺乏快速有效的规则机制，机械化人工的决策方式导致目前海上突发事件应急处置工作的效率低下，因此急需完善海上搜救资源调配的规则方法体系。

通过对海上搜救专家知识和历史经验进行知识组织、表达与存储，建立海上搜救资源规则库，继而在合理的推理机制下，为海上遇险人员的打捞搜救提供合理有效的策略和辅助决策支持，使得搜救行动迅速、准确。

(1) 规则知识获取。

通过总结搜救业务人员经验、查阅海上突发事件应急处置相关书籍资料、开展现场调研等方法，总结与梳理海上搜救资源在实际搜救过程中的调配规则与操控流程，包括专业救助船和飞机等各种搜救力量信息，海上气象、海流、海浪等气象水文环境等知识以及各种险情的应急救助预案和操作规程。例如，在国际海事组织 IMO 与国际民用航空组织联合推出的《国际航空和海上搜寻救助手册》中通过实验研究制定了搜救决策的推理知识，在我国《国家海上搜救手册》上也有相关知识。

表 7-1～表 7-5 是对目前已获取到的资源调配规则知识进行举例说明。但海上搜救资源调配的知识不仅仅只是本章中提到的内容，未来可以不断地扩充规则知识库。

表 7-1　天津海事局巡逻船艇

资源名称	抗风能力	所允许最大海况等级	适用航区	最大承载量/人
海巡 051	7 级	5 级	沿海	20
海巡 052	6 级	4 级	沿海	25
海巡 053	10 级	6 级	沿海	35
海巡 0503	5 级	4 级	遮蔽	18

表 7-2　海况等级表

海况等级	海面状况名称	浪高范围/m	海面征状
0 级	无浪	0	海面平静。水面平整如镜，或仅有涌浪存在。船静止不动
1 级	微浪	0～0.1	波纹或涌浪和小波纹同时存在，微小波浪呈鱼鳞状，没有浪花。寻常渔船略觉摇动，海风尚不足以把帆船推行
2 级	小浪	0.1～0.5	波浪很小，波长尚短，但波形显著。浪峰不破裂，因而不是显白色的，而是仅呈玻璃色的。渔船有晃动，张帆可随风移行 2～3n mile/h
3 级	轻浪	0.5～1.25	波浪不大，但很触目，波长变长，波峰开始破裂。浪沫光亮，有时可有散见的白浪花，其中有些地方形成连片的白色浪花——白浪。渔船略觉簸动，渔船张帆时随风移行 3～5n mile/h，满帆时，可使船身倾于一侧
4 级	中浪	1.25～2.5	波浪具有很明显的形状，许多波峰破裂，到处形成白浪，成群出现，偶有飞沫。同时较明显的长波状开始出现。渔船明显簸动，需缩帆一部分(即收去帆的一部分)
5 级	大浪	2.5～4.0	高大波峰开始形成，到处都有更大的白沫峰，有时有些飞沫。浪花的峰顶占去了波峰上很大的面积，风开始削去波峰上的浪花，碎浪成白沫沿风向呈条状。渔船起伏加剧，要加倍缩帆至大部分，捕鱼需注意风险
6 级	巨浪	4.0～6.0	海浪波长较长，高大波峰随处可见。波峰上被风削去的浪花开始沿波浪斜面伸长成带状，有时波峰出现风暴波的长波形状。波峰边缘开始破碎成飞沫片；白沫沿风向呈明显带状。渔船停息港中不再出航，在海者下锚
7 级	狂浪	6.0～9.0	海面开始颠簸，波峰出现翻滚。风削去的浪花带布满了波浪的斜面，并且有的地方达到波谷，白沫能成片出现，沿风向白沫呈浓密的条带状。飞沫可使能见度受到影响。汽船航行困难。所有近港渔船都要靠港，停留不出
8 级	狂涛	9.0～14.0	海面颠簸加大，有震动感，波峰长而翻卷。稠密的浪花布满了波浪斜面。海面几乎完全被沿风向吹出的白沫片所掩盖，因而变成白色，只在波底有些地方才没有浪花。海面能见度显著降低。汽船遇之相当危险
9 级	怒涛	>14.0	海浪滔天，奔腾咆哮、汹涌非凡。波峰猛烈翻卷，海面剧烈颠簸。波浪到处破成泡沫，整个海面完全变白，布满了稠密的浪花层。空气中充满了白色的浪花、水滴和飞沫，能见度严重地受到影响

表 7-3　风力等级表

风力等级	风名	风速		海面状况
		m/s	n mile/h	
0	无风	0～0.2	0～1	海面如镜，无波
1	软风	0.3～1.5	1～3	鱼鳞状涟漪，微波
2	轻风	1.6～3.3	4～6	出现显著小波
3	微风	3.4～5.4	7～10	轻浪，浪峰开始破碎
4	和风	5.5～7.9	11～16	轻浪，浪峰半数成白浪花
5	清风	8.0～10.7	17～21	中浪，几乎全是白浪花
6	强风	10.8～13.8	22～27	大浪，白浪高起
7	疾风	13.9～17.1	28～33	巨浪，飞沫开始沿风向被吹成条纹状
8	大风	17.2～20.7	34～40	巨浪，海面充满飞沫，低空飞溅
9	烈风	20.8～24.4	41～47	狂浪，波峰开始摇动
10	狂风	24.5～28.4	48～55	狂涛，白浪花大片被风削去
11	暴风	28.5～32.6	56～63	异常狂涛，白浪花完全覆盖海面
12	飓风	32.7～36.9	64～71	怒涛，空中出现白色浪花和飞沫
13	一级飓风	37.0～41.4	72～80	
14	二级飓风	41.5～46.1	81～89	
15	三级飓风	46.2～50.9	90～99	

表 7-4　东海救助局福建海域救助船舶配置情况表

船名	船舶种类	航区	巡航速度/kn	抗风等级/级	待命位置
华英 393	救助船	沿海	16.8	6	沙埕 定海湾
华英 391	救助船	沿海	16.8	6	福州基地码头 海坛海峡 湄洲湾

续表

船名	船舶种类	航区	巡航速度/kn	抗风等级/级	待命位置
东海救 113	救助船	无限	20.1	12	泉州湾 厦门基地码头 厦门港附近 东山岛
海救 116	救助船	无限	25	12	
东海救 196	救助船	无限	13.8	8	
东海救 195	救助船	无限	11	8	
东海救 202	救助船	无限	35	12	

注：1 节(kn)=1 海里/时=(1852/3600)m/s =1.852km/h。

表 7-5　各类船型的主要技术性能标准

船舶性能指标	大型海洋救助船	中型海洋救助船	近海快速救助船	小型救助船	应急救助支持船
船长/m	≥75	≥60	约 50	40～50	约 40
功率/kW	6000～14000	4000～6000	约 4480	1500～2000	
航速/kn	约 20	15～16	约 30	18～20	12～15
航区	主要承担远海、大风浪、重大海难事故的救助任务	适合在近海开展救助任务	主要完成近海可能会带来群死群伤的海难事故的人命救助任务，一般配置在遮蔽水域和客滚航线附近	主要实施近港、近岸、浅水区人命救助	作为基地应急分队潜水、救援支持母船
续航力/n mile	10000		500		
安全海况/级	9	7～8	6	6	
主要特点	船舶功率大、抗风浪能力强、操作性好、拖带能力强、可搭载直升机，并具备较强的消防能力	抗风浪能力比较强，具有一定消防能力，操纵灵活，适合近海救助，建造运行成本低，是未来海洋救助的主力船型	抗风浪能力较强、速度快	抗风浪能力较强，操纵灵活，速度较快	
船机配合	能搭载直升机				
消防级别	FFI 以上	一定消防能力	一定的消防能力		
其他功能	装备，北方海区应配备兼有破冰功能的救助船舶		在大风浪情况下失速小	具有一定拖带能力	具有 30～50t 起重能力

(2) 规则知识表示与匹配。

对海上搜救过程中调配知识的特点进行研究,从而建立规则模型和匹配机制。采用规则知识表示方法合理有效地对规则进行存储，利用关系数据库的主外键对规则进行关联并表示知识之间的关系。目前在知识表示方法方面主要有谓语逻辑表示法、语义网络法、框架表示法、面向对象表示法、产生式表示法、本体表示法,本章根据海上搜救资源调配规则的特点选取产生式表示法对其进行表示。产生式表示法是一种在人工智能领域中应用最多的知识表示方法。一个产生式系统中包括规则库、推理引擎和数据库三部分。规则库由相互独立的规则组成，海上搜救资源调配规则的巴克斯-诺尔范式(Backus-Naur Form，BNF)描述如下：

```
<Rule>::=<Condition><Decision><Rule credibility>
<Condition>::=<Triggering Condition 1><Logical
relationship><Triggering Condition 2>
         [<Logical relationship>L<Triggering Condition i>]
<Decision>::=<Decision Clauses 1><Logical relationship>
<Decision Clasues 2>
         [<Logical relationship>L<Triggering Condition i>]
<Triggering Condition>::AND(∧)|OR(∨)
<Rule credibility>::<(0,1]∈R>
```

其中，不同场景下规则的条件属性值也不同，会影响到结果属性的变化，需要增加规则的信任程度。任何规则都包括两部分：IF 部分和 Then 部分，IF 部分是前项(前提或条件)，Then 部分是后项(结论或行为)。一般而言，规则可有多个前项，这些前项关键词 AND、OR 或者 AND、OR 混合使用。规则的前项部分包括两部分：对象(语言对象)和值。规则的后项部分与前项部分类似，也通过操作符连接对象和值。因此，决策规则形式写为

```
IF<Condition 1><Condition 2>…
Then<Decision>with<Rule eredibility>
```

以行动规则 1 为例，“五级海况以上，华英搜救艇 A 不能出海”的决策规则表示为

```
IF<sea state≥5>
Then<Huayin shipA=NO>with<1>
```

于是按照相应的标准将所有的规则标准化表示之后，构建相应的规则库，且保证规则库的资源字段与资源库的一一匹配。匹配机制的伪代码列在算法 7-1 中。

算法 7-1　伪代码的规则匹配机制

输入：规则库，R；全局数据，D_{GS}；资源集，S_E
输出：可行资源，C_E
(1) R' = generate_situation_specified_rules(R, D_{GS})$_s$
(2) FOR e IN S_E:
(3) IF e satisfies R' THEN
(4) DO add e into C_E
(5) ENDIF
(6) END

使用规则匹配方法的目的是利用已有海上搜救资源调配知识，对海上搜救过程中需要完成的搜救行动和调配何种资源进行决策指导，即通过构建得到的系统的规则库，采用将事实与规则对比的匹配方法，推理形成实用的决策，经过此步骤能初步对所有资源进行筛选，根据经验规则得到可行的资源集，为下一步资源方案奠定基础。

7.2.3　基于多目标规划模型的海上搜救资源方案优化

传统的人工方式难以快速地生成并优化海上搜救资源方案，基于多目标规划的海上搜救资源方案生成技术采用多目标规划问题建模和智能优化算法求解思路，实现资源方案的智能化生成。根据前面的分析，为了给决策者提供支持，我们需要生成最优的资源方案，既保证最高的海上搜救成功率，又保证充分利用资源。针对这两个目标，建立了整数多目标非线性规划模型。

基于多目标规划模型的海上搜救资源方案优化描述图如图 7-6 所示。首先，结合不同场景下的海上搜救业务流程，明确各类资源的属性，构建决策空间，将海洋环境和事件相关的一些信息作为模型的输入。然后在此基础上，结合搜寻理论、生存理论和环境数据模型，对搜救事件的相关问题约束和整数规划模型进行构建，并采用多目标衡量每个方案的优劣。最后，设计了智能优化算法来求解海上搜救资源方案生成模型并优化计算过程，本章选取了 NSGA-Ⅱ算法对资源方案生成优化问题进行求解，得到近似的帕累托解(即最优资源方案解集)，从而得出最优的海上资源候选方案提供给决策者。

下面简单介绍基于多目标规划模型的海上搜救资源方案优化的整个流程。

1. 输入分析

在对海上搜救资源方案的决策过程进行梳理后，对输入参数、决策变量以及优化目标等方面进行分析及定量化表示，并作为海上搜救资源方案自动生成过程的数据输入。

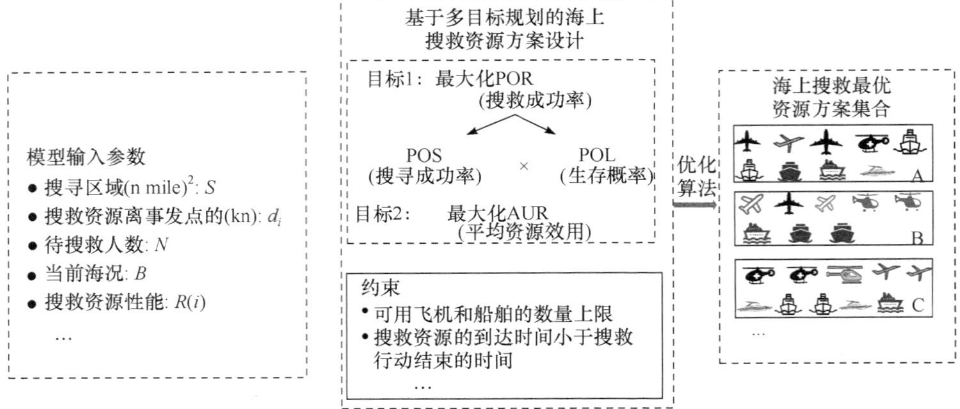

图 7-6　基于多目标规划模型的海上搜救资源方案优化描述图

海上搜救在极其困难的海上环境和紧急情景下展开，过程相当复杂，影响因素众多，因此模型将要考虑的输入条件也较多。但事故发生时应了解的基本情况包括主要包括：

(1) 海上搜寻目标的位置及幸存者分布；

(2) 幸存者的状况及医疗需求；

(3) 观测及预报的环境状况(风力、风向、浪高、水温等)；

(4) 天气状况对实施搜寻和搜救实施行动的影响；

(5) 白日光及其他与能见度有关的因素；

(6) 任何搜救人员可能面临的危险，如有害物质等；

(7) 各类资源的属性及位置分布。

海上搜救指挥中心需要根据以上信息，推算搜救目标的位置变化，计算搜索区域，选择搜救个体，确定合适的搜索模式。经验表明，我们可以通过历史数据得到这些信息。具体的输入参数如表 7-6 所示。

表 7-6　输入参数的具体描述

参数	描述
B	当前海况($1 \leqslant B \leqslant 9, B \in \mathbf{N}$)
N	待搜救人数
S	搜寻区域
M	所有资源的种类
I	飞机类型的数量

续表

参数	描述
J	船只类型的数量
n_i^a, n_j^v	每种飞机/船舶类型的数量($i \leqslant I, j \leqslant J, i, j \in \mathbf{N}$)
d_i^a, d_j^v	飞机/船只离搜寻区域的初始距离($i \leqslant I, j \leqslant J, i, j \in \mathbf{N}$)
v_i^a, v_j^v	每种飞机/船舶类型的航速（ $i \leqslant I, j \leqslant J, i, j \in \mathbf{N}$ ）
b_i^a, b_j^v	允许每种飞机/船舶类型出海的最大海况 ($i \leqslant I, j \leqslant J, i, j \in \mathbf{N}$)
$\mathrm{Cap}_i(B)$	在海况 B 条件下飞机 i 的搜寻能力 (在单位时间内能搜寻的区域面积) ($i \leqslant I, i \in \mathbf{N}$)
P_i	飞机 i 的发现概率(POD) ($i \leqslant I, i \in \mathbf{N}$)
Sal_j	船舶 j 在单位时间内能打捞的待搜救对象 ($j \leqslant J, j \in \mathbf{N}$)
c_j	船舶 j 能承载的最大上限人数（ $j \leqslant J, j \in \mathbf{N}$ ）
$T^l(B)$	在海况 B 条件下人的最长生存时间

决策变量：决策变量主要指海上搜救需要调配和决策的资源，如无人机、固定翼机、医院船、救助艇、医疗设备和相关人员等。

最终需要生成最优的搜救资源方案，可以用连续性变量进行表征，该方案应该包括对资源的种类以及资源的数量的决策。因此最优海上搜救资源方案的数学表达式为

$$X = (x_i, x_j), \quad x_i \in \{x_1, x_2, \cdots, x_I\}, \quad x_j \in \{x_{I+1}, x_{I+2}, \cdots, x_{I+J}\} \tag{7-2}$$

其中，$x_1, x_2, \cdots, x_I$ 表示海上搜救资源方案中的飞机方案；$x_{I+1}, x_{I+2}, \cdots, x_{I+J}$ 表示海上搜救资源方案中的船舶方案；x_i 和 x_j 分别表示方案中飞机资源 i 和船舶资源 j 的数量。也就是说，海上搜救资源方案由飞机和船舶组成，若 x_i 或者 x_j 为 0，则表示该搜救资源方案不使用资源飞机 i 和船舶 j。

2. 问题模型构建

在明确了海上搜救资源方案决策优化问题的输入参数之后，接下来对该问题进行整数规划数学模型的构建。问题模型构建主要包括对海上搜救资源方案设计的双目标函数、不确定性要素以及约束条件的分析建模等。根据 7.1.4 节的分析，考虑到决策者所有可能关心的目标，如搜救效率最高、平均资源效用最高等，对

海上搜救资源方案设计优化模型的目标函数进行建模表示；然后考虑到现实资源有限等约束，如资源所能承载的人数限制、资源数量不超过总数限制等，构建该模型的约束条件。

其中，模型中的目标函数是问题的核心，这是因为多目标规划模型的本质在于每次决策过程中对方案的目标函数进行衡量比较。结合海上搜救的实际情况以及搜救任务的特点，构架目标函数模型。

1) 目标 1：计算搜救成功率(POR)的函数值

在海上救援行动中，制定最优资源方案的目的是高效地完成海上救援任务。在前面已经对海上搜救资源方案的决策目标进行了分析，因此，我们使用海上搜救成功率(POR)来衡量海上搜救应急响应的效率。具体来说，POR 可以直接反映整个搜救行动的成功率。本章对 POR 的定义如下：搜救力量成功搜寻到所有搜救对象的同时，这些搜寻对象还存活的可能性，用于评价整个搜救行动的效率。因此，POR 主要由 POS(搜寻成功率)和 POL(生存水平)两部分组成，如式(7-3)所示。其中，本章提出了生存水平的概念，来阐述随着时间的推移人的生存状态，具体计算模型在后面内容中进行介绍。

$$\mathrm{POR} = \mathrm{POS} \times \mathrm{POL} \tag{7-3}$$

(1) 搜寻成功率的计算模型。

Koopman 教授在搜寻理论的奠基性著作 *The Theory of Search* 中提出了搜寻成功率的概念，即搜寻单位最终发现目标的可能性。搜寻成功率依赖于两个概率：一是搜索区域包含目标的概率，简称包含概率(POC)；二是如果搜索目标在该搜索区域内，搜索者探测到目标的概率，即发现概率(POD)。由此可见，POS 的计算公式为

$$\mathrm{POS} = \mathrm{POC} \times \mathrm{POD} \tag{7-4}$$

实际搜索行动中，POS 的值处在 0～1 范围内。由于本书假设已经计算好搜寻区域，并且搜救目标包含在此区域内。因此，本书中 POC 的值为 1。

考虑到海上搜寻是一种多机协同参与，由不同类型的飞机覆盖不同的区域的活动。根据对不同型号飞机责任区域的划分，POS 可表示为式(7-5)，其中，P_i 是不同飞机的发现概率，不同资源的发现概率不同，与搜寻人员经验、环境条件、资源性能有关。由于海上的海浪、大雾等会阻挡搜寻人员的视线，并且能见度随海况的复杂程度而降低。因此当搜寻资源 100%位于某一海域时也不一定能发现目标，最终搜寻成功率的计算公式由每种飞机覆盖区域的比例与各飞机的发现概率乘积所得。S 为搜索区域的面积，为输入参数。S_i 是不同飞机在整个行动结束时所搜寻覆盖到的区域，同时可以计算不同飞机搜寻区域的到达时间和行动结束时间。T_s 为搜寻行动结束的总时间，它的证明如式(7-6)所示。t_i^a 是不同类型飞机

的到达时间。$\text{Cap}_i(B)$ 为单位时间内飞机搜索面积，且为输入参数。对于搜寻行动而言，所有飞机协同来执行搜寻任务。因此，当最后一架飞机搜索完最后一个区域时，即表示搜寻行动的结束。

$$\text{POS} = \text{POC} \times \text{POD} = \sum \frac{S_i}{S} \cdot P_i$$

$$S_i = (T_s - t_i^a) \cdot \text{Cap}_i(B) \cdot x_i \tag{7-5}$$

$$T_s = \frac{S + \sum_{i=1}^{I} t_i^a \text{Cap}_i(B) x_i}{\sum_{i=1}^{I} \text{Cap}_i(B) x_i}$$

$$\begin{cases} \sum_{i=1}^{I} (T_s - t_i^a) \cdot \text{Cap}_i(B) \cdot x_i = S \\ t_i^a = \dfrac{d_i^a}{V_i^a} \end{cases} \Rightarrow T_s = \frac{S + \sum_{i=1}^{I} \dfrac{d_i^a}{V_i^a} \text{Cap}_i(B) x_i}{\sum_{i=1}^{I} \text{Cap}_i(B) x_i} \tag{7-6}$$

(2) 生存水平的计算模型。

生存水平代表的是搜救对象在被成功搜寻到时的生存力水平，即被搜寻到时的生存状态。本章考虑到海上搜救行动应该是搜寻到具有生命特征的遇险人员才是成功的。

一方面，因为在整个海上搜救过程中所耗费的时间会影响到搜救对象的生命状态。搜救对象的生存水平与她(他)等待救援的时长直接相关，等待时间越长，生命力会越弱。当飞机搜寻定位成功后向船舶发送定位信号，船舶接收信号并迅速向搜救对象的方向驶来进行救援，这个过程中消耗的时间越长，搜救对象生命力会越低。

另一方面，海上环境越恶劣，会直接导致搜救对象的生存环境变得越恶劣，从而会降低搜救对象的生存水平，使其生命状态变得更差，甚至失去生命。

因此，本章中考虑的生存水平也与海上搜救行动时长和海况直接相关。考虑尽可能全的海上搜救过程要素来衡量和建模生存水平，POL 的表达式如下：

$$\text{POL} = \frac{T^l - E(T^r)}{T^l} \tag{7-7}$$

其中，$E(T^r)$ 代表搜救对象在救援阶段的期望等待时间，实际上也是整个搜救过程中搜救对象的平均等待时间；T^l 代表遇险人员的最长生存时长；$T^l - E(T^r)$ 代表剩余的生存时长。因此，其比值越大，代表遇险人员的生存水平越高，即 POL 的值越大。因此，T^l 也代表搜救行动中被救援打捞之前遇险人员可以存活多久的价值参数。

① 遇险人员的最长生存时长 T^l 的计算过程。

根据现实情况，主要有两个因素影响遇险人员的最长生存时长 T^l，如图 7-7 所示，分别是海况 B 以及遇险人员获得投送物资的等待时间 T^s。根据实际搜救情况可知，当飞机搜寻到搜救对象之后，可以空投幸存者需要的救生物品，包括药物、营养物、救助设施等物品，从而能延长搜救对象的最长等待时间，确保那些无法直接被营救的幸存者在等待其他船舶营救期间依然能保持生存状态。因此 T^s 越短表示搜救对象能越快地得到所需物资，从而在一定程度上延长搜救对象的等待时间。遇险人员的最长生存时长 T^l 可用式(7-8)计算：

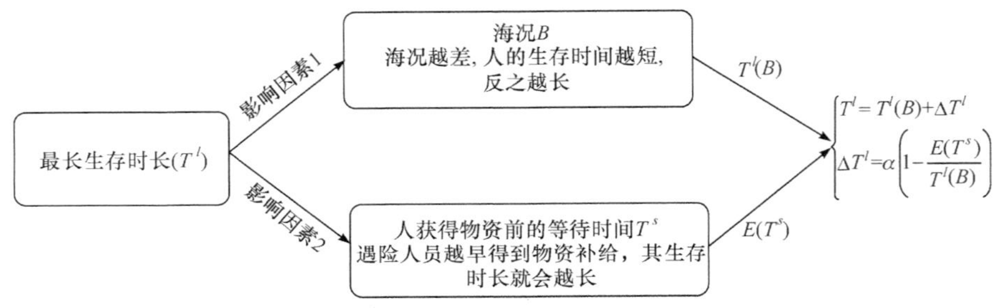

图 7-7　影响遇险人员最长生存时长的因素

$$T^l = T^l(B) + \Delta T^l \tag{7-8}$$

其中

$$\Delta T^l = \alpha\left(1 - \frac{E(T^s)}{T^l(B)}\right)$$

其中，$T^l(B)$ 为输入参数，是指海况 B 下遇险人员的最长生存时间，可通过经验以及实验可得，而且海况越差，生存环境越差；ΔT^l 是指遇险人员获得飞机的物资补给后所延长的生存时间，由于飞机发现目标后将会空投救生用品，这样等待救援的遇险人员越早得到医疗物资用品，他们越有可能生存下来；α 为遇险人员的最长可延长生存时间，假设最长的可延长生存时间为 3h，即 α 为 3h；$E(T^s)$ 为在搜寻阶段到遇险人员的平均等待时间。根据生物医学和公共安全领域的研究发现，人们在突发事件中遇险情况下的生存时间服从正态分布，因此我们假设所有人在海上遇险状态下的生存时间也服从正态分布，而飞机越早搜寻发现遇险人员，人们就能更快地得到补给，因此人们的生存水平也就越高。不同种飞机参与搜寻行动的时间示意图如图 7-8 所示。

然而，我们不能直接得到每个人的实际等待时间。因此，需要对等待时长进行合理的建模描述，本章将所有的遇险人员分成若干组，根据发现他们被飞机搜寻定位到的时间来进行等价转换计算。由于不同搜救飞机速度的差异，飞机是一架接一架地到达待搜寻区域并展开搜寻行动的。图 7-8 展示了不同时间点到达搜寻区域的不同飞机(a、b、c、d 等)和不同时间段参与搜寻行动的飞机类型集合(如在某时间段的飞机类型集合$\{a,b,c\}$)。因此，这样表示后就能够得到每组的平均搜寻时间($\bar{T}_k^s$)，然后可以累积每组的总时间，得到$\sum_{k=1}^{m} T_k^s = \text{NUM}_k \cdot \bar{T}_k^s$，$\text{NUM}_k$是指 k 组里的遇险人数。随后，我们需要计算不同$[t_0,t_1]$时间段内被飞机发现的遇险人数。

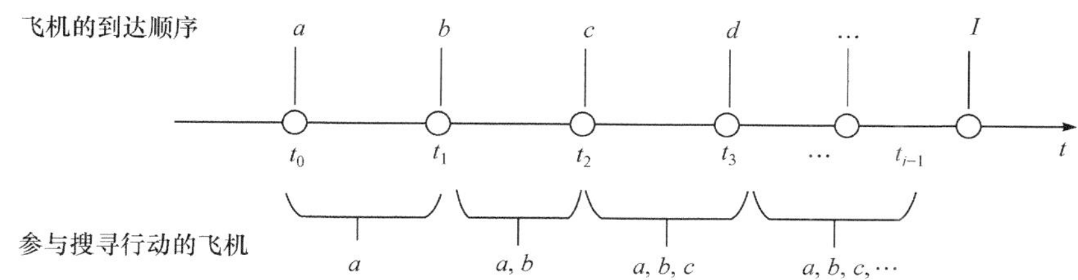

图 7-8　不同种飞机参与搜寻行动的时间示意图

对于NUM_k，由于不同型号的飞机在不同的时间加入，搜寻速度在不同时间段内是恒定的，因此可以计算出不同时间段的搜索区域S_k，其中 i 为参与的时间段$[t_{i-1},t_i]$的飞机类型。历史经验表明，在海上遇险对象的分布往往是高度不确定的，且无法用经验概率分布来表示。在本章中，我们假设所有人都均匀分布在搜索区域内，在前面已经进行过假设说明。我们假设搜索区域内的人的密度为ρ，则总遇险人数 N 可以定义为$S\cdot\rho$，NUM_k可以定义为$S_k\cdot\rho$。对于$\bar{T}_k^s$，因为搜寻速度在不同的时间段内是恒定的，所以$[t_{i-1},t_i]$时间段内的平均搜索时间可以表示为$(t_i+t_{i-1})/2$。因此，$E(T^s)$可以由式(7-9)计算。

$$
\begin{cases}
E(T^s) = \dfrac{\sum_{j=1}^{N} T_j^s}{N} \\
\text{NUM}_k = S_k \cdot \rho = \sum_i x_i \cdot \text{Cap}_i(B)(t_i - t_{i-1}) \\
\bar{T}_k^s = (t_i + t_{i-1})/2 \\
\sum_{j=1}^{N} T_j^s = \text{NUM}_k \cdot \bar{T}_k^s = \sum_i (x_i \cdot \text{Cap}_i(B)(t_i - t_{i-1}) \cdot \rho) \cdot \dfrac{t_i + t_{i-1}}{2}
\end{cases}
\tag{7-9}
$$

$$
\Rightarrow E(T^s) = \frac{\sum_i (x_i \cdot \text{Cap}_i(B)(t_i^2 - t_{i-1}^2))}{2S}
$$

其中，$\text{Cap}_i(B)$表示单位时间内飞机搜索面积，同时也是已知的参数；x_i是某一类飞机的数量；N 是海上遇险人数总数，也是模型已知的输入参数；$\sum_{j=1}^{N} T_j^s$是每个遇险人员在搜寻行动中所等待时间的积累时长，也是每个遇险人员所花时间的累积时长。

②搜救对象在救援阶段的期望等待时间 $E(T^r)$ 的计算过程。

对于 POL 计算公式中的搜救对象在救援阶段的期望等待时间 $E(T^r)$，我们假设整个救援行动是一致且持续的，被发现的遇险对象被分配给不同的船只去打捞救助。基于此假设，$E(T^r)$ 的计算过程如式(7-10)所示：

$$\begin{cases} E(T^r)=\dfrac{\sum\limits_{i=1}^{N\times\mathrm{POS}}T_i^r}{N\times\mathrm{POS}} \\ \sum\limits_{i=1}^{N\times\mathrm{POS}}T_i^r=\sum\limits_{j=1}^{J}\left(N_j t_j^v+\sum\limits_{i=1}^{N_j}i\cdot\left(\dfrac{\mathrm{Sal}_j}{x_j}\right)\right) \end{cases} \tag{7-10}$$

$$\Rightarrow E(T^r)=\frac{\sum\limits_{j=1}^{J}\left(N_j t_j^v+\sum\limits_{i=1}^{N_j}i\cdot\left(\dfrac{\mathrm{Sal}_j}{x_j}\right)\right)}{N\times\mathrm{POS}}$$

其中，$N\times\mathrm{POS}$ 为在搜索行动中找到的人数；T_i^r 是每个搜救对象等待救助的时间，因此 $\sum\limits_{i=1}^{N\times\mathrm{POS}}T_i^r$ 为每艘船舶救助遇险人员的总时间；Sal_j 为船舶 j 打捞每名遇险人员的单位时间；t_j^v 为船舶 j 的到达时间，可由输入参数计算得到；x_j 是船舶 j 的最大容量。如图 7-9 所示，展示了每个搜救对象等待被救助的时间不断累积过程。

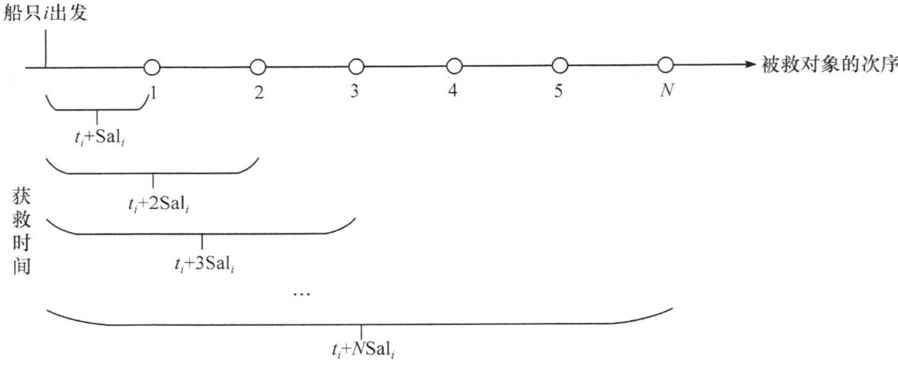

图 7-9　不同搜救对象获救的时间示意图

下面对方案中的 N_j 进行分析，由于 N_j 代表的是每类船舶实际救援到的人数，因此，N_j 实际上就是制订方案时关于救援人数分配的规划问题。为了充分发挥每类船舶的救援能力，在这里假设每一艘船的救援是连续进行的，同时所有船舶之间是相互协同并不受干扰的。因此，在对救援人数进行优化时应该满足以下条件：

①某类船救援 N_j 个人的时间应大于任意一艘船救援 N_j-1 个人的时间，并且应小于任意一艘船救援 N_j+1 个人的时间；

②船舶 i 救援的总人数 N_j 不超过方案中这类船总的载量。

在被救援人数一定的情况下，针对该类整数规划问题，通过不断迭代产生局部最优解，最终可以得到全局最优解。不同的最优解对应于不同的救援方案，即对应于不同的船舶救援人数分配方案，从而得到 N_j 的值。

对式(7-4)～式(7-10)进行计算并代入式(7-3)中，最终就能计算出进行海上搜救资源方案设计优化的第一个目标——搜救成功率的函数值。

2) 目标 2：最大化平均资源效用

在 7.1.4 节的分析中，已经得知最优资源方案的另一个目标为实现最大化平均资源效用，下面就其定义及计算模型进行进一步的解释。

本章给出平均资源效用的定义：海上搜救行动中所有资源带来的效用的平均值，海上搜救的效用可以用搜救成功率来衡量，因此平均资源效用可以用搜救成功率与资源总数之比来表示。平均资源效用(AUR)的计算公式如下：

$$\mathrm{AUR}=\mathrm{POR}\Big/\sum_{i=1}^{M}x_i \tag{7-11}$$

结合图 7-10 进行进一步的阐述，衡量最优海上搜救资源方案的两个目标是矛盾的。首先，从实际情况来看，在资源达到一定数量之后，POR 的增量趋于缓慢，这说明资源量的增加并不总是有助于搜救成功率的增加。造成这种现象的原因是搜救资源的边际效用越来越低。随着搜救行动的进行，资源的平均工作量(贡献量)会逐渐减少，这样新资源对任务的贡献就会越来越小。其次，从数学的角度来看，如图 7-10 所示，曲线的割线的斜率实际上就是 AUR 的值(式(7-11))，也就是说搜救成功率与资源总数之比是曲线的割线斜率，可以看出，随着 y 轴搜救成功率值的增大，曲线的斜率减小。

因此，海上搜救资源方案优化设计的两个目标实际上是冲突矛盾的。当资源数量足够多时，搜救成功率高，但会存在资源数量冗余，此时平均资源效用小。而当资源数量不足时，搜救成功率低，但对于单个资源而言贡献率大。实际上，平均资源效用越高代表每个资源都发挥了各自的效用，避免了更多的资源浪费。

最优的海上搜救资源方案应该满足两个目标的最大化，通过最大化搜救成功率以及最大化平均资源效用来筛选候选资源方案，从而生成最优方案解集。

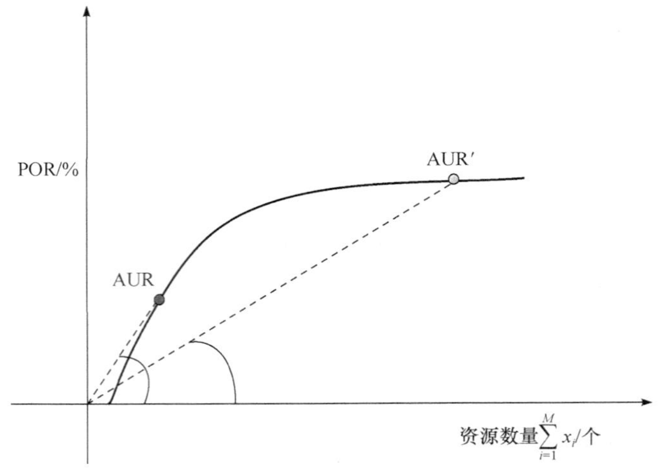

图 7-10　平均资源效用与资源数量的示意图

3) 约束条件分析

海上联合搜救资源方案决策过程中由于现实环境条件以及资源自身属性的局限，存在着一定的约束条件。以下是本章结合实际情况总结出的约束条件。

(1) 资源总数约束。

资源可用的数量存在着上限，主要有如下几个原因，首先不同的海上搜救组织配置的资源数量本身就是一定的；而可能会有某些飞机和船舶正在维系或者是执行其他的任务。因此，这就使得最终能用的资源数量存在着上限。本章进行资源方案决策时选择的资源不能超过每一类资源的总数，因此，方案中 x_i 和 x_j 应满足如下约束：

$$\begin{cases} 0 \leqslant x_i \leqslant n_i^a, \quad x_i \in \mathbf{N}, \quad i = 1,2,\cdots,I \\ 0 \leqslant x_j \leqslant n_j^v, \quad x_j \in \mathbf{N}, \quad j = 1,2,\cdots,J \end{cases} \tag{7-12}$$

(2) 资源正常出海行驶所允许的最大海况约束。

海况等级是海面因风力强弱引起波动程度的大小，波浪越高则级别越大，风浪过大时会造成海面颠簸，某些船舶在恶劣的海况下出海会有危险。因此海况条件对于资源是否能正常出海完成任务有着一定的约束，资源结构性能的不同决定了资源能承受的海况条件不同。有些资源在恶劣的海况下能够正常出海，但有一些资源则不能。资源出海能承受的最大海况等级 b_i^a 、b_j^v 是资源自身的固有属性，与资源自身物理构造有关。在进行资源选择时，海况也是一个约束条件，能正常出海行驶所允许的最大海况应大于目前海况等级：

$$b_i^a, b_j^v \geqslant B, \ \ b_i \in \{1, 2, \cdots, 9\}, i \leqslant I, j \leqslant J, i, j \in \mathbf{N} \tag{7-13}$$

(3) 船舶容纳的人员上限约束。

不同的船舶大小不一，为了安全行驶所能容纳的人员存在着限制。虽然搜救情况紧急，但是现实条件不能允许船舶承载无上限的人。资源所能承载的最大容量也是每一个资源的固有属性。每个资源的容量限制决定了资源只能容纳一定的被救对象。

$$N \leqslant \sum_{j=1}^{J} c_j, \ N \in \mathbf{N} \tag{7-14}$$

(4) 飞机(船舶)到达区域的时间不超过搜寻(救援)总时间。

每一种搜救资源必须在先前参与行动的资源完成任务之前，赶到搜寻现场才有机会参与行动。当附近有足够多的资源能够参加救援时，有一种情况可能会发生，即距离远的资源赶到现场时，搜救就已经结束，此时搜救船舶的出动就没有意义。因此在进行搜救资源的选择时，还需要考虑到飞机和船舶到达搜寻区域的时间。如式(7-15)所示，飞机到达区域的时间 t_i 应该小于搜寻过程的时间 T_s；同时对于船舶而言，到达区域的时间 t_j 应该小于整个救援过程的时间 T_r，即

$$\begin{cases} t_i < T_s, & i \in \{1,2,\cdots,I\} \\ t_j < T_r, & j \in \{1,2,\cdots,J\} \end{cases} \tag{7-15}$$

3. 智能优化算法生成资源方案技术

在海上搜救资源方案选择过程中，候选资源配置方案的增多会导致经典的NP-hard 问题，普通算法的时间代价是巨大的，并且不能解决多目标冲突问题，因此必须对其进行优化求解。最近十多年以来，多目标进化算法得到了很快发展，其中具有代表性的包括 SPEA、SPEA2、PAES、NSGA-Ⅱ等。这些方法在求解离散多目标问题中得到了较为广泛的应用。本书拟采用最为广泛应用的多目标进化算法——NSGA-Ⅱ作为基本的优化器对模型进行求解。

第一代非支配排序遗传算法(non-dominated sorting genetic algorithm，NSGA)是由 Srinivas 和 Deb 于 1994 年提出的。而后，Deb 等在 NSGA 基础上进行改进，并提出了带精英策略的非支配排序遗传算法(NSGA-Ⅱ)，该算法同时兼备了良好分布性及较快收敛速度的特点，可在一次运行过程中得出多个高质量的解。与其他多目标优化算法相比在性能上具有较大的提升，已经成为其他多目标优化算法进行性能对比的基准算法，被国内外学者广泛引用。为了保持种群的多样性，采用拥挤距离(crowding distance)对同一个非支配序列中的个体进行排序。NSGA-Ⅱ算法中两个重要的机制是快速非支配排序机制和拥挤距离分配机制。其改进之处主要为采用了以下几方面关键技术。

1) 快速非支配排序方法

快速非支配排序方法通过保存各解之间优劣关系的比较结果，并且利用索引查找机制，将计算复杂度由 $O(mN^3)$ 降到了 $O(mN^2)$，其中 m 为目标数量，N 为种群大小。在 NSGA 算法中根据支配关系对种群中 N 个个体进行层次划分，首先需要对种群中没有确定非支配排序分层序号的个体进行非支配排序，其中每个没有确定分层序号的个体都需要与其他没有确定分层序号的个体进行支配关系判断，因此该步操作的时间复杂度为 $O(mN^2)$。在该步操作结束之后便将种群划分为非支配解集和支配解集两部分，如果支配解集不为空，则需要再次对支配解集中个体进行层次划分，如此循环操作直至种群中所有个体都被划分，也就是说当种群中所有个体的非支配排序分层序号都被确定则结束排序操作，因此该种排序方法的时间复杂度为 $O(mN^3)$。而 NSGA-Ⅱ算法中所提的改进排序方法由以下两部分组成。

第一部分为种群所有解设置两个变量 n_p 和 s_p，并对其进行初始化，其中，$p=1,2,\cdots,N$，n_p 用来记录所有解中支配解 p 的解个数，s_p 用来记录所有解中被解 p 支配的解集。该步操作中需要对种群中所有解进行双重遍历，计算每个解的 n_p 和 s_p，因此时间复杂度为 $O(mN^2)$。

第二部分根据第一部分排序后的结果进行分层，并初始化分层序号为 1。首先，将种群中所有 n_p 为 0 的个体移除种群，将当前非支配排序分层的序号赋予这些个体，这些个体即为该非支配排序分层上的个体；然后将这些个体 s_p 中所对应的个体 n_p 减 1，并将分层序号加 1，如此反复循环执行，直到种群中所有个体的分层序号被赋予，因此该部分操作的时间复杂度为 $O(N^2)$，而此种排序方法的时间复杂度为 $O(mN^2)+O(N^2)$，即 $O(mN^2)$。

2) 精英选择策略

采用 $(\mu+\lambda)$ 精英选择策略，将同一代的父代种群 P_t 与子代种群 Q_t 进行合并，从而形成临时种群 R_t，并对 R_t 排序分层，利用拥挤选择算子从 R_t 中选取 N 个最优秀的个体作为下一代父代种群。以下给出 NSGA-Ⅱ算法精英选择过程的示意图，如图 7-11 所示。

3) 拥挤距离

拥挤距离用来表示同一排序分层内个体的聚集程度，并以此作为同一排序分层内个体的优劣评判标准，从而保持种群多样性。拥挤距离是对同一排序分层内个体在每一个目标上和与它相邻两个个体距离之差进行绝对值求和。个体 i 在第 k 个目标上的拥挤距离为 $\left|f_k^{i+1}-f_k^{i-1}\right|, k=1,2,\cdots,m$，$m$ 为目标的个数，f_k^{i+1}、f_k^{i-1} 是

个体 i 在第 k 个目标上相邻两个个体的目标值。个体 i 的拥挤距离 d_i 如式(7-16)所示：

$$d_i = \sum_{k=1}^{m}\left(\left|f_k^{i+1} - f_k^{i-1}\right|\right) \tag{7-16}$$

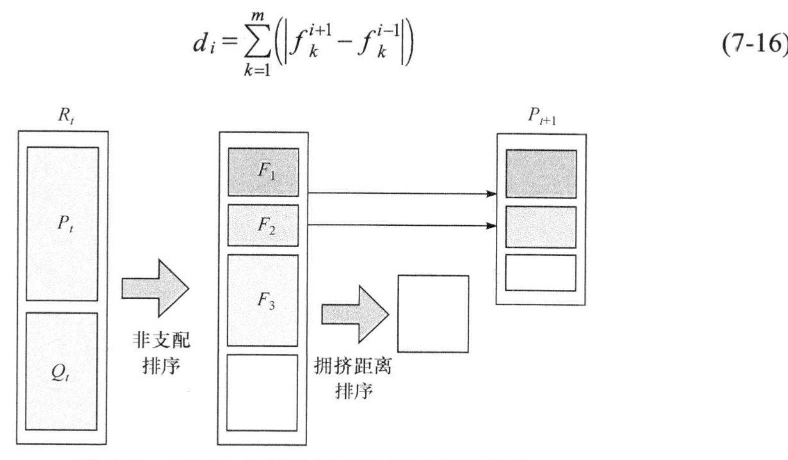

图 7-11　NSGA-Ⅱ算法精英选择过程示意图

4) 拥挤选择算子

为保持种群个体的分布性及多样性，在使用$(\mu+\lambda)$精英选择策略时需要根据个体的非支配排序分层序号和拥挤距离对个体进行选择，从而选择出最优秀的 N 个个体。设个体 i 的非支配排序分层序号为 i_{rank}，拥挤距离为 d_i。对于任意两个个体 i,j，如果 $i_{\text{rank}} < j_{\text{rank}}$，则选择个体 i；如果 $i_{\text{rank}} > j_{\text{rank}}$，则选择个体 j；如果 $i_{\text{rank}} = j_{\text{rank}}$，则根据两个个体拥挤距离来进行优劣判断，数值越大代表其周围其他个体数量越少，密度越稀疏，此时认为该个体更优，反之亦然。

简单来说，NSGA-Ⅱ算法流程图如图 7-12 所示。

在运用 NSGA-Ⅱ算法进行海上搜救资源方案生成优化时，具体步骤可以描述如下。

步骤 1：定义算法的参数，包括种群大小、迭代次数和交叉概率参数。

步骤 2：初始化种群。根据步骤 1 的可行解，随机生成初始种群。

步骤 3：对种群进行排序。每个个体代表特定的资源分配方案。通过计算海上搜救资源方案设计优化模型的参数和上面的目标函数，对每个个体进行评估，对初始种群进行非主导排序，得到帕累托解集。然后，对个体赋予等级和拥挤距离值，实现二元锦标赛选择操作。

步骤 4：突变和交叉。利用突变算子对种群进行突变，通过对每个个体进行一定概率的交叉操作，生成后代种群 Q。

步骤 5：评估临时种群。对临时种群进行非优势排序和拥挤距离排序，临时种

群由现种群 P 和子代种群 Q 组成。

步骤 6：生成新的种群。从临时种群中选择最好的一半的个体，生成新的种群。

步骤 7：进化和迭代。检查终止条件，看算法是否应该停止：如果是，则以当前种群为结果；如果不是，则生成新的种群，从步骤 3 开始新的迭代。

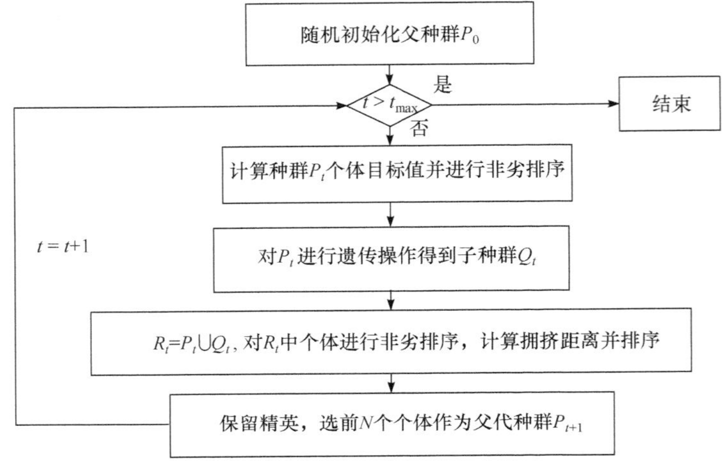

图 7-12　NSGA-Ⅱ算法流程图

由于目标函数是一个基于整数非线性规划模型参数的复杂计算过程，因此与 NSGA-II 集成的详细计算流程列在算法 7-2 中。

算法 7-2　与 NSGA-Ⅱ集成的详细计算流程

输入: Initial population members，P of size N，maximum number of generations，maxGen，crossover probability，pc，mutation probability，pm

输出: P，Best$F$

(1) Best$F \leftarrow \varnothing$;

(2) count=0;

(3) InitializeScenario(B, N, S, M, Aircraft, I Ship, J);

(4) $P \leftarrow$ GeneratePopulation(N);

(5) for $i \leftarrow 1$ to maxGen

(6) t_i^a, t_j^v $[I+J] \leftarrow$ Calculateti(P);

(7) $T_s \leftarrow$ CalcuculateT(P, t_i^a);

(8) S_i $[N] \leftarrow$ Calculatesi(P, T_s);

(9) POS $\leftarrow$ Calculatepos(P, S_i $[N]$);

(10) PersonDetected ← N×POS;

(11) N_j ← Sort(t_j^v);

(12) for j ← 1 to N;

(13) ShipPerformsSalvaging ← FindMin$T$(TimeSequenceofShip);

(14) count ← count +PersonSalvaged(P, ShipPerformsSalvaging);

(15) UpdateTimeSequence(TimeSequenceofShip);

(16) if count+1>PersonDetected;

(17) Break;

(18) $E(T^s)$ ← Et1 ($\mathrm{Cap}_i(B)$, t_i^a)

(19) $E(T^r)$ ← Et2 (N, POS, Sal_j)

(20) POL ← Possibilityoflive ($E(T^r)$, $E(T^s)$)

(21) ConstraintsCheck(P);

(22) Obj1 ← POR(P, POL, POS);

(23) Obj2 ← CalculateAUR(P, POR)

(24) Non-dominated sorting(P);

(25) Oc ← Crossover(P, pc);

(26) Om ← Mutate(P, pm);

(27) end

(28) Best$F$ ← nondominatedsorting(P);

7.3 案例分析

本章拟以北部海域上发生的某大型意外事故为背景，对我国海上搜救资源方案决策与优化问题进行分析建模；然后采用智能优化算法对模型进行求解，验证本章所建模型的合理性以及算法求解的有效性。

7.3.1 海上搜救险情的案例描述

北部某海域发生一起意外事故，1 艘载有 70 人的商船意外事故失火，失去动力，有倾覆危险，人员弃船。商船释放救生设备积极自救，但因恶劣海况，落水人员漂浮范围广，伤情复杂，急需外界救援。险情发生后，船上人员通过遇险专用通信资源发出了遇险报警，北海搜救中心接收确认了报警信息后按照程序做出了搜救应急反应。在测量海况、掌握目前各方搜救可用资源并计算出了搜寻区域的基础上，需要紧急制定搜救计划，进行搜救资源方案设计。

遇险地分别离附近最近的专业搜救中心、海军搜救中心的距离是 90n mile 和 120n mile，该海域附近有可用的渔船和商船数量为 5 艘，而且专业搜救中心内有部分专业救助船舶与飞机正在外执行日常巡逻任务，海军搜救中心内有少量资源正在维修也不可用。经测得待搜救区域面积为 800 平方海里，经过海洋信息测算目前海况为 4 级，风级为 3 级。经过历史数据统计以及实验所得人在 4 级海况下最长等待时间为 5h。为了科学有效地实施搜救，需要确定搜救资源方案，资源方案包括确定参与搜救的资源类型及数量，以及这些资源来自哪些搜救力量。其中，专业搜救力量中可用资源的性能信息如表 7-7 所示，军方搜救力量中可用资源的性能信息如表 7-8 所示，附近可用地方搜救力量的资源性能信息如表 7-9 所示。

表 7-7　专业搜救力量的资源性能信息

资源编号	资源类型	海况限制 (b_i^a, b_j^v)	航速 (v_i^a, v_j^v) /kn	续航能力 E_i/h	容量 c_j /人	搜寻能力 $Cap_i(4)$/ (n mile²/h)	发现概率 P_i	平均打捞时长 Sal_j/h	资源可用数量 (n_i^a, n_j^v)
1	直升机 A	4 级	220	14	0	100	0.95	0	2
2	直升机 B	3 级	170	15	0	90	0.7	0	2
3	固定翼机 A	4 级	300	13	0	130	0.9	0	3
4	固定翼机 B	5 级	620	10	0	240	0.91	0	1
5	华英救护艇	4 级	39	0	3	0	0	0.02	4
6	专业海洋救助船	4 级	27	0	15	0	0	0.06	2
7	快速救助艇	4 级	32	0	7	0	0	0.03	3
8	大型海洋救助船	5 级	22	0	20	0	0	0.08	1

表 7-8　军方搜救力量的资源性能信息

资源编号	资源类型	海况限制 (b_i^a, b_j^v)	航速 (v_i^a, v_j^v) /kn	续航能力 E_i/h	容量 c_j /人	搜寻能力 $\text{Cap}_i(4)$/ (n mile²/h)	发现概率 P_i	平均打捞时长 Sal_j/h	资源可用数量 $(n_i^a\ \ n_j^v)$
9	直升机 C	4 级	280	13.5	0	120	0.8	0	2
10	运输机	4 级	550	12	0	200	0.95	0	2
11	固定翼机 C	3 级	700	9	0	270	0.85	0	[illegible]
12	医院船	5 级	18	0	40	0	0	0.12	1
13	920 救助艇	3 级	35	0	8	0	0	0.01	3
14	中海高速救助船	5 级	40	0	20	0	0	0.08	2

表 7-9　地方搜救力量的资源性能信息

编号	资源类型	船舶离遇险地距离 d_i^v /kn	海况限制 (b_i^a, b_j^v)	船速 (v_i^a, v_j^v) /kn	容量 c_j /人	平均打捞时长 Sal_j/h	资源可月数量 (n_i^a, r_j^v)
15	渔船 A	30	4 级	12	10	0.04	1
16	渔船 B	40	5 级	10	9	0.01	1
17	渔船 C	80	5 级	9	15	0.05	1
18	商船 D	120	4 级	32	25	0.15	1
19	商船 E	150	4 级	39	10	0.1	1

综合上述已知信息，从三方搜救力量中选出合适的资源种类与数量形成最优的搜救资源方案，满足以尽可能少的资源完成对搜救行动的高效搜救，充分利用附近资源使得资源方案的搜救成功率最高。下面通过本章的基于规则和多目标规划的资源方案决策模型，求解出最优的资源方案。

利用前面章节对海上搜救资源设计问题的定量化描述，结合本章的具体实例背景，开展对实例的研究。首先，需要先明确模型中涉及的决策变量、目标函数和约束条件。

7.3.2　基于规则库的初步可行资源生成

将上述海上搜救资源信息和环境信息输入我们构建的规则库中，利用规则匹配引擎对可行资源进行筛选。也就是说，输入实际的环境信息，如当前海况等级为 4，风级为 3，等等。它通过规则库匹配资源的性能。对海上搜救资源进行筛选，得到一组初始可行资源集，如表 7-10 所示。

表 7-10　初始可行资源集

编号	所属组织	资源类型
5	专业搜救力量	华英救护艇
6	专业搜救力量	专业海洋救助船
7	专业搜救力量	快速救助艇
8	专业搜救力量	大型海洋救助船
12	军方搜救力量	中海高速救助船
14	军方搜救力量	医院船
15	地方搜救力量	渔船 A
16	地方搜救力量	渔船 B
18	地方搜救力量	渔船 C
19	地方搜救力量	商船 D
1	专业搜救力量	直升机 A
3	专业搜救力量	固定翼机 A
4	专业搜救力量	固定翼机 B
9	军方搜救力量	直升机 C
10	军方搜救力量	运输机

7.3.3　基于多目标规划模型的资源方案优化

从案例中的描述信息可知，目前海况 B=4；搜救对象人数 N=70；待搜寻区域面积 S=800 平方海里；人在四级海况下的最长等待时间 $T^{l}(4)$=5；专业搜救力量离事发点的距离 d_z=90n mile；军方搜救力量离事发点的距离 d_j=120n mile；附近的 5 艘商船渔船分别离事发地 d_1^v = 30n mile、d_2^v = 40n mile、d_3^v = 80n mile、d_4^v = 120n mile、d_5^v =150n mile。

根据上一步基于规则库的初始可行资源集得到包括 5 架飞机、10 艘船舶的可行待选择资源($M=15, I=5, J=10$)，因此，最后所求得的海上搜救资源方案 X 为

$$
\begin{aligned}
X &= \left(x_i, x_j\right) \\
&= (\underbrace{x_1, x_2, \cdots, x_5}_{\text{飞机}}, \underbrace{x_6, \cdots, x_{15}}_{\text{船舶}})
\end{aligned}
$$

通过分析海上搜救资源方案资源总量限制条件下的最优值与平均资源效用之间的关系，得出经济、可行的搜救资源方案，从而为海上搜救指挥人员的科学决策提供支持。

将以上已知信息输入多目标规划模型中，在运用 NSGA-Ⅱ算法求解时，采用锦标赛选择机制，模拟二进制交叉和差分变异算子，终止条件选择最大进化代数。具体参数设置如下：初始种群规模为 200，交叉概率为 0.8，变异概率为 0.05，最大进化代数设置为 1000。最终通过 NSGA-Ⅱ算法求出海上搜救资源方案的最优解集，模型运行完毕得到的帕累托最优解集如图 7-13 所示。

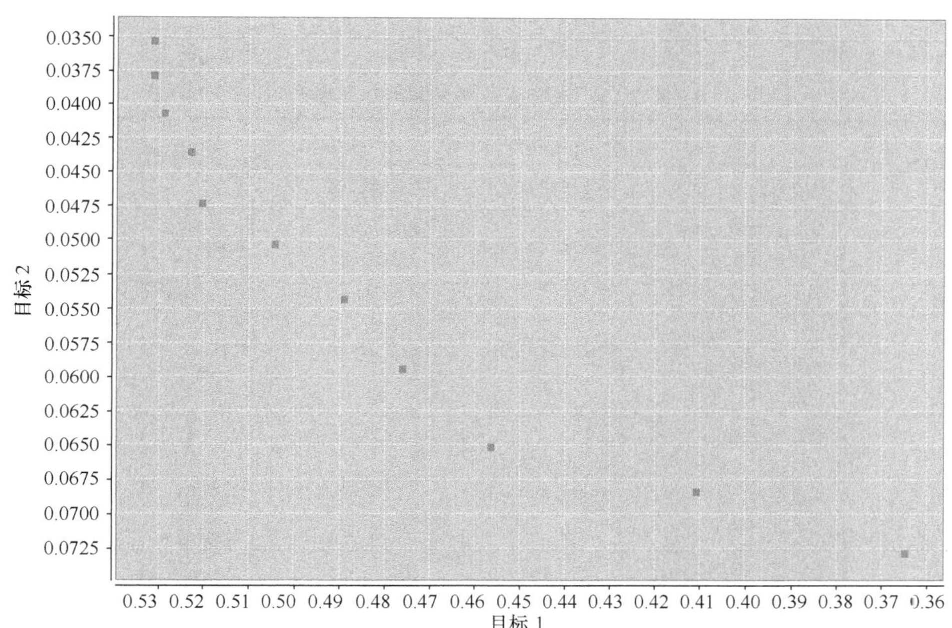

图 7-13　求解结果的帕累托最优解集

最终求得 11 个帕累托解，11 个决策变量的值以及相对应的目标函数的值(表 7-11)。

这 11 种海上搜救资源方案结果展示(资源类型和数量的具体构成)如表 7-12 所示。因此，求得的 11 个解为本实例的最优方案解集，在 7.3.4 节中，对本章的结果进行进一步的分析。

表 7-11　资源方案的求解结果

方案序号	资源方案	目标 1：搜救成功率	目标 2：平均资源效用
A	[0 1 0 0 0 1 1 0 0 1 0 0 1 0 0]	0.3646	0.0729
B	[0 1 1 1 0 1 1 0 0 0 0 0 1 0 0]	0.4107	0.0684
C	[0 1 1 1 0 1 1 0 0 0 0 0 1 1 0]	0.4563	0.0652
D	[0 1 2 0 0 1 1 0 1 0 0 0 1 1 0]	0.4760	0.0595
E	[1 1 2 0 0 1 1 0 1 0 0 0 1 1 0]	0.4890	0.0543
F	[2 1 3 0 0 1 1 0 0 0 0 0 1 1 0]	0.5042	0.0504
G	[4 1 2 0 0 1 1 0 0 0 0 0 1 1 0]	0.5204	0.0473
H	[4 1 3 0 0 1 1 0 0 0 0 0 1 1 0]	0.5228	0.0435
I	[4 1 2 0 0 1 1 0 0 0 1 1 1 1 0]	0.5289	0.0407
J	[4 1 3 0 0 1 1 0 0 0 1 1 1 1 0]	0.5312	0.0379
K	[4 1 3 0 0 1 1 0 1 0 1 1 1 1 0]	0.5313	0.0354

表 7-12　海上搜救资源方案结果展示

方案序号	资源方案构成			搜救成功率	平均资源效用
	专业救助力量	军方搜救力量	地方搜救力量		
A	专业海洋救助船×1 固定翼机 B×1	中海高速救助船×1	渔船 A×1 商船 D×1	0.3646	0.0729
B	专业海洋救助船×1 快速救助艇×1 大型海洋救助船×1 固定翼机 B×1	中海高速救助船×1	渔船 A×1	0.4107	0.0684
C	专业海洋救助船×1 快速救助艇×1 大型海洋救助船×1 固定翼机 B×1	中海高速救助船×1 运输机×1	渔船 A×1	0.4563	0.0652
D	专业海洋救助船×1 快速救助艇×2 固定翼机 B×1	中海高速救助船×1 运输机×1	渔船 A×1 商船 D×1	0.4760	0.0595
E	华英救护艇×1 专业海洋救助船×1 快速救助艇×2 固定翼机 B×1	中海高速救助船×1 运输机×1	渔船 A×1 渔船 D×1	0.4890	0.0543
F	华英救护艇×2 专业海洋救助船×1 快速救助艇×3 固定翼机 B×1	中海高速救助船×1 运输机×1	渔船 A×1	0.5042	0.0504

续表

方案序号	资源方案构成			搜救成功率	平均资源效用
	专业救助力量	军方搜救力量	地方搜救力量		
G	华英救护艇×4 专业海洋救助船×1 快速救助艇×2 固定翼机 B×1	中海高速救助船×1 运输机×1	渔船 A×1	0.5204	0.0473
H	华英救护艇×4 专业海洋救助船×1 快速救助艇×3 固定翼机 B×1	中海高速救助船×1 运输机×1	渔船 A×1	0.5228	0.0435
I	华英救护艇×4 专业海洋救助船×1 快速救助艇×2 直升机 A×1 固定翼机 A×1 固定翼机 B×1	中海高速救助船×1 运输机×1	渔船 A×1	0.5289	0.0407
J	华英救护艇×4 专业海洋救助船×1 快速救助艇×3 直升机 A×1 固定翼机 A×1 固定翼机 B×1	中海高速救助船×1 运输机×1	渔船 A×1	0.5312	0.0379
K	华英救护艇×4 专业海洋救助船×1 快速救助艇×3 直升机 A×1 固定翼机 A×1 固定翼机 B×1	中海高速救助船×1 运输机×1	渔船 A×1 商船 D×1	0.5313	0.0354

7.3.4　结果分析

通过求解，最终生成 11 种最优方案解集。本节将对实例求解结果进行进一步的分析，主要分为两部分。首先以某种方案为例，对整个海上搜救资源方案生成的过程进行详细的解释。然后，通过对这 11 种方案进行不同维度的对比分析，给出最优资源方案决策的方法，从而为决策者提供辅助决策支持。

1. 最优方案解集的对比分析

首先，我们对这 11 个海上搜救资源方案的两个目标的价值进行了比较分析。如图 7-14 所示，可以看出平均资源效用(AUR)值越低，搜救成功率(POR)值越高。

此外，这两个目标是矛盾的。搜救成功率的值从方案 A 增加到 K，但是从方案 F 开始，POR 的增长速度越来越慢，最终接近直线。可以看出，随着搜救成功率值的增大，平均资源效用的值逐渐减小。因此，随着资源数量的增加，搜救成功率的增长将会越来越慢，这意味着持续增加的资源对海上搜救的贡献将逐渐趋近于 0。也就是说，资源的边际效用降低，接近于 0。

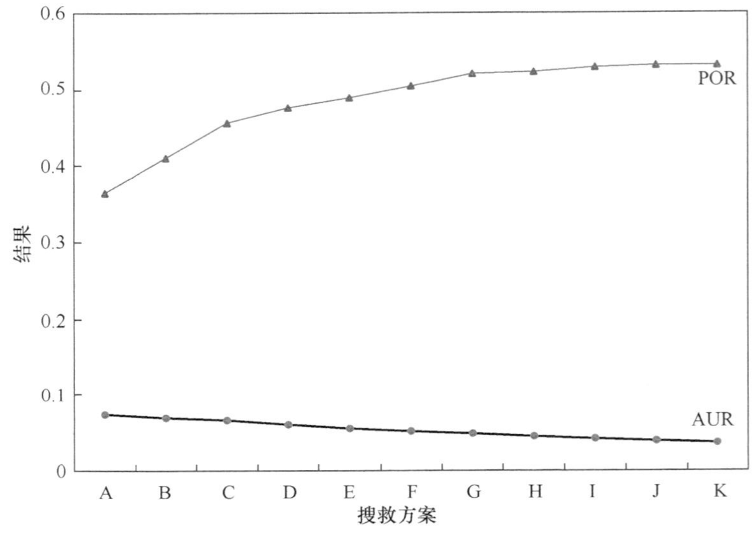

图 7-14　不同资源方案的搜救成功率与平均资源效用的对比

从图 7-14 可知，搜救成功率最高的资源方案为方案 K，其次高的为方案 J，通过比较两种方案中的资源数量以及搜救成功率，可以看出两种方案的搜救成功率只差了 0.0001，而方案 J 的资源总数比方案 K 的资源总数少用了一艘船舶，该艘船是商船 D。实际上，商船 D 对于搜救行动的贡献并不大，对于搜救成功率的提升也可忽略不计。因此对于决策者而言，可以将商船 D 作为备选资源，根据决策者的不同决策偏好和不同场景进行选择。在大多数情况下，决策者可能需要更高的搜救成功率，不考虑资源可能会浪费，因此就会选择调配商船 D 前来进行搜救，从而选择方案 K；但是，在某些情况下，例如，当发生多个紧急情况时，决策者可能需要一个更有效的方案，以避免设备浪费。同理通过分析其他方案之间的差异，能得到备选资源集。

根据图 7-14 的分析以及对 11 种方案的资源总数的对比，可以看出这 11 种方案实际上分为两大类，总的来看方案 A～E 的资源总数较少，而且搜救成功率数值的差异不大。而方案 F～K 相比对上一类方案的资源总数多，而且搜救成功率的差异也不大。因此，可以将 11 种方案分为两类，并且适应于不同的情景。

1) 方案 A～E 适用于并发事故的情景

将方案 A～E 归为一类方案，如表 7-13 所示，可见这些资源方案的平均资源效用高，参与资源总数少，可是相对来说搜救成功率不高，搜救成功率维持在 0.45 左右。当同时发生多起事故时，联合搜救力量需要协调，但是资源数量有限，因此资源方案设计时无法完全利用，因此可以考虑该类方案，使其在有限资源数量的情况下，达到最高的搜救成功率。具体采用哪一种方案可根据并发事故类型及所需资源数量进行综合权衡。

表 7-13 资源方案 A～E

资源方案	目标 1：搜救成功率	目标 2：平均资源效用
A:[0 1 0 0 0 1 1 0 0 1 0 0 1 0 0]	0.3646	0.0729
B:[0 1 1 1 0 1 1 0 0 0 0 0 1 0 0]	0.4107	0.0684
C:[0 1 1 1 0 1 1 0 0 0 0 0 1 1 0]	0.4563	0.0652
D:[0 1 2 0 0 1 1 0 1 0 0 0 1 1 0]	0.4760	0.0595
E:[1 1 2 0 0 1 1 0 1 0 0 0 1 1 0]	0.4890	0.0543

2) 方案 F～K 适用于单事故的情景

将方案 F～K 归为一类方案，如表 7-14 所示，这些这类资源方案的搜救成功率高，参与资源总数多，可是相对来说平均资源效用低，搜救成功率维持在 0.52 左右。当确定同一片海域内只有一起事故，各方搜救力量的资源都能完全利用的情况下，可以考虑这一类资源方案，从而保证最大化搜救成功率。而根据前面的分析，由于某些资源对于搜救行动贡献不大，被列为备选资源，则在实际方案决策中，可根据决策者的经验判断及现场情况进行进一步决策，选出具体的资源方案。

表 7-14 资源方案 F～K

资源方案	目标 1：搜救成功率	目标 2：平均资源效用
F:[2 1 3 0 0 1 1 0 0 0 0 0 1 1 0]	0.5042	0.0504
G:[4 1 2 0 0 1 1 0 0 0 0 0 1 1 0]	0.5204	0.0473
H:[4 1 3 0 0 1 1 0 0 0 0 0 1 1 0]	0.5228	0.0435
I:[4 1 2 0 0 1 1 0 0 0 1 1 1 1 0]	0.5289	0.0407
J:[4 1 3 0 0 1 1 0 0 0 1 1 1 1 0]	0.5312	0.0379
K:[4 1 3 0 0 1 1 0 1 0 1 1 1 1 0]	0.5313	0.0354

因此，在实际海上搜救资源方案的设计过程中，应该在定量化模型的基础上，加入决策者的经验判断以及现实情景进而进行最终方案的确定。

2. 海上搜救资源方案生成过程分析

这里将深入分析上述海上搜救资源方案的中间计算过程，从而对我们模型的计算过程有所了解。通过这种方式，我们想要展示决策者的偏好是如何影响最终结果的，以其中海上搜救资源方案 J 为例进行详细的分析，表 7-15 是方案 J 的资源种类及数量组成。

表 7-15　方案 J 的资源种类及数量组成

方案 J	专业搜救力量	军方搜救力量	地方搜救力量
飞机	直升机 A×1 固定翼机 A×1 固定翼机 B×1	运输机×1	
船舶	华英救护艇×4 专业海洋救助船×1 快速救助艇×3	中海高速救助船×1	渔船 A×1
搜救成功率(POR)	0.5312		
平均资源效用(AUR)	0.0379		

1) 不同搜救力量参与资源的差异分析

由于专业搜救力量组织离事发地 90n mile，比军方搜救力量离事发地更近，因此在资源性能接近的情况下(固定翼机 A 与直升机 A)优先选派了专业搜救力量的固定翼机 A，同理关于船只的选派也遵循此原则。因此，通过表 7-15 的结果能够发现，专业搜救力量能够参与搜救行动的资源数量是各种救援力量当中最多的。

反观地方搜救力量，虽然地方搜救力量中大部分渔船离事发地更近，例如，其中 3 艘渔船分别距事发海域 30n mile、40n mile、80n mile，但由于渔船、商船本身的性能缺陷如航速慢等，实际上到达事发海域的时间反而落后于其他两种搜救力量。因此该方案中选派的地方搜救力量的船只资源并不多，并只有离得最近的渔船 A 参与了救援行动。

通过不同搜救力量参与资源进行差异分析，能够得出通过多目标优化模型能够在信息充分的前提下，有效利用各方力量，使搜救过程效益最大化的结论。

2) 搜寻阶段参与资源的差异分析

在考虑资源方案时，会优先排除不满足海况要求的资源。由于目前海况是 4 级，在 4 级海况限制下，直升机 B 等资源并不能正常出海。因此在考虑资源方案的时候，这部分不满足海况要求的资源不会被纳入考虑范围，在第一步规则库进行初始可行资源筛选时就已经排除掉。

在此前提下，通过计算可得该方案参与搜寻的 4 种飞机分别是：固定翼机 A、固定翼机 B、运输机、直升机 A。它们到达指定搜寻区域的时间以及搜寻覆盖面积对比图如图 7-15 所示。固定翼机 B 耗时较短，最快到达现场展开搜寻，后面到达顺序分别是运输机、固定翼机 A、直升机 A。4 种飞机到达区域后对待搜寻区域进行搜寻覆盖，最终在搜寻阶段总耗时为 0.98h，在一定的搜寻时间内，不同飞机覆盖的区域面积如图 7-15 所示，搜寻面积最大的飞机是固定翼机 B，同时该飞机到达时间也最早，因此在整个搜寻阶段起到的贡献最大。相较于固定翼机 B，直升机 A 飞机的搜寻面积最小，这与该飞机到达时间较晚也存在一定的关系。

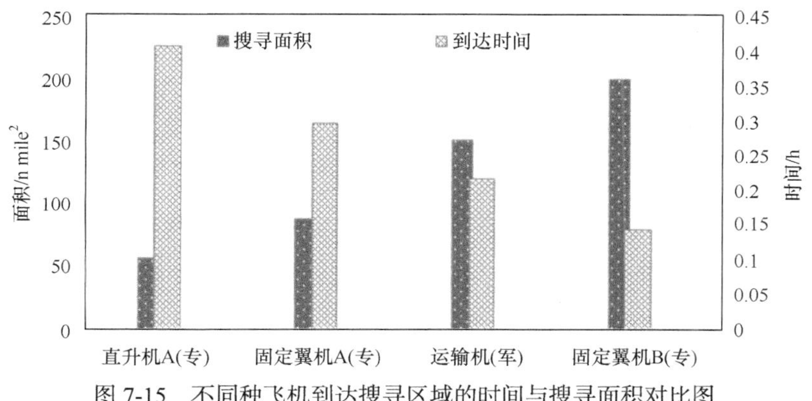

图 7-15　不同种飞机到达搜寻区域的时间与搜寻面积对比图

飞机的覆盖区域面积从大到小分别为固定翼机 B、运输机、固定翼机 A、直升机 A。可见，覆盖的区域面积的效率与飞机的性能有关，航速越快的飞机覆盖同一区域面积速度越快，而同时由于本实例当中各个飞机到达搜寻地点花费的时间对整个搜寻过程的时间影响并不大，因此可以看到本实例当中，航速快的飞机更加具有优势，因此被优先选派。根据已知这 4 种飞机在 4 级海况下的目标发现概率分别为 0.91、0.95、0.9、0.95。此时由于飞机及时搜寻到搜救对象，采取空投的形式给予搜救对象所需物资，在这个阶段通过计算得出延长了搜救对象 2.4h 的最长等待时间，此时搜救对象的最长等待时间从 5h 延长至 7.4h。因此计算出该方案在搜寻阶段的搜寻成功率为 0.925，最终搜寻到 64 人。

3) 救援阶段参与资源的差异分析

与搜寻阶段类似，在海况限制下，920 救助艇等船舶不能正常出海，因此，通过计算得到的救援阶段的参与资源不能包含上述船舶。

由方案 J 可知，待飞机发现目标之后，将位置发送给正在赶往区域的船舶，4 艘华英救护艇、1 艘专业海洋救助船、3 艘快速救助艇、1 艘中海高速救助船以及渔船 A 迅速前往现场对搜救对象进行打捞救援。整个救援阶段的各项数据，如船舶的到达时间、救援阶段总时间，救援人数及人数上限如图 7-16 所示。由该图可以看出，最快达到事发区域的船只为华英救助艇，其后分别为渔船 A、快速救助艇、中海高速救助船、专业海洋救助船。

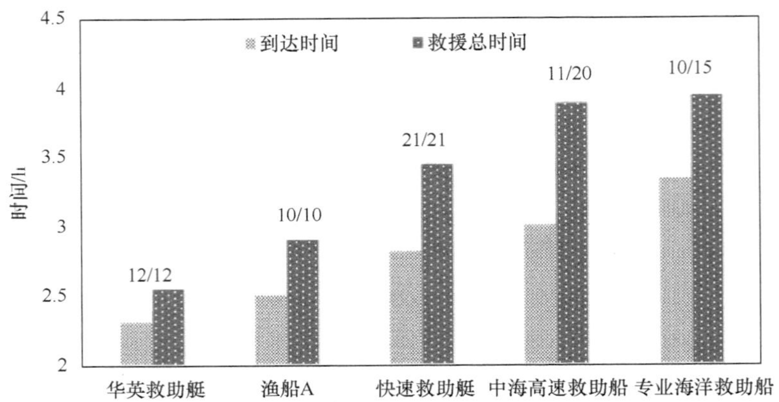

图 7-16　参与船舶的到达时间、救援总时间和救援人数的对比图

根据人员分配方案可以看出，为了让更多的人更快地获救，华英救助艇的救援速度最快，因此 4 艘船都能载满(每艘容量为 3 人)，达到了人数上限 12。而中海高速救助船虽然容量大，为 20 人，但是救援速度较慢，所以未能载满，救援人数为 11 人。在整个搜救过程中，所有搜救对象的平均等待时长通过计算得到(3.155h)。最终将搜寻成功率与生存水平相乘得到此次的搜救成功率为 0.5312。平均资源效用为 0.0379。通过该方案的计算可得到每个资源都在整个搜救过程中发挥出了自身的作用,不存在资源浪费的情况(因其不存在某飞机只搜寻到一小片区域或者某艘船舶仅救援几个人的情况)。

综上所述，研究结果表明，本章提出的决策方法可以快速地求解最优海上搜救资源方案，弥补目前人工经验的决策手段带来的主观性强、效率低下、科学性不足等缺陷，通过本章提出的决策方法能够对海上搜救资源方案进行定量化、智能化的求解和生成，从而提高搜救成功率，最终减少人员伤亡。

本章仅提出了一个基本的海上搜救资源方案决策与优化模型，在未来的工作中，仍有一些问题需要解决。首先，可以尝试使用仿真模拟方法来模拟海上搜救行动中的不确定事件来辅助决策，例如，现实中由于海上环境的影响，人员会漂离原来的位置，海上遇险人员的位置具有高度的不确定性和动态性。然后，在海上搜救资源方案决策模型中考虑到资源之间的协同关系。在搜救组织中，不同资源之间存在着协同关系，通常以搜救队形或其他形式存在，而不是单个资源的独立行动。最后，海上搜救的应急响应实际上是一个基于事故演变的动态过程。因此，决策者需要考虑未来突发事件可能发生的各种情况，以及每种情况发生概率的估计信息来进行资源的调配决策。

由于海上搜救资源方案的决策过程具有高度复杂性、动态性、不确定性等特点，将现实情况完全以形式化的模型进行描述计算具有一定的挑战性。目前，本章的模型是在不确定决策理论之一的乐观准则(max-max criterion)的理论基础上构建的，因此提出的海上搜救最优资源方案决策模型，仅是在一定的理想条件下进行多目标规划模型构建的探索。在建立问题的数学模型时，为了反映真实的海上搜救情况，本章也已经尽量考虑了实际搜救行动中的各类要素。然而，海上搜救行动受到恶劣环境的影响，使得实际作业十分困难，其运行过程中存在着许多风险，实际情况比本章提出的模型更为复杂。在实际情况中，还需结合不同决策者的经验和偏好以及对现场情况的动态把握，从而开展搜救，并对资源方案进行决策。本章所提供的决策方法也仅是一种决策支持的手段，并不能取代决策者。

第 8 章　海上搜救辅助决策支持系统的分析与设计

交通运输部部长李小鹏在 2018 年国家海上搜救和重大海上溢油应急处置部际联席会议上强调，要充分发挥部际联席会议制度优越性，形成部际、部省、区域联动以及军地结合、专群结合的良好局面，切实增强工作合力。要坚持目标导向和问题导向，优化顶层设计、抓好规划实施，推进协调发展、提升应急处置能力，推进科学发展、加大科技研发应用，重视文化建设、营造良好氛围。要加强对外交流合作，高度重视国际搜救新动向，开创合作交流新局面，不断提升“中国海上搜救”国际影响力。这为海上搜救辅助决策支持系统的研发提供了方向性的指导。

海难事故具有突发性强、任务紧迫、气象条件恶劣等特点。借助当今快速发展的计算机技术，设计研发海上搜救辅助决策支持系统，通过处理海量的数据，并结合历史案例和专家经验，快速得出合理可行的搜救方案，不仅可以大幅度节省搜救的决策时间，还可以使有限的搜救资源得到合理的分配，使遇险人员能得到及时的救助，从而使得整个搜救行动更加高效合理。

海上搜救辅助决策支持系统的研究与开发是建立在将决策支持系统理论与海上搜救具体业务需求相结合的基础上，有了决策支持系统理论的支撑，海上搜救决策的科学合理性和决策效率将显著提升，并为保护生命财产安全、降低风险损失工作带来重大效益。在决策支持系统定义的基础上，本章给出了海上搜救辅助决策支持系统的定义。

海上搜救辅助决策支持系统是运用海洋环境、搜救力量、遇险主体(船只、人员、飞机等)多源数据与情报信息，通过对搜救场景、海洋动力学、搜救路线规划、搜救力量调度、搜救计划生成等各类模型的有机组合，建立完善的海上搜救决策数据库系统、方法库系统和模型库系统，通过模型-方法-数据相融合及高性能计算资源的综合调用，通过人机交互方式，快速对已有数据信息进行处理与分析，以适应海上搜救环境动态不确定性，辅助各级决策者实现海上搜救科学决策的系统。

8.1　海上搜救辅助决策支持系统的开发目的与设计原则

由于海洋活动的日趋复杂和海洋环境的多变性，海上遇险事故时有发生，提高我国的海上搜救能力成为非常现实且具有挑战性的问题。海上搜救活动是海上人命安全以及我军体系作战的重要保障，对于我国凝聚民心、促进经济可持续发展、保障安全，具有举足轻重的作用。而目前我国海上搜救效率低下，各方搜救资源不能合理利用，在海上搜救过程中仍存在信息离散、态势分析不足、决策主观和应对效率低下等诸多问题，全国的海上搜救工作存在着严重的地域发展不平衡的情况。

海上搜救辅助决策支持系统是以管理科学、运筹学、控制论和行为科学为基础，以计算机技术、仿真技术和信息技术为手段，针对半结构化的海上搜救决策问题，支持海上搜救决策活动的具有智能作用的信息系统。该系统能够为决策者提供决策所需的数据、信息和背景资料，帮助决策者明确决策目标并进行问题的识别、建立以及决策模型的修改与调整，通过人机交互功能决策者可以对模型生成的多个备选方案进行分析、比较和判断，为正确决策提供必要的支持辅助。

针对我国目前海上搜救过程中存在的诸多问题以及建立智能化的海上搜救辅助决策支持系统的迫切需求，本节拟从实际的海上搜救业务流程出发，分析海上搜救问题的难点和痛点，明确系统的开发目的、思想和原则，为设计一个合理、科学的海上搜救辅助决策支持系统奠定基础。

8.1.1　海上搜救辅助决策支持系统的开发目的

海上搜救辅助决策支持系统的最终目的是辅助决策者进行科学、合理的决策，提高海上搜救行动的成功率及效率，本节拟从三个方面来分析系统开发的目的。

1) 提高数据利用率

目前我国基本实现了中国海上搜救中心与各省级海(水)上搜救中心及分搜救中心的网络互联。在海上应急搜救指挥过程中，可以利用的数据信息包括海洋环境与气象信息、各类资源信息、历史案例信息等。以各类搜救信息资源为例，主要包括船舶登记信息、船舶动态信息、船载客货信息、危险品信息、船载通信设备信息、船员信息、水文气象、AIS 信息、VTS 信息、LRIT(long range identification and tracking of ships，船舶远程识别与跟踪系统)信息等 10 余类。这些信息以不同的方式分散存储于各海事业务系统，访问接口各不相同，通过异构网络互联，各系统间的相关信息无法集成使用，相互之间信息共享尚未实现，在救助指挥时无法实现多系统多装备的联合应用。因此有必要在海上搜救辅助决策支持系统中设计数据资源整合平台，对海上搜救需要的异构信息数据进行整合，为海上搜救业务提供稳定、高效的数据资源。

2) 智能决策

海上搜救不同于陆上搜救，陆上搜救工作在开始前大多就已经知道搜寻目标的具体位置或具体区域，而海上搜救的不同之处在于搜寻目标会根据洋流和海面风场的具体情况进行漂移，这显著增加了海上搜救工作的难度。其难点主要体现在以下三个方面。

(1) 搜寻区域的确定。

漂浮在海面上的搜寻目标会受到洋流和海面风场的作用，其位置不断发生变化；漂浮物体的性质(形状、大小、浸没比)不同，会导致漂浮物体的漂移轨迹也不尽相同，这就为搜寻区域的确定工作增加了很大的难度。

(2) 搜寻资源的最优分配。

在海上突发事故发生之后，及时的事故救援是降低海上事故人员伤亡、财产损失以及环境污染的关键。为保证应急资源的及时供应，通常会选择距离事故点最近的救助基地参与事故救援。但是，受到海上气象、海况、资源配置等因素的影响，距离事故点最近的救助基地到达事故点的时间未必是最短和最可靠的。并且对于海上突发的重特大事故灾难，往往单一的救助基地的资源储备无法满足事故救援的需求，需要跨区域甚至是跨国进行合作。因此，如何在搜寻到遇险者的有效时间内合理高效地分配有限的搜救资源，最大化地发挥搜救资源的价值，提高搜救效率，是海上搜救过程中的一个难点。

(3) 海上搜救计划生成。

在确定海上搜救资源分配方案之后，由于搜救目标会随着时间推移而发生漂移，海上搜救资源的调度方案需要随之进行调整。对海上资源调度问题的方法与陆上应急资源调度的方法有比较大的差别，目前，针对应急资源调度问题的研究方法均以陆上突发事故为背景，对于海上突发事故应急处置资源调度的研究却鲜有涉及，因此有必要研究海上搜寻路径规划及任务指派技术，并集成到海上搜救辅助决策支持系统中。

针对海上搜救的这几个难点问题，目前我国仍是采取主观决策的方法进行应对，缺少定量、半定量的数学规划分析求解方法，在对海上搜救的多源异构信息进行集成处理之后，基于这些数据并结合相关决策方法(多目标规划、图论等)、智能优化算法建立并求解海上搜救相关问题的数学模型，通过海上搜救辅助决策支持系统模拟模型的决策结果，并根据实时反馈信息不断对方案进行调整是提高海上搜救决策科学性、合理性的一个重要途径。

3) 决策支持

海上搜救辅助决策支持系统设计的根本目的是为决策者提供“辅助”的决策方案，通常在系统给出相关的参考方案之后，决策者还要根据现实情况对决策方案的合理性、可行性进行评估并根据历史经验以及专家偏好对方案进行调整，而海上搜救辅助决策支持系统可以帮助决策者对不同方案的详情以及预期处置结果进行模拟，在决策者进行最终决策中具有不可替代的作用。

8.1.2　海上搜救辅助决策支持系统的设计思想

海上搜救辅助决策支持系统是空间决策支持系统在海上搜救领域中的具体应用，它融合了决策支持系统的多模型组合建模技术与空间分析技术，面向海洋空间问题领域，集成了大量多源异构数据，设计了数据库、方法库、模型库对数据进行存储并设计了相关的数据库管理系统对各类库进行管理，是一个帮助搜救决策者对复杂的半结构化和非结构化的空间问题做出决策的计算机系统。海上搜救的广域性与动态性，决定了空间决策支持系统在海上搜救辅助决策中的重要性。海上搜救辅助决策支持系统主要是在支持海上搜救决策的能力上的突破，它的结构能使计算机加工信息的能力与搜救决策者的思维、判断能力结合起来，从而解决更为复杂的海上搜救决策问题。在整个搜救决策过程中，无论在范围上还是在能力上，海上搜救辅助决策支持系统都是搜救决策人员大脑的延伸，它可以帮助决策人员提高搜救决策的效率和质量。

在进行海上搜救辅助决策支持系统的设计时，为了保证系统具有科学合理的结构，需要遵循软件工程的设计规范；为了保证系统具有高效性和实用性，系统设计时还应遵循以下的主要设计思想。

1) 直观性

以 GIS 为平台的海上搜救辅助决策支持系统将各种抽象的险情信息和搜救资源信息直观地标示在具体的海图中，并可以任意比例尺放大或缩小，做到信息与现实地点的有机结合，使各类与搜救现场有关的信息得以在空间精确定位，减少决策过程中由抽象概念或地域不精确带来的偏差或失误。

2) 高效性

海上搜救辅助决策支持系统需要充分利用现代计算机技术、通信技术和信息处理技术，只要确定相关参数，计算机就能够根据程序设定，迅速自动生成图形和数据相结合的、易于指挥人员理解的辅助决策及各种所需信息，尤其在涉及与地理信息相关的决策时就不需要或很少需要人工参与，与传统的人工作图相比，不但速度快，而且精确可靠。

3) 科学性和周密性

搜救行动的科学决策需要大量、丰富、实时、综合的现场实时数据，需要周密考虑各种有关要素。在开发海上搜救辅助决策支持系统的过程中，需要对相关搜救数据格式、处置程序、应急处置预案和决策模型进行反复试验和论证，使其能够将各种与决策有关的信息精确地整合到一起，从而使系统生成的搜救决策方案更加科学、周密和完善。

4) 方便灵活性

在使用过程中，需要保证通过辅助决策支持系统可以方便地查询任何信息，而且做到双向查询，既可根据目标查询地点，也可根据地点查询目标。例如，查询船舶信息时，可以通过被查询船舶的名称或者识别号码等信息查询到该船舶的具体位置，也可以根据船舶位置查出该船舶的详细情况，等等，即保证系统操作的灵活性。

8.1.3 海上搜救辅助决策支持系统的设计原则

海上搜救辅助决策支持系统的设计是以提高搜救工作效率为基本原则的，在确立了以直观、高效和科学周密性为核心的设计思想之后，在具体的设计、开发过程中，海上搜救辅助决策支持系统的设计原则主要包括以下几点。

(1) 安全性。海上搜救辅助决策支持系统中的数据，如与航行相关的气象数据和海况信息等是从海上安全信息中心提取的，另外一些数据，如海难人员身份、船舶的详细信息、搜救资源的分布情况等都可能涉及很重要的机密，所以要设计相应的安全保密机制对数据进行保护。

(2) 稳定性。稳定性是成熟系统最基本的特征，在海上搜救辅助决策支持系统运行过程中，一旦遇到外界的干扰或者攻击，系统应该具有相应的防御系统进行抵御，并且能够迅速恢复到正常工作状态。

(3) 完整性。设计海上搜救辅助决策支持系统时要从整体出发，要有统一的代码形式和编码规范，还要考虑不同数据库之间数据的共享性，保证数据信息一致可靠。此外，要关注海上搜救辅助决策支持系统各个模块之间是否能够共同作用以实现系统的整体功能，即关注系统整体功能的完整性。

(4) 易维护性。海上搜救辅助决策支持系统需要对使用环境有很好的适应能力，当环境发生变化时，系统能够迅速地进行适应性修改。当系统出现问题时，能够自动快速地进行系统修复、优化工作，相关人员也能够通过系统日志检测并解决问题。

(5) 简单性。在实现海上搜救辅助决策支持系统预定的功能需求的基础上，要尽可能保证系统结构简单清晰，避免各种不必要的复杂问题，同时也要保证系统界面简洁直观、清晰明了，以决策者接受的方式设计辅助决策支持系统的交互操作界面与流程。

8.2 海上搜救辅助决策支持系统的需求分析

海上搜救是一项十分复杂的系统工程，通常发生在外界环境比较恶劣的情况下，而且天气、海洋等自然条件的复杂多变，在处理海难事故时，需要协调统筹的信息量巨大，导致搜救工作异常困难。所以有必要对海上搜救辅助决策支持系统进行深入的、系统性的归纳和研究，进一步切实增强政府部门应对海上突发事件的实战能力，提高海上搜救水平，保证搜救实施效果。

设计系统时，需要确定用户意图、明确海上搜救辅助决策支持系统的边界和对海上搜救辅助决策支持系统进行需求分析。首先，确定用户的使用意图，在海上突发事件发生时，海上搜救流程完全符合我国的海上搜救应急反应流程、遵守我国颁布的相应的法律法规的前提下，更好地为海上搜救中心制定搜救计划提供辅助决策、综合整理多维信息，方便查询、存储整理事故案例数据，即海上搜救辅助决策支持系统的设计目标是提供一个实时统一的信息集成平台，为海上搜救中心在遇到紧急海难事故进行分析决策与计划生成时起到辅助作用；然后，明确海上搜救辅助决策支持系统的边界，即确定直接使用搜救系统的用户；最后，对海上搜救辅助决策支持系统进行需求分析。系统需求包括功能性需求、非功能性需求，其中功能性需求是描述系统可以做什么或者被期望做什么，即系统参与者期望实现的功能；非功能性需求是描述系统如何更好地提供功能性需求(如系统性能、安全性、可靠性、响应时间、可扩展性等)。

8.2.1　海上搜救辅助决策支持系统功能性需求分析

根据海上搜救应急预案的要求，海上搜救行动涉及海上搜救中心、海事局、专业救助团队、环保部门、渔业、打捞局、救助局、相关技术支持部门和社会力量等地理上分散分布的多个单位、多种部门。为了更好地明确系统的边界和进行系统的功能性需求分析，下面将采用用例驱动的分析方法，识别出系统中的参与者(即用户)和用例(即需要实现的功能)。

1. 识别参与者

通过海上搜救业务流程图可以看出与海上搜救辅助决策支持系统进行交互的参与者可归纳为三类：信息提供者、方案制定者、方案执行者。海上搜救业务流程图，如图 8-1 所示。

(1) 信息提供者，实时更新海难事故环境场信息、漂移轨迹预测信息和建议搜寻区域信息，如国家海洋局。

(2) 方案制定者，根据海难事故发生特点查询历史案例，根据海难事故现场情况选择方案生成方法获取备选方案，根据偏好选择或修改方案以确定最终执行方案，如海上搜救中心。

(3) 方案执行者，根据发布的最终方案执行任务、更新任务执行情况，如交通运输部救助打捞局等搜救部门。

根据海上搜救业务流程(图 8-1)确定参与者后，由于不同参与者看系统的视角不同，即不同参与者对系统的需求不同，所以需要针对不同参与者创建不同用例，体现参与者期望系统实现的不同功能。

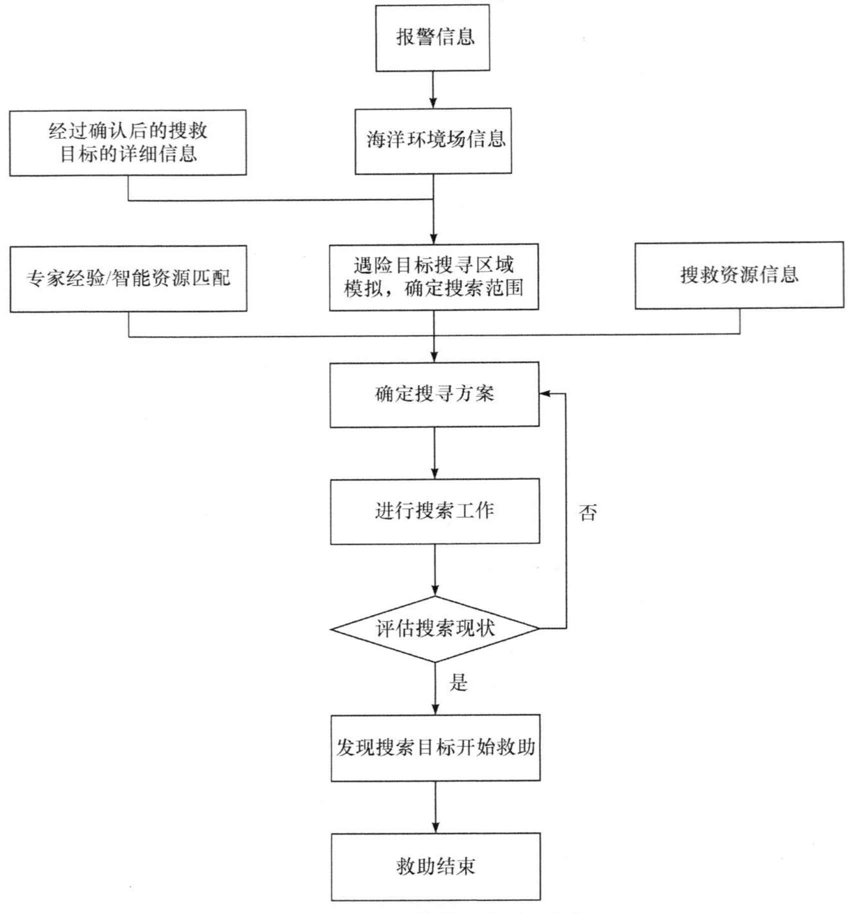

图 8-1　海上搜救业务流程图

2. 识别用例

为了更好地辅助决策者进行决策、综合整理多维信息、确保不同参与者在整个海事应急指挥处理过程中可以快速高效地查询所需信息，并且可以实时准确地定位以及监控海上的施救目标，降低应急海事事件的指挥处理难度及强度，从而帮助搜救人员更加快速高效地完成施救工作，需要针对不同的系统参与者进行分析，识别出用例，即参与者期望系统实现的功能，用例图如图 8-2 所示。

(1) 登录：描述参与者如何登录进入海上搜救辅助决策系统。

(2) 选择身份：描述不同参与者登录海上搜救辅助决策系统时的不同身份。

(3) 修改密码：描述参与者忘记密码时如何找回密码。

(4) 更新信息：提供修改海难事故环境场信息、修改漂移轨迹预测信息与修改建议搜寻区域信息的功能。

(5) 管理案例：提供添加海难事故信息、修改海难事故信息、查询案例的功能。

(6) 制定方案：提供偏好选择、生成方案方法选择、修改方案、发布最终方案的功能。

(7) 查看方案：提供查询方案详情的功能。

(8) 更新执行情况：提供修改任务执行情况的功能。

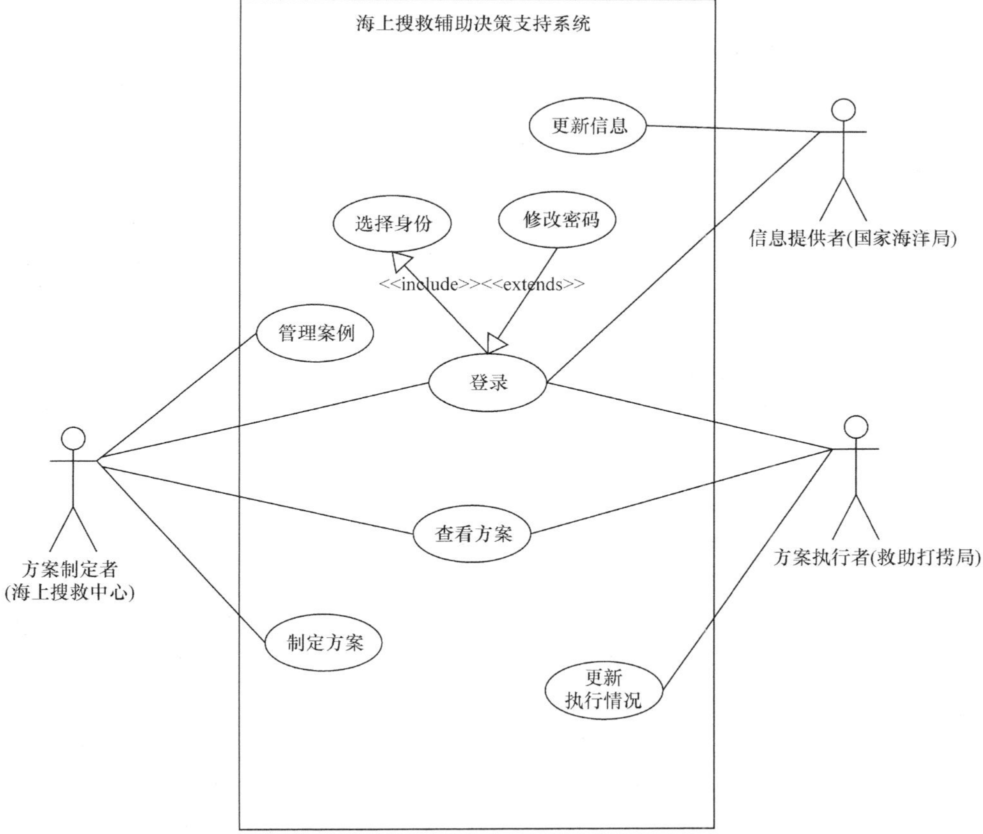

图 8-2　海上搜救辅助决策支持系统用例图

8.2.2 海上搜救辅助决策支持系统非功能性需求分析

一个设计优良的系统除了需要满足用户各种功能性的需求之外，还需要具备反应速度、扩展性、兼容性等性能方面的优势。概括地讲，海上搜救辅助决策支持系统在性能方面需要满足如下需求。

(1) 响应速度快。海上搜救辅助决策支持系统的响应时间应该在人的感觉和视觉范围内(<1s)，系统响应时间足够迅速(<5s)，能够满足决策用户要求。

(2) 易用性。海上搜救辅助决策支持系统应该保证使用者无论在怎样的网络环境下进行操作均可以适用，同时要尽可能符合用户的使用习惯，并切实做到信息的完全或部分自动化处理。

(3) 可扩展性。在设计海上搜救辅助决策支持系统时，除了要简洁明了外，还要充分考虑到在未来的工作中可能对系统进行的更改，所以海上搜救辅助决策支持系统应该便于扩展，当用户有新需求或者发现当前功能有所不足时，只需要添加相应的接口或简单的语句便可以实现系统的扩展。

(4) 并发性强。首先，海上搜救辅助决策支持系统要支持多个用户同时访问操作时皆可以正常运行，最起码要保证不会因为多人同时使用系统而发生系统崩溃等异常现象。另外，海上搜救辅助决策支持系统需要与其他系统协同工作，所以还要保证海上搜救辅助决策支持系统与其他系统共同被使用时不会产生矛盾。因此，有必要建立系统的高速缓冲机制，提高系统的访问速度，保证系统的稳定性。

(5) 兼容性好。对于任意的网络系统来说，兼容性这一性质都是必需的，无论用户处于什么样的运行环境，都应该可以对系统进行正常操作。在设计海上搜救辅助决策支持系统的时候，应该注意系统的用户拥有不同的权限、不同的操作方式，此外，不同用户的计算机硬件、系统环境一般也不同，因此必须要保证海上搜救辅助决策支持系统的兼容性。

(6) 安全性高。由于海上搜救辅助决策支持系统中的数据涉及国家海港海事情况，包括事故信息、船舶信息和其他资源信息等，这些内部信息是不能够随意泄露的，所以在系统实现各项功能的同时需要保证系统数据的安全性。为了保证海上搜救辅助决策支持系统中网络、服务器、数据等安全可靠，在网络端、服务器端以及数据库性能方面都要加强监管。此外，海上搜救辅助决策支持系统在实现过程中为了进行数据安全保护，也要采用一些方法手段，包括将用户权限进行严格设置、对系统数据进行加密处理等。此外，海上搜救辅助决策支持系统还提供日志记录功能，用户可以在此基础上查看前次操作、总结每次操作和查看监测异常记录，如果检测出异常，则系统需要在第一时间自动进行警报处理并通知相关负责人员。

8.3　海上搜救辅助决策支持系统的架构设计

海上搜救辅助决策支持系统架构图能够清楚地表示系统的层次结构、模块组成以及模块之间的关系，是开发者对海上搜救辅助决策支持系统整体结构的描述。面向复杂的海上搜救处置流程，根据低耦合、高内聚原则，本章拟采用综合集成理论研发支持服务导向的集成框架，本章中设计的海上搜救辅助决策支持系统采用直观清晰的三层架构模式，在表示层、功能层和存储层上实现事件处置流程及辅助决策的智能支持。这种架构模式能够从逻辑上实现系统功能的封装以及不同模块间的相对独立，从物理上可以根据具体需求把不同的系统层次部署到相应的计算机上。根据海上搜救辅助决策支持系统的一般组成以及 8.2 节的需求分析设计，本章给出的海上搜救辅助决策支持系统架构图如图 8-3 所示。

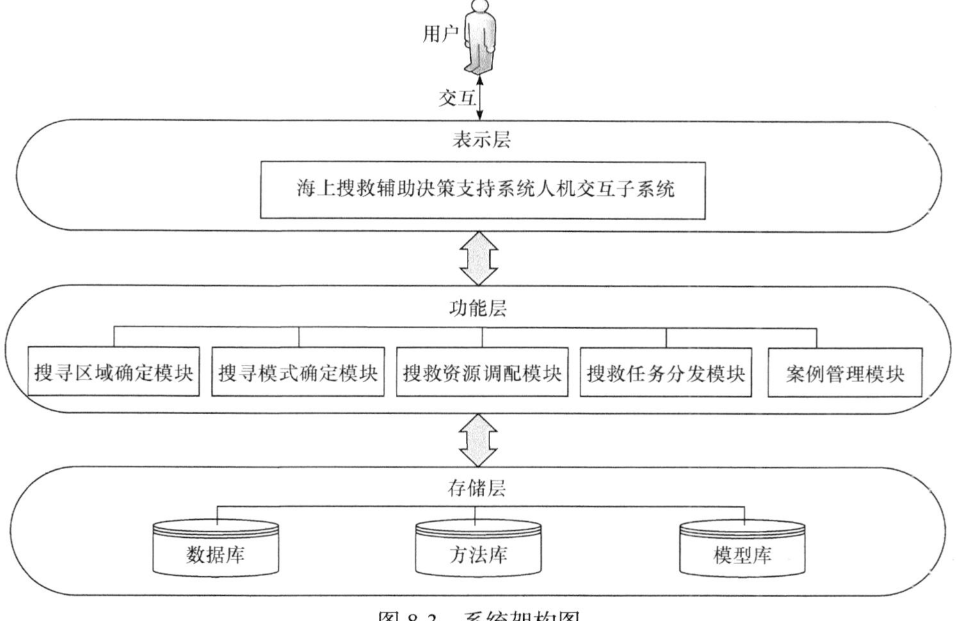

图 8-3　系统架构图

下面我们将对海上搜救辅助决策支持系统的三层架构做详细介绍说明。

1. 表示层

海上搜救辅助决策支持系统的表示层是人机交互子系统，位于系统的最上层，是和用户联系最紧密的一层，表示层的人机交互子系统能为用户提供一个友好的交互环境，接收用户发出的各种操作请求，例如，用户的信息查询请求或决策支持的请求，并根据用户的具体指令(如计算搜救区域)，将用户需求提交给功能层进行处理；功能层将对用户的请求做检验并形成命令，对信息查询的请求进行数据库操作，提取信息，并将所得信息传送给用户，对决策支持的请求通过识别问题，构建模型，从方法库中选择算法，从数据库中读取数据，运行模型库中的模型，最后将运行结果通过表示层传送给用户或暂存数据库中待用。

表示层是海上搜救辅助决策支持系统的一个窗口，它的易用性标志着该系统的使用水平。

2. 功能层

功能层是海上搜救辅助决策支持系统中最核心的部分，是海上搜救辅助决策系统实现辅助决策功能的关键。功能层可以实现对业务逻辑规则的支持，在海上搜救辅助决策支持系统内部实现对用户层接收到的数据的处理。此外，根据事件决策需求，功能层还可以从模型库选择启动决策模型组实例，完成决策分析。例如，系统可以在该层通过应急资源调配，自动生成备选方案，同时启动评估分析模型，对备选方案进行定量分析评价，辅助决策者进行方案选择；然后根据选定方案，结合任务完成情况，动态调整分发方案，更好地完成任务协作；最终实现不同海上突发事件的应急处置辅助决策支持。

根据实际的海上搜救业务需求，分析设计科学合理的海上搜救辅助决策支持系统功能模块是提高系统效能的关键。

3. 存储层

海上搜救辅助决策支持系统的底层为存储层，用于存储、组织和管理各类数据信息，并为上层提供数据服务。该层包含方法库、模型库、数据库三个库，基于高效分布式计算技术驱动模型运行，通过标准化接口为综合决策支持系统提供数据、模型、方法等支持。海上搜救辅助决策支持系统的方法库存储用于支持海上搜救方案生成的各种决策方法，包括方法原理、使用规则以及应用场景；海上搜救辅助决策支持系统的模型库用于存储支持辅助决策的各种模型，包括海上搜救具体方案的生成、优化以及评估等不同方面的模型。海上搜救辅助决策支持系统的数据库用于存储支持海上搜救方案生成的各种数据，包括事故船只的运动轨迹，海上搜救资源救助过程中的位置、状态参数，事故发生时的天气、海况等动态信息，海洋气象资料、水文条件、地理地貌特征数据以及历史案例等静态信息，将这些数据统一存储在数据库中。在进行海上搜救辅助决策支持系统设计过程中，需要对多种类型、不同应用场景的数据进行分类管理和存储，形成统一的数据规范。

8.5 节将详细介绍海上搜救辅助决策支持系统的三个库及它们之间的关系。

8.4　海上搜救辅助决策支持系统的功能设计

针对海上搜救的实际业务的需求，海上搜救辅助决策支持系统需要具备海上搜寻区域确定、海上搜救资源调配、海上搜救计划生成以及海上搜救案例管理四类功能，系统的功能模块图如图 8-4 所示。

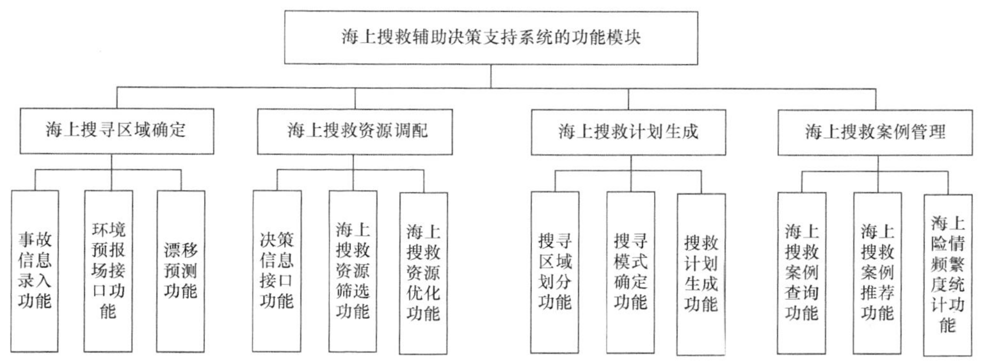

图 8-4　海上搜救辅助决策支持系统功能模块图

其中，海上搜寻区域确定模块可以根据具体的天气、海况数据，使用相关的漂移预测模型生成可能的海上搜寻区域，这是海上搜救行动的基础；海上搜救资源调配模块可以对海上搜救资源进行筛选和优化，生成最优的海上搜救资源方案，为其他模块所调用；海上搜救计划生成模块可以在生成搜寻范围以及搜救资源方案后对搜寻区域进行划分并将划分后的区域分配给不同的搜救资源，此部分还可以提供不同的搜寻模式查询及对比，方便用户根据实际情况选择合适的搜寻方式，最后生成完整的海上搜救计划；海上搜救案例管理模块可以对历史案例进行统一存储和管理，支持用户按照不同的方式进行查询，为当前决策提供参考，此部分还可以根据用户输入的事故、海况等数据信息实现海上搜救的案例推荐功能，更好地辅助决策。

8.4.1　海上搜寻区域确定

确定搜寻区域是开展搜救行动的前提，在海上搜救行动中，目标搜寻是整个过程中最重要、最复杂和最昂贵的一部分。无论海上搜救还是陆上搜救，行动的第一步都是制订详尽、周密的搜救计划。制订搜救计划的第一步就是要估算搜寻目标的大致位置并初步推算出搜寻区域的最大范围，要求此区域包括搜寻目标所有的可能存在的位置。但是，在我们现实的环境中，海上遇险目标除了抛锚和登上礁石外，不可能固定在一个点位上，受到风、浪、流等因素影响会一直处于漂移状态。由于搜寻目标在海上是漂移运动的，所以遇险船舶最后的位置只是一个参考位置，并不是搜寻目标所处的精确位置，因此系统需要具备海上搜寻区域确定功能。

海上搜寻区域的确定，其本质是通过综合考虑并量化遇险目标漂移过程中的所有影响因素来计算目标漂移轨迹及其最终位置，进而确定搜寻区域。国内外对该问题的解决，都是基于遇险目标漂移预测模式，考虑预报误差来确定搜寻区域。

因此，搜寻区域确定模块的任务是：首先针对搜救目标的类型(受力特点)，选择不同的搜救目标物漂移预测模型，根据不同海域的海面风场和流场数据，进行搜救目标漂移轨迹预测；然后考虑海洋环境预报误差以及漂移模型离散等各项误差，采用仿真粒子或增加随机扰动的方式，构建搜救目标的概率预报结果；最后，在选定的预报时刻，依据概率预报的空间分布情况，生成搜寻区域，为其他功能模块所调用。

海上搜寻区域确定模块的功能描述：该模块主要以不同搜救目标漂移预测模型为基础，首先对当前事故信息进行录入(事故起始时刻、地点、目标类别)，以海表面风场和流场预报为模式驱动场；随后，运行漂移预测模型，生成不同时刻目标物的漂移轨迹及概率预报结果；最后，依据搜救目标在具体时刻可能存在的位置(即概率分布)，生成搜寻区。海上搜寻区域确定模块与其他模块的关系图如图 8-5 所示。

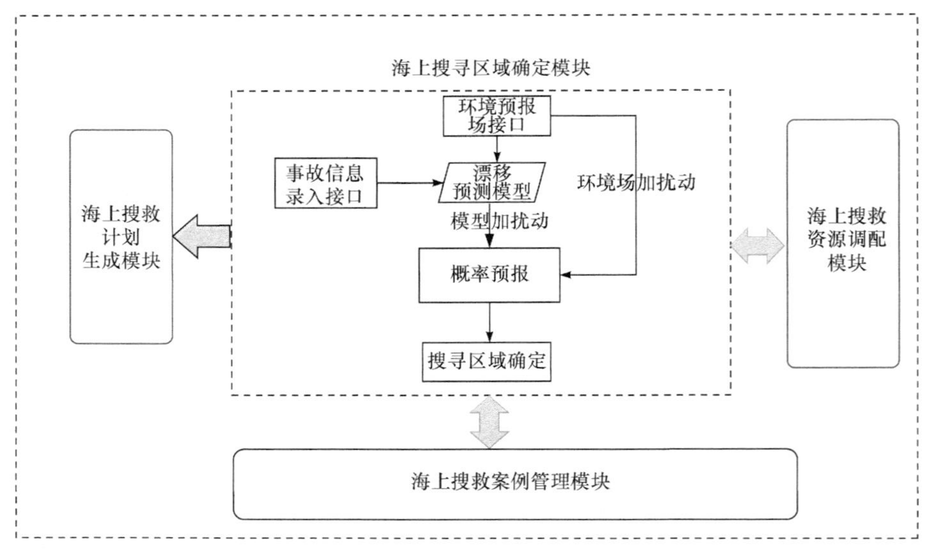

图 8-5　海上搜寻区域确定模块与其他模块关系图

1. 事故信息录入接口功能

事故信息录入接口功能实现现场事故基本信息的接入，包括事故发生时间、地点、搜救目标类别(落水人员、救生筏、无动力渔船等)。根据现场和决策者需求，提供预测信息录入的工具接口，能够依据用户要求选定计算区域、预报时长、空间分辨率等。

2. 环境预报场接口功能

环境预报场接口功能实现漂移预测模型所需的海表面风场和流场预报结果的接入，将预报产品按照预测模型的网格需求和预测时长需求调入，生成目标漂移预测模型所需的驱动场格式。环境预报场接口设计不同模型预报结果的选择、查询和对比调用。

3. 漂移预测功能

漂移预测功能实现不同搜救目标物的轨迹预测。依据预报员对模型和环境场预报误差的了解，设置不同可供选择的漂移预测模型。漂移预测模型一般采用随机粒子仿真法将搜寻目标抽象成一个一个相互独立的随机粒子，每个粒子具有搜寻目标的一切属性，其位置代表一个可能的搜寻目标位置。用大量粒子表达误差扰动项，对影响目标漂移运动的不确定性因素(风压系数、风场以及流场的误差)进行描述，形成概率预报结果。

4. 搜寻区域确定功能

搜寻区域确定功能是生成不同预报时长内的搜寻区域。搜寻区域确定的原则是尽可能覆盖搜救目标的高概率分布。具体操作步骤如下：首先，将搜寻区域划分成 $M \times N$ 个大小相同的网格，并计算每个网格的包含概率，从而得到预测粒子存在于搜寻区域中的概率分布；然后依据搜救目标概率分布，生成不同的矩形或圆形作为搜寻区域。

8.4.2　海上搜救资源调配

海上搜救辅助决策支持系统中的海上搜救资源调配模块主要是实现搜救资源调配方案的生成功能，辅助决策者对搜救资源进行对比，进而做出选择，最终生成海上搜救资源的调配方案，开展搜救。支持基于定性与定量的搜救资源调配方法，该模块为海上搜救中心的决策人员开展资源调配提供决策依据。

海上搜救资源调配模块主要任务：该模块的主要功能是根据已经确定的搜寻区域，调用决策支持系统方法库的多准则决策方法、案例推理方法、数学规划方法等方法，并结合数据库中提供的海洋环境与气象信息、各类资源信息和历史案例信息等，通过输入或者读取目前的事故信息(包括事故地点、伤亡人数)等，根据当前海上事故场景生成初始的可行资源集，在此基础上对备选搜救资源集进行优化与评价，最终结合决策者的偏好和人工经验确定最终的海上搜救资源调配方案，并能为其他功能模块所调用。

海上搜救资源调配模块的功能描述：该模块主要以利用人工经验和科学决策方法相结合的方式，首先对当前事故信息进行录入，同时调用数据库中的相关海洋与资源等信息数据，为之后分析奠定数据基础；其次，利用相关决策方法和模型、案例经验等对初始资源集进行筛选，生成备选资源集；然后，决策者可灵活地选择相关规划模型和优化算法对现有可行资源进行优化，支持决策者生成的资源调配方案进行个性化的调整修订；最终进行资源调配方案的可视化展示。因此，该模块支撑开展了决策信息、搜救资源筛选、搜救资源优化等功能的实现，海上搜救资源调配模块与其他模块的关系图如图 8-6 所示。

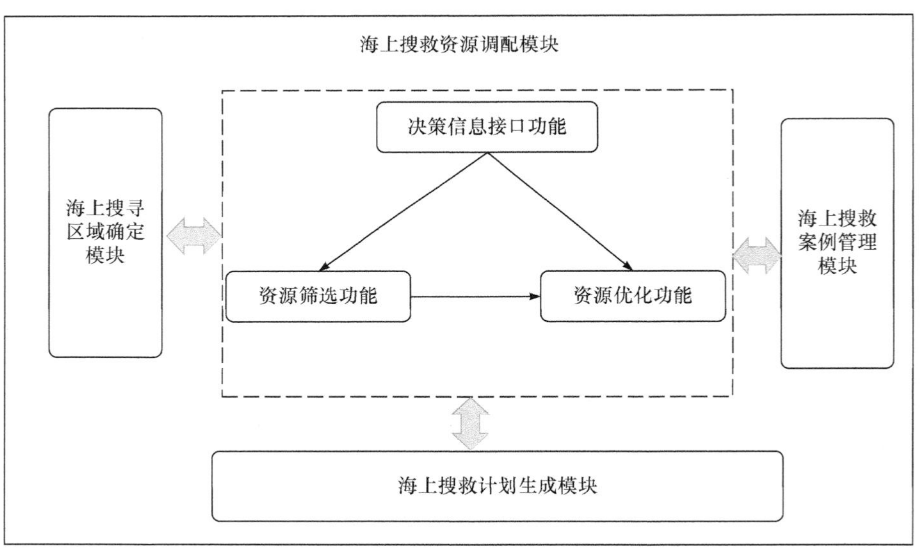

图 8-6 海上搜救资源调配模块与其他模块关系图

1. 决策信息接口功能

决策信息接口功能实现搜救资源调配所需的相关信息的录入与调用，包括现场事故基本信息(如海上险情发生地理位置、种类、人员伤亡情况等)、现场海洋环境信息(如电子海图可视化、浪高、风速、流速、水温等)、周边可调用的搜救资源信息(资源种类和所属组织、船舶和飞机等所处位置、抗风能力、航速、续航能力等)，以及决策者的偏好信息(此次事故允许出动的最大资源数量、参与的组织、个性化的评价指标等)等决策信息，具体的决策信息输入方式如表 8-1 所示。例如，对搜救资源信息的接入与展示，首先需要将搜救资源所在位置标示在电子海图数据库中，透过图文连接功能，可由搜救资源位置查询详细搜救资源数据。同样地，可由搜救资源数据查询搜救资源所在位置，使搜救资源显示与查询可以符合实际搜救需求。根据现场和决策者需求，提供工具接口，能够将不同的数据导入该模块下进行调用和计算，并能实时维护和展示。

表 8-1　决策信息接口功能的输入项描述

输入项名称	输入方式	输入数据来源
现场事故基本信息 (如海上险情发生地理位置、种类、人员伤亡情况等)	用户输入	用户
海洋环境信息 (如浪高、风速、流速、水温以及电子海图可视化等)	从界面选择	系统
周边可调用的搜救资源信息 (资源种类和所属组织、船舶和飞机等所处位置、抗风能力、航速、续航能力等)	从界面选择	系统
决策者的偏好信息 (此次事故允许出动的最大资源数量、参与的组织、个性化的评价指标等)	用户输入	用户

决策信息功能具体而言包括决策信息的读取、决策信息的可视化展示、决策信息的界面输入等。其中，决策信息的读取主要包括对多维决策信息的查询、选择、调入等；决策信息的可视化展示主要包括了对不同决策信息的个性化展示等；决策信息的界面输入包括对不同决策信息的录入、更改和删除等，同时，该功能也能为下一个功能提供重要数据，支持对海上搜救资源的调配过程。

2. 资源筛选功能

海上搜救资源筛选功能实现对当前海难事故和环境状态下初始可行资源的筛选和生成。该功能主要是考虑到现场海洋环境的约束、搜救资源当前本身的状态(在位、执行任务、维修等)、事故类型等约束，通过调用海上搜救辅助决策支持系统中方法库的相关决策方法(规则匹配、案例推理等)，决策者可灵活选择不同的方法，进而根据不同方法来生成满足当前场景要求的初始可行资源集，为海上搜救中心的决策者展示初始可行资源集。因此，该功能的主要目的是在决策信息接口功能提供信息的基础上，支持初步的可调配资源集的筛选与生成。

海上资源筛选功能具体包括资源调配方案项目构建、可行资源筛选的决策方法选择、初始资源调配方案生成、初始资源调配方案的可视化等子功能。具体的子功能信息说明如表 8-2 所示。可行资源筛选的决策方法选择多样，如前面章节介绍的案例推理方法、多准则评估方法等，决策者的偏好不同会选择不同的方法进行初始资源的筛选，例如，可以根据搜救资源的能力来进行排序，决策者认为其能力低于某一个值的资源不被建议参与行动。那么依据搜救资源的能力包括预计到达现场的时间长短、续航能力(能提供的有效搜寻时间或航程)、抗风浪能力、所载探测器的探测能力(横距函数)等，然后利用多准则评估方法对搜救资源的搜救能力进行估算和排序，对每艘可用的搜救船舶分别计算期望值，利用计算机程序进行从大到小的排序，列出样本船舶中期望值在前十位的船舶，将这一结果反馈给显示界面，供搜救指挥协调员进行救援指挥决策。而在初始资源调配方案的可视化子功能部分，可实现在电子海图上对已经筛选出的搜救机构及船舶进行定位，点击可查看到详细信息，也可以查询周边指定距离的搜救资源等。

表 8-2　资源筛选功能描述

序号	功能	说明
1	资源调配方案项目构建	新建资源调配方案项目，并对其的基本信息进行编辑
2	可行资源筛选的决策方法选择	(1) 显示资源筛选的方法列表
		(2) 选择可行资源筛选决策方法
3	初始资源调配方案生成	(1) 调用决策方法进行计算筛选
		(2) 相关决策信息与模型的配置
		(3) 保存计算结果
4	初始资源调配方案的可视化	对方案数据库中已配置方案信息、结果信息的展示与可视化

3. 资源优化功能

海上搜救资源优化功能是资源调配模块中实现最优资源调配方案生成的核心部分，主要是对初始可行资源进行进一步的优化与确定，进而结合决策者经验辅助生成最终的最优资源方案。该功能的主要操作流程是海上搜救中心的决策者(用户)通过选择不同的优化算法和模型，进而对不同的指标模型和权重进行确定，最后通过底层模型的计算优化得到结果。因此，该功能主要包括资源调配优化算法选择、模型与数据配置、计算结果保存与展示等子功能。具体的资源优化功能描述如表 8-3 所示。

表 8-3　资源优化功能描述

序号	功能	说明
1	资源调配优化算法选择	(1) 显示资源调配优化算法的列表
		(2) 选择资源调配优化算法
2	模型与数据配置	(1) 不同指标和权重的确定
		(2) 模型与相关场景数据的配置
3	计算结果保存与展示	(1) 调用并运行优化算法
		(2) 保存计算结果
4	资源调配方案的调整	(1) 资源调配方案中搜救资源的增加
		(2) 资源调配方案中搜救资源的修改
		(3) 资源调配方案中搜救资源的删除

海上搜救资源优化功能主要实现在初始可行的搜救资源集生成的基础上，利用相关优化方法(多目标规划、优化算法等)对该辖区内所有的可用的搜救资源进行进一步的确认、优化筛选，从而实现资源调配过程更加科学、高效，并且不造成资源的浪费。这里涉及的相关优化方法和指标模型在前面章节进行了说明。该功能的核心在于改变了以往定性的决策方式，通过对搜救过程的定量化建模，根据不同的目标函数计算(最大化搜救成功率、最小化搜救时间等)来进行资源调配方案的优化，同时，该功能模块的实现也将决策者的主观偏好考虑了进来，支持决策者结合定量模型与专家经验来调整资源方案。当然，海上搜救辅助决策支持系统中可包含各类搜救资源优化的方法模型，不局限于本书提到的算法，可根据现实情况不断丰富。

8.4.3　海上搜救计划生成

海上搜救辅助决策支持系统中的海上搜救计划生成模块主要是基于海上搜救资源调配功能模块生成的海上搜救资源调配方案，实现海上搜救计划的生成与下发的功能，辅助决策者利用不同的搜救资源(飞机、船舶等)开展高效的搜救行动。

海上搜救计划生成模块的功能描述：首先针对不同的搜救资源所能承担的最优任务搜寻区域进行划分，并指派不同的任务区域给相应的资源；然后，决策者可以通过查询不同搜寻模式的规则知识，针对不同的搜救资源选择合适的搜寻模式；最后，对不同资源的任务区域划分结果和搜寻模式结果在系统中进行可视化的实现，并对海上搜救计划报告进行个性化的输出与下发。

海上搜救辅助决策支持系统中的海上搜救计划生成模块主要是辅助决策者对搜救任务进行指派选择。该模块的主要功能是根据海上搜寻区域确定模块输出的总体目标搜寻区域和海上搜救资源调配模块输出的资源方案，结合提供的各类资源的搜寻模式等属性特征，对待调遣的搜救资源进行搜寻模式确定和区域划分，进而生成整个待搜寻区域的目标搜寻计划，实现海上搜救任务的自动分发，最后结合决策者的人工经验确定最终的海上搜救计划，并能为其他功能模块所调用。因此，海上搜救计划生成模块包含搜寻区域划分、搜寻模式确定、搜救计划生成等功能的实现，海上搜救计划生成模块与其他模块的关系图如图 8-7 所示。

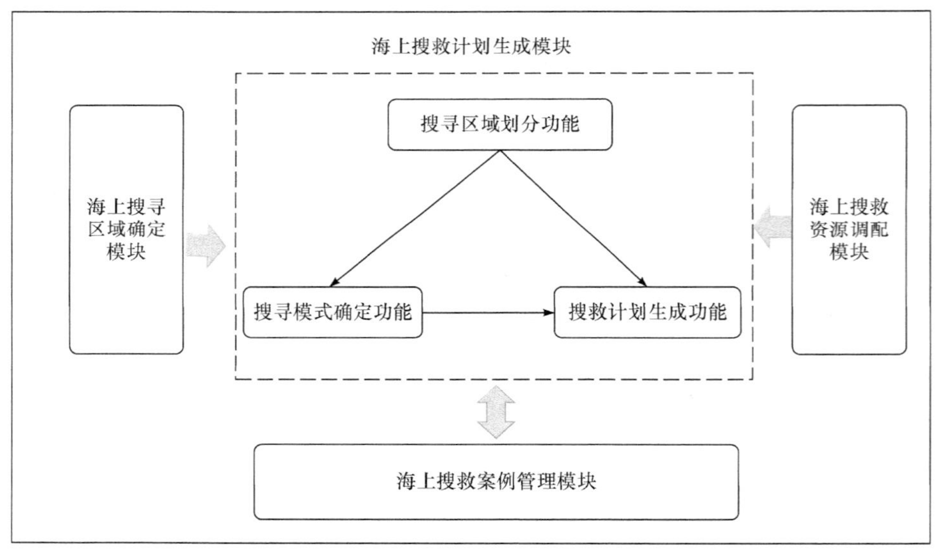

图 8-7　海上搜救计划生成模块与其他模块关系图

1. 搜寻区域划分功能

搜寻区域划分功能主要实现海上搜救中对整片搜寻区域进行划分并分配至每个搜寻单元，同样涉及相关信息的录入、调用和基本处理，包括以上功能模块生成的整体待搜寻区域的位置坐标等信息、待调配的资源属性等决策信息，具体的信息输入方式如表 8-4 所示，结果输出项描述如表 8-5 所示。根据现场和决策者需求，提供工具接口，能够将不同的数据导入该模块进行调用和计算，并能实时维护和展示。

表 8-4　搜寻区域划分功能的输入项描述

输入项名称	输入方式	输入数据来源
整体待搜寻区域信息	调用	系统生成
参与搜救行动的资源信息	调用	系统生成

表 8-5　搜寻区域划分功能的输出项描述

输出项名称	描述	输出方式
子区域	根据每个资源的搜寻能力划分对应面积的搜寻区域	界面展示并输出
对应资源	将搜寻资源和相应的搜寻子区域对应展示	界面展示并输出

2. 搜寻模式确定功能

海上搜救计划生成模块中的搜寻模式确定功能主要实现了在当前海难事故和环境状态下，各类搜寻资源的搜寻模式的查看及搜寻模式的确定。在各个搜寻资源对应的任务搜寻区域确定之后，依据搜寻区域的目标概率分布情况，辅助用户为不同的搜救资源选择不同的搜寻模式，从而使得不同搜救资源配合的搜寻效率最高。例如，常用的搜寻模式有方形搜寻模式、扇形搜寻模式、平行线搜寻模式等，不同的搜寻模式适用于不同的场景特定资源，用户根据现场情况确定搜寻模式。表 8-6 为搜寻模式确定功能的具体描述。

表 8-6　搜寻模式确定功能的具体描述

序号	子功能项名称	描述
1	搜寻模式查询	对各类资源可选的不同搜寻模式进行查看和选择
2	搜寻模式匹配	根据概率分布图对不同资源匹配不同的搜寻模式
3	搜寻效果可视化	模拟生成搜寻资源的搜寻轨迹并可视化展示

3. 搜救计划生成功能

搜救计划生成功能主要是对搜寻资源方案进行进一步的可视化与确定，进而结合决策者经验辅助生成最终的最优搜寻方案。实现对海上搜救计划结果的调整、展示和输出，同时允许用户对最终的方案进行增加、修改、删除等操作，并下发至各个资源的所属单位，进而最终输出满意的搜救方案。因此该功能主要包括了搜寻计划的结果展示、调整以及输出等部分，呈现给决策者一个完整的、科学合理的搜救计划，具体描述如表 8-7 所示。

表 8-7 搜救计划生成功能描述

序号	功能	说明
1	搜寻计划的可视化	可视化搜寻计划的各项内容
2	分发搜寻计划	将搜寻指令下发至各个资源的所属单位
3	最优搜寻方案的输出	选择输出搜寻计划的格式和模板

8.4.4 海上搜救案例管理

对于海难事故应急方案的制定，在某些情况下可在以前类似事故的搜救方案的基础上稍作修改，从而制定出针对当前海难事故的应急方案，这样可以显著提高应急部门的决策效率。海上搜救辅助决策支持系统的数据库中存储了各种各样的海上搜救案例，每一个案例都包括有关问题的完整描述、搜救方案和实施结果。对于案例的解决方案，既有成功的经验，也有失败的教训，以保证决策者在面对新的情况时，能够吸取正反两方面的知识，从而做出合理的判断，进而产生有效的决策。图 8-8 为海上搜救案例管理模块与其他模块关系图。海上搜救案例管理模块主要任务包括：实现海上搜救历史案例查询、案例推荐以及险情频繁度统计功能，辅助决策者首先从历史案例中进行学习，然后根据当前情况选择合适的海上搜救方案。该模块除了可以对历史案例进行统一管理外，还可以对当前案例进行分析总结并添加到数据库中，不断丰富和完善历史案例。

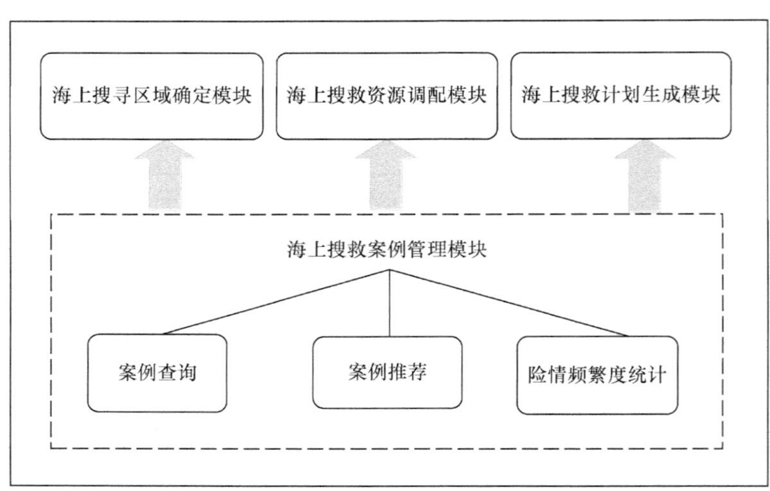

图 8-8 海上搜救案例管理模块与其他模块关系图

下面对海上搜救案例管理模块的三个功能进行说明。

1. 案例查询功能

案例查询的目的是从数据库中找到适量的最相似的案例。检索任务以用户的问题描述作为起点，以搜索到最匹配的案例为终点。海上搜救案例查询功能支持用户对系统中存储的所有海上搜救案例进行查询，该功能支持不同的查询方式，包括按关键词查询、按时间查询、按地点查询、按事故类型查询等，表 8-8 为海上搜救案例查询的输入示例。以按关键词查询为例，从表 8-8 可以看出，输入的关键词可以是事故的类型、地点、名称等，因此，按关键词进行查询时，系统搜索的范围更大，所花时间也会更长，但输出的结果也会更多。

表 8-8　海上搜救案例查询输入示例

查询方式类型	输入示例
按关键词查询	“溢油”、“渤海”、“桑吉”轮……
按时间查询	“2019”、“2019.03”、“12.11”……
按地点查询	“东海”、“山东”……
按事故类型查询	“溢油”、“沉船”、“危化品泄漏”……

2. 案例推荐功能

海上搜救案例推荐功能是案例管理模块的核心功能，在输入海难事故的环境、情景以及搜救资源等描述信息之后，海上搜救案例推荐功能可以根据当前问题的特征属性和已有的案例的特征值计算它们之间的相似程度，并从已知案例中找出相似度最高的案例，并推荐给用户。

首先，案例的相似性是指案例的属性和特征的相似。因为案例特征信息之间有共有特性，在不同的案例特征信息中包含有很多共有特性，如事故规模、事故地点、事故类型、气象、海况等特性，可以通过案例特征值来衡量案例间的相似度。海上搜救案例的特征信息中，既有可以用精确数据描述的相似特性，如事故地点、遇险人数等，又有一些特征属性不能用数字精确描述的，如事故规模、事故类型等，所以案例相似性中有精确相似，也有模糊相似。

其次，海上搜救案例的特征信息包括两个要素——问题要素和环境要素，即海难事故信息描述和事故发生的海域环境描述，每一个要素又都由不同的特征属性组成。案例的特征信息是分层表示的，每一层又有不同的权重因子在衡量过程中考虑到了属性特征个数对相似性的影响。不同的层次结构和同层中不同的权重因子反映了特征信息项对于案例相似度计算的重要性。每个特征信息项的权重值一般采用专家评定相结合的方法来确定。

为了便于案例特征信息的管理，就需建立特征信息库。案例特征信息数据库实质上是一个辅助数据库，保存各案例的特征信息，它的建立是为了提高案例检索效率。在对相似案例进行检索时，系统不必在数据库中直接搜索案例，而是在经过索引组织好的案例特征信息数据库中检索案例特征信息，再根据特征信息从案例库中找出相似案例即可完成对案例特征信息的抽取。

最后是案例的相似性衡量，当用户向系统输入当前海难事故信息后，系统应该能在案例库中查找到事故地点、事故规模与当前海难事故最相似的案例。这样就能在很大程度上节省搜救决策时间，从而显著提高搜救效率。

海上搜救辅助决策支持系统案例推荐流程图如图 8-9 所示，系统首先会对新问题进行案例表示，然后确定案例属性并获取当前案例的属性值，接着按照不同的属性权重对数据库中的案例进行检索并计算相似度，最后推荐出与当前案例匹配度最高的历史案例。

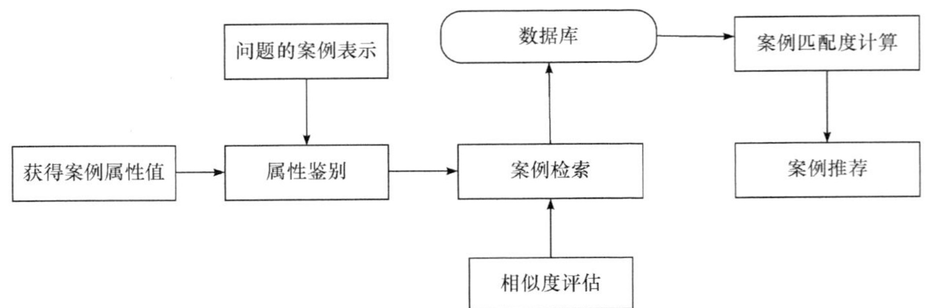

图 8-9　海上搜救辅助决策支持系统案例推荐流程图

因此海上搜救案例的推荐过程大致可归纳为以下几个关键步骤。

1) 属性鉴别

属性鉴别过程是对新问题的识别，确定新问题的相关属性项排除干扰项，使问题的属性项与案例库中案例的特征项相对应，为下一步的案例相似度评估做准备。对于海难事故而言，系统需确定的属性为事故的基本信息，其中包括事故时间、事故地点、事故等级、遇险船情况等，这些信息都由用户输入。

2) 相似度评估

相似度评估的任务是提出适应于应用环境的相似度定义和相似度评估策略，即确定案例的相似特征量及其权重。

3) 案例检索

案例匹配的过程是相似度计算的过程。根据先前定好的相似度，采用一定的相似度算法从数据库中找到具有一定相似度的案例集。常用的相似度计算方法有最近邻法、归纳法、知识引导法和模板检索法。

4) 案例推荐

根据案例匹配结果选择相似度最高的案例推荐给用户。

3. 险情频繁度统计功能

海上险情频繁度统计功能基于数理统计方法，可以统计不同时间、不同地理位置、不同类型的险情发生频次数据，为做好险情预警预防提供决策支持。统计结果可以柱状图、饼状图等形式展示。

表 8-9 为某地区的模拟险情概括分析表，从表中可以看出要统计一个地区的险情发生的整体情况，可以从组织搜救次数、遇险人数、救助人数、死亡失踪人数、人命救助率、遇险船舶数、救助船舶数、沉船数等几方面来进行分析。

表 8-9　险情概括分析表

	组织搜救次数			遇险人数	救助人数	死亡失踪人数	人命救助率	遇险船舶数	救助船舶数	沉船数	肇事逃逸(查获人数)
	白天	夜晚	总数								
2019 年 9 月	3	4	7	56	52	4	92.86%	7	6	1	
2019 年 10 月	3	5	8	80	77	3	96.25%	13	10	3	
升降比/%	平	25.00↑	14.29↑	42.86↑	48.08↑	25.00↓	3.39↑	85.71↑	66.67↑	200↑	

表 8-10 为船舶遇险种类统计表模板，通过对年度险情种类进行统计可以明确一个地区最易发生的海上事故类型，进一步分析事故发生原因并做好预警预防工作。

表 8-10　船舶遇险种类统计(模板)

险情种类	碰撞	触礁	搁浅	触碰	浪损	火灾/爆炸	风灾	自沉	机损	其他	月累计	年累计
上游(件数)												
中游(件数)												
下游(件数)												
海上(件数)												
月度合计												
年累计												

表 8-11 为遇险船舶类型统计表模板，通过分析遇险船舶类型、事故发生原因以及事故发生之后所需的应急资源类型可以为其他船只的安全航行提供一定的参考。

表 8-11　遇险船舶类型统计(模板)

船舶种类	客渡[货]船	旅游船	滚装船	危险品	集装箱	货船	其他	月累计	年累计
船舶艘次									
年累计									

在以往的系统中，以专家知识库、决策模型库为基础的搜救智能辅助决策系统较为少见，大多数系统只是着眼于搜集辖区内船舶的静、动态信息，然后通过以电子海图为平台显示船舶搜救态势和各种相关信息的方式，为搜救决策提供信息支持，最终对信息的分析和决策仍需要人工进行，但人脑处理分析多维信息的能力有限，容易出现决策失误，因此需要具有实时性、智能性、科学性的决策方法和模型辅助其开展决策。但决策方法和模型不能完全取代人的大脑，因此系统的设计需要体现出与用户的友好交互，将专家经验与算法模型结合起来，真正实现决策技术的辅助支持作用。

8.5　海上搜救辅助决策支持系统的存储层设计

海上搜救辅助决策支持系统的存储层用于存储与海上搜救辅助决策支持相关的各种数据。决策的最大依据是数据，这是减少决策不确定因素的基础，因此存储层的数据库系统在很大程度上决定了海上搜救辅助决策支持系统能否做出可靠的搜救决策，是系统重要的组成部分。海上搜救辅助决策支持系统的数据库系统中存储了海上搜救过程中涉及的基础地理信息数据、事故背景信息数据、辅助决策相关理论方法、模型等不同格式、不同类型、不同应用场景的数据信息，并对这些数据进行集成管理，实现对综合数据的统一存储、管理及实时分析、评价功能。本章拟根据决策支持系统的经典三角式结构(图 8-10)来构建海上搜救辅助决策支持系统的存储层，即本章构建的海上搜救辅助决策支持系统的数据库系统由数据库、模型库、方法库三个子系统及其对应的库管理系统组成。

本节会经常用到数据库的概念，从一般的定义来看，数据库是“按照数据结构来组织、存储和管理数据的仓库”，因此方法库、模型库都是数据库的一种类型，但是在进行数据库系统设计时，我们所说的数据库作为与方法库、模型库并列的存在又有其特殊的含义，本节使用“数据库”时都有具体的语境，产生歧义的可能性很小，但是仍然需要读者加以区分和辨别。

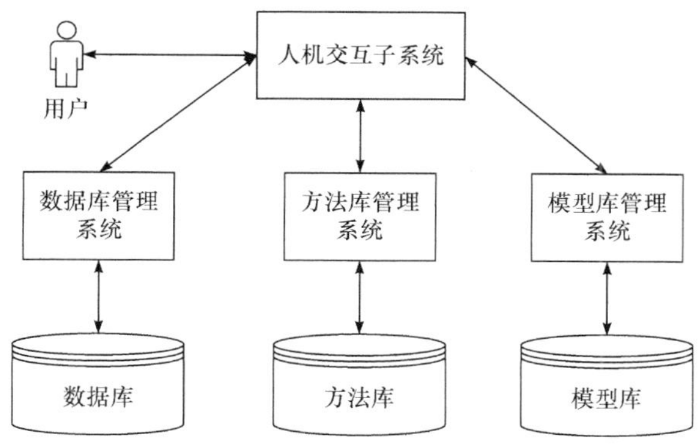

图 8-10　辅助决策支持系统的三角式系统结构

因为侧重于对海上搜救辅助决策支持系统的数据库进行分析，因此 8.5.1 节、8.5.2 节、8.5.3 节将分别对海上搜救辅助决策支持系统的数据库、方法库、模型库中存储的数据内容及数据存储方式进行重点介绍，对数据库开发及数据库建设的其他内容感兴趣的读者可以参考相关专业书籍。

8.5.1　海上搜救辅助决策支持系统数据库

海上搜救辅助决策支持系统数据库是存储、管理与维护用于决策支持的数据的决策支持系统基本部件，是支撑方法库及模型库的基础。海上搜救辅助决策支持系统数据库系统主要由数据库、数据字典等组成，其中数据库是其核心部分，数据库中存储了搜救事故信息、搜救场景信息、搜救资源信息、基础地理信息、历史案例信息等多尺度、多类型，有利于辅助海上搜救决策的相关数据，并将这些数据按一定结构组织进行统一储存和管理。其数据信息的主要来源有：历史数据、基础数据、模型计算结果的数据、实时输入的数据等。下面将对数据库中存储的数据类型进行详细分析。

1. 数据库

如表 8-12 所示，数据库中存储了搜救事故信息、事故状态信息、搜救场景信息、搜救地理环境信息、历史案例信息五大类数据。其中，搜救事故信息主要包括海难事故状况的基本参数，具体包括遇险船种类、事故遇险人数、事故种类、事故地点、遇险船载货情况、遇险船运动情况，以及事故状态信息等；事故状态信息又包括事故等级、船只状态等；搜救场景信息主要是对海上搜救现场情况的一种系统性、综合性的描述信息，是通过利用相关场景建模方法对海上搜救场景进行建模与描述，将其变成计算机可识别的语言与模型，进而将文本型的海上搜救场景描述转变为结构化、规范化、模型化的海上搜救场景描述，其可分为搜救资源状态信息、搜救资源调用信息、搜救资源使用信息三大类；搜救地理环境信息包括详细地理位置即经度、纬度，以及气温、风速、风向、潮流、海水、温度等环境信息；历史案例信息包括以往年份海难事故的相关记录、事故搜救相关信息及与事故相关事务的处理方案等，以往年份海难事故记录包括描述事故基本特征的所有信息(如时间、地点、事故种类等)，事故搜救相关信息包括搜救具体内容、搜救实施的效果、搜救的评价、不足与改进，与事故相关事务的处理方案主要指与赔偿海难事故的问题或情景描述、海上搜救行动的解决方案以及海上搜救的执行结果等案例详情。

表 8-12　数据库中存储的数据类型

数据类型	详细内容
搜救事故信息	遇险船种类、事故遇险人数、事故种类、事故地点、遇险船载货情况、遇险船运动情况，以及事故状态信息等
事故状态信息	事故等级、船只状态等
搜救场景信息	搜救资源状态信息、搜救资源调用信息、搜救资源使用信息
搜救地理环境信息	地理位置即经度、纬度，以及气温、风速、风向、潮流、海水、温度等环境信息
历史案例信息	以往年份海难事故的相关记录、事故搜救相关信息及与事故相关事务的处理方案

以历史案例信息的存储内容为例，根据海上搜救应急方案的内容，可以将每个案例按要素分成若干个模块。这些模块包括如下内容。

(1) 海上搜救案例概要：主要描述海上搜救案例的基本特征，其内容应该包括案例名称、案例编号、案例摘要、案例发生日期、案例制定日期、案例处理结果。其中案例摘要是案例的浓缩，体现了案例的本质特征，为案例的关键词查询提供依据。

(2) 海难事故环境描述：主要包括海难事故发生时的天气状况、海况，具体包括风力、风向、海流情况、事故水域水温；同时包括遇险的详细地理位置即经度、纬度等信息。

(3) 海难事故信息描述：主要包括海难事故状况的基本参数，具体包括事故地点、事故等级、遇险人数、遇险船载货情况、遇险船运动情况。

(4) 海上搜救资源信息描述：海上搜救决策在与所持有的资源有不可小觑的关系，因此对于搜救行动实施所涉及部门的描述以及对搜救方案涉及的资源情况的描述都必不可少。

(5) 海上搜救应急方案描述：由搜救决策目标的描述和应急方案的描述两部分组成。搜救决策目标的描述应该包括搜救行动总目标以及各阶段的目标。应急方案的描述主要包括搜救行动原则，搜救资源调用情况，搜救设备类型、数量、所在地，人员调用情况，搜救方案实施步骤，搜救现场回复方案等。

(6) 海上搜救方案效果预测与评估描述：主要描述通过系统内部的算法设置对搜救方案进行评估并做出效果预测的结果，便于与实际的执行结果进行比对，利于系统管理人员进行参数调节、系统升级和完善。

(7) 海上搜救方案执行结果描述：主要包括搜救方案执行后产生的结果，具体包括人员伤亡程度及数量、设备折损类型和数量以及设备折损程度、财产损失等情况，同时包括执行本次搜救决策后起到的作用。

2. 数据字典

数据字典(data dictionary)是在数据库设计时用到的一种工具，用来描述数据库中基本表的设计，主要包括字段名、数据类型、主键、外键等描述表的属性的内容。数据库数据字典是每个数据库的重要组成部分，在进行数据库设计时需要对其进行合理的设计。海上搜救辅助决策支持系统中的数据种类繁多，数据字典的设计相对复杂，以海上搜救案例数据存储为例，下面介绍案例字典的构建方式。

海上搜救案例字典主要用于存储与海上搜救案例有关的信息，如案例编号、案例名称、时间、规模等。它的建立有利于系统对案例的检索，为案例的更新提供方便。海上搜救数据库中案例字典的结构设计如表 8-13 所示。

表 8-13　海上搜救决策支持系统数据库的案例字典结构

字段名	数据类型	长度	注释
Plan_ID	Char	20	案例编号
Plan_Name	Char	100	案例名
Plan_Time	Date	100	事故时间
Plan_Scale	Char	20	事故规模
Plan_Ship	Char	20	遇险船只
Weather	Char	20	天气
Sea_State	Text	100	海况

8.5.2　海上搜救辅助决策支持系统方法库

海上搜救辅助决策支持系统方法库系统由方法库、方法库管理系统和方法字典构成，本节重点对方法库和方法字典进行介绍。所谓“方法”是指在自然科学领域中所采用的基本算法和过程，如数学方法、数理统计方法、经济数学方法等。从计算机角度看，方法是能完成预定功能的程序单位。在设计模型动态执行时，关键是组成模型的方法设计。

1. 方法库

海上搜救辅助决策支持系统方法库是存储、管理、调用及维护海上搜救辅助决策支持系统部件要用到的通用算法、标准函数等方法的部件，方法库中的方法一般用程序库存储，且每个相应方法编译在动态链接库文件中；然后，用程序语言把动态链接库文件封装在一个执行文件中，使其拥有入口和出口，并能独立运行，独立完成特定的运算，在运算的过程中方法间可以相互调用。在进行方法调用时，系统可以通过描述外部接口的程序向海上搜救辅助决策支持系统提供环境数据，使计算过程实行交互式数据存取，从数据库中选择数据，从方法库中选择算法，然后将数据和算法结合起来进行计算，并以直观清晰的方式输出结果，供决策者使用。

本书设计的海上搜救辅助决策支持系统的方法库中存储了支持海上搜救辅助决策方案生成的各种理论方法及其使用规则。针对海上搜救辅助决策支持系统的不同功能对应有不同的方法，如表 8-14 所示。

表 8-14　海上搜救辅助决策支持系统方法库

功能	方法
漂流预测	蒙特卡罗仿真、数值计算
搜寻模式确定	平行线搜寻、扇形搜寻、扩展方形搜寻、平行扫视搜寻等
资源筛选	规则匹配
资源优化	多目标优化、多属性决策、智能优化算法(NSGA-II、DE(differential evolution，差分进化)算法、PSO(particle swarm optimization，粒子群优化)算法、GA(genetic algorithm，遗传算法))
搜寻路径规划	Dijkstra 算法、Lee 算法、强化学习等
险情频度统计	数理统计
案例推荐	案例推理

从表 8-14 可以看出，针对海上搜寻范围的确定功能，系统存储了基于蒙特卡罗仿真的漂流预测方法以及基于数值计算的预测方法，在具体的使用过程中，要根据具体情况进行选择；针对搜寻模式的确定功能，系统存储了平行线搜寻、扇形搜寻、扩展方形搜寻、平行扫视搜寻等方式；针对海上搜救资源筛选问题，系统存储了规则匹配方法；针对海上搜救资源优化功能，系统存储多目标优化、多属性决策、智能优化算法等方法；针对其他一些功能，系统也提供了相应的方法，在进行相关问题求解时，用户可以对不同方法生成的方案进行对比来选择最适合的方案。

2. 方法字典

海上搜救方法字典主要用于规范与海上搜救知识有关的信息，如方法编号、方法名称等。它的建立有利于系统方法的检索，更为方法的更新提供方便。海上搜救方法字典的结构设计如表 8-15 所示。

表 8-15　海上搜救辅助决策支持系统方法字典的结构

字段名	数据类型	长度	注释
Method_No	Char	20	方法文件编号
Method_Name	Char	20	方法文件名
Method_Range	Char	100	方法适用范围
Method_Time	Data	20	方法建立时间
Method_Site	Char	100	方法文件位置
Method_Modify	Text	2^{16}	方法文件修改记录
Method_Explain	Text	2^{16}	方法文件说明

8.5.3　海上搜救辅助决策支持系统模型库

海上搜救辅助决策支持系统模型库系统是构建和管理模型的一类数据库系统，是辅助决策支持系统的关键和核心，一般由模型库、模型库管理系统以及模型字典三部分组成。本节主要对模型库和模型字典进行介绍。

1. 模型库

在进行海上搜救辅助决策支持系统设计时，首先要明确一个观点：用户是依靠模型库中的模型进行辅助决策的，因此我们认为海上搜救辅助决策支持系统是由“模型驱动”的。使用海上搜救辅助决策支持系统(决策支持系统)决策时，需要根据具体问题构造或生成海上搜救决策支持模型，而客观世界中的问题对象是千差万别、数不胜数的，我们不可能为每个问题分别创建一个对应的模型，因此海上搜救辅助决策支持系统的模型库中主要存储的是能让各种决策问题共享或专门用于某特定领域的决策问题的模型单元模块或单元模型，以及它们之间的关系。

(1) 本系统中的模型分为模拟类模型、生成类模型、评价类模型、优化类模型。表 8-16 为本系统所涉及模型的分类表。通过模块的组合，可以使模型灵活地变更。因此，海上搜救辅助决策支持系统模型库的任务是将众多的模型按一定的结构形式组织起来，存储和管理各类决策支持方法，以及决策过程中生成的各类过程模型，并通过模型库管理系统对各个模型进行有效的管理和使用，同时，动态性是海上搜救辅助决策支持系统模型库的一个基本特征，也是研究海上搜救辅助决策支持系统模型库生成技术的前提。

表 8-16　模型分类表

<table>
<tr><th>模型分类</th><th>模型名</th><th>方法</th></tr>
<tr><td rowspan="3">模拟类模型</td><td>遇险船只(人员)漂移模型</td><td rowspan="3">蒙特卡罗仿真</td></tr>
<tr><td>救助船运动模型</td></tr>
<tr><td>船舶会遇模型</td></tr>
<tr><td rowspan="2">生成类模型</td><td>资源调配方案生成模型</td><td rowspan="2">多目标决策</td></tr>
<tr><td>海上搜救行动方案生成模型</td></tr>
<tr><td rowspan="2">评价类模型</td><td>事故风险分析模型</td><td rowspan="2">层次分析法、模糊综合评价法、贝叶斯决策方法</td></tr>
<tr><td>事故等级评价模型</td></tr>
<tr><td rowspan="3">优化类模型</td><td>救助方案评估模型</td><td>层次分析法、模糊综合评价法</td></tr>
<tr><td>搜救资源优化模型</td><td rowspan="2">多目标优化、多属性决策、干扰管理</td></tr>
<tr><td>搜救资源调度优化模型</td></tr>
</table>

(2) 从表 8-16 可以看出，针对模拟类模型，其中包括遇险船只(人员)漂移模型、救助船运动模型、船舶会遇模型，系统存储了蒙特卡罗仿真方法；针对生成类模型，其中包括资源调配方案生成模型、海上搜救行动方案生成模型，系统存储了多目标决策方法；针对评价类模型，其中包括事故风险分析模型、事故等级评价模型，系统存储了层次分析法、模糊综合评价法、贝叶斯决策方法可供选择；针对优化类模型，其中包括救助方案评估模型、搜救资源优化模型、搜救资源调度优化模型，系统存储了层次分析法与模糊综合评价法用于求解救助方案评估模型，以及多目标优化方法、多属性决策方法与干扰管理方法用于求解搜救资源优化模型与搜救资源调度优化模型。

(3) 模型的产生来自于对方法库中方法的调用和对数据库中数据的提取，模型库中对方法的使用，可以归结为方法的检索和提取，从而实现模型对象的生成和修改。生成一个模型时，模型库管理系统从用户问题出发，根据方法索引号，通过方法库管理系统找到方法和所要求的输入参数，然后生成所需模型；修改一个模型时只需修改这个模型所包括的方法索引号，模型就可以发生相应变化，但方法本身没变。在需要具体模型方法的内容时也可以通过方法索引号快速地找到。

2. 模型字典

海上搜救辅助决策支持系统的模型字典用来存放有关海上搜救模型的描述信

息和数据抽象。所谓海上搜救模型的数据抽象就是海上搜救模型关于海上搜救信息数据存取的说明。存放了海上搜救模型的编号、名称、地址、功能、接口、建模说明等描述性信息以及数据存取格式的说明等内容，海上搜救模型库管理系统自动将这部分信息用于与海上搜救数据库之间的操作。海上搜救辅助决策支持系统模型字典，可以将非结构化的海上搜救模型管理转化为结构化的模型字典进行维护，可以减少数据冗余、提高资源的共享性、保持资源的一致性，有利于实现模型的动态组合，增强模型的灵活性。表 8-17 为海上搜救辅助决策支持系统模型字典结构。

表 8-17　海上搜救辅助决策支持系统模型字典结构

字段名	数据类型	长度	注释
Model_ID	Char	20	模型文件编号
Model_Name	Char	20	模型文件名
Model_Class	Char	100	模型类说明
Model_Function	Text	2^{16}	模型功能
Model_Source	Char	2^{16}	模型出处
Model_Site	Char	100	模型在模型库中的位置
Model_Script	Text	100	模型源程序文件存放位置
Model_Explain	Char	100	模型框图、说明文件位置
Model_Input	Text	2^{16}	模型输入变量说明
Model_Output	Text	2^{16}	模型输出变量说明
Model_Interface	Text	2^{16}	模型接口说明
Model_DB	Char	100	建模专用数据表说明
Modele_Building	Text	2^{16}	建模说明(时间、作者)
Model_reg	Char	100	模型导入数据库时间
Model_Modify	Text	100	模型修改说明 (时间、内容)

参 考 文 献

陈文伟. 2004. 决策支持系统教程[M]. 北京: 清华大学出版社.

陈晓亮. 2014. 海上救援直升机在我国的现状和分析探讨[J]. 科技风,(12):255.

董琳. 2014. 澳大利亚海上搜救体制[J]. 中华灾害救援医学(环球救援资讯),2(3):114.

樊治平, 姜艳萍, 刘洋, 等. 2016. 突发事件应急方案选择的决策方法研究[M]. 北京:科学出版社.

丰利军, 余林刚. 2017. 国内外海上救援及标准体系[J]. 标准化技术研究, (3): 3-7.

巩前胜. 2018. "情景—应对"型应急决策中情景识别关键技术研究[D]. 西安: 西安科技大学.

郭力夫, 李北伟. 2006. 决策理论与方法[M]. 北京:高等教育出版社.

国际海事组织, 国际民用航空组织. 2003. 国际航空和海上搜寻救助手册[M]. 北京: 人民交通出版社.

国家海洋局. 2021. 海上搜救环境保障服务平台(用户手册)[EB/OL]. http://www.marinesar.cn/data [2021-01-05].

国家突发公共事件总体应急预案[EB/OL]. (2006-01-08). http://www.gov.cn/yjgl/2006-01/08/content_21048.htm [2021-01-21].

韩鹏, 李宇航, 揭晓蒙. 2020. 发达国家海上搜救体系对比研究及对我国的启示[J]. 海洋技术学报, 39(1): 107-113.

赫永霞. 2008. 海上搜救决策支持系统的研究与开发[D]. 大连: 大连海事大学.

胡卓. 2013. 基于案例决策和 TRIZ 知识的产品概念设计[D]. 武汉: 华中科技大学.

交通运输部救助打捞局. 2007. 海上救助实用指导手册[M]. 北京: 人民交通出版社.

交通运输部救助打捞局. 2021. 救捞资源——救助飞机[EB/OL]. http://www.crsmot.org.cn/jiulaozb_jlj/jiuzhufj_jlzb/ [2021-01-20].

交通运输部救助打捞局. 2021. 动态待命救助值班制度的基本原则[EB/OL]. http://www.crsmot.org.cn/jiulaobs_jlj/jiuzhuzn_jlbs/201102/t20110228_913490.html [2021-01-20].

交通运输部救助打捞局. 2021. 机构概况——单位简介[EB/OL]. http://www.crsmot.org.cn/jigougk_jlj/danweijj_jjgk/ [2021-01-20].

李大伟, 李大志, 董立岩. 2010. 决策支持系统的模型库和方法库的探索[J]. 气象水文海洋仪器, 27(4): 58-62.

李广敏. 2005. 海上搜救辅助决策系统在南海的应用与实践[D]. 青岛: 中国海洋大学.

李杰. 2011. 海上搜救辅助决策系统设计与应用[D]. 哈尔滨:哈尔滨工程大学.

李伟. 2004. 海事系统智能决策技术的研究与实现[D]. 大连:大连海事大学.

刘刚. 2004. 危机管理[M]. 北京:中国经济出版社.

刘广强. 2009. 海上搜寻中确定扫海宽度的研究[D]. 大连: 大连海事大学.

刘升友. 2011. 海上救助专家知识库建立及推理机的研究[D]. 大连: 大连海事大学.

柳少军. 2005. 军事决策支持系统理论与实践[M]. 北京: 国防大学出版社.

罗发菊. 2014. 日本海上搜救应急体系[J]. 中华灾害救援医学, 2(3): 116.
罗永宏. 2004. 海上搜救智能辅助决策系统探究[J]. 中国航海, 3: 21-24.
吕刚. 2005. 基于 GIS 的海上搜救辅助决策系统研究[D]. 大连: 大连海事大学.
马芸生, 杜俊俐. 1995. 决策支持系统与智能决策支持系统[M]. 北京:中国纺织出版社: 35-37.
蒙仁君. 2015. 海上联合搜救机制研究[J]. 广东航海学院学报, 239(2): 21-23.
牛栩, 赵宝山. 2017. 军地海上联合搜救体系[J]. 指挥信息系统与技术, 8(5): 49-55.
乔铭. 2017. 不确定环境下突发事件应急处置方案评估方法研究[D]. 长沙: 国防科技大学.
裘江南,王雪华,等. 2016.突发事件应急知识管理的模型与方法[M]. 北京: 科学出版社.
沈广和. 2011. 政府扁平化: 概念、问题与展望[J]. 深圳大学学报, 28(3): 91-96.
史光宝. 2008. 渤海水域海事预警研究[D]. 大连: 大连海事大学.
宋俊骥, 尹洪娟. 2003. 扁平化管理理论与我国政府机构改革[J]. 广西社会科学, (12): 16-18.
孙继. 2014. 海上搜救职能在交通部的历史演变[J]. 中国海事, (3): 11-12.
孙继. 2014. 海上搜救职能在交通部的历史演变(续)[J]. 中国海事, (4): 18-21.
谭朝阳. 2003. 海上搜救管理及其能力评价——广州救捞局搜救问题研究[D]. 大连: 大连海事大学.
滕利辉. 2007. 决策支持系统的数据库开发[D]. 北京: 华北电力大学.
田罡. 2019. 新时代加强海上搜救工作机制研究[J]. 交通运输部管理干部学院学报, 29(1):31-34.
王博研. 2016. 海上搜寻最佳区域研究[D]. 大连:大连海事大学.
王津津. 2010. 案例推理在决策支持系统中的应用研究[D]. 合肥: 合肥工业大学.
王丽力. 2009. 基于 GIS 水路危险品事故救援应急资源配置与调度研究[D].南京: 南京理工大学.
王旭坪, 杨相英, 樊双蛟, 等. 2013. 非常规突发事件情景构建与推演方法体系研究[J]. 电子科技大学学报(社会科学版), (1): 28-33.
王志强. 2016. 海上搜救应急指挥系统设计与实现[D]. 天津: 天津大学.
翁大涛, 陈轩, 张伟, 等. 2015. 浅谈我国海上搜救应急预案体系框架[J]. 中国水运, 15(11): 68-71.
吴翔, 周江华. 2015. 海上搜救中发现概率的研究[J]. 中国安全生产科学技术, (1): 28-33.
吴中鼎. 2003. 海上搜救辅助系统研究[D]. 青岛: 中国海洋大学.
肖方兵. 2011. 海上搜救决策支持系统关键技术的研究[D]. 大连:大连海事大学.
邢胜伟. 2012. 海上立体搜寻全局优化模型及仿真研究[D]. 大连:大连海事大学.
余久久. 2015. 软件工程简明教程[M]. 北京: 清华大学出版社.
张嘉亮, 郑雅梅, 马浩然. 2016. 石油罐区火灾事故典型情景构建与推演[J]. 安全、健康和环境, (11): 48-52.
张哲, 张守月. 2011. 美国海上搜救体系解析[J]. 中国应急救援, (4): 45-48.
中国海上搜救中心. 2008. 海上险情预防、避险、自救、互救知识手册[M]. 北京: 人民交通出版社.
中国海上搜救中心, 天津海事局, 大连海事大学. 2011. 国家海上搜救手册[M]. 大连: 大连海事大学出版社.
中华人民共和国国务院. 2006. 国家中长期科学和技术发展规划纲要(2006—2020 年)[EB/OL]. (2006-02-09). http://www.gov.cn/jrzg/2006-02/09/content_183787.htm [2021-03-24].
中华人民共和国交通运输部. 2006. 国家水上交通安全监管和救助系统布局规划[EB/OL]. (2006-06-27). http://www.mot.gov.cn/zhengcejiedu/hangdaozhengzhi/xiangguanzhengce/201510/t20151015_1902622.html [2021-01-21].

中华人民共和国海事局. 2006. 事故与应急[M].北京：人民交通出版社.

中央政府门户网站. 2006. 国家海上搜救应急预案[EB/OL]. (2006-01-23). http://www.gov.cn/zhuanti/2006-01/23/content_2615966.htm [2021-01-21].

周涛. 2011. 海上搜寻中目标发现概率的研究[D]. 大连：大连海事大学.

朱清新. 2005. 离散和连续空间中的最优搜索理论[M]. 北京：科学出版社.

朱玉柱. 2017. 海上搜寻与救助[M]. 大连：大连海事大学出版社.

Abi-Zeid I, Doyon B . 2003. Using a geographic decision support system to plan search and rescue operations[J]. International Journal of Emergency Management, 1(4): 346-362.

Abi-Zeid I, Nilo O , Lamontagne L . 2011. A constraint optimization approach for the allocation of multiple search units in search and rescue operations[J]. INFOR: Information Systems and Operational Research, 49(1): 15-30.

Allen A, Plourde J V. 1999. Review of Leeway: Field experiments and implementation[R]. Groton：U.S.Coast Guard Research and Development Center.

Allen A. 2005. Leeway divergence report[R]. Groton：U.S.Coast Guard Research and Development Center.

Aronica S, Benvegna F, Cossentino M, et al. 2010. An agent-based system for maritime search and rescue operations[C]. Workshop on Objects to Agents, Rimini.

Australian National Search and Rescue Council. National search and rescue manual [EB/OL]. http://www.sar-pro.com/wp-content/uploads/2014/06/sar-manuale-australiano.pdf [2021-01-31].

Chames A, Cooper W W. 1958. The theory of search: Optimum distribution of search effort[J]. Management Science, 5(1): 44-50.

Chweitzer P J. 1971. Threshold probabilities when searching for a moving target[J]. Operations Research, 19(3): 707-709.

Cooper D C, Frost J R, Robe R Q. 2003. Compatibility of land SAR procedures with search theory [R]. Washington: U. S. Coast Guard.

Daniel H. Wagner Associates. 2005. Computer assisted search planning (CASP)2.0 [EB/OL]. (2005-05-10). http://www.wagner.com/computer-assisted-search-planner-casp-first-kind/[2010-08-09].

de Guenin J. 1961. Optimum distribution of effort: An extension of the Koopman basic theory[J]. Operations Research, 9(1): 1-7.

Discenza J H. 1978. Optimal search with multiple rectangular search areas[D]. New York :New York University.

Dobbie J M. 1973. Some search problems with false contacts[J]. Operations Research, 21(4): 907-925.

Gao S, Xu J L, Ai B, et al. 2019. National maritime search and rescue support platform based on service-oriented architecture[J]. Marine Forecasts, 36(3):71-77.

Gilboa I, Schmeidler D. 1997. Act similarity in case-based decision theory[J]. Economic Theory, 9(1): 47-61.

Harbaugh J W, Doveton J H, Davis J C. 1977. Probability Methods in Oil Exploration[M]. New York: John Wiley and Sons.

Hüllermeier E. 2002. Exploiting similarity and experience in decision making[J]. IEEE International Conference on Fuzzy Systems, 1: 729-734.

IMO, IACO. 1999. International Aeronautical and Maritime Search and Rescue Manual[M]. Bristol: Ashford Press: 115-116.

IMO. Search and rescue[EB/OL]. https://www.imo.org/en/OurWork/Safety/Pages/SearchandRescue-Default. aspx [2021-01-21].

International Maritime Organization. 1998. Resolution MSC.155(78), Adoption of Amendments to the International Convention on Maritime Search and Rescue, 1979[R]. Hamburg: IMO.

Irène A Z, Michael M, Oscar N. 2019. Decision support for planning maritime search and rescue operations in Canada[C]. 21st International Conference on Enterprise Information Systems, Crete: 328-339.

Koopman B O. 1956.The theory of search. I. Kinematic bases[J]. Operations Research, 4(3): 324-346.

Koopman B O. 1956. The theory of search. II. Target detection[J]. Operations Research, 4(5): 503-531.

Koopman B O. 1957. The theory of search. III. The optimum distribution of searching effort[J]. Operations Research, 5(5): 613-626.

Koopman B O. 1980. Search and Screening[M]. Oxford: Pergamon Press.

Lopez-Ortiz A, Maftuleac D. 2016. Optimal Distributed Searching in the Plane with and without Uncertainty[M]. Kathmandu: Springer International Publishing: 68-79.

Miettinen K M. 1999. Nonlinear Multiobjective Optimization[M]. Norwell:Kluwer Academic Publishers.

Morse P M . 1982. Bernard Osgood Koopman, 1900-1981[J]. Operations Research, 30(3): 417-427.

Murphy L B J. 2007. SAROPS proves its effectiveness[J]. On Scene-The Journal of U.S. Coast Guard Search and Rescue: 35-36.

Nakai T. 1973. A model of search for a target moving among three boxes: Some special cases[J]. Journal of Operations Research Society of Japan, 16: 151-162.

Perkins B, Paskausky D. 1995. Applying data fusion to search and recuse technology[J]. Marine Technology Society Journal, 29(4): 3-9.

Pollock S M. 1970. A simple model of search for a moving target[J]. Operations Research, 18(5): 883-903.

Pursiheimo U. 1975. A control theory approach in the theory of search when the motion of the target is conditionally deterministic with stochastic parameters[J]. Applied Mathematics and Optimization, 2(3): 259-264.

Richardson H R, Discenza J H. 1980. The united states coast guard computer-assisted search planning system(CASP)[J]. Naval Research Logistics Quarterly, 27(4): 659-680.

SAR seamanship reference manual[EB/OL]. https://ccga-gcac. ca/files/library/SAR_ Seamanship_ Reference_Manual.pdf [2021-02-07].

Spaulding M L, Howlett E. 1996. Application of SARMAP to estimate probable search area for objects lost at sea[J]. Marine Technology Society Journal, 3(2): 17-25.

Staroverov O V. 1963. On a searching problem[J]. Theory of Probability and Its Applications, 8(2): 184-187.

Stone L D, Richardson H R. 1974. Search for targets with conditionally deterministic motion[J]. SIAM Journal on Applied Mathematics, 27(2): 239-255.

Stone L D. 1975.Theory of Optimal Search[M]. New York: Academic Press.

Stone L D. 1976. Incremental and total optimization of separable functionals with constraints[J]. SIAM Journal on Control and Optimization, 14(5): 791-802.

Stone L D. 1977. Search for targets with generalized conditionally deterministic motion[J]. SIAM Journal on Applied Mathematics, 33(3): 456-468.

Stone L D. 1989. What's happened in search theory since the 1975 Lanchester Prize? [J]. Operations Research, 37(3): 501-506.

U.S.Coast Guard. 2009. Coast guard addendum to the united states national search and rescue supplement(NSS) to the international aeronautical and maritime search and rescue manual (LAMSAR)[R]. Washington: U.S. Coast Guard.

Vidan P, Hasanspahić N, Grbić T. 2016. Comparative analysis of renowned softwares for search and rescue operations[J]. Nase More, 63(2): 73-80.

Wang Q, Zhao Y, Rao C. 2009. Analyses and improvement of case-based decision model of product conceptual design[C].International Symposium on Neural Networks, Berlin: 1131-1137.

Xiong W, van Gelder P H A J M, Yang K. 2020. A decision support method for design and operationalization of search and rescue in maritime emergency[J]. Ocean Engineering, 207:107399.